21世纪高等院校法学系列精品教材

行政法与行政诉讼法

（第五版）

主　编　叶必丰
副主编　王　诚
撰稿人　（以撰写章节先后为序）
叶必丰　韩思阳　徐　涛　刘　丽　曾　刚　王　诚
李煜兴　周佑勇　傅士成　徐　晨　虞青松　肖　军
刘道筠　石佑启　徐银华　王周户

中国人民大学出版社
·北京·

主编简介

叶必丰，男，1963年出生于浙江，上海交通大学法学院教授，入选教育部长江学者特聘教授、“国家文人计划”和中宣部“文化名家”，兼任中国行政法学研究会副会长、上海市法学会行政法研究会会长等。已发表论文100多篇，出版著作10余部，其中，《行政行为原理》入选国家哲学社会科学成果文库；曾主持国家社科、教育部哲社、上海市哲社等各类课题的研究；获教育部、司法部、上海市哲社办优秀成果奖和优秀教材奖，并获国务院特殊政府津贴、宝钢优秀教师奖和上海市教学名师等荣誉称号。

王诚，男，1977年出生于江西上饶，上海对外经贸大学法学院副教授。2003年在武汉大学法学院获硕士学位，2009年在上海交通大学法学院获博士学位。已在《新华文摘》《行政法学研究》等核心期刊上发表论文20多篇，出版《改革中的先行先试权研究》《行政法基础》等专著、译著5部，主持国家社科、教育部哲社、上海市政府决策咨询等各类课题多项，相关论文曾荣获中国法学会颁发的论坛征文一等奖。

第五版修订说明

本版修订按最新法律、法规和司法解释进行了更新。基于法律条文太占篇幅，本版尽量少引用。需要引用的，概括核心内容。凡“中华人民共和国”法或规定，一律省略“中华人民共和国”，但引用文献含有上述文字的除外。《最高人民法院关于执行〈中华人民共和国行政诉讼法〉若干问题的解释（法释〔2000〕8号）》，本版简称为“最高法院行政诉讼法2000年解释”。《最高人民法院关于适用〈中华人民共和国行政诉讼法〉若干问题的解释（法释〔2015〕9号）》，本版简称为“最高法院行政诉讼法2015年解释”。《最高人民法院关于适用〈中华人民共和国行政诉讼法〉的解释（法释〔2018〕1号）》，本版简称为“最高法院行政诉讼法2018年解释”。其他司法解释，在各章中按需简化，并注明“本章简称为……”

“法律应用”部分对案例的选择，按最高人民法院指导案例——最高人民法院公报案例——《中国行政审判案例》——终审案例——地方法院案例的次序，只有在前一序列没有相关案例时才使用后一序列的案例。案例的使用，尽可能简化，并立足于该章内容在司法实践中的运用。

本版在保留原有各章的基础上，增写了“行政规划”一章，具体分工如下。

第一章　绪论　叶必丰

第二章　行政法的基本原则　叶必丰

第三章　行政法律关系的主体　韩思阳

第四章　行政行为原理　叶必丰

第五章　行政立法　徐涛

第六章　行政规范性文件　徐涛

第七章　行政规划　刘丽

第八章　行政征收与补偿　曾刚

第九章　行政许可　王诚

第十章　行政监督　李煜兴

第十一章　行政处罚　周佑勇

第十二章　行政强制　傅士成

第十三章　行政给付和行政奖励　李煜兴

第十四章　行政裁决　徐晨

第十五章　行政合同　徐晨

第十六章　行政指导　虞青松

第十七章　行政程序　虞青松

第十八章　行政赔偿　肖军

第十九章　行政复议　刘道筠

第二十章　行政诉讼概述　石佑启
第二十一章　行政诉讼受案范围与管辖　石佑启
第二十二章　行政诉讼参加人　石佑启
第二十三章　行政诉讼的证据　石佑启
第二十四章　行政诉讼程序　石佑启
第二十五章　行政诉讼的法律适用　徐银华
第二十六章　行政诉讼的判决、裁定与决定　徐银华
第二十七章　行政附带民事诉讼　王周户
另外，全书的“法律应用”由叶必丰改写、修订。

叶必丰
2019 年 7 月 5 日

序　言

网上有人问：学习行政法能挣钱吗？回答这个问题很难。因为我不清楚挣多少钱才算挣钱，我自己学了19年行政法（如果加上读书时间则为22年），也没有挣到多少钱。事实上，知识、技能与挣钱有必然性，但却不具有因果关系上的唯一性。挣大钱不仅仅需要知识，而且还需要胆识、智慧和机会，以及具备我们事先所想不到的各种各样的条件。但是，我们可以说，学习行政法很重要，因为依法行政是依法治国的关键，行政法的任务是让宪法的阳光普照到我们的每个角落。中国的改革，是一种渐进式的改革。从某种意义上说，就是一种行政法所推进的改革。当然，也许同样会有人发出疑问：那么多人没有学行政法，不是照样在执法吗？学不学行政法又有什么关系呢？目前的现实的确如此。但是，正因为如此，我们才不满意，感觉才不舒服，我们才需要学。

本教材是各位作者和我为初学行政法者提供的一本入门书。它是根据教育部高等教育司编制的法学专业核心课程行政法与行政诉讼法教学基本要求编写的。它比较系统、全面地介绍了行政法与行政诉讼法的基本概念、基本知识、基本原理和主要制度。本书在学科体系和观点上，一般都采用通说。

本教材的行政诉讼法部分，是根据《中华人民共和国行政诉讼法》以及最新司法解释来编写的。对行政法部分，也是根据现行法律、法规、规章及其法律解释，如《中华人民共和国行政复议法》、《中华人民共和国行政处罚法》、《中华人民共和国立法法》、《行政法规制定程序条例》以及《规章制定程序条例》等来编写的。有的章节则是按正在制定的法律草案来编写的，如行政许可等。行政法部分不像行政诉讼法部分，并没有一个统一的法典。法律、法规和规章的立、废、改都较频繁。因此，在教与学的过程中，对本教材的有关内容，我们希望能结合本教材出版后新制定、修正的法律、法规和规章来理解、学习和运用。

学习宪法、民法和刑法，不仅要读教材，而且还要读法典。但就我所了解的情况而言，有的学习行政法并没有很好地去研读法律、法规和规章本身。实际上，学习行政法学也应去研读行政法规范和行政规范，而且更应该去研读。这不仅是因为行政法规范和行政规范变动的频繁性，更因为行政法并没有一部统一的法典，行政法规范数量众多，行政法学所提供给大家的只是认识行政法的一个基本框架和基本原理，只是经过学者加工和概括的基本制度和基本知识，而不是法律规范本身。宪法学、刑法学和民法学教材，基本上是按法典本身来编写的。在学完教材内容后，基本上也了解了法条规定，可以运用所学知识直接解决现实问题。但在学了行政法学后，往往只能作为一种思路和方法来认识行政法规范和行政法现象。也就是说，行政法学只是解决具体法律问题的一种工具和一道环节，而不是一种根据。如果要解决具体的行政法问题，则必须与相应的法律规范结合起来。因此，我们就有必要去认真研读法律规范和行政规范。

研读法律规范，不仅要研读教材中已经提到过、介绍过的法律规范，而且还要研读与特定问题相关的法律规范。例如，本教材以及其他同类教材都介绍了行政处罚制度。但这主要是根据《中华人民共和国行政处罚法》编写的，《中华人民共和国行政处罚法》所规定的是行政处罚设定和适用中的共同性问题，至于什么样的违法行为应当受什么样的行政处罚，则是由数量众多的法律、法规和规章规定的，甚至是由一些行政规范违法设定的。在这种情况下，如果要对一个特定行政处罚案件进行分析，那么就不能不去研读与此相关的法律规范和行政规范。教材中之所以没有介绍这些法律规范，并不是我们或同类教材的作者们不想介绍、不愿介绍，而是无法介绍。只有那些部门行政法教材（或专著），如环保行政法学、土地行政法学、海关行政法学等等，才有可能对本部门的行政处罚作具体的介绍。这就要求我们不仅要研读《中华人民共和国行政处罚法》，而且还要研读其他法律、法规和规章中的行政处罚条款。对其他内容的学习也是如此。

学习行政法与行政诉讼法，还应当大量地研读判例。在我自己的本科教学实践中，教材不仅仅是课堂讲授的内容，而且也是供学生预习和课后复习的。在有限的授课时间内，尽可能多地结合原理介绍判例，介绍判例所体现的行政法原理或行政法原理在判例中的体现、运用。死记硬背的知识，在考完后不久也就淡忘了。当前，这种现象还比较普遍，甚至不容忽视。然而，记住一个具有典型意义或普遍意义的判例，或者通过这样的判例来掌握相应的行政法原理，效果似乎要好得多。并且，从中还可以逐渐学会分析和解决行政法实务问题的方法和思路，培养分析和解决问题的能力。更何况，法学（包括行政法与行政诉讼法学）是一门应用的科学，对大多数同学来说甚至是一门职业技能科学。我们学习它，更多地不是为了批判，而是为了建设。正是因为它具有这一特性，不与判例结合起来学习，是很难领悟其中的奥妙的。因为判例才是现实的、丰富的生活，才是理论和法条的精彩所在。在本教材中，因篇幅所限，我们没有结合判例来撰写，这一设想和计划将在案例教学用书中实现。

当然，学好行政法与行政诉讼法，也应结合教材研读有关文献资料，了解行政法和行政诉讼法学的发展趋势和动态。

本书撰稿人及撰稿分工如下（按撰写章节顺序排列）：

叶必丰（武汉大学法学院教授、博士生导师）：第一至六章、第八章、第十一章第二节、第十二章第一节二、第十五章第一节二、第十五章第二节一；

胡　东（黑龙江大学法学院副院长、副教授）：第七章；

周佑勇（武汉大学法学院副教授、博士）：第九至十章；

傅士成（南开大学法学系主任、教授）：第十一章第一、三节、第十二章第一节一和三、第二节、第十三章；

惠生武（西北政法学院公安系主任、教授）：第十四章、第十五章第一节一、第十五章第二节二和三、第十五章第三节；

郭宗杰（暨南大学法学院讲师、博士）：第十六至十八章；

沈开举（郑州大学法学院教授）：第十九至二十一章；

刘道筠（中南民族大学法学系助教）：第二十二章；

石佑启（中南财经政法大学法学院副教授、博士）：第二十三至二十七章、第三十一章；

徐银华（中南财经政法大学法学院副教授）：第二十八至二十九章；

王周户（西北政法学院法学系主任、教授）：第三十章。

本书最后由叶必丰统稿、定稿。在统稿中，主编做了以下工作：第一，文字处理；第二，压缩到限定字数以内；第三，为了协调一致而有必要作的个别观点的改动；第四，调整了个别章节的体系和内容；第五，补写了部分内容；第六，重写或改写了部分章节的【提要】、【重点问题】和绝大部分章节的【司法应用】；第七，编写了参考书目。在此要特别说明的是，有的稿子字数比要求字数多出一倍多，内容非常精彩，但因总字数的限制不得不被忍痛压缩和删去。这几位作者的劳动最后并没有得到全面体现。个别章节的稿子则因交稿期限关系，最后未予采用。此外，对本书各位作者的不尽相同的写作风格和学术观点，本着文责自负的原则未予改动。

本书的各位作者，都是主编多年的学友。本书最后能得以顺利完成，要感谢各位学友的大力支持和鼎立合作。在此，对各位参编的学友和同仁，特致以衷心的感谢！在统稿中对各位学友稿件的处理，如有不妥之处，敬请各位谅解！

叶必丰　谨识

于珞珈山

2002 年秋

目　录

第一章 绪论

提要

行政法是以宪法及其实施为基础的调整行政关系的法律规范的总和，在具体表现形式上主要有宪法、国际条约、法律、法规、规章和法律解释等，是一个独立的基本部门法，并且是国家民主和法治的标志，具有与其他部门法不同的特点。它形成了颇具特色的效力范围、效力原则和效力裁决制度。本章的目的在于使读者对行政法有一个总的框架性和概括性的认识。但是，要全面、深入地理解本章内容，则必须在学完全部内容后进行反思。对行政法渊源和效力的理解，也必须与行政立法和行政规范性文件以及法律、法规和规章的适用是否准确联系起来。

重点问题

1. 行政法与宪法、民主、法治。
2. 行政法的具体表现形式。
3. 行政法的溯及力和效力原则。

第一节 行政法概述

一、行政法的概念

在学说上，对行政法有各种各样的界定。这一方面反映了对行政法作出简单定义的困难性，另一方面也体现了各位学者对行政法的不同理解。我们认为，行政法是以宪法及其实施为基础的，调整行政关系的法律规范的总和。

1. 行政法具有法的属性。与宪法、民法和刑法一样，行政法是一种具有国家强制力的普遍性行为规则，而不是一种道德规范、行政政策和纪律。它作为一种法，具有强制性、普遍性、规范性和可预见性，更应具有正义性。

2. 行政法具有特殊属性。行政法不是调整国家机关之间，国家与全体人民、社会各阶层之间以及中央和地方之间关系的法，不是调整自然人和法人之间财产关系或与财产相关的人身关系的法，也不是关于犯罪与惩罚的法，而是调整行政关系的法。行政关系在内容上涉及人身、财产和教育等各方面的利益，它是在国家行政权作用过程中所形成的一种特殊社会关系。

3. 行政法具有民主性。从人类发展史上看，行政法并不是随着行政和国家的出现而产生的，而是随着民主和法治的发展，在宪法得以制定并实施的基础上才产生的。在近代法治进程中，首先是立宪时代，然后才逐渐过渡到行政法治时代。在立宪以前，无论行政与法被提到过多少次、联系如何紧密，都不可能有行政法。当然，在某些通过改革而走向法治的国家，如德国、日本和我国，这一规律并非十分明显。基于行政法在渐进式改革中所具有的重大作用，行政法与宪法往往是交互作用、发展的。①

4. 行政法具有集合性。行政法并不是指某个法典，而是具有共同调整对象即行政关系，以宪法典、法律、法规和规章等为具体表现形式的法律规范的总和。也就是说，行政法律规范分散在各种各样的法律文件中，并没有一个被称为行政法的法典。然而，当把这些行政法律规范集合在一起时，就构成了一个独立的部门法即行政法。当前，随着民法典的编纂，学界也出现了制定行政法典的讨论。

二、行政法的特点

学者对行政法的特点有多种概括。② 我们认为，对行政法的特点可以从形式和内容两方面来认识。

1. 行政法的形式特点。行政法形式上的特点有以下几方面。

（1）缺乏统一的法典。在行政关系领域，很难制定一部统一的、包罗万象的行政法典。有的国家虽然作过制定统一的行政法典的努力，但迄今为止只有一个国家取得了成功。③ 因此，行政法只能表现为众多的、各种各样的单行法律、法规和规章等，只能是各种以行政关系为调整对象的法律规范的组合体。但行政法在形式上没有统一的法典，并不意味着行政法的杂乱无章，它仍然是一个有机的整体和体系。

（2）表现形式的多样性。宪法、民法和刑法的表现形式基本上是法典。与此不同，行政法的表现形式较多，具体有宪法典、法律、行政法规、地方性法规、规章和法律解释等。行政法的这一特点反映了行政关系的多样性、行政职能的广泛性、行政法规范制定主体的多元性、行政法效力的层级性和地域性。

（3）数量规模的庞大性。行政法既没有统一的法典，又有多种具体表现形式，同时调整对象又非常广泛，从而使得行政法规范的数量以成千上万计。

（4）对社会的适应性。行政法规范制定主体的多元性、行政立法程序的简便性、行政法具体表现形式的多样性等，为及时制定、修改、补充或废止行政法规范提供了可能性。这样，行政法自然具有较大的变动性和灵活性，对行政关系的调整也有较大的适应性。

2. 行政法的内容特点。行政法在内容上的特点表现在以下几个方面。

（1）行政权的支配性。在宪法上，国家机关的权力归根结底都来源于人民，实行人民主权原则。在民法上，双方主体的权利是平等的。但在行政法上，行政权与公民权具有不对等性，

---

① 叶必丰．二十世纪中国行政法学的回顾与定位．法学评论，1998（4）．

② 张尚鷟主编．出低谷的中国行政法学．北京：中国政法大学出版社，1991：37页以下；杨建顺．论行政法的特点．法制与社会发展，1998（3）．

③ 德国的威敦比克邦曾花了11年的时间（1925年—1936年）制定了一部4编、共224条的行政法典，后因希特勒上台而未付诸实施。1994年，荷兰制定了《荷兰国基本行政法典》，这是世界上现行的唯一的一部行政法典。

行政权具有优益性或支配性。行政权可以设定、变更或消灭公民的权利义务，并且这种设定、变更或消灭行为即行政行为具有公定力、确定力、拘束力和执行力，而公民权却不具有同样的权利。

（2）实体法和程序法的模糊性。行政法包括规定行政权力（利）、义务的行政实体法和规定权利、义务实现程序的行政程序法。这里的行政程序法不包括行政诉讼法，而主要是指作出行政行为的程序规则。在各行政法规范中，往往既有行政实体法规范，又有相应的行政程序法规范。同时，某些行政法规范，如关于行政决定有效成立要件和行政决定效力的法律规范，到底是行政实体法规范还是行政程序法规范，也很难界分。

（3）效力的多元性。构成行政法的各法律规范的时间效力和适用范围是不可能相同的。这就使得行政法在时间、空间上的效力和对人的效力具有多元性，而并不具有统一性。

（4）与行政诉讼关系的紧密性。从行政法发展史上说，没有独立的行政诉讼就没有行政法，即使一个国家具有某些调整行政关系的法律规范，充其量也只是一种制度，还难以作为一个有机的体系或独立的部门法而存在。并且，行政诉讼的发展，还促进了行政法的发展。许多重要的行政法规范，都是在行政诉讼这一实践活动中总结和概括出来的经验的法律化。

三、行政法的地位

1. 行政法在法律体系中的地位。行政法在一国法律体系中，是一个独立的基本部门法。法律体系是一国实定法的有序组合体，也可称为法律系统。基本部门法，是法律体系中第一层次的部门法。行政法就是法律体系中第一层次的部门法。行政法是一个不隶属于任何其他部门法而独立存在的基本部门法。行政法的独立地位，是由行政法的调整对象的独立性决定的。那种认为行政法是仅次于宪法的、独立的基本部门法的观点，是非科学的。这是因为，作为部门法而存在的行政法，并不是以法律规范的效力等级为基础的。效力仅次于宪法规范的只是作为法的具体表现形式之一的、最高国家权力机关制定的法律，而不是行政法等部门法。从法律规范的效力等级上看，属于行政法范畴的宪法典中的规范，效力并不低于其他宪法规范；而属于行政法范畴的法规和规章，效力不仅低于宪法规范，而且低于法律。

2. 行政法在社会生活中的地位。行政法是法治的标志。行政关系是一种非常广泛的社会关系，人们在生、老、病、死和吃、穿、住、行方面所形成的利益关系，大多是行政关系。在当今社会，每一方面的行政关系是否都能实现有法可依、有法必依、执法必严、违法必究，每一方面的行政活动是否都有相应的法律来规范，已成为一国法制是否健全的重要标志。没有行政法或行政法不完备的社会，绝不是法治社会或法制健全的社会。行政法也是民主的标志。关系的实质，是两种力量相互制约而形成的一种联系，行政关系也是如此：一方面，它是行政主体对社会成员谋求个人利益的制约关系，目的是达成社会成员占有利益的社会公正性；另一方面，又是社会成员对行政主体集合和分配公共利益的制约关系，目的是求得集合和分配公共利益本身的社会公正性，从而保证社会成员占有利益的社会公正性。行政法的目标是要促进和实现行政民主和公正。这样，行政法发达与否自然成了一国民主发展程度的衡量标志，在宪法已经确立的社会中更是如此。有的学者甚至宣称，如果说18世纪是宪法时代的话，那么从19世纪起便进入了行政法时代。①

① 翁岳生．行政法与现代法治国家．台北：祥新印刷公司，1976：184.

第二节 行政法的渊源

行政法的渊源，又称为行政法的法源，就是行政法的具体表现形式。

一、宪法和条约

1. 宪法。《宪法》，是我国的根本大法，也是我国行政法的根本法源。可以说，它几乎为我国所有行政领域的行为提供了依据。一方面，宪法是行政立法的依据。有关重要的行政立法、行政规划和行政决策，都是以宪法为依据的；另一方面，宪法中有关以行政关系为基础和调整对象的规范，如有关公民受教育权的规范和申诉权、控告权、检举权和赔偿权的规范等，则是行政法的直接法源。

宪法作为行政法的渊源，在我国行政立法、行政决策和行政规划中得到了较好实践，但在行政执法和行政诉讼中并没有推进。《最高人民法院关于人民法院制作法律文书应如何引用法律规范性文件的批复》①，没有指出审理行政案件应当以宪法为依据，从而间接地排除了宪法在行政诉讼中的适用。而早在 1955 年最高人民法院《关于在刑事判决中不宜援引宪法作论罪科刑的依据的复函》② 则明确指出：宪法不能作为法院论罪科刑的依据。这一司法解释尽管是针对宪法在刑事审判中的地位所作的解释，但却被认为适用于所有司法审判领域。

2. 条约。我国缔结或加入的国际条约（或协定），需要在国内实施的，也是我国法律的渊源；涉及行政关系的，也是行政法的渊源。它在我国的适用，需要以下列方式予以转化：第一，通知适用。例如，我国政府核准《联合国国际货物销售合同公约》后，当时的外经贸部在《关于执行联合国国际货物销售合同公约应注意的几个问题》③ 中指出："我国政府既已加入公约，也就承担了执行公约的义务，因此，根据公约第一条（1）款的规定，自 1988 年 1 月 1 日起我各公司与上述国家（匈牙利除外）的公司达成的货物买卖合同如不另做法律选择，则合同规定事项将自动适用公约的有关规定，发生纠纷或诉讼亦须依据公约处理。"第二，立法转化。例如，根据《最高人民法院关于审理国际贸易行政案件若干问题的规定》④ 第 8、9 条的规定，法院审理国际贸易行政案件并不能直接以有关国际条约为依据，而应当以我国法律、法规和规章的规定为依据；只有在"所适用的法律、行政法规的具体条文存在两种以上的合理解释"时，才能选择其中与中华人民共和国缔结或者参加的国际条约的有关规定相一致的解释予以适用。立法转化的方式也在"正通药业案［最典型 2007－11］"中得到了实践。

二、制定法

1. 法律。法律是我国行政法的基本法源。法律是由最高国家权力机关制定的，具有国家强制力的普遍性行为规则，是各部门法的法源。其中，只有以行政关系为调整对象的法律，才是行政法的法源。

2. 行政法规。行政法规是国务院制定的具有国家强制力的普遍性行为规则，是行政法最重

① 1986 年 10 月 28 日，法（研）复〔1986〕第 31 号。

② 1955 年 7 月 30 日最高人民法院发，2012 年 8 月 21 日最高人民法院法释〔2012〕13 号废止。

③ 1987 年 12 月 4 日，(87) 外经贸法字第 22 号。

④ 2002 年 8 月 27 日，法释〔2002〕27 号。

要的法源之一。行政法规的数量众多、涉及面广、内容具体，绝大部分都属于行政法的范畴。现行有效的有三种：一是国务院制定并公布的行政法规；二是《立法法》施行以前，按照当时有效的行政法规制定程序，经国务院批准、由国务院部门公布的行政法规。但在《立法法》施行以后，经国务院批准、由国务院部门公布的规范性文件，不再属于行政法规；三是在清理行政法规时由国务院确认的其他行政法规。

3. 地方性法规。它是行政法的重要法源之一。地方性法规（含自治条例和单行条例），是省、自治区、直辖市人大及其常委会，设区的市人大及其常委会，以及自治州和自治县的人大及其常委会制定的具有国家强制力的普遍性行为规则。当然，地方性法规中只有以行政关系为调整对象的法律规范，才属于行政法的范畴。

4. 规章。规章或行政规章也是行政法的重要法源之一。规章可以分为部门规章和地方规章两类。部门规章是指国务院各部门根据法律和国务院的行政法规、决定、命令，在本部门的职权范围内按照规定程序所制定的规定、办法、实施细则、规则等规范性文件的总称。地方规章即地方人民政府规章，是指由省、自治区、直辖市、设区的市和自治州人民政府根据法律和行政法规等规定程序所制定的普遍适用于本地区行政管理工作的规定、办法、实施细则、规则等规范性文件的总称。尽管因《行政诉讼法》关于“参照规章”的规定，使人们对规章的法律地位产生许多争议，但通说仍然认为它是行政法的渊源。并且，随着《立法法》对规章的规定和新的司法解释的出台，这种争议也已逐渐得以消除。绝大多数规章都是以行政关系为调整对象的，属于行政法的范畴。

三、法律解释

依通说，有权机关所作的法律解释也是我国行政法的渊源。在《立法法》施行以前，我国的法律解释有宪法解释、立法解释、行政解释、司法解释和地方解释 5 种。现在，我国的法律解释则有宪法解释、立法性解释、应用性解释和司法解释 4 种。根据《宪法》的规定，宪法解释是全国人大常委会对《宪法》条文含义的解释。立法性解释，是指全国人大常委会对法律，国务院对行政法规，以及地方性法规和规章的制定主体对地方性法规和规章，就法律规范本身的含义所作的进一步明确界定，或者为了适应需要所作的补充规定。立法性解释与被解释的法律、法规和规章具有同等的法律效力。应用性解释，是指立法主体的工作机构对本立法主体所制定的法律、法规或规章，在具体应用上所作的解释。司法解释是指最高人民法院和最高人民检察院对司法工作中具体应用法律问题所作的解释。

四、其他渊源

1. 民法规范。一般说来，能够作为行政法渊源的是以行政关系为调整对象的法律规范及其法律解释。但是，行政主体根据行政法规范的规定，在处理行政事务中涉及民事关系时，对民事关系应适用民法规范及其法律解释；对与民事问题相同的行政事务，并且行政法上没有特别规定的，如主体的权利能力和行为能力等，也应适用民法规范及其法律解释。[①] 因此，民法规范及其法律解释是行政法的补充渊源。这在当前值得我们重视。

---

① 参见最高人民法院（2017）行申 6546 号行政裁定书。

2. 判例。无论在英美法系国家还是在大陆法系国家，判例都是行政法的渊源，所不同的是判例这一渊源在大陆法系远没有像在英美法系那样重要。在我国，目前判例还不是行政法的渊源。但在实践中，最高人民法院公布的指导性案例以及在《最高人民法院公报》上公布的案例具有重要的指导意义。根据《最高人民法院关于案例指导工作的规定》① 的规定，指导案例是指裁判已经发生法律效力，按规定条件和程序遴选、决定和公布，对全国法院审判、执行工作具有指导作用的案例。最高法院发布的指导案例，各级法院审判类似案例时应当参照。如果指导案例的法源地位得以完全确立，则行政法的原则、生活常识、行政惯例和行政规范性文件等即使没有成为独立的法源，也可以纳入指导案例之中。

3. 法律原则。行政法没有统一的法典，行政法原则具有特殊的意义。许多国家都将法律原则作为行政法的渊源之一。② 在我国司法实践中，比例原则、信赖保护原则和正当程序原则等也已得到广泛运用。③ 法律原则虽然还没有成为独立的渊源，但与相关法律规范结合，正发挥着日益重要的作用。

4. 行政惯例。在国外，与法律原则一样，行政惯例也是行政法的渊源。④ 在世贸组织的有关规则中也一再提到作为行政决定依据的行政惯例。我国判例认为："当事人民法上的权益或者习惯法上的权益，只有在有关行政法律规范对其加以保护的情形下，才能成为行政法上保护的权益。"⑤ "行政机关对特定管理事项的习惯做法，不违反法律、法规的强制性规定且长期适用形成行政惯例的，公民、法人或其他组织基于该行政惯例的合理信赖利益应予适当保护。"⑥

5. 学说。在境外的司法裁判中，往往大量地引用学说尤其是权威学说。我国也有判例运用法学理论进行说理⑦，但尚未发现将法学理论作为裁判依据。作为说理论据的法学理论是否构成行政法的渊源，值得研究。

第三节　行政法的效力

一、行政法的效力范围

1. 行政法的空间效力。这是指行政法在空间上的效力范围，即关于行政法在哪些地域范围内及其上空具有法律约束力的问题。从整体上说，行政法在我国全部领域内都具有法律效力。但实际上，许多法律、法规和规章的空间效力与行政法在整体上的空间效力并不一致，各法律、

---

① 2010 年 11 月 21 日，法发〔2010〕51 号。

② 王名扬．法国行政法．北京：中国政法大学出版社，1989：15；哈特穆特・毛雷尔．行政法学总论．高家伟译．北京：法律出版社，2000：64；盐野宏．行政法．杨建顺译．北京：法律出版社，1999：45.

③ 参见最高人民法院（1999）行终字第 20 号行政判决书，最高人民法院（2017）行申 8518 号行政裁定书，最高人民法院指导案例 38 号"田永诉北京科技大学拒绝颁发毕业证、学位证案"，最高人民法院（2016）行再 104 号行政判决书，以及最高人民法院（2017）行申 3768 号行政裁定书。

④ 王名扬．法国行政法：16；哈特穆特・毛雷尔．行政法学总论：62；盐野宏．行政法：44.

⑤ 最高人民法院（2017）行申 169 号行政裁定书。

⑥ 中国行政审判案例第 135 号//中华人民共和国最高人民法院行政审判庭编．中国行政审判案例：第 4 卷．北京：中国法制出版社，2012：77.

⑦ 成都鹏伟实业有限公司与江西省永修县人民政府、永修县鄱阳湖采砂管理工作领导小组办公室采矿权纠纷案．最高人民法院公报，2010（4）；江苏省南通市港闸区人民法院（2015）港行初字第 00244 号行政裁定书；上海市第二中级人民法院（2004）沪二中行终字第 325 号行政判决书。

法规和规章的空间效力也各不相同。各法律、法规和规章的空间效力，除了与行政法在整体上的空间效力相一致外，还有以下两种情况。

（1）小于整体上的空间效力范围。第一，地方性法规和地方规章只能在本行政区域内生效，在其他区域不具有法律效力，因而其空间效力范围就小于行政法在整体上的空间效力范围。第二，某些法律、法规和规章明文规定只适用于特定地域，则该法律、法规和规章仅在特定地域范围有效。①

（2）大于整体上的空间效力范围。根据国际法准则，主权国家在毗连区也可行使部分管辖权。为此，我国制定了《领海及毗连区法》，该法第 14 条规定，中华人民共和国有关主管机关有充分理由认为外国船舶违反中华人民共和国法律、法规时，可以对该外国船舶行使紧追权；追逐只要没有中断，可以在中华人民共和国领海或者毗连区外继续进行，在被追逐的船舶进入其本国领海或者第三国领海时追逐终止。因此，该法的空间效力范围大于行政法在整体上的空间效力范围。

2. 行政法的时间效力。这是指行政法在什么样的时间范围内有效，即从何时起生效、至何时失效的问题，以及行政法是否有溯及既往的效力问题。

（1）行政法的生效时间。行政法的生效时间具体表现为法律、法规和规章的生效时间。“生效”，在法律、法规和规章文本中有各种各样的表述和名称，如“生效”、“施行”、“实施”、“执行”、“实行”和“试行”等。但最近若干年以来，越来越多的法律、法规和规章已经用“施行”一词来表示生效这一意义。各法律、法规和规章是在不同时间制定的，因而具体的生效之日并不相同，有的法律、法规和规章甚至对不同内容规定了不同的生效时间。② 在以往，法律、法规和规章往往是以文本中规定时间、发布时间、命令所定时间、文本到达时间或下达时间为生效时间。在法律、法规和规章没有规定它的生效时间时，则视为从发布之日起生效。现在，根据《立法法》、《行政法规制定程序条例》和《规章制定程序条例》的规定，都应当以命令的形式公布或发布法律、法规和规章，并在命令中明确规定生效时间。其中，除涉及国家安全、外汇汇率、货币政策的确定以及公布或发布后不立即施行有碍施行的情况之外，法律、法规和规章应在公布或发布之日起 30 日后施行。法律、法规和规章都是从它生效之日的零时起发生法律约束力的。

（2）行政法的失效时间。行政法的失效时间具体表现为法律、法规和规章的失效时间。法律、法规和规章自失效之日的第 24 时起丧失法律效力，即至失效之日的第 24 时起不再具有法律效力。法律、法规和规章可因撤销、废止而失效，也可自行失效。其中，被撤销的法律、法规和规章被视为自始不具有法律效力即从来没有发生过法律效力。在撤销前，该法律、法规和规章已经实施并产生了法律效果的，应分别对待：如果所产生法律效果有利于公民，则应当予以承认；不利于公民，则不应承认。废止，有直接废止和间接废止两种。直接废止是指明确宣布废止特定法律、法规和规章的一种方法。它往往在新法中直接宣布废止被代替的旧法，使该旧法丧失法律效力；或者在清理的基础上，集中废止某些已经不适应需要的法律、法规和规章。间接废止是一种废止哪些法律、法规和规章未作明确规定，而需按照行政法的

① 参见《全国人民代表大会常务委员会关于授权国务院在部分地区和部分在京中央机关暂时调整适用〈中华人民共和国公务员法〉有关规定的决定》，2016 年 12 月 25 日全国人大常务委员会通过；《开发建设晋陕蒙接壤地区水土保持规定》，2011 年 1 月 8 日国务院令第 588 号修订；等等。

② 《四川省水土保持工作细则》（已废止）第 49 条规定：“本细则自发布之日起生效。奖励与惩罚从发布之日起，六个月后执行。”

效力原则（详见后文）和制定依据具体认定的废止方法。根据《最高人民法院关于印发〈关于审理行政案件适用法律规范问题的座谈会纪要〉的通知》，实施性规定与修改后的法律、行政法规或者地方性法规相抵触的，不再有效；因法律、行政法规或者地方性法规的修改，相应的实施性规定丧失依据而不能单独施行的，不再有效；实施性规定与修改后的法律、行政法规或者地方性法规不相抵触的，继续有效。在先有下位法后有上位法的情况下，上位法的制定和生效可以间接废止下位法。间接废止，既可以废止整个法律、法规或规章，也可以废止法律、法规或规章中的一部分。间接废止的认定，有时是由行政主体在执行法律、法规和规章中自行进行的，这就要求执行者有较高的法律修养。被废止的法律、法规和规章自废止之日起丧失法律效力。自行失效的法律、法规和规章，自所定期限届满或调整对象消灭之时起失效。

（3）行政法的溯及力。这是指法律、法规和规章对生效前的法律事实所具有的拘束力。发生在新法生效前的法律事实和法律关系持续到新法生效以后的，都可以按新法处理，不属于溯及既往。①

行政法一般不具有溯及既往的效力。法律、法规或规章如果要溯及既往，根据《立法法》第 93 条的规定，必须同时具备以下两个条件：第一，该法律、法规或规章系为了更好地保护公民、法人和其他组织的权利和利益；第二，该法律、法规或规章有明文规定。

在我国司法实践中，对行政法的溯及力已经形成以下两个原则：第一，程序从新原则。“行政相对人的行为发生在新法施行前，行政机关处理期间新法施行的，行政机关一般应当按照新法的程序要求作出具体行政行为。”② 第二，实体从旧兼有利原则。“行政相对人的行为发生在新法施行前，行政机关处理期间新法施行的，行政机关对实体问题一般应当以旧法为判断依据。”③ 但是，新法对当事人更有利的，可适用新法。④

3. 行政法对行政主体和相对人都具有法律效力。其中，我国行政法对相对人的法律效力同时实行属人主义和属地主义原则。根据法定主义原则，行政法一般只对它所规定的事项发生法律效力，对它未作规定的事项和明文排除在外的事项不发生法律效力。但是，行政法规范总是概括性的，而不可能列出每一项具体的事。这样，哪些事务是法律、法规和规章已经规定的事务，往往需要执法者作具体的认定，这是执法者的任务。

二、行政法的效力原则

1. 上位法优于下位法原则。构成行政法律部门的宪法、法律、法规和规章，是由有关国家机关制定的，由于制定机关的多元性和制定机关地位的差异性，行政法也就具有相应的效力位阶。对此，我国《宪法》有关条文和《立法法》第 87～89 条作了明文规定，即第一位阶是宪法

① 参见《最高人民法院关于行政案件受理问题的复函》，1989 年 1 月 23 日，法（行）函〔1989〕11 号；《最高人民法院关于审理国际贸易行政案件若干问题的规定》，2002 年 8 月 27 日，法释〔2002〕27 号。

②③ 中国行政审判案例第 57 号//中华人民共和国最高人民法院行政审判庭编．中国行政审判案例：第 2 卷．北京：中国法制出版社，2011：104.

④ 中国行政审判案例第 134 号//中华人民共和国最高人民法院行政审判庭编．中国行政审判案例：第 4 卷．北京：中国法制出版社，2012：71；《最高人民法院关于印发〈关于审理行政案件适用法律规范问题的座谈会纪要〉的通知》，法〔2004〕96 号。

典和条约，第二位阶是法律，第三位阶是行政法规，第四位阶是地方性法规，第五位阶是规章。同时，省、自治区国家权力机关制定的地方性法规的效力，高于设区的市的国家权力机关和自治州、自治县国家权力机关制定的地方性法规；自治州的自治条例和单行条例的效力又高于自治县的自治条例和单行条例。在地方规章中，省级规章的效力高于辖区内设区的市和自治州政府所制定的规章。反过来说，每一下位法都不能与上位法抵触，否则无效。但是，地方性法规的效力并不高于上级地方政府规章和部门规章，部门规章与地方性法规之间也不能区分效力的高低。部门规章与地方性法规之间对同一事项的规定不一致，不能确定如何适用时，由国务院提出意见，国务院认为应当适用地方性法规的，应当决定在该地方适用地方性法规的规定；认为应当适用部门规章的，应当提请全国人大常委会裁决。在司法实践中，对部门规章与地方性法规和地方规章的适用，按照《最高人民法院关于印发〈关于审理行政案件适用法律规范问题的座谈会纪要〉的通知》办理。

2. 新法优于旧法原则。《立法法》第 92 条规定："同一机关制定的法律、行政法规、地方性法规、自治条例和单行条例、规章，……新的规定与旧的规定不一致的，适用新的规定。"这就是新法优于旧法原则，包括下列含义：第一，新旧法律规范对同一事项都作出了规定，并且都仍具有法律效力。如果旧法已被废止，则不存在新法优于旧法问题，而是有效和无效的问题。第二，有冲突的新旧法律是由同一机关制定的。如果有冲突的新旧法律系由不同位阶的机关制定，则适用效力位阶原则解决；如果有冲突的新旧法律系由同一位阶的不同机关制定，则由有权机关依法裁决。第三，在能够确定即没有争议的情况下，新法优于旧法。

但是，新法优于旧法并不是一个绝对的原则。《立法法》第 94 条第 1 款规定："法律之间对同一事项的新的一般规定与旧的特别规定不一致，不能确定如何适用时，由全国人民代表大会常务委员会裁决。"第 2 款规定："行政法规之间对同一事项的新的一般规定与旧的特别规定不一致，不能确定如何适用时，由国务院裁决。"第 95 条第 1 款第 1 项规定，对地方性法规、规章来说，"同一机关制定的新的一般规定与旧的特别规定不一致时，由制定机关裁决"。也就是说，如果能确定新法优于旧法的，按该原则处理；不能确定即争议较大的，则按上述规定裁决。

3. 特别法优于普通法原则。一般说来，对某种行政关系作出普遍性规定的法称为普通法，对该行政关系作出专门性规定的法称为特别法。但社会事务繁杂，往往处于多种行政关系中，因而普通法与特别法又是相对的。例如，《治安管理处罚法》相对于《行政处罚法》是特别法，相对于《铁路法》中的治安管理处罚规定来讲却是普通法。

（1）同一机关制定的特别法与普通法。《立法法》第 92 条规定："同一机关制定的法律、行政法规、地方性法规、自治条例和单行条例、规章，特别规定与一般规定不一致的，适用特别规定。"这是特别法优于普通法的依据和典型情况。这一特别法优先普通法原则，不仅存在于不同的法律文件之间，也存在于同一法律文件的不同法律规范之间。如《突发事件应对法》中作为分则规定的第 52 条征用条款，与作为总则规定的第 12 条征用补偿条款，就是特别法与普通法之间的关系。这一原则的适用条件如下。

第一，特别法应该是针对普通法而作的特殊规定。这就意味着，特别法应当是在普通法之后制定的特别规定。只有这样，才有可能有意识地针对普通法所不能解决的特殊问题作出特殊规定。在这种情况下，特别法优于普通法原则与新法优于旧法原则同一。

第二，存在允许优先适用旧法的专门规定。先前已存在的单行法与后来所制定的统一性法律之间能否构成特别法与普通法关系，取决于统一性法律的规定。只有统一性法律允许先前已经存在的单行法继续适用时，即统一性法律中作出但书规定时，才构成一般规定和特殊规定的关系，先前的单行法才成为特别法，统一性法律才成为普通法，才能适用特别法优先于普通法的原则。

第三，特别规定的优先适用无须经过法定机关的裁决。如果不一致的规定需要按《立法法》第 94 条的规定裁决，则不属于特别法优于普通法的范畴。

（2）法律规范与变通规定。这有三种情况：第一，自治条例和单行条例依法对法律、行政法规、地方性法规作变通规定的，在本自治地方优先适用自治条例和单行条例的规定。第二，经济特区法规基于授权所做的变通规定，在本辖区内优先于被变通的法律、行政法规和地方性法规。第三，根据单行法的但书条款（如《行政许可法》第 42 条第 1 款），下位法所做的变通规定优先适用。上述变通规定，构成被变通、补充法律规范的特别法。这类特别法优先于普通法的条件是授权的存在，并且无须经裁决确定如何适用。

行政法的新法优于旧法和上位法优于下位法原则，可因特别法优于普通法而有例外。

三、行政法效力的裁决

法律、法规和规章效力明确的，按规定适用；不明确或有冲突的，按效力原则适用；不明确或有冲突而又不能按效力原则适用的，由法定机关依法裁决。行政法效力的裁决制度，目的是保证法制的统一，在性质上则属于法律解释。

《立法法》第 94 条规定，法律之间对同一事项的新的一般规定与旧的特别规定不一致，不能确定如何适用时，由全国人大常委会裁决；行政法规之间对同一事项的新的一般规定与旧的特别规定不一致，不能确定如何适用时，由国务院裁决。

《立法法》第 95 条规定，地方性法规、规章之间不一致时，由有关机关依照下列规定的权限作出裁决：第一，同一机关制定的新的一般规定与旧的特别规定不一致时，由制定机关裁决。第二，地方性法规与部门规章之间对同一事项的规定不一致，不能确定如何适用时，由国务院提出意见，国务院认为应当适用地方性法规的，应当决定在该地方适用地方性法规的规定；认为应当适用部门规章的，应当提请全国人大常委会裁决。第三，部门规章之间、部门规章与地方政府规章之间对同一事项的规定不一致时，由国务院裁决。第四，根据授权制定的法规与法律规定不一致，不能确定如何适用时，由全国人大常委会裁决。

一般说来，启动这一制度的可能性比较小。《关于审理行政案件适用法律规范问题的座谈会纪要》指出：法院在审理行政案件中，“冲突规范所涉及的事项比较重大、有关机关对是否存在冲突有不同意见、应当优先适用的法律规范的合法有效性尚有疑问或者按照法律适用规则不能确定如何适用时，依据立法法规定的程序逐级送请有权机关裁决。”

法律应用

本章所涉及的法律应用问题非常多，情况也千差万别，总的说来应注意以下几点。

1. 行政法渊源的司法功能

行政法的渊源在司法上，在于向法院提供据以作出判决的依据。也就是说，作为行政法渊源的规则，对法院有拘束力；并非行政法渊源的规则，对法院没有拘束力。法院必须援引这些对自己有拘束力的规则作出裁判。每份裁判文书所涉及的规则（文件）很多，可以用来论证说理。对此，法院所遵从的是合法性、关联性和真实性。在裁判文书的裁判部分引用的规则只能是属于行政法渊源的规则。对此，法院所遵从的是拘束力。如果法院不引用有拘束力的法律规范，则将构成适用法律、法规错误。

2. 关于法律规范的效力

一部法律的规范性在空间、时间、对人、对事是否具有法律效力，关系到行政行为适用法律、法规或规章是否准确的问题，在案件中关系到双方当事人谁胜谁负的问题。但在存在准用性法律规范的情况下，一个不属于行政法渊源的规范也可以被援用来作为行政行为的依据。在间接废止的情况下，尤其应注意对时间效力的认定。一个法律、法规或规章对某一事项是否具有约束力，应当以法律事实的发生时间为准，而不应当以法律事实的发现时间或法律规范的适用时间为准。在对同一事项有多个法律规范规定的情况下，则应注意新法与旧法、特别法与普通法、上位法与下位法之间的关系。对某些事项则还应适用民法规范的规定。

3. 关于无效的法律规范

《立法法》第73条第2款规定："在国家制定的法律或者行政法规生效后，地方性法规同法律或者行政法规相抵触的规定无效，制定机关应当及时予以修改或者废止。"洛阳市中级人民法院的一名年轻女法官曾依据上述条款，在判决书中宣布与《种子法》抵触的《河南省农作物种子管理条例（试行）》无效，而导致被暂停职务，引发热烈争议，后被恢复职务。

从《立法法》文字看，确实未赋予法院宣布"无效法规或规章"无效的权力，而要求制定机关"及时予以修改或者废止"。但法院对案件的审理，无法等待到制定机关修改或废止该"无效法规或规章"。对此，法院一般的处理技术是在认定法规或规章与上位法相抵触后，在说理部分指出"不予适用"该法规或规章。如最高人民法院指导案例5号裁判要点指出："地方政府规章违反法律规定设定许可、处罚的，人民法院在行政审判中不予适用。"

课后复习

1. 简述行政法的特点。

2. 请从本教材外，找出一个以上特别法优于普通法的实例。

3. 请阅读最高人民法院指导案例5号《鲁潍（福建）盐业进出口有限公司苏州分公司诉江苏省苏州市盐务管理局盐业行政处罚案》，结合行政法的效力原理进行讨论。

4. 最高人民法院指导案例6号《黄泽富、何伯琼、何熠诉四川省成都市金堂工商行政管理局行政处罚案》裁判要点确立了没收较大数额涉案财产应经听证的程序制度。请研讨，法院是如何解释出这一法律含义的？

| 第二章 |

行政法的基本原则

提　要

行政合法性原则，要求行政主体实施行政行为应符合法律的规定，具体包括法律优位原则、法律保留原则以及行政应变性原则。行政合理性原则指行政行为应具有内容上的公正性，符合比例原则，不得严重不合理。

重点问题

1. 行政合法性原则的具体内容。
2. 比例原则的具体内容。
3. 严重不合理的判断标准。
4. 行政合理性原则的适用。

第一节　行政合法性原则

行政合法性原则，要求行政主体实施行政行为应符合法律的规定。它是行政必须服从法律的基本准则，是法治、民主和人权原则在行政领域的具体体现与运用。该原则具体包括法律优位原则、法律保留原则以及行政应变性原则。

一、法律优位原则

法律优位原则或法律优先原则，是指行政法规范对行政活动具有绝对的拘束力和支配力，行政主体不得采取任何违反行政法规范的措施。它无限制和无条件地适用于一切行政领域。在现代，法律优先原则中的“法”，是广义的法，而不仅仅是立法机关所制定的法。

1. 行政法优先于行政。如果从整个人类历史的发展进程来考察，行政早于法存在。但是，在行政先于法而存在的社会里，是不存在行政合法性原则的，也是没有民主和人权的。这种历史考察的意义，只能说明在行政先于法存在的情况下行政随意性的必然性，以及用法的合理性来约束行政随意性的必要性。如果我们仅仅截取人类历史中法治原则确立以后的阶段来考察的话，那么我们就可以说法先于行政而存在：行政组织是根据法律设置的，行政官员是根据法律任命的，行政权是由法律设定的。在法治国家里，它们都不是与生俱来或固有的，而是由法律创造出来的。《行政处罚法》、《行政许可法》和《行政强制法》所确立的处罚法定原则、许可法定原则和强制法定原则，就表明只有依法设立的行政主体，只有具备法律赋予的处罚、许可和强制职权，只有在法律所规定的行为范围内，所实施的行政行为才具有合法性。也就是说，只有先有行政机构、行政职权和规范行政行为的法律，才能有合法的行政主体、行政权限和行政行为。

全国人民代表大会常务委员会法工委的解释，再三强调了这一原则。“罚款是一种行政处罚，只能由法律、法规规定的行政主管机关行使。作为群众组织的职工物价监督站（或者职工物价监督员）不是行政主管机关，不宜行使行政处罚权。”① “规定行政主管部门作出的关于拆迁问题的裁决由行政主管部门强制执行，或者规定由作为事业单位的城管监察大队强制执行，是没有法律依据的。建议《贵阳市建设拆迁管理办法》不要作关于拆迁部门的裁决由城管监察大队强制执行的规定。”② 原《土地管理法》第 47 条中所规定的“没收非法所得”（已为 1998 年修正后的法律所废止）不能解释为包含没收土地，对非法购买农民自留地并骗取批准非法占用土地盖房行为的不能实施没收土地的处罚。③

2. 行政法对行政的支配性。我国《宪法》第 5 条明文规定：一切国家机关和武装力量、各政党和各社会团体、各企业事业组织都必须遵守宪法和法律。任何组织或者个人都不得有超越宪法和法律的特权。根据《立法法》第 96 条的规定，行政机关制定的行政法规和规章有下列情形之一的，由有关机关依法予以改变或者撤销：超越权限的，下位法违反上位法规定的，以及违背法定程序的等。《行政诉讼法》第 70 条规定：“行政行为有下列情形之一的，人民法院判决撤销或者部分撤销，并可以判决被告重新作出行政行为：（一）主要证据不足的；（二）适用法律、法规错误的；（三）违反法定程序的；（四）超越职权的；（五）滥用职权的；（六）明显不当的。”第 72 条规定：“人民法院经过审理，查明被告不履行法定职责的，判决被告在一定期限内履行。”

法律不仅从字面含义而且从立法目的上拘束行政。法律之所以赋予或授予行政主体某种职权都是为了实现特定的目的，行政主体要受这一特定目的的拘束。这就意味着：第一，无偏私。行政主体及其公务员行使法定职权，不能是为了自己或他人谋取利益。要禁止行政机关及其工作人员经商办企业或兼职尤其是权力寻租，防止外部干扰。但是，党组织的领导、上级的指示、正常的监督，不能视为外部干扰。第二，禁止不相关考虑。行政主体及其公务员行使法定职权，禁止不相关考虑。如果法律规范要求考虑某一法定因素而未考虑，或者要求不考虑某一法定因素而予考虑，就属于不相关考虑，不符合法律目的。④ 法律规范对相关考虑的要求，根据指导案例 6 号黄泽富等案的裁判要点，既可以是明示的也可以是默示的。在法律要求考虑的因素有多项时，要求对各项因素加以综合平衡考虑。但是，对法律没有规定而客观情况要求或不要求考虑的因素，未予考虑或予以考虑的，不构成违反法定目的，而属于违反合理性原则。禁止不相关考虑要求公务员消除成见，不能事先与相对人结怨和私自单独接触。但类似交通执法场所

---

① 全国人大常委会法工委答复：《地方性法规能否授予职工物价监督站行使罚款权》，1989 年 11 月 15 日。

② 全国人大常委会法工委答复：《拆迁部门作出的拆迁决定是否可以由事业单位强制执行》，1990 年 2 月 8 日。

③ 全国人大常委会法工委答复：《“没收非法所得”是否包括被买卖或非法转让的土地》，1990 年 7 月 11 日。

④ 中国行政审判案例第 65、71 和 74 号//中华人民共和国最高人民法院行政审判庭编．中国行政审判案例：第 1、2 卷．北京：中国法制出版社，2010，2011，158－162，193－196，209－213.

只有警察一人的情形，不属于私自单独接触。① 第三，符合法定目的。② 行政主体及其公务员所具有的法定职权，不能用于其他目的。如果法律规定用于调查的传唤被用于调解③，把基于公共利益征收原告的房产后又有偿转让给第三人④，都存在行政行为违反法定目的的嫌疑。

3. 司法对行政的监控。行政权力受法律的约束取决于国家的内部机制发挥有效联动，包括立法、行政和司法的分工、合作和制约，尤其是司法的保障。法院是法律的最后表达者。立法机关制定法律，行政机关实施法律，而法院则依法裁判。法院有权认定并裁判行政权力的行使是否基于法律，是否已受法律约束。法律优先原则的直观表现，就是要把行政行为的合法性置于法院的管辖和监控之下。因此，行政主体不得逃避司法监控，行政行为原则上都应受到司法审查。

二、法律保留原则

法律保留原则，是指法律未规定行政主体作为的，行政主体不得作为，由法律所保留。我国的法律保留原则可以从立法和执法两个层面来认识。

1. 立法上的法律保留。这是指法律未规定的立法权，属于法律所保留，不得进行行政立法。从立法来看，法律保留原则的“法律”是狭义上的法律，即仅指最高国家权力机关所制定的法律。

（1）绝对保留。根据《宪法》和《立法法》的规定，下列事项只能制定为法律或者说只能由法律加以规定，即为法律所保留：国家主权的事项，各级人民代表大会、人民政府、人民法院和人民检察院的产生、组织和职权，民族区域自治制度、特别行政区制度、基层群众自治制度，犯罪和刑罚，对公民基本权利的剥夺、限制人身自由的强制措施和处罚，对非国有财产的征收，民事基本制度，基本经济制度以及财政、税收、海关、金融和外贸的基本制度，诉讼和仲裁制度，以及必须由全国人民代表大会及其常务委员会制定法律的其他事项。对上述事项尚未制定法律的，全国人民代表大会及其常务委员会有权作出决定，授权国务院可以根据实际需要，对其中的部分事项先制定行政法规，但是有关犯罪和刑罚、对公民政治权利的剥夺和限制人身自由的强制措施和处罚、司法制度等事项除外。也就是说，有关公民自由的立法为法律所绝对保留。

（2）相对保留。相对保留的范围取决于事务的重要性。重要性的衡量标准包括对基本权利的影响，对公共利益的意义等。从我国实践来看，有关应给予行政处罚的行为、种类和幅度，行政许可和行政强制的设定等，就属于相对保留的范围。⑤

立法上的法律保留原则支配着最高国家权力机关与行政机关、地方国家权力机关之间的立法权限分工。

2. 执法上的法律保留。从执法层面来看，法律保留原则的“法律”包括法律、法规和规章。这一原则的实质是无法律即无行政，法无明文禁止即自由。它的要求比法律优先原则更为严格：

---

① 中国行政审判案例第 6 号//中华人民共和国最高人民法院行政审判庭编．中国行政审判案例：第 1 卷．北京：中国法制出版社，2010：27.

② 中国行政审判案例第 31 号//中华人民共和国最高人民法院行政审判庭编．中国行政审判案例：第 1 卷．北京：中国法制出版社，2010：169.

③ 参见上海市第一中级人民法院（2009）沪一中行终字 320 号行政判决书。

④ 参见江苏省高级人民法院（2003）苏行终字第 015 号行政裁定书。

⑤ 参见 2003 年 7 月 14 日、2004 年 12 月 24 日全国人大常委会法工委的询问答复等。

法律优先原则只是消极地禁止违反现行行政法规范的行政行为，而法律保留原则却积极地要求行政行为具有法律依据。法律优先原则所要求的是法对行政的支配性。然而，在法律规范缺位时，对行政也就无能为力、无法支配和约束了。对法律保留原则来说，法律缺位意味着法律未作、不作规定，意味着法律未赋予行政权力，因而就必须排除任何行政行为的存在，就不得侵害个人自由。法律优先原则所要解决的是法律对行政的监控力度，法律保留原则所要确定的是法律对行政的监控范围。

无法律即无行政原则不是从行政和法的产生历史，而是从依法行政和法治的角度来解释的。从人类历史的发展进程来考察，行政早于法就存在了，但这只能说明在行政先于法存在的情况下行政随意性的必然性，以及用法的合理性来约束行政随意性的必要性。从法治的角度考察，则只有先制定了法，才能根据法来设置行政机构、任命公务员，由法律赋予其行政权，然后行政机构才能实施行政行为。没有法律的规定，一个行政组织就缺乏存在的法律基础即合法性，就不具有法律上的行政权力，也就不可能有经法律规制的行政活动。因此，“称之为行政的人类活动是行政法规范的结果；如果不考虑行政法规范，行政的这种事实是无法想象的”①。无法律即无行政原则，在我国《行政复议法》和《行政诉讼法》中体现在对适用法律依据错误的行政决定应当撤销的规定中，因为适用法律依据错误包括没有适用任何法律依据作出行政决定的情形。

法无明文禁止即自由的原则，在我国《行政处罚法》和《行政许可法》中是通过处罚法定、许可法定原则来贯彻的。但是，我国总体上仍然实行权利法定主义而未确立天赋人权观念，因此在司法实践中仍然遵循证明原告权利合法性或者无法律即无行政而不是证明原告的行为未被法律禁止的思路。即使在没有法律、法规和规章禁止或保护的情况下，人民法院仍会引用行政规范性文件来证明禁止或保护的存在。当然，有的判例对法无明文禁止即自由原则也进行了探索。②

三、行政应变性原则

一般意义上的行政合法性，是就行政法规范符合客观情况而言的，是就该行政法规范应适用于该客观情况的立法本意而言的。但是，立法者无法全面考虑到事后的每一种客观情况及其变化，并且，这种客观情况及其变化又具有相当的特殊性和偶然性，并不具有普遍性和经常性，在被发现后再制定或修改相应的行政法规范既不可能，又无多大必要性。在这种情况下，原有的行政法规范已无法适用。如果对这种特殊情况继续适用原有的行政法规范，仍严格按原有的行政法规范实施行政行为，就不符合原有行政法规范的立法目的和立法本意，就有损公共利益，因而也就不是真正的行政合法。真正的行政合法，要求行政行为真正符合公共利益。因此，在特殊情况下，行政法规范已无法适用时，就不能再要求行政主体按行政法规范实施行政行为，而应要求行政主体按公共利益原则直接表达其意志。这就是行政应变性原则。行政应变性原则是行政合法性原则的必要补充和重要组成部分，是行政合法性原则基于公共利益而表现出来的应有的灵活性。它并不是对法治的破坏，而是为了在特殊情况下真正贯彻法治。

行政应变性原则赋予了行政主体较大的自主性甚至于非常权力。为了防止这种行政应变性

---

① 柳濑良干语。转引自藤田宙靖．行政与法．李贵连等译．中外法学，1996（3）.

② 最高人民法院中国应用法学研究所编．人民法院案例选：行政卷·下．北京：中国法制出版社，2000：1035；最高人民法院中国应用法学研究所编．人民法院案例选：国家赔偿卷．北京：中国法制出版社，2000：205.

发展成为行政专横而践踏法治，行政主体在适用行政应变性原则时必须符合下列要求：第一，应符合法定条件，即只有在法定情形出现时才能适用行政应变性原则。这就要求在立法上对可适用行政应变性原则的特殊情形作出相应的规定。第二，应符合公共利益，即行政行为必须以公共利益为依归，必须符合原有行政法规范的立法目的和立法本意。第三，应符合法定程序。这就是说，行政主体在适用行政应变性原则前，应得到有权机关的审批。事前来不及报批的，事后应受有权机关的审查、追认。如果行政应变性不符合上述要求之一的，仍属违法行政。

第二节　行政合理性原则

一、比例原则

行政法上的比例原则是指行政权虽然有法律上的依据，但必须选择使相对人的损害最小的方式来行使，包括适当性原则、必要性原则和均衡性原则。

1. 适当性原则。这是指所选择的行政手段足以实现行政目的。《突发事件应对法》第 11 条就规定："有关人民政府及其部门采取的应对突发事件的措施，应当与突发事件可能造成的社会危害的性质、程度和范围相适应。"适当性原则要求手段与目的之间保持一致。

（1）行政目的应确定。行政目的的确定，是行政手段选择的前提，也是必要性原则和均衡性原则的判断标准。在突发事件或紧急情况下，行政目的的确定往往发生争议。陈宁案被告所确定的行政目的是抢救发生交通事故的轿车内生死不明的驾驶员韩勇而不是保护轿车，原告却认为韩勇已经死亡因而所需要的是保护轿车。判决指出："由于事故现场客观条件的限制，无法准确判断韩勇的生死状况，因此不能以事后证实的结果为理由，认定交通警察对韩勇实施的救助行为没有实际意义。"① 这其实是指出，在时间紧迫、情况不明时，应允许行政主体确定行政目的的裁量，且应以权利保护最大化为裁量标准。《突发事件应对法》第 11 条明文规定："有多种措施可供选择的，应当选择有利于最大程度地保护公民、法人和其他组织权益的措施。"但是，最大化很难有边界或标准。曾伟勇案裁判要旨确立的最大化标准，则是"遵循技术操作规范"②。

（2）足以实现行政目的。有关法律规范在赋予交通警察抢救伤者之职责时，并未规定具体的行为方式。这就要求交通警察根据个案确定行政目的，并灵活选择能够实现所确定行政目的的抢救方式。陈宁案裁判要旨的理由认为："交通警察并非一开始就采取气焊割门这种风险较大的开门方式，而是采取撬杠等各种风险较小的开门方式，在其他方式不能奏效的情况下，不得已才采取气焊割门这种可能会对被救人员生命和财产造成更大损失的方式。""气焊割门方式无疑有助于抢救伤者这一目的的达成。"③

2. 必要性原则。这是指在能够实现行政目的的前提下，即使可以依法采取影响相对人权益的手段，也应当选择使相对人所受的损失保持在最小范围和最低程度的手段。必要性原则是多

---

① 中国行政审判案例第 19 号//中华人民共和国最高人民法院行政审判庭编．中国行政审判案例：第 1 卷．北京：中国法制出版社，2010：96.

② 中国行政审判案例第 75 号//中华人民共和国最高人民法院行政审判庭编．中国行政审判案例：第 2 卷．北京：中国法制出版社，2011：214.

③ 中国行政审判案例第 19 号//中华人民共和国最高人民法院行政审判庭编．中国行政审判案例：第 1 卷．北京：中国法制出版社，2010：97.

种手段之间的选择或比较，要求在能实现行政目的的前提下选择对相对人影响或损害较轻的手段。

必要性原则在汇丰实业发展有限责任公司诉哈尔滨市规划局行政处罚案判决中有比较清晰的表述。二审法院在判决书中首先肯定了被上诉人汇丰实业发展有限责任公司（原审原告）违法建设行为的存在，接着又肯定了上诉人哈尔滨市规划局（原审被告）处罚决定中对被上诉人的违法建筑予以部分拆除、部分罚款保留的处理，然后，针对应拆除多少的问题，二审法院认为："按国务院批准的'哈尔滨市总体规划'中关于中央大街规划的原则规定和中央大街建筑风貌的实际情况，本案可以是否遮挡新华书店顶部为影响中央大街景观的参照标准。规划局所作的处罚决定应针对影响的程度，责令汇丰公司采取相应的改正措施，既要保证行政管理目标的实现，又要兼顾保护相对人的权益，应以达到行政执法目的和目标为限，尽可能使相对人的权益遭受最小的侵害。而上诉人所作的处罚决定中，拆除的面积明显大于遮挡的面积，不必要地增加了被上诉人的损失，给被上诉人造成了过度的不利影响。原审判决认定该处罚决定显失公正是正确的。原审判决将上诉人所作的处罚决定予以变更，虽然减少了拆除的面积和变更了罚款数额，但同样达到了不遮挡新华书店顶部和制裁汇丰公司违法建设行为的目的，使汇丰公司所建商服楼符合哈尔滨市总体规划中对中央大街的规划要求，达到了执法的目的，原审所作变更处罚并无不当。原审判决认定事实基本清楚，适用法律、法规正确。"①

在该案中，哈尔滨市规划局需要实现的行政目的有两个，即制裁违法建设行为和不影响哈尔滨市中央大街的整体景观。就制裁违法建设行为来说，既可以罚款，又可以拆除违法建筑。对汇丰实业发展有限责任公司来说，罚款比拆除违法建筑的影响要小得多。因此，二审法院肯定了哈尔滨市规划局中以罚款来制裁违法建设的处理。这既是对哈尔滨市规划局遵循必要性原则的肯定，又是在诉讼中对必要性原则的成功运用。但如果将该违法建筑全部罚款保留，则无法实现不影响哈尔滨市中央大街整体景观的目的，于是手段选择上的裁量减缩为零，只能采取拆除部分违法建筑的手段。就拆除多少的问题，二审法院认为必须兼顾行政目的和汇丰实业发展有限责任公司的利益，即"以是否遮挡新华书店顶部为影响中央大街景观的参照标准"，将超过部分拆除、其余部分罚款保留。二审法院认为，上诉人所作处罚决定中拆除部分过多，"给被上诉人造成了过度的不利影响"，违背了必要性原则。

3. 均衡性原则。这是指行政主体实现行政目的的行政手段，尽管已经最小化，但使相对人所受的损失仍不能超过行政目的所追求的公共利益，而应保持公共利益与个人利益的均衡或一致性。均衡性原则是公民权益与公共利益之间的比较。王丽萍案裁判要旨的理由认为，"这种片面追求单纯的执法效果，无视由此给相对人带来的严重不利影响，在相对人提出采取合理预防措施请求时仍置之不理，是一种严重违反行政合理性原则的行为。其执法可能获得的公共利益，与执法行为给相对人合法权益造成的损失严重失衡"②。在该案中，被告的扣留具有法律依据，程序也合法；是否"鲜活"物品并非扣留应予考虑的法定因素，而是"按照常理应该考虑的因素"。这样，该案就不能适用法律优先原则，而只能适用比例原则。最新判例的裁判要旨再次重申："公共利益属于不确定法律概念，一种公共利益的实现经常是以私人利益的减损作为代价的，故在界定公共利益时应当遵循比例原则，对可能减损的私人利益与可能增长的公共利益加

---

① 最高人民法院（1999）行终字第20号行政判决书。

② 中国行政审判案例第19号//中华人民共和国最高人民法院行政审判庭编．中国行政审判案例：第1卷．北京：中国法制出版社，2010：92.

以权衡，通过权衡，最大限度地避免因小失大。”①

二、禁止严重不合理原则

禁止严重不合理原则，是指行政主体实施行政裁量的不合理性不得达到令正常人难以容忍的程度。这一原则可以适用于比例原则所不能覆盖的场合，如行政目的的确定、手段的选择、不确定法律概念的解释以及事实的认定等。它适用于没有规则可作依据的场合。如果有规则可供衡量，则不需要这一原则。

1. 正常人判断。陆煜章案②中原告（上诉人）向被告（被上诉人）提出企业名称预登记申请，要求将“上海资本家竞争力顾问有限公司”作为开办公司的名称。被告根据《企业名称登记管理规定》第 9 条第 1、2 项关于企业名称不得含有有损于国家、社会公共利益、可能对公众造成欺骗或者误解的内容和文字的规定，予以驳回。在此，涉及被告对不确定法律概念的解释即上述企业名称有损于“社会公共利益、可能对公众造成欺骗或者误解”，是否构成严重不合理。

二审判决认为：“经历过或者了解中华人民共和国建国和建国后历史的中国公民都知道‘资本家’一词已超出了一般的文意或专业词义，而具有特定的、被否定的含义，尽管有些法律、官方文件、主流媒体可能使用了一些与‘资本家’文意、译文相近的词，但‘相近’绝非‘相同’，这些法律、官方文件和主流媒体不正式地、正面地使用‘资本家’一词，恰恰证明了‘资本家’这一词不为社会主流所接受的现实，被上诉人作出上述判断有足够的事实依据，所以，法规赋予被上诉人相应的自由裁量权未被滥用。当然，前面提到的社会公众、社会主流并非指社会全体成员，至少包括上诉人陆煜章及支持上诉人的一部分人并不同意这一结论，但目前仍应该是少数观点。”

在该判决中，二审法院把正常人判断定位为社会主流认识，而确定社会主流认识的途径是官方文件或媒体。社会主流认识不需要全体社会成员具有共同的认识，也不是少数或个别人的认识。也就是说，少数人或个别人的认识应当排除在社会主流认识之外。它们包括当事人一方或双方判断，以及法官（包括其上级领导或审委会）的判断。当事人的认识系具有利害关系的认识，法官等的认识系专业人员的认识。由此也可以推断，正常人判断系除利害关系人和专业人员以外的，普通公众的判断或认识。

2. 难以容忍。“两个合理的人可以对同一事件得出完全相反的结论。意见不同不表示谁人合理，谁人不合理。”③“两个合理的人可以对同一事件得出完全相反的结论，且不能指责这两个相反的结论有任何不合理。”④ 也就是说，行政裁量中的一般性不合理是难以判断的，也是法律赋予行政主体的灵活选择权。只有严重不合理即达到令正常人难以容忍程度的不合理，才是法律需要禁止的。陆煜章案二审判决基于对社会主流认识的梳理和概括，指出：“本院也相信如果被上诉人作出同意核准的决定，必将引起众多人的反对或反感，社会公共利益将面临现实的危害，社会公众也可能被误导，这是不应该被允许发生的。”

---

① 最高人民法院（2017）行申 8518 号行政裁定书。

② 上海市第一中级人民法院（2003）沪一中行终字第 194 号行政判决书。

③ 王名扬．英国行政法．北京：中国政法大学出版社，1987：172.

④ 威廉·韦德．行政法．徐炳等译．北京：中国大百科全书出版社，1997：77.

三、行政合理性原则的适用

1. 对行政的适用。行政合理性原则不仅适用于具体行政行为，而且适用于抽象行政行为。抽象行政行为是行政主体制定规则的行为。这就需要对规则将予以调整的行政关系即事实加以预测并类型化。对事实的预测和类型化意味着行政主体的选择判断，因而需要坚持比例原则中目的的确定，所拟规则与目的的一致性，对公众影响的最小化，公共利益与个人利益的一致性，不得令正常人难以容忍。

行政合理性原则不仅适用于行政法律行为，而且适用于行政事实行为。陈宁案被诉气割车门就是一个行政事实行为。该案裁判要旨的理由认为："实施救助行为的过程中存在着对手段和结果的利益衡量问题，这就需要运用比例原则加以判断。"① 其实，对行政事实行为的法律规制少于对行政法律行为的，因而更需要用行政法的基本原则加以约束。

总之，行政合理性原则对行政行为的适用与行政合法性原则没有什么区别，适用于各类行政领域。

2. 适用的次序。行政法的基本原则包括法律优先原则、法律保留原则、比例原则和禁止严重不合理原则。在适用时，它们相互间是有先后次序的，首先是法律优先原则，然后依次是法律保留原则、比例原则和禁止严重不合理原则。只有当前列原则不可适用时，才能适用后一原则。在比例原则中，首先是适当性原则，然后依次是必要性原则和均衡性原则。陆煜章案二审判决认为："没有证据表明被上诉人作出这一判断系出于某个人或某一团体的私利考虑，其执法目的应被认为是正当的。"这说明，该案无法适用行政合法性原则。二审判决认为，在不确定法律概念的解释中，"被上诉人作为主管行政机关当然地具有自由裁量权。行政诉讼中，司法对自由裁量行政行为的合法性审查只有一个标准，即自由裁量权是否被滥用并达到令正常人无法容忍的程度"。这就意味着该案只能适用行政合理性原则。本案是对申请的拒绝而不是干涉行政，不能适用比例原则而只能适用禁止严重不合理原则。行政法基本原则适用的如此排序，是以我国行政诉讼中的合法性审查原则为基础的。

3. 适用结果。第一，行政裁量的缩减。陈宁案被告可以有很多抢救方式，但如果以适当性原则来衡量，则只有气割车门一种方式，行政裁量被缩减为零。汇丰实业发展有限责任公司诉哈尔滨市规划局行政处罚案被告的行政目的有两个，即保证城市规划不被破坏和对违反城市规划的行为予以制裁，可以选择的行政手段有两种即罚款和拆除。根据适当性原则，对超出限高从而破坏城市规划的建筑物，只能选择拆除。根据必要性原则，对违反城市规划但没有破坏城市规划的建筑物，只能选择罚款。对同一建筑物的两者结合，就只能决定对超高部分予以拆除，对没有超高的部分予以罚款保留，从而行政裁量也缩减为零。因此，根据个案适用行政合理性原则，可以限缩行政裁量。第二，转化为合法性问题。王丽萍案裁判要旨的理由认为："对严重违反合理性原则构成根本违法的行政行为，可以认定为滥用职权或显失公正。"陆煜章案二审判决指出："行政诉讼中，司法对自由裁量行政行为的合法性审查只有一个标准，即自由裁量权是否被滥用并达到令正常人无法容忍的程度。"行政行为中作为过程的滥用职权和作为结果的明显不当，是《行政诉讼法》第70条所规定的违法情形。因此，适用行政合理性原则，认定行政行为违反比例原则或具有严重不合理性的，构成违法。这样，行政合理性也就转化为行政合法性了。

---

① 中国行政审判案例第19号//中华人民共和国最高人民法院行政审判庭编．中国行政审判案例：第1卷．北京：中国法制出版社，2010：96.

法律应用

本章的法律应用极为重要。可以说，我国的法律保留原则是基于司法实践中的应用才在成文法中得以确立的，比例原则则是基于司法实践中的应用才上升为成文法的，禁止严重不合理原则已经有案例，只是目前尚未上升为成文法。

1. 行政法基本原则的司法功能

我国原则上实行成文法制度，法院在诉讼中要严格按照成文法的规定作出裁判。行政法的基本原则是根据实践和单行法的规定概括、提升出来的理论逻辑和分析框架。它在上升为成文法之前并不是法院裁判的法律依据，而只是一种说理的逻辑。例如在陈宁案中，法院只有通过比例原则才能说明被告的救助行为是否滥用了裁量权，进而分析是否构成行政赔偿。也就是说，法院必须将行政法的基本原则对接到成文法条款。行政法的基本原则作为一种说理逻辑，也是法院用来对法律规范进行解释的工具。例如，在“任建国诉吕梁行政公署劳动教养委员会复查决定案”[《最高人民法院公报》，1993 (3)] 中，有关劳动教养的法律规范没有规定地方人民政府是否可以制定相应办法，法院运用法律保留原则解释为“没有授权地方人民政府另定执行措施”，“对于那些不是根据法律和行政法规制定的规章，或者其内容与法律和行政法规相抵触的规章，则不在人民法院参照之列”。在行政法基本原则上升为成文法之后，法院裁判的法律依据是该成文法。

2. 关于上级指示与行政法规范

在行政法支配行政原则的贯彻中，现实的具有普遍性的问题是上级的指示与行政法规范的要求有时存在矛盾，特别是许多行政法规范往往经过各级行政主体层层的操作性解释，这些解释有时并未与行政法规范的本来意义相一致。这样，一方面，公务员应当对自己所作行政行为的合法性负责，否则，就会受到行政处分或在行政赔偿中受到追偿；另一方面，公务员应服从上级的决定和指示，否则也会受行政处分。那么，公务员的行政活动到底应受行政法规范的支配还是受上级指示的支配呢？在这种情况下，公务员应当向上级反映，陈述自己的看法，保留自己的意见。在行政阶段，上级的判断应被视为对行政法规范的正确理解，公务员的行政活动应被视为已经受行政法规范的支配。但是，如果公务员按上级指示所作的行为进入司法程序，那么该行政行为将被推翻。当然，在上级指示与行政法规范相抵触，并在这种指示没有得到事前或事后的纠正的情况下，对行政行为起支配作用的事实上是上级指示而不是行政法规范。因此，在学说上也就有了承认事实上优位的理论。

课后复习

1. 试述行政合法性原则的基本内容。
2. 试述行政合理性原则的基本内容。
3. 运用行政法的基本原则解释《行政强制法》第 5 条。

第三章
行政法律关系的主体

提　要

行政法规范对特定行政关系进行调整后所形成的行政主体与相对人间的权利义务关系，称为行政法律关系。行政法律关系主体包括行政主体、相对人及第三人。行政主体，是指享有行政权，能以自己的名义实施行政行为，并能独立承担该行为所产生的法律效果的社会组织，包括行政机关和被授权组织。但受委托组织并不是行政主体。行政主体的权力难以一一介绍，而只能努力找出它的界限即行政权限。行政权限，是指行政主体的职权范围或管辖权问题，即行政主体的行政权受主管事务、时间、地域和级别或地位等因素的制约问题。行政相对人是指在行政法律关系中，不具有行政权或者不行使行政权，与行政主体相对应的另一方主体即公民、法人或其他组织，简称相对人。第三人是指在特定的行政法律关系中，与行政行为在法律上有利害关系的人。他们在行政法律关系中都具有相应的权利、义务。对相对人和第三人，在特定条件下可适用民法规范。对行政法律关系的掌握和运用，必须与判例结合起来。

重点问题

1. 行政主体的特征或资格。
2. 行政授权和行政委托的要求。
3. 行政授权和行政委托的区别。
4. 行政权限纠纷的解决。
5. 行政委托与职务协助的区别。
6. 相对人的权利。
7. 相对人和第三人的法律适用。
8. 第三人资格的认定。
9. 行政法律关系原理的运用。

第一节　行政法律关系

行政法律关系，是指特定行政关系经行政法规范调整而形成的行政主体与相对人间的权利义务关系。

一、行政法律关系的要素

行政法律关系包括主体、客体和内容三方面的要素。

1. 行政法律关系的主体。行政法律关系的主体，即行政法主体，也称行政法律关系的当事人，是行政法权利的享有者和行政法义务的承担者，包括行政主体、行政相对人和行政第三人。

2. 行政法律关系的客体。这是指行政法主体的权利、义务所指向的标的即利益或负担。利益是指能满足人们需要的客观事物，负担是相对于利益而言的概念。人们在习惯上只使用利益而很少使用负担。利益有两类，即物质利益和精神利益。物质利益是指能满足人们物质需要的实际存在的物体。它包括天然存在的物体，如水、矿产资源等，也包括人工制造的物体，如汽车、笔等。精神利益是指能满足人们精神需要的无形的客观事物，如人格、文艺创作成果和娱乐等。精神利益虽然是一种无形的事物，但却是客观存在的，并且有一定的表现形式，如国家机关的职位、文学作品、某种荣誉和行为等。某些精神利益只能满足人们精神生活的需要，如娱乐行为；而某些精神利益在满足人们精神生活需要的同时，又能间接地带来物质利益，从而满足人们物质生活的需要，如职位、文艺创作成果等，因此被称为精神财富。

3. 行政法律关系的内容。这是指行政法律关系的主体所享有的权利和所承担的义务。行政法律关系主体的权利，是指由行政法规范规定的，行政法律关系主体以相对自由的作为或不作为方式获得利益的一种手段。行政法律关系主体的义务，是指由行政法规范规定的，行政法律关系主体以相对抑制的作为或不作为方式承担负担或保障权利主体获得利益的一种手段。行政主体和相对人都享有一定的权利，承担一定的义务。

二、行政法律关系的运动

行政法律关系的运动，是指由于一定的法律事实而引起的行政法律关系的产生、变更和消灭。

（一）法律事实

这是指引起行政法律关系产生、变更和消灭的具体条件与根据。它之所以能产生这样的法律效果，即能否引起行政法律关系的运动，能引起何种行政法律关系的运动，以及是引起行政法律关系的产生还是引起行政法律关系的变更或消灭，完全取决于行政法律规范的预先规定。实际上，法律事实就是行政法律规范结构中的假定部分。法律事实通常可分为法律事件和法律行为两类。法律事件，是指能引起行政法律关系产生、变更和消灭，不以人的主观意志为转移的客观事件，如地震、台风和洪水等自然灾害，以及战争、动乱、流行病暴发、人的出生或死亡等社会事件。例如，人的出生，可引起户籍管理等行政法律关系的产生；年龄的增长，可引起身份证管理和人事管理等行政法律关系的变更和监护等法律关系的消灭；人的死亡，能引起户籍管理和人事管理等行政法律关系的消灭和抚恤金管理等行政法律关系的产生。法律行为，是指能引起行政法律关系产生、变更和消灭的，行政法主体有意志的行为。它可以是作为，如滥伐林木；也可以是不作为，如逃避服兵役。它主要是行政主体的行为，如行政征收和强制执行；但也可以是相对人的行为，如超速驾驶。它可以是合法行为，如暂住人口申报暂住登记，公安机关依法收缴枪支；也可以是非法行为，如非法开采金矿，行政主体滥用职权。

（二）行政法律关系的运动形式

行政法律关系的运动有产生、变更和消灭三种形式。

1. 行政法律关系的产生。这是指行政主体和相对人之间依法实际形成特定的权利义务关系，即把行政法律规范中规定的权利、义务转变为现实的由行政法主体享有的权利和承担的义务。例如，公民年满 18 周岁，就产生了兵役主管部门和该公民间的行政法律关系，使该公民具有服兵役的义务，使兵役主管部门享有对其予以征集的权力。

2. 行政法律关系的变更。这是指特定的行政法律关系在存续期间权利、义务所发生的变化。例如，行政决定的变更，使相对人的权利、义务发生扩大或缩小，即为行政法律关系的变更；国家公职人员职级的升降，即导致内部行政法律关系的变更。

3. 行政法律关系的消灭。这是指行政法主体间权利、义务的完全消失。引起行政法律关系消灭的法律事实主要有三类：第一，一方或双方当事人的死亡或资格的丧失。例如，公民或国家公职人员的死亡、法人被兼并、其他社会组织被解散或授权行政主体的授权期限届满，国家公职人员因开除、辞退或辞职而丧失所具有的身份等，都会引起行政法律关系的消灭。第二，设定权利、义务的行政决定的消灭。如行政决定的撤销、废止，权利的实现和义务的履行等，使行政决定归于消灭，也使行政法律关系归于消灭。第三，客体的消灭。例如，作为客体的文物的灭失，使文物保护行政法律关系归于消灭。

三、行政法律关系的特征

1. 主体的恒定性。行政法律关系是在国家行政权作用过程中所发生的关系。国家行政权是由行政主体即国家行政机关和法律、法规、规章授权的组织来行使的，非行政主体不能行使行政权，因此，行政法律关系总是行政主体同相对人之间的关系，行政法律关系中总有一方主体是行政主体，不以行政主体为一方当事人的法律关系不可能是行政法律关系。行政法律关系的这一特点是行政法律关系与其他法律关系的重要区别之一。

2. 主体具有法定性。行政法律关系的主体，是由行政法律规范预先规定的，当事人没有自由选择的可能。例如，在颁发药品生产企业许可证的行政法律关系中，必须有行政主体和相对人双方当事人，而我国《药品管理法》明文规定，行政主体必须是相对人所在地的省、自治区、直辖市药品监督管理部门，而不能是其他机关、组织或个人；相对人必须是要求开办药品生产企业的申请人，而不能是其他公民、法人或组织。

3. 内容设定的单方面性。行政主体参加行政法律关系，成为行政法主体，是为了实现国家的行政职能。它单方面的意思表示，就能设定、变更或消灭权利、义务，从而决定一个行政法律关系的产生、变更和消灭，而无须征得相对人的同意，不以同相对人取得意思表示一致为要件。并且，当相对人不履行行政法义务时，行政主体可运用行政权予以制裁或强制其履行，但相对人对行政主体却没有这种权利。这就明显区别于民事法律关系的平等、自愿、等价有偿和意思表示一致性。

4. 内容的法定性。行政法律关系中的权利、义务，是由行政法律规范预先规定的，当事人没有自由约定的可能。例如，在盐业管理的行政法律关系中，盐业行政主管部门和制盐企业的权利、义务，是由《盐业管理条例》等行政法律规范规定的，双方当事人都不能离开上述规定自由约定权利、义务。行政法律关系的这种内容的法定性，也使其区别于民事法律关系。在民事领域，一方当事人有权自由选择另一方当事人与其成立民事法律关系，有权自由约定双方的权利、义务。

5. 权利处分的有限性。行政主体只有对于相对人而言才具有权利（力），对于国家和全体社会成员而言却只有职责或义务，因而其权利（力）和义务、职权和职责具有统一性。正是因为行政主体的权利（力）又是一种义务，根据义务必须依法履行的法律原则，行政主体也就不能抛弃或转让其权利（力）了，除非国家以自己的意志改变或取消这种权利（力），否则就成了行政主体的渎职。相对人的有些权利也是义务，如义务教育范围内的受教育权，因此相对人也不能抛弃或转让这种权利，否则就应承担相应的法律后果。相对人的多数权利并不含有义务，如各种请求权，因而可以抛弃。然而，由于行政法上权利主体的法定性，可抛弃的权利并不能转让，否则也应承担相应的法律后果。

当然，行政合同法律关系具有上述特征的例外。

第二节　行政主体

一、行政主体的概念

行政主体，是指享有行政权，能以自己的名义实施行政行为，并能独立承担该行为所产生的法律效果的社会组织。

1. 社会组织。组织包括自然组织和社会组织两大类，只有社会组织才有能力组织、指挥行政事务，实现国家行政职能，才能被法律赋予行政权、代表国家实施行政行为。同时，社会组织又是相对于个人而言的。个人无法实现国家行政职能，不能独立承担由此所产生的法律责任，因而不能被赋予国家行政权。任何个人，即使是国家公务员，也不能成为行政主体。公务员可以是行政主体的组成分子，甚至可以是行政主体的法定代表人，但本身并不是行政主体。

2. 行政权。行政权是指法律所赋予的，运用国家强制力对公共事务进行组织、指挥、协调和监督的权力。它具有国家强制性、支配性和主动性。只有享有行政权的社会组织才能实施行政行为，才能成为行政主体。国家行政机关依法享有行政权，其他社会组织经法律、法规、规章的授权而取得行政权，都可以成为行政主体。然而，享有行政权的社会组织并不始终是行政主体，而只有在行使行政权时才是行政主体，在不行使行政权的场合仍然不是行政主体。行政机关在作为行政相对人和民事主体与另一方主体发生法律关系时都没有运用行政权，并不是行政主体。[①] 公安机关在刑事侦查中扣押作案工具，所运用的是刑事侦查权而非行政权，因而此时也不是行政主体。因此，一个组织或机关是不是行政主体，是否具有行政权，应当在特定的法律关系中加以考察。

3. 自己的名义。所谓“以自己的名义”，是指行为主体能够独立自主地表达自己的意志，按照自己的意志实施特定行为。只有具有独立意志的社会组织，才能完整、真实地作出该意思表示或通过他人作出该意思表示，才是具有独立地位的行为主体。国家行政机关和行政法规范授权的社会组织，能够以自己的名义实施行政行为，是行政主体。如果社会组织没有或不能有自己的独立意志，不能自主地作意思表示，即不能以自己的名义实施行政行为，则不是一个独立的主体，更不是行政主体；即使行使着一定的行政权，也只能是一定主体的意志的具体表达者。行政人员和行政机构只能代表所属行政主体并以所属行政主体的名义实施行政行为，受委托行

---

① 张义潜诉临潼县华清池管理处署名纠纷上诉案．最高人民法院公报，1989（4）．

使行政权的社会组织依法只能以委托行政主体的名义实施行政行为。它们都不能以自己的名义实施行政行为，因而都不是行政主体。

4. 承担法律后果。作为行政法主体的行政主体，必须是依法能独立承担实施行政行为所可能产生的行政法律后果的社会组织。只有能依法独立承担行政法律后果的社会组织，才能成为行政主体。国家行政机关和经法律、法规、规章授权的社会组织与行政机构，依法能够独立承担因实施行政行为所产生的法律后果，是行政主体。不能依法承担行政法律责任的社会组织，就不能成为行政主体。公务员代表所属行政主体实施行政行为所产生的有利或者不利法律效果，都由其所属行政主体承担，因而公务员不能成为行政主体。受委托组织实施行政行为所产生的法律后果，由委托行政主体承担，因而也不是行政主体。行政主体的内设机构和临时机构等没有独立的财政预算和经费，没有依法承担行政赔偿责任和行政补偿责任的能力，因而不能成为行政主体，不能对外实施行政行为。

综上所述，只有同时具备以上 4 个特征的才能成为行政主体，缺少其中任何一个特征都不能成为行政主体。这些特征也就是行政主体的资格。

二、职权行政主体

根据行政职权的获得方式，可以将行政主体分为职权行政主体和授权行政主体。凡行政职权随组织的成立而依宪法和组织法自然取得，无须经其他组织授予的行政主体，称职权行政主体。

1. 行政机关。行政机关是指按照宪法和有关组织法的规定设立的，依法行使国家行政权、对国家各项行政事务进行组织、指挥和监督的机关。宪法和组织法规定的各级各类的行政机关，都属于职权行政主体。

2. 派出机关。派出机关是县级以上地方各级人民政府因工作需要，经有权机关批准而在一定区域内设立的、承担该区域内各项行政工作的国家行政机关。我国的派出机关主要有行政公署、街道办事处和区公所，它们在法律上是职权行政主体，在事实上也发挥着一级地方人民政府（行政机关）的作用。在当前，根据“最高法院行政诉讼法 2018 年解释”第 21 条，国务院、省级人民政府设立的经济技术开发区管理委员会，也可以认定为派出机关。但对其他经济技术开发区管委会，则应区分情况，分别认定为被授权组织或受委托组织。对区公所和街道办事处的内设机构，以及作为授权行政主体或受委托组织的开发区管理委员会所设立的管理部门，也应区分不同情况予以认定。

三、授权行政主体

授权行政主体，是指行政职权并不因组织的成立而依照宪法和组织法获得，而来自于有权机关以法律、法规、规章形式授予的行政主体。

1. 授权的形式。根据我国原《行政诉讼法》第 25 条第 4 款、《行政处罚法》第 17 条和《行政复议法》第 15 条第 1 款第 3 项规定，授权应当以法律、法规的形式进行。但“最高法院行政诉讼法 2000 年解释”第 20 条第 3 款和第 21 条规定，规章可以进行授权。也就是，最高人民法院明显作了扩大解释。现行《行政诉讼法》第 2 条也规定，规章可以进行授权。“最高法院行政诉讼法 2018 年解释”继续重申了这一点。

2. 授权的内容。对此，应当注意以下几点。

（1）授权的内容，授权法上必须规定明确。授权的基本内容包括两个方面：一是授予什么样的行政权或哪些行政权，二是把这些行政权授予什么样的社会组织或哪些社会组织。

（2）行政权的授予应当遵循一定的条件。第一，对限制人身自由权的行政权不能授予；第二，对法律、法规、规章已经赋予特定行政机关的行政权不能授予；第三，法规、规章不得将行政强制权授予出去。

（3）行政权的授予对象也应当具备一定的条件。第一，公共事务职能的组织。如果不作这样的要求，被授权组织是一个营利性组织或企业，那么就有可能为它的竞争提供机会或条件。第二，被授权组织应当具备相应的责任能力。授权行政主体是以自己的名义实施行政行为，并承担由此所发生的法律后果，因而在对其进行授权时就应当考虑它的责任能力。

3. 被授权组织的类型。公共事务职能的组织主要有三类，即行政机构、事业单位和社会团体。这样，被授权组织的类型也可以分为上述三类。其中，行政机构是指国家行政机关因行政的需要而设置的，具体处理和承办各项行政事务的内设组织、派出组织和临时组织。行政机构不具有独立的编制和财政经费预算，没有行政主体资格，只能以所属行政机关的名义实施行政行为。但是，经法律、法规、规章的授权，行政机构可成为被授权行政主体。内设机构和派出机构都可以成为被授权组织，临时机构不应作为授权的对象。另外，法律、法规、规章也可授权其他国家机关的内部机构行使某种行政权。①

四、受委托组织

1. 受委托组织的含义。受委托组织是指接受行政机关的委托取得行政权，以委托行政机关的名义实施行政行为，并由委托行政机关承担由此所发生的法律责任的组织。委托与授权的本来意思并无不同，但在行政法上，授权却具有特殊的意义，即本来不属于行政机关的组织一旦取得法律、法规、规章的授权，就具有行政权，并可以自己的名义实施行政行为、承担责任，成为行政主体。本来不属于行政机关的组织经委托，尽管也取得了行政权，但却只能以委托机关的名义实施行政行为，并由委托机关承担责任。也就是说，在行政法上没有把受委托组织的意思视为其独立的意思，而将其视为委托机关的意思。授权行政主体的行政权来源于法律、法规、规章，受委托组织的行政权则来源于行政机关的委托。行政权来源不同，意思表示的归属也不同，因而责任的承担者理应有所区别。这正是区别授权和委托的主要意义。另外，区别授权和委托，受委托组织以委托机关的名义实施行政行为并由委托机关承担责任，也是为了使行政机关明确委托的风险，在委托时谨慎从事；更是为了在相对人的权利受到侵害时有一个可靠的责任承担者，保护相对人的合法权益。

2. 行政委托的要求。针对实践中存在的问题，我们认为行政委托应符合下列要求：

（1）明确、具体。行政委托应当以书面的形式进行，口头委托只能是事后认定上的无奈之举。行政委托文书应明确委托性质。这就要求行政机关增强法律意识，事先明确自己将某项行政权交由社会组织行使的法律意义及其风险。行政委托文书应当明确、具体地载明双方的权利、义务，解除委托的条件、委托期限和违反委托协议的责任，尤其应具体规定所委托的行政权及其范围。对于一次性委托，期限可以按法律事实的发生来规定。对于长期性委托，如果受委托

---

① 参见《国防计量监督管理条例》（1990 年 4 月 5 日国务院、中央军委发布）。

组织在委托前已经存在，则应明确规定委托的发生时间和终止时间；如果受委托组织是按委托文书成立的（如各种执法大队或监察大队），则自该受委托组织成立之日起发生委托关系，到该受委托组织撤销之日起委托关系消灭。委托关系存续期间，委托机关不能在委托的地域范围和公务范围内行使所委托的行政权，受委托组织不得把该行政权再委托其他组织行使。委托行政机关应当将委托文书中的上述主要内容，在受委托组织将开展活动的范围内公示，委托期限届满后应作委托关系终止的公示。

（2）委托条件。行政委托一般应当有法律、法规和规章上的委托依据，并且以委托确有必要为条件。行政机关只能把依法属于自己行使的行政权委托给相应的社会组织，所委托的行政权必须小于自己所具有的行政权。行政机关不能把限制人身自由权的行政权委托给社会组织行使，一般也不能把行政强制权委托给社会组织行使。行政机关不能把根据立法目的必须由自己行使的行政权委托给社会组织行使。例如，某些行政处罚经主管部门决定（或拟定）后，法律规定须经同级人民政府批准（或决定），目的是通过增设批准（或决定）程序来保障相对人的合法权益。这样，同级人民政府就只能由自己来行使这项权力，而不能委托给其他机关或组织，更不能委托该主管部门来行使。行政机关不能在同一范围内委托多个社会组织行使同一行政权。

第三节　行政权限

行政主体在行政法律关系中的权利、义务很多，并且因行政主体的不同而不同、因行政法律关系的不同而不同。我们认为一一列举行政主体的权利、义务既不可能，也没有必要，概括说明行政权的强制性又缺乏可操作性。相反，在立法、执法和司法实务中比较重要的问题是行政权限问题。行政权限，是指行政主体的职权范围或管辖权问题，即行政主体的行政权受主管事务、时间、地域、级别或地位等因素的制约问题。

一、行政管辖权

1. 事务管辖权。这是指行政主体对行政事务的主管权，是行政权作用对象对行政权行使的一种制约。事务管辖权所解决的是：行政主体同履行其他国家职能的主体和社会组织之间的权限分工问题，尤其是各类行政主体间的权限分工问题，如公安、交通、民政、司法行政和劳动等行政主体分别主管哪些行政事务的问题。一般说来，国务院和地方各级人民政府的事务管辖权由宪法和组织法加以规定，国务院主管部门和乡级以上地方各级人民政府职能部门的事务管辖权由单行法律、法规和规章加以规定。

2. 时间管辖权。这是指行政主体对某项行政事务在什么样的时间范围内具有管辖权的问题，是法定时间对行政主体行使行政权的制约。时间管辖权包括以下几项内容：第一，行政主体仅仅在其主体资格存续期间享有管辖权，在取得主体资格以前或丧失主体资格以后就不具有管辖权了。第二，合议制行政主体仅仅在会议举行期间享有管辖权，在闭会期间不具有管辖权，不能正式作出决议或决定。第三，公务员只有在获得合法任命并就职后、离职前，才能代表行政主体行使管辖权，否则就不能行使这种管辖权。第四，行政主体只有在法律、法规和规章有效期间才享有管辖权。第五，行政主体只有在法定期间内才享有管辖权。

3. 级别管辖权。这是指上、下级行政主体间处理某一行政事务上的权限分工。行政主体的级别管辖权分别由法律、法规和规章及行政规范性文件确定。行政法规范和行政规范性文件在确定级别管辖权时，主要是以行政主体的法律地位或级别、对公共利益的影响程度、对相对人权利/义务的影响程度、标的物的价值以及涉外因素为标准。

4. 地域管辖权。这是指享有事务管辖权的同级行政主体在行政权限上的分工，是地域对行政主体行使行政权的制约。一般说来，每一行政主体都只能在一定地域范围内行使其事务管辖权。确定行政主体地域管辖权的标准主要有标的物所在地、相对人所在地以及行为所在地。

二、管辖权争议的解决

客观对象错综复杂，再加上利益驱动等人为因素，行政主体的管辖权争议时有发生。因此，我们有必要讨论管辖权争议的解决机制问题。

1. 行政机制。主要有以下几种：第一，共同管辖，即因维护相对人的合法权益或者利益而有必要作统一决定，故由享有事务管辖权或地域管辖权的若干行政主体为共同的管辖。第二，移送管辖，即无管辖权的行政主体把已经受理的事务移送给有管辖权的行政主体管辖。第三，指定管辖，即上级行政主体根据法律的规定或其层级指挥权，对管辖权有争议而协商不成的事务作出由某一行政主体管辖的决定。第四，管辖权的转移，即根据行政法规范的规定，由上级行政主体决定或者同意，把管辖权由下级行政主体移交给上级行政主体，或者由上级行政主体移交给下级行政主体。

2. 法律解释机制。对管辖权争议的行政解决机制，是以行政法规范的明确规定为前提的。如果发生管辖权争议的原因是行政法规范规定不明确、理解不一致或者后来出现了新情况，则行政解决机制往往难以发挥作用，而应当通过法律解释来解决。通过法律解释，可以进一步明确行政主体之间的权限分工①，或者明确对某一事务具有管辖权的行政主体②，或者进一步明确各自的管辖权③，从而解决权限纠纷。

3. 司法机制。如果法律规范的规定本身是明确的，但因相互之间规定得不一致而导致行政权限争议的，则不能通过法律解释来解决，而只能通过相应的法律原则（新法优于旧法原则、特别法优于普通法原则和效力等级原则等）来解决。对行政权限争议的这种解决，往往是在它涉及相对人的合法权益时通过诉讼途径来实现，即是通过对某一行政主体是否超越权限的判决来实现的，此类判例在实践中并不少见。如在福建省水电勘测设计研究院不服省地矿厅行政处罚案中，矿产管理部门与城建委就地热管理权发生冲突，人民法院根据上位法优于下位法的原则排除了城建委对地热的管理权。④ 在我国，虽然判例并不是法的渊源，并不具有普遍性行为规则的意义，但却在个案中解决了行政权限争议，并在个案外也有一定的指导意义。随着司法权威和行政主体依法行政观念的增强，这种指导意义将更为明显。

三、职务协助

1. 职务协助的含义。职务协助，是指行政主体在对某一事务无管辖权时，可以依法请求有

---

① 参见《关于交通部门在道路上设置检查站及高速公路管理问题的通知》（1992 年 3 月 31 日国务院办公厅发布）。

② 参见全国人大法工委答复：《关于如何理解和执行法律若干问题的解答》（一），1988 年 4 月 25 日；全国人大法工委答复：《关于如何理解和执行法律若干问题的解答》（三），1990 年 6 月 29 日。

③ 参见全国人大法工委答复：《关于如何理解和执行法律若干问题的解答》（三），1990 年 6 月 29 日；全国人大法工委答复：《关于如何理解和执行法律若干问题的解答》（五），1991 年 5 月 30 日。

④ 福建省水电勘测设计研究院不服省地矿厅行政处罚案．最高人民法院公报，1998（1）.

管辖权的行政主体运用职权予以协助的制度。对职务协助与行政委托应加以区别：职务协助是在行政主体相互之间进行的合作。行政委托可以在行政主体相互之间进行，也可以在行政主体与非行政主体的社会组织之间进行。更为重要的是，基于行政委托发生行政权的转移，即行政机关把自己的某项行政权委托给不具有此项权力的组织行使。但是，职务协助却不存在职权的转移问题，相反，提出协助请求的行政主体并没有该项职权，也正是因为不具有该项职权才提出协助请求的，而提供协助的行政主体具有该项职权。受委托组织在法律上被视为没有自己独立的意思，所作意思是委托行政机关的意思，因而是以委托行政机关的名义实施行政行为，并由委托行政机关承担责任的。提供职务协助的行政主体具有自己独立的意思，是以自己的名义完成所请求事务的，并承担由此所发生的法律后果。协助请求，仅仅是使提供协助的行政主体发动行政程序的一项意思表示。

2. 职务协助的情形。一般说来，有下列情形之一的，行政主体可依法请求有关行政主体提供职务协助：第一，独自行使职权不能实现行政目的的。第二，由于事实上的原因，特别是缺乏履行公务所必需的工作人员或机构时，行政主体无法自行执行公务的。第三，行政主体执行其公务还需要有一定的事实材料，而该事实材料又不得由其自行调查的。第四，行政主体执行其公务所必要的文件或其他证据，为被请求行政主体占有的。第五，行政主体执行公务，显然比被请求行政主体协助办理需付出更多费用的。一般说来，有下列情形之一的，被请求行政主体不得予以职务协助：第一，基于法律上的原因，被请求行政主体不得作出此行为的。第二，职务协助将导致损害国家利益的。第三，被请求行政主体对事实的经过，根据法律或依其性质应当保密的，不得予以提供文件或卷宗以及答复询问的职务协助。一般说来，在下列情形下，被请求行政主体可以不予职务协助：第一，被请求行政主体以外的行政主体完全能够以更简单或更低廉的费用完成该协助行为的；第二，被请求行政主体必须付出巨额的费用才能完成该行为的；第三，被请求行政主体如果实施该协助行为，其自身的职务将受重大危害的。

3. 职务协助的实行。如果没有不得予以职务协助和可以不予职务协助的情形，被请求行政主体不得以其他原因或以原行政行为不当为由而拒绝提供职务协助。不能提供行政协助的，被请求的行政主体应当以书面形式及时告知请求协助的行政主体并说明理由。请求协助的行政主体对此有异议的，由它们共同的上级行政主体就有无协助义务作出裁决。从理论和实践来看，职务协助所要实现的行政行为是否合法，应按请求行政主体所在地有效的法律、法规和规章认定；协助行为的合法性，则按被请求行政主体所在地有效的法律、法规和规章认定。被请求行政主体按要求实施协助行为的，请求行政主体应承担违法所产生的法律后果，即应对请求行为的合法性负责。被请求行政主体违法实施协助行为的，应对此承担法律责任，即应对协助行为的合法性负责。请求行政主体一般不必向被请求行政主体支付职务协助的费用。在被请求行政主体所垫付的费用超过一定限度时，请求行政主体应根据被请求行政主体的要求支付该项费用。

第四节　相对人和第三人

行政相对人是指在行政法律关系中，不具有行政权或者不行使行政权，与行政主体相对应的另一方主体即公民、法人或其他组织，简称相对人。在行政法律关系中，相对人又有广义和狭义之分。狭义的相对人仅仅指行政法律关系中行政行为的受领人，或者说行政行为所针对的特定公民、法人或其他组织。但广义的相对人，除了狭义的相对人外还包括第三人，即在行政法律关系中与行政行为有法律上利害关系的一方主体。我们认为，在行政法上区分相对人与第三人是有必要的。

一、相对人的权利、义务

相对人的权利很多，并且因相对人地位的不同而不同。一般说来，相对人的权利有：第一，自由权，即凡法律规范未禁止的事项，公民、法人或者其他组织有自主地作为或不作为的权利。它首先是公民、法人或其他组织在民商法上的一种权利，在近代被引入公法领域。现在，它不仅是国家在立法时应当予以尊重的公民权利，而且是在法律实施中公民所具有的一项权利。[①]第二，平等权，即相对人有平等地享有权利、承担义务和受行政主体平等保护的权利。平等对待相对人，也是行政法基本原则中的一项重要内容，必须在行政法律关系中予以坚持。第三，了解权，即相对人所具有的依法了解行政法规范和行政事务，获得有关信息的权利。相对人的了解权，也就是行政主体的公开义务或告知义务。第四，参与权，即公民、法人或者其他组织在特定行政法律关系中，作为行政行为的领受人所具有的参与行政法律关系或行政程序的权利，如听证权、陈述权等。第五，请求权，包括：权利保护请求权，即相对人请求行政主体保护其人身权和财产权等合法权益，排除违法侵害的权利；利益满足请求权，即相对人请求行政主体作为或不作为，以满足其某种利益需求的权利。外部相对人的义务总的说来有遵守行政法规范、服从和协助行政管理、执行行政行为等。内部相对人具有与外部相对人类似的义务，并且有不得参加罢工、游行示威和应廉洁奉公等外部相对人所不具有的特殊义务。

二、相对人的法律适用

1. 行政法规范的适用。一般说来，对于相对人区别于民事主体的特殊之处，行政法规范往往会作出专门的规定。在行政法规范有明文规定的情况下，对相对人应适用行政法规范。在不同于民事主体的特殊领域，即使没有行政法规范的明文规定，也不能适用民商法的规定，而应当适用相应的行政法律原则来认定和处理。

2. 民法规范的适用。相对人与民事主体也有许多相同之处，对于这类相同的问题，行政法规范一般不作规定，也没有必要一一作出规定，可适用民商法的规定。这些相同领域包括相对人的身份及权利能力和行为能力、物权、债权关系、意思表示的瑕疵及其效力，等等。[②] 在我国《民法总则》对此作了明确规定的情况下，行政法规范就没有必要予以规定，可以直接适用《民法总则》的规定。

在行政裁决和劳动争议仲裁等领域，相对人与民事主体还有相重合的场合。[③] 实际上，行政主体在这些领域所作的裁决就是对民事纠纷而不是行政纠纷的处理。在这种情况下，行政主体必须适用民法规范。民事纠纷不论是由行政主体处理还是由法院裁判，都始终是民事纠纷，不会因纠纷处理机关的不同而改变其本来的性质。民事纠纷经行政主体处理后，最多会发生新的纠纷即行政纠纷。相同性质的案件就应适用相同性质的法律规范，行政主体处理民事纠纷只

---

① “太平广明贸易服务部诉新津县工商局案”“黎德胜诉番禺县土地管理局案”//最高人民法院中国应用法学研究所编．人民法院案例选：行政卷．北京：人民法院出版社，1997：151，330页以下。

② 林纪东．行政法．台北：三民书局，1980：33页以下；哈特穆特・毛雷尔．行政法学总论：50页以下。

③ “王学俭诉襄阳县公安局交警大队案”//最高人民法院中国应用法学研究所编．人民法院案例选：行政卷：20页以下．

有适用民法规范，才能保证在行政处理阶段和诉讼阶段所适用的法律规范是同一性质的法律规范。现在，对交通事故和医疗事故等引起的民事纠纷已经制定了相应的法规和规章，对赔偿作出了具体的规定，但这类法规和规章在执行中导致了法制上的混乱和处理中的不公平。①

有时，法律、法规和规章对涉及相对人的行政事务适用民法规范也有准用性法律条款的设计。这种情况下，行政主体只能根据民法规范的规定来认定，并作出相应决定。当前，我国的法制建设还处在初级阶段，人们的法律素养，包括法律工作者的法律素养，都还有待提高。在这种情况下，法律、法规和规章明确规定可适用的民法规范将是非常有益和必要的。在法律、法规和规章未作规定的情况下，行政规范性文件可针对具体情况对应予适用的民法规范作适当规定。我们认为，由行政规范性文件作出这样的规定，比行政规范性文件抛开民法规范自作规定要好。

三、第三人

1. 第三人的含义。第三人是指在特定的行政法律关系中，与行政行为在法律上有利害关系的人。在表述时，为了与行政诉讼中的第三人相区别，我们也可以称其为行政第三人。在多数情况下，第三人是公民、法人或其他组织，在行政法律关系中与相对人的地位相当，其权利、义务和法律的适用也与相对人相同。但在特殊情况下，与行政行为具有法律上利害关系的第三人也可以是行政机关，并且是作为行政主体的行政机关而不是作为机关法人的行政机关，② 不能正确认识到这一点，就不利于事实的查清、法律的适用和纠纷的解决。③

2. 第三人资格的认定。公民、法人、其他组织或行政机关是不是特定行政法律关系中的第三人，关键是视其与该行政行为是否具有法律上的利害关系。那么，什么是法律上的利害关系？这在不同时代有不同学说。④ 就我国目前的立法和判例来看，对可构成行政第三人的利害关系的解释学说是“行政第三人公权说”，即即使在特别法上未规定公民、法人或其他组织的权利，只要属于宪法所规定的基本权利，在受到行政行为影响时，就属于法律上的利害关系，宪法上的基本权利受影响的人都可以成为行政第三人。我国《行政复议法》第 2 条和《行政诉讼法》第 2 条都规定，公民、法人或者其他组织申请复议、提起诉讼的前提是自己的“合法权益”受到行政行为的侵犯。这里的“合法权益”，首先是特别法所规定的权利（包括在民法上所具有的权利）⑤，其次是宪法所规定的公民基本权利。我们之所以说“合法权益”包括宪法所规定的公民基本权利，是基于《行政复议法》第 6 条第 9 项和《行政诉讼法》第 12 条第 6、12 项的规定。至于行政机关是否成为行政第三人，则主要是看是否存在两个由不同行政主体作出的互为否定的行政行为。

四、私人公法行为

在行政法学上，私人公法行为仅指公民、法人或者其他组织作为行政相对人或行政第三人

---

① 一起交通事故的启示——按《医疗事故处理办法》判赔三千元，以《民法通则》复审判赔五万多．报刊文摘，2000-10-30.

② 福建省水电勘测设计研究院不服省地矿厅行政处罚案．最高人民法院公报，1998（1）.

③ “某县港西村村委会诉某市公路局案”//姜明安主编．行政诉讼案例评析．北京：中国民主法制出版社，1994：63 页以下．

④ 叶必丰．应申请行政行为判解．武汉：武汉大学出版社，2000：194-198.

⑤ 罗豪才主编．行政法学．北京：中国政法大学出版社，1999：415；罗豪才主编．行政审判问题研究．北京：北京大学出版社，1990：70.

在行政法关系中所作出的具有法律意义的行为，如申报、申请、同意或承诺等。私人公法行为不同于行政行为，应无疑义。它与民事法律行为有许多共同之处，却又不能完全等同：民事法律行为是民事主体以意思自治为原则作出的法律行为，其形式和内容一般均由民事主体自由约定。私人公法行为则是相对人对行政主体作出的行为，为求行为之明白和确定，其形式和内容都具有统一化、定型化的特征，其行为效果也总是依法律规范的规定而定，私人自治之范围较小。① 民事法律行为都可以代理，但私人公法行为有的可以代理，有的却不能代理（如各种资格考试）。一般说来，法律规范明文规定应当亲自实施的私人公法行为、个性化的私人公法行为不能代理，其他私人公法行为则可以代理。私人公法行为的生效时间以到达主义为原则，也就是说，私人公法行为未到达行政主体办公场所之前，原则上不具有法律效力。如果法律规范明确规定必须在一定期限内到达的，则在该期限内到达行政主体办公场所时始发生法律效力，超过该期限到达的不具有法律效力。通过邮寄送达的，一般不允许以推定期间为送达时间。私人公法行为一般不得附加附款。相对人原则上可自由撤回、变更、追加或补正自己的私人公法行为。对于私人公法行为的瑕疵，如没有行政法规范的特别规定，可适用民法规范认定。行政主体认可私人公法行为而未发现其瑕疵，所作行政行为以此为前提的，则该行政行为并非必然无效。行政行为是否合法、有效，仍应依合法要件予以认定。②

法律应用

1. 关于行政法律关系的实践意义

一个案件是否为行政案件，就要看是否存在行政法律关系。在某些案件中可能同时存在不同性质的法律关系，即既有行政法律关系，又有民事法律关系。在案件的处理中，要确定其当事人（复议案件中的申请人与被申请人，诉讼案件中的原告和被告），先要分析其相互之间是否存在某种行政法律关系，然后再分析当事人是否适格问题。只有相互之间存在行政法律关系，才能构成案件中的当事人关系。如果行为人相互之间根本就不存在行政法律关系，却将其作为案件当事人，就会发生错误确定当事人的现象。如果相互之间存在行政法律关系，却没有发现或者误认为不存在，那么就会错漏当事人或者发生抗辩错误。同时，一名律师或法官也只有借助于行政法律关系，才能理清错综复杂的案件的脉络和办案的思路，准确地适用法律。

2. 地方政府应注意与其职能部门间的权限分工

按照职权法定原则，地方人民政府及其所属工作部门都会被法律、法规授予对特定事项的管辖权，无论是地方人民政府还是工作部门，都应当基于法律、法规的授权并在权限范围内行使权力。地方人民政府虽然“领导所属各工作部门和下级人民政府的工作”，但领导不是替代。地方人民政府可以就一些重点工作组织有关工作部门或下级人民政府实施，在有些情况下，也可以通过发出指示，对所属工作部门和下级人民政府施加影响，但具体的实施还应当由各工作部门或下级人民政府根据其法定管辖权以自己的名义分别落实。［最高人民法院（2017）行申9274号行政裁定书］

3. 行政主体的认定

由于行政权行使过程的多样性以及行政组织系统内部关系的复杂性，准确理解行政主体、行政机关以及行政机关与其内设机构、派出机构、职能部门的关系，并依法确定行政诉讼的被

① 林纪东．行政法原论：下．台北：台湾编译馆，1966：519，523.

② 叶必丰．应申请行政行为判解：174页以下．

告必须严格依照法律规定，并辅之以作出行政行为时的名义。确定特定关系中的行政主体，既要根据作出行政行为时的名义和身份，也要依据其权力的来源，并结合所依据的实体法律规范，综合判定。[最高人民法院（2018）行申3299号行政裁定书]

4. 关于行政相对人身份的认定

一般来说，相对人的身份极为明显，无须认定。但是，当一个法律关系的双方主体都是行政机关时，就需要认定是否有一方主体已经运用了行政权，是一方主体运用了还是双方都运用了行政权，或者双方都没有运用行政权，从而进一步认定是行政法律关系还是宪法关系或者民事法律关系。如果属于行政法律关系，那么没有运用行政权的那一方行政机关就是相对人。

课后复习

1. 行政主体的特征有哪些?
2. 简述行政授权、行政委托和职务协助之间的联系与区别。
3. 如何解决行政权限争议?
4. 相对人有哪些权利?
5. 相对人和第三人在法律适用上有什么特点?
6. 私人公法行为有哪些规则?
7. 运用行政法律关系原理分析、思考“桐梓县农资公司诉桐梓县技术监督局行政处罚抗诉案”[《最高人民法院公报》1995（4）]。

第四章
行政行为原理

提　要

行政行为即行政作用，泛指行政主体一切运用行政权，实现行政目的的活动，具有服务性和无偿性等特征。对行政行为可以作各种各样的分类。其中，对抽象行政行为和具体行政行为的分类，应当以拘束内容和相对人是否可统计等为标准。具体行政行为的成立必须同时具备行政权能的存在、行政权的实际运用、法律效果的存在和表示行为的存在4个要件。对具体行政行为又可作相应的分类，以认识各自的特征。具体行政行为具有法律效力，在内容上表现为公定力、确定力、拘束力和执行力；在时间上表现为存续力，即可因一定的法律事实而生效、失效、溯及既往、延迟或中止。对具体行政行为所存在的错误可予以更正，对所出现的瑕疵可以分为明显轻微的瑕疵、一般瑕疵和重大而明显的瑕疵并适用补正、撤销或宣告无效等相应补救方式。

重点问题

1. 行政行为的体系框架。
2. 行政行为的特征。
3. 具体行政行为的构成要件。
4. 具体行政行为的分类原理。
5. 具体行政行为的效力原理。
6. 具体行政行为的错误及其更正。
7. 具体行政行为的瑕疵及其类型。

第一节　行政行为的分类和特征

一、行政行为的分类

行政行为是行政法学上各种各样解释最多的概念之一。① 我们认为，行政行为即行政作用，

---

① 叶必丰．行政法学．武汉：武汉大学出版社，2003：219.

泛指行政主体一切运用行政权，实现行政目的的活动。根据不同的标准，行政行为可以做以下的区分：

1. 以是否具有法律效果为标准，可以将行政行为分为行政法律行为和行政事实行为。行政法律行为，是指行政主体运用行政权设定、变更或者消灭特定或不特定相对人的权利、义务的行政作用，包括行政立法行为、行政创制性文件、行政解释性文件、具体行政行为和行政合同等。行政事实行为，是指行政主体运用行政权实现行政目的，但并没有产生相应法律效果的行政作用。

2. 以是单方意志还是双方意志为标准，可以将行政行为分为单方行政行为和双方行政行为。单方行政行为，是指行政主体为实现行政目的单方面运用行政权所作的行为，包括行政立法行为、行政规范性文件、行政事实行为和具体行政行为。双方行政行为，是指行政主体与对方当事人平等、协商一致所形成的协议或合同，包括行政合同和行政协议。

3. 以所针对相对人是否特定为标准，可以将行政行为分为抽象行政行为和具体行政行为。抽象行政行为是指行政主体运用行政权，针对不特定相对人所作的行政作用，包括行政立法和行政规范性文件。具体行政行为是指行政主体运用行政权，针对特定相对人设定权利、义务的行政作用。抽象行政行为和具体行政行为的分类，至今仍具有特别重要的意义。①

对抽象行政行为和具体行政行为的区分，是以相对人是否特定为标准的。然而，相对人是否特定本身，有时是需要界定的。第一，以拘束内容为标准确定。一般来说，行政行为的形式和内容是统一的，但有时，两者并不统一，在形式上是一个行政规范性文件即抽象行政行为，而在内容上却全部或部分拘束特定相对人。在这种情况下，就应该按照内容而不是形式来确定。如果该内容全部拘束特定相对人的，则该行为都属于具体行政行为；如果仅部分拘束特定相对人的，则该部分属于具体行政行为。值得注意的是，行政机关经常用行政规范性文件的形式作出具体行政行为，以规避行政复议和行政诉讼。此时，就更应当从行为的内容上认定其是否为具体行政行为。第二，以是否可统计为标准确定。在实践中，当行为所针对的是数个或众多的对象时，要认定该行为是行政规范性文件还是具体行政行为就比较困难。在这种情况下，要对它们加以区分和认定，关键应看行为对象的数量在该行为作出时是否可以统计和确定。如果行为对象的数量在该行为作出时可以统计和确定，那么该行为就是具体行政行为，反之，就是行政规范性文件。在最高人民法院公布的典型案例点头隆胜石材厂诉福鼎市人民政府行政扶优扶强措施案中，法院就是按照相对人的可统计性来认定的。法院认为，被告批准下发的《工业领导小组办公室关于 2001 年玄武岩石板材加工企业扶优扶强的意见》，是针对本市现有企业而实施的，并在内容上确定了 2001 年要重点扶持的企业，属于具体行政行为。② 第三，针对特定物的行为和交通信号。针对物的行为“是指确定物的公法性质的行政行为。它针对的不是一个人，而是一个特定的物；调整的不是个人的权利义务，而是物的法律状态。人们也许要说，这种处理行为的收件人是物。物法上的处理行为归根结底还是要对人产生效果，因为它是人的权利义务的关联点，因此至少间接适用于人”③。也就是说，针对特定物的行为是具体行政行为，而不是行政规范性文件。“警察（位于十字路口）指挥交通的手势和自动或者手动的红绿灯设施（红—黄—绿信号）属于一般命令形式的行政行为，这一点已经没有什么争议，因为它们针对的是每一个现场交通参与人的交通行为。”另外，在德国行政法上，使用规则即“普遍地确定物的使

① 参见最高人民法院（2016）行申 2856 号行政裁定书。

② 点头隆胜石材厂不服福鼎市人民政府行政扶优扶强措施案．最高人民法院公报，2001（6）．

③ 哈特穆特·毛雷尔．行政法学总论：197．

用的行政行为”①，也是我们所说的具体行政行为。

本书关于行政行为的体系如下图所示：

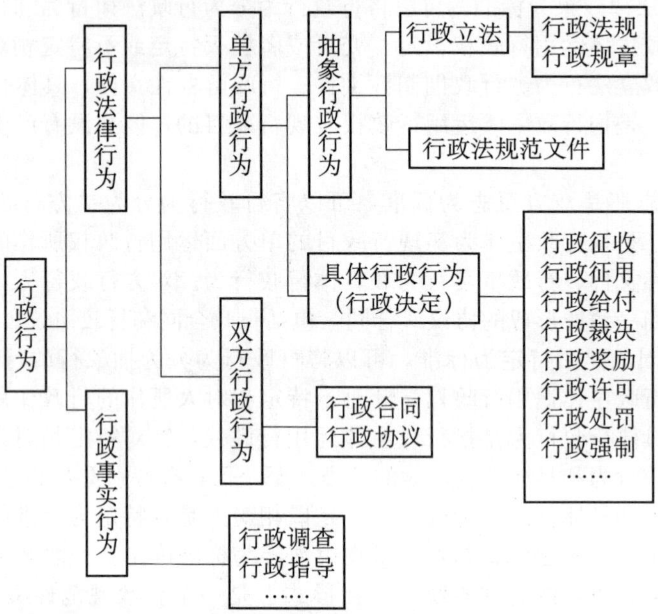

二、行政行为的特征

（一）行政行为的时代特征

1. 行政行为的服务性。在近代，行政行为被认为是一种主权者的命令。20 世纪的人文精神在于强调社会的和谐、持续发展，是以人性善为基本的价值取向的。基于这样一种人文精神，现代行政法学认为，行政行为是行政主体在行政相对人的合作下所作的公共服务行为即公务行为。行政行为的这一时代特征向行政主体和行政相对人双方同时提出了新的要求。

2. 行政行为的从属法律性。在近代，行政主体的行政权并不来源于法律或立法机关，而与立法机关的立法权和司法机关的司法权一样来源于国家或人民，行政权并不都需要从属于立法权或司法权，行政主体行使行政权的行为并不一定都要接受法律的约束，法律优先原则并不具有彻底性。在现代，行政主体的行政权与行政相对人的权利一样来源于法律，行政主体行使行政权的行为必须全面、全程地接受法律的监控，而不能凌驾于法律之上或站在法律之外，如果实施的行政行为违法就必须承担相应的法律责任，从而实现行政法治。②

（二）行政行为的法律特征

1. 行政行为的单方性。民事行为一般是双方行为，但行政行为却是行政主体的一种单方面意思表示。相对人的权利义务都是由行政主体单方面设定、变更或消灭的，并不取决于行政相对人的意志。随着行政民主化的发展，现代社会的行政相对人已能广泛地参与行政程序或行政行为的实施，即参与意思表示，但仍然取决于行政主体的接受和采纳。并且，行政相对人的意

① 哈特穆特·毛雷尔．行政法学总论：198.

② 克拉勃．近代国家观念．王检译．北京：商务印书馆，1957：25，79，90，91；狄骥．宪法论．钱克新译．北京：商务印书馆，1962：“第二版序言”，8.

志一旦为行政主体所接受或采纳，所形成的最终意志在法律上仍然被视为行政主体的意志。双方行政行为只是行政行为中的例外。

2. 行政行为的强制性。民事法律行为是以意思自治为原则的，即是以对方主体自愿接受为前提的，是各方主体自愿约定权利义务的一种意思表示。然而，行政行为是法律的一种实施，是法律在相应领域或事项上的表现，于是法律的强制性就必然体现为行政行为的强制性。就行政主体而言，这种强制性表现为行政主体作出意思表示的法定性，而不以意思自治为原则。就行政相对人而言，这种强制性表现为19世纪行政法学上所说的服从和遵守与20世纪行政法学上所说的配合。如果行政相对人不予以配合，就会导致强制执行。

3. 行政行为的无偿性。民事法律行为是以等价交易、有偿服务为原则的。行政行为尽管也是一种服务，但却是一种通过实施法律来实现的公共服务，是无偿的。这是因为，行政主体的权力又是一种职责或义务，而职责或义务的履行是无偿的。行政主体实施法律所需的经费只能由国家财政来负担。负担行政是无偿的，授益行政也是无偿的。当然，行政行为的无偿性是有例外的。当特定行政相对人承担了比其他行政相对人更多的公共负担（如财物征用等）时，或者分享了比其他行政相对人更多的公共利益（如获得许可而开采金矿、取用地下水等）时，就应当是有偿的。就行政行为而言，无偿是原则，有偿是例外。

4. 行政行为的规制性。从功能上说，行政行为最重要的特征就是规制。抽象行政行为为行政主体对不特定人和事提供了行政规制的规则，具体行政行为则是行政主体对特定人和事进行的行政规制。即使是作为双方行政行为的行政合同，也可以被看作是旨在实现规制目标的公私合作形式。一段时间以来，我国的行政法学研究关注了行政行为的理论建设和制度建设，现在则日益重视行政行为规制功能的研究。

第二节 具体行政行为的成立和分类

一、具体行政行为的成立要件

具体行政行为的成立要件，是指构成一个具体行政行为所必须具备的条件，是从性质上区别具体行政行为与其他行为或非行政行为的标准。我们认为，具体行政行为的成立要件有以下四个：行政权能的存在、行政权的实际运用、法律效果的存在和表示行为的存在。

1. 行政权能的存在。权能指的是权利能力或资格，往往与组织的成立同时产生。权能不同于权限，权限则是指行为能力，既可以随组织的成立而产生，也可以在组织成立后赋予。权能只能说明权力（利）的性质，如是国家权力还是公民权利，是行政权还是立法权或司法权，而权限说明权力（利）的限度或范围。权能说明行为的性质，权限则说明行为的合法性。行政权能是实施法律、作出行政行为的一种资格，它可以由法律赋予行政机关和社会组织，也可以由行政主体分解、确定给行政机构。只有具备行政权能的组织才能实施法律、作出具体行政行为，也只有具备行政权能的组织所作出的行为才有可能是具体行政行为，不具备行政权能的组织或个人所作的行为就不是具体行政行为。① 行政权能也是一种主体资格，是决定一个组织是否为行政主体的实质性资格。因此，具体行政权能可以称为具体行政行为成立的主体要件或资格要件。

---

① 王名扬．法国行政法：166.

2. 行政权的实际运用。行政行为必须是行使行政权的行为，即运用行政权所作的行为。这是因为，只有运用行政权才能实施具有单方性和强制性的具体行政行为，只有这样的行为才不具有民事法律行为等其他法律行为的特征，才需要行政法的规范。运用行政权是以享有行政权能为前提的。因此，凡是享有行政权能并实际运用行政权所作的行为都是具体行政行为；而没有运用行政权所作的行为，即使实施者是享有行政权的组织，也不是具体行政行为。① 行政权的实际运用可以称为具体行政行为成立的权力要件。行政权的实际运用是通过公务员的行为来实现的，公务员的行为是否为行使行政权力的行为或公务行为，有时并不明确，需要按照工作时间、职责权限、实施行为的名义、行为所体现的意志和行为所追求的利益等标准来加以认定。一般说来，公务员在工作时间和职责权限内、以所在行政主体的名义、体现所在行政主体的意志及追求公共利益的行为，是公务行为。但在认定时，应具体情况具体分析。

3. 法律效果的存在。具体行政行为必须是一种法律行为即具有法律效果的行为。法律效果或法律意义，是指主体通过意志所设定、变更或消灭的某种权利义务关系，以及所期望取得的法律保护。主体的行为都是一种意思表示，但是，只有当这种意思表示具备了为行政相对人设定、变更或者消灭某种权利义务关系的内容时，才具有法律意义。如果一个行为没有针对行政相对人，或者没有设定、变更或消灭某种权利、义务，或者尚未形成或完成对某种权利、义务的设定、变更或消灭，则该行为不具有法律意义，不是法律行为。行政主体运用行政权所作的事实行为，就不是具体行政行为。法律效果的存在可以称为具体行政行为成立的法律要件或内容要件。需要指出的是，确认某种权利义务关系，使其从不稳定或不明确状态到趋于稳定或明确，也应视为一种法律效果。“所期望取得的法律保护”则往往表现为行政行为的强制性。

4. 表示行为的存在。具体行政行为是行政主体的一种意志，但应当是一种表现于外部的、客观化了的意志即意思表示。行政主体只有将自己的意志通过语言、文字、符号或行动等行为形式表示出来，并告知行政相对人后，才能成立一个具体行政行为。如果行政主体的意志还没有表现出来，或者还没有告知行政相对人，就无法为外界所识别，就应视为具体行政行为不存在或不成立。表示行为的存在可以称为具体行政行为成立的形式要件。

总之，具体行政行为的成立必须同时具备资格要件、权力要件、法律要件和形式要件。

二、具体行政行为的分类

对具体行政行为进行相应的分类不仅是理论研究的需要，而且也是认识具体行政行为的总体状况，了解各类具体行政行为的具体特征，分析具体行政行为是否合法、有效，确定行政救济机制的现实需要。② 因此，对具体行政行为的科学分类，历来为行政法学所重视。

1. 羁束行为与裁量行为。羁束的具体行政行为是指行政主体对行政法规范的适用没有灵活性的具体行政行为，裁量的具体行政行为（又称自由裁量的具体行政行为）则是指行政主体对行政法规范的适用具有灵活性的具体行政行为。行政法规范之所以作这样的规定，是因为对某些法律事实能够在立法上作出统一的规定，而对某些法律事实无法在立法上作出统一的规定，需要由行政主体根据这些法律事实的具体因素决定法律的适用。具体行政行为的上述分类，是以具体行政行为受行政法规范的拘束程度为标准的，而不是以行政主体对事实的认定是否具有灵活性为标准的。就事实的认定而言，不论裁量的具体行政行为还是羁束的具体行政行为，都

① 张义潜诉临潼县华清池管理处案．最高人民法院公报，1989（4）．

② 叶必丰．行政行为原理．北京：商务印书馆，2014：41－42．

具有灵活性。在法律适用上，羁束的具体行政行为只存在合法性问题，而裁量的具体行政行为不仅存在合法性问题，还存在公正性问题。

2. 依职权行为和应申请行为。以具体行政行为是否可由行政主体主动实施为标准，可以将具体行政行为分为依职权的具体行政行为和应申请的具体行政行为。依职权的具体行政行为是指行政主体根据其职权而无须行政相对人申请就能主动实施的具体行政行为，也称主动的具体行政行为和积极的具体行政行为。应申请的具体行政行为是指行政主体只有在行政相对人提出申请后才能实施而不能主动采取的具体行政行为，又称为被动的具体行政行为和消极的具体行政行为。具体行政行为的这一分类有利于分析具体行政行为的实施条件。依职权的具体行政行为不需要行政相对人的申请就能实施，应申请的具体行政行为只有具备行政相对人的申请这一条件后才能实施。应当指出的是，行政相对人的申请尽管也是一种意思表示，但最终决定权却在行政主体，因而应申请的具体行政行为不能等同于行政合同。同时，应申请的具体行政行为不仅具有行政相对人的意思表示，有时还需要行政相对人缴纳一定的费用，此时不应与民事法律行为相混淆。

3. 有附款行为和无附款行为。以具体行政行为是否有附款为标准，可以将具体行政行为分为有附款的具体行政行为和无附款的具体行政行为。有附款的具体行政行为是指除行政法规范明确规定外，行政主体根据实际需要附加生效条件的具体行政行为，又称有条件的具体行政行为。无附款的具体行政行为是指具体行政行为的生效没有附加条件的具体行政行为，又称单纯的具体行政行为。这里的附款就是条件，指行政主体规定（而不是行政法规范规定）的、其成就与否决定法律行为的效力、某种将来的事实或行为。① 具体行政行为的这一分类源于民事法律行为的分类，可参见民事法律行为的相应原理。划分有附款的具体行政行为和无附款的具体行政行为，对分析具体行政行为法律效力的产生、变更和消灭具有重要意义。

4. 授益行为和负担行为。按具体行政行为的内容对行政相对人是否有利为标准，可以将具体行政行为分为授益的具体行政行为和负担的具体行政行为。授益的具体行政行为是指行政主体为行政相对人设定权益或免除其义务的具体行政行为；负担的具体行政行为是指行政主体为行政相对人设定义务或剥夺、限制其权益的具体行政行为，又称不利的具体行政行为。但是，当一个具体行政行为既设定了行政相对人的权利，又设定了行政相对人的义务时，则既是授益的具体行政行为，又是负担的具体行政行为，或称混合的具体行政行为。当一个具体行政行为有两个行政相对人（如行政裁决）时，对一个行政相对人可能构成授益的具体行政行为，对另一个行政相对人则可能构成负担的具体行政行为。当一个具体行政行为是为了维护公共利益（如确定某树为名木古树）时，则构成对不特定行政相对人的负担的具体行政行为。具体行政行为的这一分类，有利于分析具体行政行为的内容。

5. 要式行为和非要式行为。以具体行政行为是否必须具备法定形式为标准，可以将具体行政行为分为要式的具体行政行为和非要式的具体行政行为。具体行政行为的形式包括书面文字、特定意义的符号、口头语言和实际动作。书面文字，指各种格式的文书和证件。书面文字和特定意义的符号有利于准确地载明行政主体的意思表示，体现具体行政行为的严肃性，分清责任，促进依法行政。因此，行政法规范一般规定书面文字或特定意义的符号为具体行政行为必要形式。要式的具体行政行为是指必须具备某种书面文字或具有特定意义符号的具体行政行为，非要式的具体行政行为则是指行政法规范没有要求必须具备书面文字或特定意义符号的具体行政

① 杨建顺．日本行政法通论．北京：中国法制出版社，1998：372.

行为。具体行政行为的这一分类，有利于从严要求具体行政行为的实施，并认定口头和行动等具有隐蔽形式的具体行政行为的存在。

6. 作为和不作为。以具体行政行为是否改变现有法律状态（权利义务关系）为标准，可以将具体行政行为分为行政作为和行政不作为。行政作为是指行政主体积极改变现有法律状态的具体行政行为，如行政征收和颁发许可证等。行政不作为是指行政主体维持现有法律状态，或不改变现有法律状态的具体行政行为，如不予答复和予以拒绝等。① 但也有的学者认为，作为与不作为的划分，应以行政主体的义务是作为义务还是不作为义务，对义务的态度是积极还是消极为标准。行政主体积极履行作为或不作为义务的行为是行政作为，行政主体消极对待作为义务的行为是行政不作为。② 这一观点已经不符合行政审判的实际需要。③

7. 独立行为和需补充行为。以具体行政行为是否需要其他行为作为补充为标准，可以将具体行政行为分为独立的具体行政行为和需补充的具体行政行为。独立的具体行政行为是指不需要其他补充行为就能够生效的具体行政行为，需补充的具体行政行为是指必须具备补充行为才能生效的具体行政行为。这个补充行为往往就是上级机关的审批或备案行为。当该补充行为是由行政法规范规定时，需补充的具体行政行为是一个无附款的具体行政行为；当该补充行为并非基于行政法规范的规定，而是由行政主体自行设定或要求时，需补充的具体行政行为是一个有附款的具体行政行为。因此，具体行政行为的这一分类应当与有附款的具体行政行为和无附款的具体行政行为的分类加以区别。

8. 外部行为和内部行为。以相对人是否是行政组织内部的机构或公务员为标准，可以将具体行政行为分为外部具体行政行为和内部具体行政行为。外部具体行政行为，是指行政主体针对行政组织系统以外的公民、法人或其他组织所作的具体行政行为。内部具体行政行为，是指行政主体针对行政组织系统内部的机构或公务员所作的具体行政行为。④ 但是，行政主体导致公务员身份变化的行为属于外部具体行政行为，如录用公务员或开除公务员等。此外，涉及外部相对人权利义务事项的内部具体行政行为如果以一定的方式表现于外部时，对外发生了效力，也就转化为了外部具体行政行为。⑤⑥

对具体行政行为还可以按其他标准进行分类。⑦

第三节 具体行政行为的效力内容和时间

一、具体行政行为的效力内容

具体行政行为的效力内容包括公定力、确定力、拘束力和执行力四个方面。

1. 公定力。根据我国的司法解释和实践，公定力是指具体行政行为如构成其他法律行为的

---

① 参见广东省高级人民法院（2002）粤高法行终字第4690号行政判决书。

② 周佑勇．论行政作为与行政不作为的区别．法商研究，1996（5）.

③ 张璇．要求履行法定职责案件的判决方式探讨．上海审判实践，2006（7）.

④ 参见北京市第一中级人民法院（2000）一中行初字第118号行政判决书。

⑤ “延安宏盛建筑工程有限责任公司诉陕西省延安市安全生产监督管理局生产责任事故批复案”//最高人民法院行政庭主编．中国行政审判指导案例：第1卷．北京：中国法制出版社，2010：1.

⑥ 参见安徽省芜湖市新芜区人民法院（2003）新行初字第11号行政判决书。

⑦ 杨解君．依法行政论纲．北京：中共中央党校出版社，1998：160页以下．

实施要件即基础行为，除具有重大明显瑕疵外，即具有被推定有效，并拘束该法律行为实施的效力。这也就是说，公定力是一种对世的法律效力，它并不是对行政主体和行政相对人双方而言的一种法律效力，而是对行政主体以外的任何机关、组织和个人而言的。

公定力不仅是具体行政行为的一个基本原理，而且具有重要的实际意义，支持着有关意思表示规则、行政救济规则和民事纠纷的处理规则及具体行政行为的其他效力规则。公定力表现为一种尊重义务，它要求一切机关、组织或个人对行政主体所作的具体行政行为表示尊重，不能任意予以否定，具体为：具体行政行为对司法裁判、仲裁裁决的拘束力，对相关具体行政行为实施的拘束力，以及对授益行政行为相对人的信赖保护。

公定力并不以具体行政行为的合法为前提。即使具体行政行为存在瑕疵，在被依法撤销或确认前，也同样应得到尊重。然而，具体行政行为存在重大明显瑕疵的，不具有公定力。《最高人民法院关于审理行政许可案件若干问题的规定》（法释〔2009〕20 号）第 7 条规定，作为被诉行政许可基础的其他行政决定或者文书存在重大瑕疵的，法院不予认可。这表明，法院不受无效行政行为的拘束，无效行政行为不具有公定力。《行政强制法》第 58 条第 1 款、“最高法院行政诉讼法 2018 年解释”第 161 条和《强制执行房屋征收补偿决定的规定》第 6 条第 1 款规定，法院对具有重大而明显瑕疵的具体行政行为，可以裁定不予执行。据此，行政机关也应当拒绝具有重大明显瑕疵的行政行为的约束。

具体行政行为的公定力，以该行为构成另一法律行为的基础行为或前提要件为条件的。如果该具体行政行为并非另一法律行为的实施要件，则不存在拘束性或公定力的问题。最高人民法院通过在民事诉讼中的探索，认为具体行政行为构成民事裁判的基础行为，应当是能够涵摄案件事实和法律效果的实质性行政行为①，如果有法律规范的强制性规定或者当事人双方的约定，则可以作为民事裁判基础行为。民事诉讼中形成的这些标准对具体行政行为在其他场合是否构成另一法律行为的基础行为，具有借鉴意义。

2. 确定力。② 这是指除无效行政行为外③，已生效具体行政行为对行政主体和行政相对人所具有的不受任意改变的法律效力。这里的改变，既包括撤销、重作，也包括变更；既包括对事实认定和法律适用的改变，也包括对权利、义务的改变，但一般不包括对告知的改变和对行政行为的解释。这一效力来源于法的安定性原则和诚信原则。确定力包括形式确定力和实质确定力。形式确定力即不可争力，是具体行政行为对相对人的一种法律效力，指除无效具体行政行为外，在复议或诉讼期限届满后相对人不能再要求改变具体行政行为。实质确定力即“一事不再理”，是指行政主体不得任意改变自己所作的具体行政行为，否则应承担相应的法律责任。④

3. 拘束力。这是指除无效行政行为外，已生效具体行政行为所具有的约束和限制行政主体和行政相对人的行为的法律效力。拘束力是对行政主体和行政相对人（第三人）双方而言的，对他人不具有拘束力。拘束力是一种约束力、限制力，即要求遵守的法律效力。发生拘束力的是具体行政行为所设定的权利、义务，这种权利、义务本身又是实施其他行为的一种规则，必

---

① 香港绿谷投资公司诉加拿大绿谷（国际）投资公司股权纠纷案．最高人民法院公报，2004（7）.

② 德国行政法学研究中，鉴于行政行为与司法裁判之间效力上的差别，将“确定力”一词转化为“存续力”一词，以示区别。本书仍沿用“确定力”一词。（赵宏．法治国下的行政行为存续力．北京：中国法制出版社，2007：24-34）

③ 参见最高人民法院（2018）行申 2496 号行政裁定书。

④ 参见最高人民法院（2017）行申 2290 号行政裁定书；焦志刚诉和平公安分局治安管理处罚决定行政纠纷案．最高人民法院公报，2006（10）.

须得到遵守。拘束力所直接指向的是行为，是对有关行为的一种强制规范，如果有关行为违反了这种规则，则行为人应承担相应的法律责任。

4. 执行力。这是指除无效行政行为外，已生效的具体行政行为要求行政主体和行政相对人对其内容予以实现的法律效力。它与其他法律效力一样，是一种潜在于具体行政行为内部的一种法律效力，可以表现为自觉地履行义务，也可以表现为被强制履行义务。执行力是对行政主体和行政相对人双方的一种法律效力，是实现具体行政行为内容的效力。这里的内容，是指具体行政行为所设定的权利、义务。

二、具体行政行为的效力时间

具体行政行为的效力时间指的是具体行政行为从何时起发生法律效力，持续到何时止不具有法律效力，也称具体行政行为的时间效力或行政行为的存续力。为此就要分析具体行政行为的生效时间、失效时间、效力的中止和溯及力等问题。

1. 生效时间，即具体行政行为公定力、确定力和执行力的发生时间，一般为告知之时。未告知的具体行政行为，在法律上视为不存在，因而不存在效力问题。但具体行政行为在附款中规定有生效时间的，则其效力发生于附款规定之时。附款规定之时，即为具体行政行为附款中所定法律事实发生之时。法律事实的发生，有时是事先能够确定或预定的，有时是事先无法完全预定的。有关论著中所称的受领之时生效和立即生效两种情况并不存在。

2. 执行力的追溯。具体行政行为原则上不具有追溯力，但是，在能够保证法律秩序的安定性、具体行政行为具有可预见性并有利于相对人的条件下，也可以具有追溯力。具体行政行为的可预见性，只能表现在相对人有事前参与的行政行为中，尤其表现在程序由相对人发动的应申请的具体行政行为之中。并且，能同时具备有利于相对人这一条件的行政行为，也主要是应申请的具体行政行为。在实务中，具体行政行为的追溯力往往是由附款规定的，行政主体在附款中所作的规定，又往往是相对人所请求的。也就是说，生效时间的追溯，实际上是相对人自己提出的，行政主体只不过是没有作不同认定而已。这对相对人来说，具体行政行为的确定内容虽尚未得到告知，但却具有可预见性。追溯力仅限于执行力，而不包括先定力、公定力、确定力和拘束力。

3. 效力的延迟。具体行政行为的效力可因救济时效告知错误而延迟。在告知错误的情况下，需要依法更正或者依法认定，事实上会出现救济时效长于法定救济时效的情况。具体行政行为也可以因附款规定之法律事实的出现以及不可抗力而导致效力的延迟。

4. 效力的中止。中止，意味着具体行政行为在一定时段内不具有法律效力。具体行政行为被中止的普遍情形是具体行政行为被行政主体非法撤销、废止或宣告无效，但通过行政救济程序又得到了恢复。对这种非法中止所采取的补救方法之一是续展，在续展没有必要的情况下，一般应当以恢复效力作为补救方法。对合法具体行政行为的效力也可以依法予以中止。

5. 失效时间。具体行政行为自生效之时起，具有持续的法律效力，至相应法律事实的发生而消灭。

（1）内容已实现和期限届满。内容已实现是指具体行政行为所设定的义务已得到履行或强制履行，权利已经得到实现。具体行政行为可因内容已实现而消灭，这是具体行政行为失效的一种最为普遍的形式。附期限的具体行政行为，在期限届满时，也就丧失了法律效力。

（2）无效。具体行政行为成立时具有重大而明显的瑕疵的，无效。在无效行政行为已发生法律效果的情况下，应当依法作出处理：相对人已取得的利益应被收回，所负有的负担应予解除；导致相对人损失的，应当依法承担赔偿责任，但如果无效的原因在于相对人的欺诈、贿赂等恶意，那么即使该具体行政行为的实施造成了某种损失，也不予赔偿；如果基于公共利益和个人利益，依法确有必要设定该权利义务关系，那么应当用另一个具体行政行为来替代。

（3）撤销。撤销在我国有两种：第一，基于具体行政行为违法而撤销。对于在成立时具有违法情形或瑕疵的具体行政行为，可予以撤销。同无效一样，被撤销的具体行政行为被视为自始不具有法律效力，权利义务关系恢复到该具体行政行为作出以前的状态。对撤销前已发生的法律效果，也应作出相应的处理，处理的原则，与无效具体行政行为法律效果的处理原则基本相同。但如有必要，对可撤销具体行政行为也可以确定自撤销之日起丧失法律效力，而不予追溯。第二，作为行政处罚而撤销，实际上类似于对具体行政行为的注销或吊销。这种撤销的原因是具体行政行为成立后相对人未受具体行政行为的拘束而实施了违法行为，因而这种撤销只能使原具体行政行为从撤销之日起丧失法律效力，而不能溯及到成立之时。从科学性角度讲，对这类情况今后不宜使用"撤销"，而最好使用注销或吊销等法律术语。

（4）撤回和废止。具体行政行为可因情势变更或附款的规定，基于公共利益的需要或相对人申请而撤回或废止，从而向后失去法律效力。撤回和废止适用于合法具体行政行为。被撤回或废止的具体行政行为自撤回或废止决定所确定的时间起丧失法律效力，之前的法律效力不受撤回或废止行为的影响。撤回和废止应当满足的合法要件有：情势变更或附款规定；公共利益或相对人的申请；依法补偿；符合法定程序。如行政机关违法撤回或废止具体行政行为，相对人或者利害关系人可以诉请撤销，或诉请赔偿损失。

（5）其他失效情形。具体行政行为的效力可因义务的无法履行、标的物的灭失、相对人的死亡或权利主体放弃权利等而消灭。

需要注意的是，具体行政行为存在瑕疵而被确认无效或撤销的，其公定力、确定力、拘束力和执行力均告消灭。除无效和撤销外，具体行政行为的失效并未丧失公定力和确定力（尤其是形式确定力），仅向后消灭其拘束力和执行力，不再具有规制作用。

第四节　具体行政行为的错误和瑕疵

一、具体行政行为的错误

1. 具体行政行为错误的范围。具体行政行为的错误，是指行政主体在具体行政行为中所作的意思表示或者外界理解的意思表示与其真实意思存在明显的矛盾。学说上对这种"明显错误"的解释是：实施一个具体行政行为的行政机关之预期目的与该行为所表明的目的之间，存在着无须任何别的方式就可以被发现的明显矛盾。① "也就是说对每一个客观的中等的观察人员来说这种事情绝不能再发生，如果他具有一个参与人的真正的信息水平的话。""这种错误不是行政机关意志上的瑕疵，而只是意思表达中的过失。"② 因而具体行政行为的错误与具体行政行为的瑕疵不同。具体行政行为的公开错误有以下几种：第一，误写和误算。误写和误算都是一种明显的、经常性、普遍性的错误。误写是一种书面错误，如错别字笔误、文字遗漏等。误算则既

---

① 赛夫．德国行政法．周伟译．台北：五南图书出版有限公司，1991：107－108.

② 格尔诺特·多尔．德国行政程序．孙瑜译．法学译丛，1992（6）.

有书面错误，又有事实错误和法律错误：作为书面错误的误算，主要表现为成数、倍数以及单项合计等方面所发生的错误。但事实上和法律上的误算不属于明显的表示错误，而属于具体行政行为对事实认定和法律适用的错误。误写和误算这种书面错误，都是因疏忽大意而发生的。非因疏忽大意而发生的错误，就不能认定为这里的误写和误算。第二，表述不明。一般说来，表述不明主要有概念不明确、用语不当、未作直接界定和前后不一致 4 种情况。这种表述不明如果是由于行政主体工作人员的疏忽大意而引起并导致重大误解的，也属于公开错误。第三，机械故障。在国外立法上，机械故障也属于意思表示上的公开错误。例如，交通指示灯在应发出停止行驶的红灯信号时，发出了通行的绿灯信号。对此，在场的交通警察可立即用手势信号更正交通指示灯的错误。

2. 具体行政行为错误的更正。具体行政行为的错误不属于瑕疵，因而对这种错误的消除即更正也不属于法律补救和行政救济。具体行政行为的更正是为了消除具体行政行为中存在的公开错误，使行政主体所表示的意思与真实意思相一致，而不是为了对违法意思表示予以法律补救。这种更正也应当坚持以客观主义为主、以主观主义为补充的原则。更正机关应当是作出该具体行为的行政主体。行政主体可以依职权或者应相对人或第三人的申请，对具体行政行为中的公开错误随时进行更正。

一般说来，除法律有特别规定外，行政主体对要式的具体行政行为的更正应当采用法律对该行为所规定的方式。如果需更正的是非要式具体行政行为，或者尽管需更正的是要式行政行为，但在作出该行为时所采用的方式比法定方式更为严格，则更正的方式应当与需更正行为作出时所采用的方式相同。如果原系书面具体行政行为的，则在该行为的文书上以附记即附录的方式进行更正；如果系不能以附录方式更正的具体行政行为，如口头方式的具体行政行为、书面具体行政行为已引起争议并已进入行政救济途径等，则应当制作专门的更正书。行政主体不能在原具体行政行为书的错误处直接修改。

具体行政行为更正的直接效果，就是消除所存在的表示错误，权利、义务按经更正的具体行政行为确定，有关争议按经更正的具体行政行为审查、解决。就更正行为本身而言，它只是对原具体行政行为的解释，是对原具体行政行为中所体现的真实行政意志的确定和阐明，并没有新的、独立的法律效果，并不是一个新的具体行政行为，属于第二次行为。

二、具体行政行为的瑕疵

具体行政行为不符合应具备的合法要件的，在我国行政法学上称为行政“违法”，在日本等国以及我国台湾地区称为具体行政行为的“瑕疵”。关于具体行政行为的违法或瑕疵，我国《行政复议法》第 28 条和《行政诉讼法》第 70 条都作了规定，是行政法学上的关注重点之一。按瑕疵的程度，具体行政行为的瑕疵可以分为明显轻微的瑕疵、一般瑕疵和重大而明显的瑕疵三类。一般瑕疵是除明显轻微的瑕疵和重大而明显的瑕疵以外的瑕疵。对具有明显轻微瑕疵的具体行政行为可予补正，对具有一般瑕疵的具体行政行为可予撤销，具有重大而明显瑕疵的具体行政行为则属于无效具体行政行为。在此，我们仅就明显轻微的瑕疵和重大而明显的瑕疵作一讨论。

1. 明显轻微的瑕疵。从立法、判例和学说上看，判断明显轻微瑕疵的标准有三个。

第一，明显轻微的程序和形式瑕疵。如果该瑕疵是具体行政行为实体内容上的瑕疵，则不属于明显轻微的瑕疵。第二，该程序和形式瑕疵的存在，并没有损害当事人的实体上的合法权益。瑕疵的明显轻微一般认为不能以所侵害的权益小为判断标准，而只能以不侵害当事人的合法权益为判断标准。如程序和形式上瑕疵的存在，影响到当事人实体上的合法权益，无论该权益的大小如何，该瑕疵都不属于明显轻微的瑕疵。第三，同一行为的反复（即具体行政行为因程序瑕疵而被撤销或宣告无效后将由行政主体按法定程序重新作出同一内容的具体行政行为）被认为不合理（即有损行政效率）。一般说来，同时符合上述标准的程序和形式瑕疵就属于明显轻微的瑕疵。但是，对上述标准中的“明显轻微的瑕疵”，在不同国家和不同时代往往会有不同的认识。从我国的实际情况来看，我们认为下列程序和形式上的瑕疵可以列为明显轻微的瑕疵：告知错误的，具体行政行为应经补充而未经补充的，具体行政行为应在事后追认而未经追认的，行政主体的内设机构、临时机构或派出机构以自己的名义实施行政行为的，具体行政行为应说明理由而未说明理由的，具体行政行为应参与程序的当事人未参与的，等等。

2. 重大而明显的瑕疵。这是指瑕疵在客观、形式上非常明显，极易辨认，并且该瑕疵非常严重。也就是说，这种瑕疵同时具备明显性和严重性两个特征。从理论上说，“确定明显瑕疵的标准既不是相对人的主观想象，也不是受过训练的法学家的认识能力，而是一个典型的、理智的公民的认识。尽管如此，明显瑕疵并不总是‘明显’。在具体案件中，关于行政行为是否明显并且严重违法，完全可能发生争议”①。因此，在立法上往往需要以列举加概括的形式加以规定。同时，哪些瑕疵属于重大而明显的瑕疵、哪些则不是，还往往需要通过判例来丰富和发展。另外，不同国家和地区对哪些瑕疵属于重大而明显的瑕疵，也会有不同规定。

一般说来，重大而明显的瑕疵有以下几类：第一，主体资格方面的重大而明显的瑕疵，如行政主体未署名、未加盖印章，工作人员未向相对人表明身份或者具有精神上的障碍等。第二，权限方面的重大而明显的瑕疵，如超越事务管辖权和地域管辖权，超越法定的级别管辖权和时间管辖权，超越授权范围和所委托权限范围等。第三，内容方面的重大而明显的瑕疵，如具体行政行为的实施将导致犯罪的，受欺诈或胁迫而实施的具体行政行为，相对人与公务员恶意串通而实施的具体行政行为，以及具体行政行为的内容不可能的。其中，内容不可能，包括人的不可能、物的不可能和权利/义务的不可能。人的不可能，是指相对人对具体行政行为所设定的法律效果不具有法律上的能力。物的不可能，是指具体行政行为的标的物属于法律上禁止作为标的物的物。权利/义务的不可能，是指依据事实和法律权利/义务的发生是不可能的。第四，程序和形式方面的重大而明显的瑕疵。

法律应用

1. 关于具体行政行为的不成立

《行政诉讼法》第75条规定：“行政行为有实施主体不具有行政主体资格或者没有依据等重大且明显违法情形，原告申请确认行政行为无效的，人民法院判决确认无效。”该条对具体行政行为无效的外延进行了限定。根据这一限定，不成立的具体行政行为不一定就是无效的具体行政行为，二者之间存在差异。《行政处罚法》第41条规定：“行政机关及其执法人员在作出行政处罚决定之前，不依照本法第三十一条、第三十二条的规定向当事人告知给予行政处罚的事实、理由和依据，或者拒绝听取当事人的陈述、申辩，行政处罚决定不能成立；当事人放弃陈述或者申辩权利的除外。”这里的“行政处罚决定不能成立”符合“没有依据”的情形，应当理解为无效，而不是行政行为构成要件上的不成立。

---

① 哈特穆特·毛雷尔．行政法学总论：251.

2. 行政鉴定检测行为。罗伦富案判决，认定交通事故责任认定行为属于具体行政行为，理由是其将成为其他法律行为确定法律责任的依据［《最高人民法院公报》，2002（5）］。现在，这已被《道路交通安全法》第73条以及全国人大常委会法工委2005年1月5日的答复所否定。但与此项类似的工伤认定仍被视为具有直接法律效果，而许多检验、检测和检疫也被认为属于行政许可。夏善荣案裁判摘要指出："建设行政主管部门对在集体土地上建造的住宅小区组织竣工综合验收并颁发验收合格证"，属于具体行政行为［《最高人民法院公报》，2006（9）］。因此，行政鉴定检测行为中，哪些是具有直接法律效果的具体行政行为，取决于立法、法律解释和司法经验。

3. 行政预备行为。这是为设定、变更、消灭或确认权利义务作准备的行为，不属于具体行政行为。《最高人民法院关于审理行政许可案件若干问题的规定》第3条规定："公民、法人或者其他组织仅就行政许可过程中的告知补正申请材料、听证等通知行为提起行政诉讼的，人民法院不予受理。"但是，根据伊尔库案裁判摘要，行政调查中的查封、扣押等行政强制措施是独立的具体行政行为而非行政预备行为［《最高人民法院公报》，2006（3）］；根据司法实践，行政程序因行政预备行为而终结，影响相对人权利义务的，可构成具体行政行为或行政不作为。

4. 重复处置行为。这也被称为第二次行为，是指同一行政主体在前一次具体行政行为作出后，在法律和事实状态不变的条件下，对同一相对人重复所作的内容相同的决定。在内容上，重复处置行为，没有新的法律效果，只是对前一次具体行政行为的重申、告知或指示，不属于具体行政行为［参见杨一民案裁判摘要，《最高人民法院公报》，2007（10）］。但如果第二次行为改变了前一次具体行政行为或与前一次具体行政行为有不同的内容，具有新的法律效果，则构成一个新的具体行政行为，不属于重复处置行为［参见焦志刚案，《最高人民法院公报》，2006（10）］。对于行政机关以信访答复的形式行使《信访条例》规定之外行政管理法上职权的行为，不能因其在信访程序中作出而排除于行政诉讼受案范围之外。在主体上，重复处置行为必须是同一行政主体、同一相对人［参见罗边槽村案，《最高人民法院公报》，2000（6）］。

5. 多阶段行为。当一个行政主体的具体行政行为需要另一行政主体合作或补充时，就形成了多阶段行为。它与预备行为的主要区别在于，多阶段行为是两个以上的行政主体所作的行为，而预备行为则是由作出最终具体行政行为的行政主体作出的。多阶段行为有三类：第一，多个行政主体分别针对相对人所作的多个有联系的行为。多阶段行为中的各个行为是独立的，它们是否构成具体行政行为需要按照行政主体的行为有没有设定、变更、消灭或确认权利义务来认定。各阶段行为之间的逻辑联系是否符合法律规范的要求，尽管会影响具体行政行为的合法性，但不影响具体行政行为的成立。第二，某一行政主体对特定相对人实施具体行政行为，其他行政主体为此对该行政主体所做的行为。这主要有备案行为、上级的指示、解释或批准、同级机关提供的意见等参与行为。这些参与行为本身并没有直接针对相对人设定、变更、消灭或者确认权利义务的，不构成一个具体行政行为。但是，当上级的指示或批准被直接实施时，根据"最高法院行政诉讼法2000年司法解释"第19条的规定，构成直接法律效果，属于具体行政行为；当上级的解释被直接作为依据时，该上级指示并没有直接产生法律效果，并非具体行政行为。第三，经下级行政主体受理或初审的行为。这类行为不具有直接法律效果，不构成具体行政行为。但是，下级行政主体不签署意见或签署意见后不予报送的行为，导致了行政程序的终结，权利义务最终确定，构成行政不作为。

课后复习

1. 行政行为有哪些特征?

2. 如何区分抽象行政行为和具体行政行为?

3. 具体行政行为的构成要件有哪些?

4. 具体行政行为具有哪些效力?

5. 具体行政行为的瑕疵有哪些?

6. 运用具体行政行为的构成要件原理分析“点头隆胜石材厂不服福鼎市人民政府行政扶优扶强措施案”[载《最高人民法院公报》,2001 (6)]、“江宁县东山镇副业公司与江苏省南京机场高速公路管理处损害赔偿纠纷上诉案”[载《最高人民法院公报》,2000 (1)] 和“广州市海龙王投资发展有限公司诉广东省广州市对外经济贸易委员会行政处理决定纠纷案”[载《最高人民法院公报》,2002 (6)] 等案中所涉行为是否是具体行政行为。

7. 行政行为的实质确定力与“有错必纠”原则如何协调?

第五章
行政立法

提　要

行政立法是行政机关根据法定权限并按法定程序制定和发布行政法规和行政规章的活动，依通说属于一种抽象行政行为。按不同的标准，可以将行政立法分为职权立法和授权立法、执行性立法和创制性立法、中央行政立法和地方行政立法、法规性立法和规章性立法等。行政立法应坚持民主立法原则、法制统一原则和可操作性原则，遵循起草、审查（审议）、听证和发布等程序。行政立法的合法、有效，应当遵循法定条件。对行政立法的监控有裁决制度、改变或撤销制度、备案和审查制度，以及司法监控制度。

重点问题

1. 行政立法与制定行政法规范的区别。
2. 授权立法。
3. 行政立法的主体及其权限。
4. 行政立法的原则。
5. 行政立法的程序。
6. 行政立法的监督制度。

第一节　行政立法的概念和性质

一、行政立法的概念

法学上往往赋予“行政立法”以不同的含义。有的学者从所制定的法律规范的性质来界定，认为凡是制定行政法规范的行为，不论制定主体的性质如何，都属于行政立法。① 有的学者认为，行政立法既应当从机关的性质，又应当从所制定法律规范的性质来界定，即只有行政机关制定行政法规范的活动才是行政立法。这也是自 20 世纪 80 年代末以来我国行政法学的通说。

① 应松年．行政法学总论．北京：工人出版社，1985：266 页以下．

本书采通说，即行政立法是行政机关根据法定权限并按法定程序制定和发布行政法规、行政规章的活动。

1. 行政立法的主体是行政机关。行政立法的主体是国家行政机关，而不是国家权力机关、国家司法机关或其他组织。国家权力机关也能立法，也可以制定调整行政关系的法律和法规，但不是这里所说的行政立法。同时，行政立法依通说属于一种抽象行政行为。从这一意义上来说，其主体又与具体行政行为的主体不同。具体行政行为的主体可以是任何行政主体，包括授权行政主体。行政立法的主体仅限于行政机关而不包括授权行政主体，授权行政主体不能进行行政立法。并且，具体行政行为的主体多为基层行政主体，而行政立法的主体限于高层行政机关。根据《宪法》第89条、《国务院组织法》第10条、《地方各级人民代表大会和地方各级人民政府组织法》第60条和《立法法》第80条、第82条的规定，只有下列行政机关才能进行行政立法：国务院及其主管部门，省、自治区、直辖市和设区的市、自治州的人民政府。

2. 行政立法是依法进行的。首先，行政立法的主体是法定的，对此已在上文说明。其次，行政机关的立法权限是法定的。立法权属于国家权力机关是一般原则，由行政机关来行使则是一种例外和补充，因此，行政机关进行行政立法必须具有明确、具体的法律依据和授权依据。对此，我国《宪法》和《立法法》及有关法律已作了相应的规定。其中，职权立法的立法权来源于《宪法》和有关组织法的规定，这种立法权的范围在《立法法》中已作规定。单行法律和行政法规对行政机关的立法授权以及通过授权决议对行政机关的立法授权，一般都应有较明确的权限范围和授权目的。[①] 最后，行政立法的程序也是法定的。行政立法的程序与一般立法程序基本相同。目前，我国的行政立法程序是由《立法法》和有关行政法规规定的。总之，只有按上述要求所进行的立法才是行政立法，没有立法权的行政机关或者非按立法程序所进行的相应活动，不是行政立法。

3. 行政立法是一种立法活动。行政立法的最终结果，表现为适用于不特定公民、法人或其他社会组织的普遍性规则，即行政法规和规章。行政法规是我国法的渊源之一，行政规章在我国作为法的渊源还有争论，这种争论体现在立法上，就是《行政诉讼法》第63条第3款的规定，即在行政诉讼中规章只能作为参照而不能作为根据。这一规定尽管是针对行政诉讼所作的规定，但其影响和作用远远超出了行政诉讼领域，而及于具体行政行为实施的整个领域。我们认为，解决这一争论的出路是既承认规章是法的渊源之一，具有法的效力，又要将规章纳入司法审查的范围。作为法的渊源，行政法规和规章具有普遍性法律效力，是实施具体行政行为的根据，而不是指导具体行政行为实施的行政政策，更不同于影响特定人权利、义务的具体行政行为。从这一意义上说，制定行政法规和规章的活动是一种立法活动，而不是一种行政规划和行政执法活动。相反，行政机关不制定行政法规和规章的活动，如制定行政规范性文件的活动，并不是行政立法活动。尽管从立法学上说，行政机关所进行的法律解释和法律、地方性法规草案的起草也是一种立法活动，但本书所称的行政立法并不包括此类活动。行政立法尽管是一种立法活动，却是一种从属性立法，即行政机关从属于权力机关，行政立法权从属于权力机关的立法权，行政法规和规章从属于法律。

二、行政立法的分类

1. 职权立法和授权立法。根据行政立法权的取得方式，可以将行政立法分为职权立法和授

---

① 参见《立法法》第8条、第9条、第10条、第12条。

权立法。

职权立法是指行政机关根据宪法和组织法所赋予的行政立法权所进行的立法活动。根据宪法、组织法和《立法法》的规定，国务院及其主管部门，省、自治区、直辖市和设区的市、自治州的人民政府可以进行职权立法。但根据《立法法》第 72 条、第 82 条的规定，除省、自治区的人民政府所在地的市，经济特区所在地的市和国务院已经批准的较大的市以外，其他设区的市开始制定地方法规的具体步骤和时间，由省、自治区的人民代表大会常务委员会综合考虑本省、自治区所辖的设区的市的人口数量、地域面积、经济社会发展情况以及立法需求、立法能力等因素确定，并报全国人民代表大会常务委员会和国务院备案。人民政府开始制定规章的时间，与本省、自治区人民代表大会常务委员会确定的本市、自治州开始制定地方性法规的时间同步。其中，经国务院批准的较大的市目前有：唐山市、大同市、包头市、鞍山市、抚顺市、吉林市、齐齐哈尔市、淮南市、洛阳市、无锡市、大连市、青岛市、淄博市、邯郸市、宁波市和本溪市等。行政机关通过职权立法所制定的行政法规和规章一般不能变通法律和法规的规定。

授权立法是指行政机关根据单行法律和法规或授权决议所授予的立法权而进行的立法。授权立法的根据有两类，即宪法和组织法以外的单行法律、法规和最高国家权力机关专门的授权决议。根据单行法律、法规所进行的授权立法一般称为普通授权立法，根据最高国家权力机关专门的授权决议所进行的授权立法称为特别授权立法。行政机关通过授权立法所制定的行政法规和规章可以变通、补充法律或法规的规定。《立法法》第 9 条规定："本法第八条规定的事项尚未制定法律的，全国人民代表大会及其常务委员会有权作出决定，授权国务院可以根据实际需要，对其中的部分事项先制定行政法规，但是有关犯罪和刑罚、对公民政治权利的剥夺和限制人身自由的强制措施和处罚、司法制度等事项除外。"根据该法第 10 条、第 11 条、第 12 条的规定，授权决定应当明确授权的目的、事项、范围、期限以及被授权机关实施授权决定应当遵循的原则等，授权期限一般为五年，期满 6 个月以前需要报告授权实施情况，并提出是否需要制定有关法律或者继续授权的意见；被授权机关应当严格按照授权目的和范围行使该项权力，被授权机关不得将该项权力转授给其他机关；授权立法事项，经过实践检验，在制定法律的条件成熟时，应由全国人大及其常委会及时制定法律；法律制定后，相应立法事项的授权即告终止。

2. 执行性立法和创制性立法。根据行政立法的功能，可以将行政立法分为执行性立法和创制性立法。

执行性立法是指行政机关为了执行或实现特定法律和法规或者上级行政机关行政规范性文件的规定而进行的立法。执行性立法可以依职权，也可以依授权，但不得任意增加或减少所要执行的法律、法规或上级行政规范性文件的内容。通过执行性立法所制定的行政法规和规章，一般称为"实施条例"、"实施细则"或"实施办法"，在所执行的法律、法规或上级行政规范性文件被消灭时也不能独立存在。

创制性立法是指行政机关为了填补法律和法规的空白或者变通法律和法规的规定以实现行政职能而进行的立法。其中，为了填补法律和法规的空白而进行的创制性立法，即在还没有相应法律和法规规定的前提下行政主体运用宪法和组织法所赋予的立法权所进行的立法，称为自主性立法。为了变通行政法规范的规定而进行的创制性立法，称为补充性立法。补充性立法应以法律、法规的授权为根据，所制定的行政法规和规章并不因授权法律、法规的消灭而当然消灭，只要不与新的法律、法规相抵触就具有法律效力。

3. 中央立法和地方立法。根据行政立法的主体，可以将行政立法分为中央行政立法（简称中央立法）和地方行政立法（简称地方立法）。

中央立法是指中央行政机关依法制定和发布行政法规、规章的活动。国务院及其主管部门所进行的行政立法，都是中央立法。中央立法所制定的行政法规和规章，在全国范围内具有法律效力。

地方立法是指地方行政机关依法制定和发布规章的活动。省、自治区、直辖市人民政府和较大的市的人民政府所进行的行政立法，都是地方立法。地方立法所制定的行政规章，只能在本行政区域内发生法律效力。

4. 法规性立法和规章性立法。根据行政立法的最终结果，可以将行政立法分为法规性立法和规章性立法。

法规性立法是指国务院依法制定和发布行政法规的活动。法规性立法的内容包括全国性的政治、经济、教育、科技、文化和外事等各个方面。法规性立法的目的是执行法律，实现国务院对全国各项行政工作的领导。法规性立法的方式有两种：一是由国务院直接组织起草、制定和发布；二是由国务院主管部门组织起草、制定，由国务院批准，再由制定部门发布。通过法规性立法所制定的行政法规，有条例、规定和办法三种名称：条例是对某一方面行政工作作比较全面、系统规定的行政法规的名称；规定是对某一方面行政工作作部分规定的行政法规的名称；办法是对某一项行政工作作比较具体规定的行政法规的名称。根据《立法法》第 65 条的规定，国务院制定行政法规的权限是：第一，为执行法律的规定需要制定行政法规的事项；第二，《宪法》第 89 条规定的国务院行政管理职权的事项；第三，应当由全国人大及其常委会制定法律的事项，国务院可以根据全国人大及其常委会的授权决定先制定的行政法规，但经过实践检验，制定法律的条件成熟时，国务院应当及时提请全国人大及其常委会制定法律。

规章性立法是指国务院主管部门和法定地方政府依法制定、发布行政规章的活动。规章性立法所制定的行政规章，可以采用规定、办法、实施细则和规则等为名称，但不得采用条例为名称。国务院主管部门所制定的规章，称为部门规章。法定的地方人民政府所制定的规章，称为地方人民政府规章，也可简称为地方规章。《立法法》第 80 条规定："国务院各部、委员会、中国人民银行、审计署和具有行政管理职能的直属机构，可以根据法律和国务院的行政法规、决定、命令，在本部门的权限范围内，制定规章"；"部门规章规定的事项应当属于执行法律或者国务院的行政法规、决定、命令的事项"；"没有法律或者国务院的行政法规、决定、命令的依据，部门规章不得设定减损公民、法人和其他组织权利或者增加其义务的规范，不得增加本部门的权力或者减少本部门的法定职责。"。该法第 81 条规定："涉及两个以上国务院部门职权范围的事项，应当提请国务院制定行政法规或者由国务院有关部门联合制定规章。"根据该法第 82 条的规定，省、自治区、直辖市和设区的市、自治州的人民政府，可以根据法律、行政法规和本省、自治区、直辖市的地方性法规，制定规章；地方政府规章可以就下列事项作出规定：第一，为执行法律、行政法规、地方性法规的规定需要制定规章的事项；第二，属于本行政区域的具体行政管理事项。需要注意的是，设区的市、自治州的人民政府制定地方政府规章，限于城乡建设与管理、环境保护、历史文化保护等方面的事项。已经制定的地方政府规章，涉及上述事项范围以外的，继续有效。在没有法律、行政法规、地方性法规的依据的情况下，地方政府规章不得设定减损公民、法人和其他组织权利或者增加其义务的规范。

第二节　行政立法的原则和程序

一、行政立法的原则

1. 民主立法原则。民主立法原则是“大家的事应让大家同意”这一宪法原则的体现，是人民当家作主的必然要求，也是法具有公正性和正义性的基本保障。因此，民主不仅应体现在具体行政行为的实施中，而且应体现在行政立法上，作为宪法立法的一个原则。实际上，只有行政法规和规章本身具有公平、正义，实施行政法规和规章的具体行政行为才能实现公平、正义。如果行政法规和规章本身缺乏公平、正义，那么不论具体行政行为如何公平、正义，也将无济于事。《立法法》的制定和修改，《行政法规制定程序条例》和《规章制定程序条例》的实施，就是为了保障行政法规和规章的公平、正义。民主立法体现在行政立法程序上，就是行政立法的开放性和行政相对人的立法参与，确认公众对法案的讨论权和听证权，并建立对所提意见、建议与要求是否采纳的答复制度。对此，《立法法》、《行政法规制定程序条例》和《规章制定程序条例》已经作了相应的规定，国务院还专门制定了《国务院法制办公室法律法规草案公开征求意见暂行办法》（2011 年修订），部分规章制定主体也出台了专门规定，如《农业部规章草案公开征求意见规定》（2011 年 1 月实施）。民主立法体现在法规和规章的内容上，就是要求尊重人权，真正反映和体现公众的利益、愿望与要求，切实保障公民、法人和其他组织的合法权益；在规定公众应当履行的义务的同时，应当规定其相应的权利和保障权利实现的途径；在赋予行政主体职权时，应规定行使这种职权的条件和程序。① 民主立法体现在事后程序上，就是对行政立法的民主监督能被纳入相应的救济途径。对此，《立法法》也已有明文规定。

2. 法制统一原则。法制的统一是人们的行动得到协调和效益得到充分发挥，政局和社会得到稳定的前提，也是经济上建立统一的大市场的必然要求。因此，我国《宪法》和法律规定，“国家维护社会主义法制的统一和尊严”，“一切法律、行政法规和地方性法规都不得同宪法相抵触”，行政规章不得与行政法规和法律相抵触。这就要求行政立法必须与权力机关和上级行政机关的立法保持一致，不相隶属的行政立法之间应当协调一致，一个行政主体所制定的多个行政法规范之间、一个行政法规或规章内部条款之间也应保持一致。也就是说，在效力等级较高的法律规范没有授权的情况下，即使该效力等级较高的法律规范存在着各种各样的问题，行政立法也不能变更其规定或另行作出不同的规定。这不是为了固守“恶法亦法”的理念，而是行政立法的积极性和行政权威不能以牺牲法制的统一和尊严为代价，法律规范的社会适应性只能通过相应的程序来修改和完善。因此，我们必须完善行政立法制度并增强其技术性，必须加强法规和规章的备案审查的力度；在立法解释基本上是空白的情况下，应确立司法解释的最高权威，使行政解释服从于司法解释。目前，我国在体制上呈立法主体多元化的格局，既有中央立法，又有地方立法；既有权力机关的立法，又有行政机关的立法；既有政府立法，又有部门立法，并且还有多种多样的法律解释。在这种格局下，打破地方保护和部门垄断，坚持法制统一原则显得尤为必要。《立法法》关于“适用与备案”一章的规定，目的之一就在于加强法制的统一性。《规章制定程序条例》除了第 3 条要求规章内容要与上位法相符合，同时在第 19 条第 3 项中也要求规章内容必须与有关规章协调、衔接。这也是为了坚持法制的统一性。

---

① 参见《行政法规制定程序条例》第 12 条第 4 项，《规章制定程序条例》第 5 条。

3. 坚持党的领导原则。在我国，社会主义法治建设与党的领导密不可分。《中共中央关于全面推进依法治国若干重大问题的决定》中指出："党的领导是中国特色社会主义最本质的特征，是社会主义法治最根本的保证。把党的领导贯彻到依法治国全过程和各方面，是我国社会主义法治建设的一条基本经验。我国宪法确立了中国共产党的领导地位。坚持党的领导，是社会主义法治的根本要求，是党和国家的根本所在、命脉所在，是全国各族人民的利益所系、幸福所系，是全面推进依法治国的题中应有之义。"行政立法工作也自然必须坚持党的领导。这主要表现在两个方面：一方面是在内容上要体现党的领导。《行政法规制定程序条例》第 3 条第 1 款和《规章制定程序条例》第 3 条第 1 款都规定了制定行政法规或者规章"应当贯彻落实党的路线方针政策和决策部署"。另一方面是在制定过程中要体现党的领导，党对行政立法过程中出现的重大问题要有决策权。《行政法规制定程序条例》第 4 条第 1 款规定："制定政治方面法律的配套行政法规，应当按照有关规定及时报告党中央。"此外，在其他事项上如果遇到重要问题，也需要向党中央报告。该《条例》第 4 条第 2 款规定："制定经济、文化、社会、生态文明等方面重大体制和重大政策调整的重要行政法规，应当将行政法规草案或者行政法规草案涉及的重大问题按照有关规定及时报告党中央。"

4. 可操作性原则。行政立法的主要目的是执行法律和法规的规定。也就是说，行政立法主要是就保证法律和法规在本地方或本部门的执行作出具体化的规定，从而起到补充法律和法规的空白或漏洞及解释法律和法规的原则规定和立法意图，并使法律和法规切合本地方或本部门实际情况的作用。即使是创制性行政立法，所发挥的作用也基本如此。因此，行政立法与权力机关立法相比具有更贴近现实的特点，应坚持可操作性原则，使所制定的行政法规和规章规则明确、内容完整、要求具体、适应性大、针对性强即能切实可行。我们应当承认，目前法的可操作性原则在行政立法中的贯彻并未完全到位。如某些规章除了扩大行政执法权外，其他内容无非是相关法律、法规的翻版和移植；将行政处分置于行政处罚之下之类的规定还比较多；"公共利益""社会秩序""必要""紧急情况""情节严重"等不确定法律概念比比皆是。这些问题的存在，已经引起了具体执法部门的困惑和呼吁，需要在今后的行政立法中加以解决。当然，行政法规和规章的可操作性，也并不意味着要把它们写成通俗小说。行政法规和规章作为法的具体表现形式，必然具有法所固有的高度概括性和抽象性，以便涵盖和规范所有行为人的同类行为，并适用于较大空间范围内所有行为人的同类行为，而不可能对某一特定的社会现象作出专门的规定。可操作性原则还要求：行政立法应体现改革开放精神，推动政府职能的转变，科学地规范具体行政行为；涉及多个部门的事项，在意见不一致时应协商一致，避免在执行时发生摩擦。① 这也要求行政立法应讲求技术。

二、行政立法的程序

1. 法规、规章的提议和起草。法规、规章的法案，是指有权的主体就有关事项依法提交有关主体审议的关于制定、修改或废止行政法规、规章的议事原型。行政立法机关每年经有关部门报请，或向社会公众征集意见，审查后形成年度立法规划，并向社会公布。法案一般而言是已经列入行政立法规划内的事项，但也可以是未被列入的事项。行政法规的法案可以由国务院法制办公室提出，也可以由国务院主管部门提出。部门规章的法案由该主管部门法制机构或业

① 参见《行政法规制定程序条例》第 12 条第 2、3 项和第 14 条，《规章制定程序条例》第 6 条、第 9 条等。

务机构提出，地方规章的法案则由地方政府的法制部门或职能部门提出，其他组织或个人不具有提议权。

法规、规章的草案是提交行政立法主体审议和通过的行政法规、规章的原型，是法案的组成部分即附案部分。草案可以与法案同时起草，也可以在提出法案后组织起草。行政法规和规章的草案，应当由制定主体的法制机构起草。在起草过程中，应当广泛听取有关机关、组织和公民的意见，听取意见可以采取座谈会、论证会、听证会等多种形式。起草者可以是行政立法机关的内部机构或职能部门，也可以是经委托的社会组织，还可以是两者的结合。起草组织的组成人员一般应包括公务员、业务专家和法律专家，也可以吸收公民参加。

2. 法规、规章草案的审查和审议。行政法规和规章的草案起草完毕后，一般要交由行政立法主体的法制机构进行审查。其中，行政法规草案的审查由国务院法制机构进行，规章草案的审查由相应行政主体的法制机构进行。审查的主要内容包括：内容上是否与宪法和上位法相一致，是否贯彻了党的路线、方针、政策；立法原则上是否符合立法法的要求；与相关立法是否相协调；文本符合立法法的技术要求；是否对起草过程中的重要问题有所回应等。法制机构对行政法规、规章草案进行审查后，应提出审查报告，与行政法规、规章草案一并提交行政立法主体审议；重要的行政法规和规章草案送审稿，还应当向全社会或所在行政区域的公众公布，征求意见。行政法规和规章草案送审稿有下列情形之一的，法制机构可以缓办或者退回起草部门：制定行政立法的基本条件尚不成熟的或者发生重大变化的；有关部门对送审稿规定的主要制度存在较大争议；起草部门未征得税务、编制、财务等部门同意的；未按照要求征求公开意见的；草案稿不符合《行政法规制定程序条例》和《规章制定程序条例》所要求的形式和程序条件的。在草案退回起草机构之后，法制机构和起草机构可以通过政府部门间协商、公开征求意见、专家论证等方式就草案中的问题进行协商解决。

经审查合乎要求的行政法规、规章草案应由行政立法主体的正式会议审议通过。其中，行政法规草案应经由国务院常务会议审议，或者由国务院审批；部门规章草案应由该主管部门的常务会议审议通过，地方规章应由地方人民政府全体会议或常务会议审议通过。但行政机关实行首长负责制，行政法规和规章的通过并不以投票通过为原则，只要经上述相应会议审议即可。

3. 法规、规章的听证。行政立法的听证可以在两个阶段进行，即起草阶段和审查阶段。

起草行政法规和规章，直接涉及公民、法人或者其他组织的切身利益，有关机关、组织或者公民对其有重大意见分歧的，起草单位可以举行听证会。行政法规和规章送审稿直接涉及公民、法人或者其他组织的切身利益，有关机关、组织或者公民对其有重大意见分歧，起草单位在起草过程中未向社会公布，也未举行听证会的，法制机构经本部门或者本级人民政府批准，可以向社会公布，也可以举行听证会。听证会依照下列程序组织：第一，听证会应公开举行，起草单位应当在举行听证会30日前公布听证会的时间、地点和内容；第二，参加听证会的有关机关、组织和公民对起草的规章，有权提问和发表意见；第三，听证会应当制作笔录，如实记录发言人的主要观点和理由；第四，起草单位应当认真研究听证会反映的各种意见，起草的规章在报送审查时，应当说明对听证会意见的处理情况及其理由。

4. 法规、规章的发布。经审议通过的行政法规、规章，应由行政立法主体的行政首长签署命令发布，并刊载于相应的媒体。该发布令一般应包括制定或批准机关、发布机关、序号、名称、通过或批准日期、生效日期和签署人姓名等内容。根据《立法法》的规定，行政法规由总理签署国务院令公布；行政法规签署公布后，及时在国务院公报和中国政府法制信息网以及在全国范围内发行的报纸上刊载；在国务院公报上刊登的行政法规文本为标准文本。根据该法的规定，部门规章由部门首长签署命令予以公布，地方政府规章由省长或者自治区主席或者市长签署命令予以公布；部门规章签署公布后，及时在国务院公报或者部门公报和中国政府法制信息网以及在全国范围内发行的报纸上刊载；地方政府规章签署公布后，及时在本级人民政府公报和中国政府法制信息网以及在本行政区域范围内发行的报纸上刊载。在国务院公报或者部门公报和地方人民政府公报上刊登的规章文本为标准文本。

5. 法规、规章的修改和废止。行政法规、规章在实施一定阶段后，由于社会环境的发展变化、主管部门的变更、母法的修改或废止及进一步规范化的要求，需要作一定的修改或加以废止。

行政法规、规章的修改，是指行政立法主体依法对现行行政法规、规章的某些部分加以删除和替代或者弥补和充实的行政立法活动。行政法规、规章的修改与制定一样，必须由行政立法主体按行政立法权限进行。并且，除非获得许可、授权，这种修改不得同被修改的行政法规、规章的基本原则相抵触，否则，就不是修改，或者说超出了修改的范围。

行政法规、规章的废止是指行政立法主体依法向后消灭行政法规、规章的全部或部分条款的法律效力的活动，包括直接废止和间接废止。直接废止是指明文规定或宣告废止行政法规、规章的全部或部分内容的活动。间接废止是指按新法优于旧法和效力等级较高的法优于效力等级较低的法等法律原则，废止行政法规、规章的全部或部分内容的活动。

行政法规、规章的修改和废止，也是一种行政立法活动，应按照行政法规、规章的制定程序进行。为有效实施行政立法的废、改工作，行政立法主体还需定期实施行政立法后评估和定期清理制度。《国务院工作规则》（2013 年实施）第 18 条第 3 款要求：“行政法规和部门规章实施后要进行后评估，发现问题，及时完善。”《全面推进依法行政实施纲要》（国发〔2004〕10 号）中规定：“规章、规范性文件施行后，制定机关、实施机关应当定期对其实施情况进行评估。实施机关应当将评估意见报告制定机关；制定机关要定期对规章、规范性文件进行清理。”根据上述要求，我国行政立法中已经建立起法律清理和立法后评估制度。如《行政法规制定程序条例》第 36 条规定：“国务院法制机构或者国务院有关部门应当根据全面深化改革、经济社会发展需要以及上位法规定，及时组织开展行政法规清理工作。对不适应全面深化改革和经济社会发展要求、不符合上位法规定的行政法规，应当及时修改或者废止。”第 37 条规定：“国务院法制机构或者国务院有关部门可以组织对有关行政法规或者行政法规中的有关规定进行立法后评估，并把评估结果作为修改、废止有关行政法规的重要参考。”《规章制定程序条例》第 37、38 条也有类似的规定。

此外，《立法法》第 82 条第 5 款规定，应当制定地方性法规但条件尚不成熟的，地方政府因行政管理迫切需要制定的地方政府规章，实施满两年需要继续实施规章所规定的行政措施的，应当提请本级人民代表大会或者其常务委员会制定地方性法规。地方性法规制定后，原政府规章就自动失效。

6. 解释

（1）行政法规的解释。根据《行政法规制定程序条例》第 31 条的规定，行政法规条文本身需要进一步明确界限或者行政法规制定后出现新的情况，需要明确适用行政法规依据的，由国务院解释。国务院各部门和省、自治区、直辖市政府针对行政法规实施中的问题，可以向国务院提出行政法规解释要求。应进行解释的，国务院法制机构研究拟订行政法规解释草案，报国务院同意后，由国务院公布或者由国务院授权国务院有关部门公布。行政法规的解释与行政法规具有同等效力。这属于立法性解释，按行政法规的制定程序进行。

对属于行政工作中具体应用行政法规的问题，根据国务院的授权①，原则上由国务院主管部门负责解释。这是一种应用性解释。国务院主管部门解释有困难或者其他有关部门对其作出的解释有不同意见，要求国务院解释的，由国务院法制办公室承办，作出解释。其中，涉及重大问题的，由国务院法制办公室提出意见，报国务院同意后作出解释，答复有关行政主管部门，同时抄送其他有关部门。省、自治区、直辖市政府法制机构以及国务院有关部门法制机构，可以请求国务院法制机构解释。②

（2）规章的解释。根据《规章制定程序条例》第 33 条的规定，规章的解释权属于规章制定机关，实行谁制定谁解释的原则。规章有下列情况之一的，由制定机关解释：第一，规章的规定需要进一步明确具体含义的；第二，规章制定后出现新的情况，需要明确适用规章依据的。根据规定，规章的解释由规章制定机关的法制机构参照规章送审稿审查程序提出意见，报请制定机关批准后公布。规章的解释同规章具有同等效力。这种规章的解释，属于立法性解释，按规章制定程序进行。

第三节　行政立法的监控

一、行政立法的合法性要件

我国《立法法》第 96 条规定："法律、行政法规、地方性法规、自治条例和单行条例、规章有下列情形之一的，由有关机关依照本法第八十八条规定的权限予以改变或者撤销：（一）超越权限的；（二）下位法违反上位法规定的；（三）规章之间对同一事项的规定不一致，经裁决应当改变或者撤销一方的规定的；（四）规章的规定被认为不适当，应当予以改变或者撤销的；（五）违背法定程序的。"我们认为，其中的第三项，是一种政策性选择问题，而不是合法性问题；第四项所说的"不适当"虽然是一个很宽泛的概念，但应限制在除第一、二、五项以外的违法情形。这样，我国行政立法行为的合法性要件就可以概括为：职权合法、内容合法和程序合法。职权合法，要求行政机关在自己的职权范围内制定行政法规和规章。《宪法》、组织法和《立法法》等规定了有权制定行政法规和规章的主体，以及有权制定的行政法规和规章的内容。因此，行政法规和规章的合法、有效，是以制定机关具有行政法规和规章的制定权，以及对某一内容能够制定行政法规和规章为前提的。同时，职权合法，还要求制定主体不滥用职权。也就是说，制定主体不得滥用《宪法》、组织法和《立法法》所赋予的行政立法权，不得利用这一权力以达到地方保护和部门垄断等不正当目的，授权立法还应符合授权目的。内容合法，是指行政法规和规章所规定的各项内容要合法。这就要求，下位法不得与上位法相抵触，行政法规和规章的目的没有违反法律③，制定行政法规和规章的法律根据正确，行政法规和规章符合社会发展的客观需要，正确地体现和协调了各种利益关系。程序合法，是指行政法规和规章的制定应当遵循《立法法》、《行政法规制定程序条例》和《规章制定程序条例》所规定的程序。当然，合法的行政立法行为必须是书面的而非口头的，也必须符合各种名称的规定。

---

① 参见《国务院办公厅关于行政法规解释权限和程序问题的通知》（国办发〔1999〕43 号）和国务院法制办解释（国法函 2004－13 号）。

② 参见国家环保局《孔祥仁等 82 人的行政复议决定书》（环法〔2006〕38 号）。

③ 王名扬．法国行政法：668.

二、行政立法的监控机制

行政立法的监控包括事前监控和事后监控。事前监控主要是通过行政立法的原则和程序来实现的。在这里，主要介绍我国行政立法的事后监控机制。

1. 裁决。《立法法》规定了裁决制度，目的是解决法律、法规和规章的冲突，实现法制的统一。第一，全国人大常委会的裁决。根据《立法法》的规定，地方性法规与部门规章之间对同一事项的规定不一致，不能确定如何适用时，由国务院提出意见，国务院认为应当适用地方性法规的，应当决定在该地方适用地方性法规的规定；认为应当适用部门规章的，应当提请全国人大常委会裁决。根据授权制定的行政法规与法律规定不一致，不能确定如何适用时，由全国人大常委会裁决。第二，国务院的裁决。根据《立法法》的规定，行政法规之间对同一事项的新的一般规定与旧的特别规定不一致，不能确定如何适用时，由国务院裁决；部门规章之间、部门规章与地方政府规章之间对同一事项的规定不一致时，由国务院裁决。第三，规章制定主体的裁决。同一机关制定的新的规章与旧的规章所作特别规定不一致时，由制定机关裁决。

2. 改变或撤销。《立法法》和《规章制定程序条例》以及有关地方性法规规定了对行政法规和规章有权改变或撤销的机关与程序。

(1) 有权改变或撤销的机关。根据《立法法》的规定，行政法规不符合合法性要件的，由全国人大常委会撤销；部门规章不符合合法性要件的，由国务院予以改变或者撤销；地方政府规章不符合合法性要件的，国务院有权予以改变或撤销，本级地方人大常委会都有权撤销；省、自治区的人民政府有权改变或者撤销下一级人民政府制定的不符合合法性要件的规章；授权机关有权撤销被授权机关制定的超越授权范围或者违背授权目的的法规和规章，必要时可以撤销授权。

(2) 改变或撤销的程序。根据《立法法》的规定，国务院、中央军事委员会、最高人民法院、最高人民检察院和各省、自治区、直辖市的人大常委会认为行政法规同宪法或者法律相抵触的，可以向全国人大常委会书面提出进行审查的要求，由常委会工作机构分送有关的专门委员会进行审查、提出意见。其他国家机关和社会团体、企业事业组织以及公民认为行政法规同宪法或者法律相抵触的，可以向全国人大常委会书面提出进行审查的建议，由常委会工作机构进行研究，必要时，送有关的专门委员会进行审查、提出意见。全国人大专门委员会在审查中认为行政法规同宪法或者法律相抵触的，可以向制定机关提出书面审查意见；也可以由法律委员会与有关的专门委员会召开联合审查会议，要求制定机关到会说明情况，再向制定机关提出书面审查意见。制定机关应当在两个月内研究提出是否修改的意见，并向全国人大法律委员会和有关的专门委员会反馈。全国人大法律委员会和有关的专门委员会审查认为行政法规同宪法或者法律相抵触而国务院不予修改的，可以向委员长会议提出书面审查意见和予以撤销的议案，由委员长会议决定是否提请常委会会议审议决定。

根据《规章制定程序条例》第35条以及有关地方性法规的规定，国家机关、社会团体、企业事业组织、公民认为规章同法律、行政法规、地方性法规和上级政府规章相抵触的，可以向有权改变或撤销的国家机关书面提出审查的建议，经该有权改变或撤销的国家机关法制机构研究处理，由该有权改变或撤销的国家机关决定是否予以改变或撤销。

3. 暂停适用。鉴于立法工作的相对滞后与经济社会状况的快速变化之间的紧张关系，我国立法中为了鼓励行政机关的“先行先试”，设立了行政法规的暂停适用制度，排除行政机关展开制度探索上的制度障碍。如《行政法规制定程序条例》第35条规定：“国务院可以根据全面深化改革、经济社会发展需要，就行政管理等领域的特定事项，决定在一定期限内在部分地方暂时调整或者暂时停止适用行政法规的部分规定。”

4. 备案。

（1）备案机关。根据《立法法》第98条的规定，行政法规和规章的具体备案机关是：第一，行政法规报全国人大常委会备案；第二，部门规章和地方政府规章报国务院备案，地方政府规章应当同时报本级人大常委会备案，设区的市、自治州的人民政府制定的规章应当同时报省、自治区的人大常委会和人民政府备案；第三，根据授权制定的法规和规章应当报授权决定规定的机关备案。

（2）备案程序。行政法规如何报全国人大常委会备案，全国人大常委会如何备案，尚未有具体规定。地方规章如何报地方人大常委会备案，地方人大常委会如何备案，陕西、四川、海南、福建、长春、珠海等省市专门制定了规章备案审查的地方性法规，福州、汕头、石家庄、吉林市等城市虽然没有制定专门的地方性法规，但也都在其制定的地方立法性法规中专设一章对规章备案审查作出了规定。国务院在1990年制定的《法规规章备案规定》的基础上，于2001年制定了《法规规章备案条例》，对法规、规章如何报行政机关备案、行政机关如何备案作了规定。根据这些规定，行政法规和规章备案的具体程序有：

第一，报送备案。行政法规和规章制定机关应当于公布之日起30日内将行政法规和规章报送法定备案机关的法制机构。报送材料包括备案报告、需备案的行政法规和规章文本与说明，同时附送须备案的行政法规和规章的电子文本。对于应报送备案而不报送或者不按时报送备案的，法定备案机关的法制机构应通知制定机关，限期报送；逾期仍不报送的，给予通报，并责令限期改正。

第二，备案登记。法定备案机关的法制机构，在收到报送后，对所报送的行政法规和规章是否属于《立法法》等所规定的行政法规和规章应进行审查，确实属于行政法规和规章的，予以备案登记；不属于行政法规和规章的，不予备案登记；属于行政法规和规章，但报送材料不齐全的，暂缓办理备案登记。

第三，备案审查。国家机关、社会团体、企业事业组织、公民认为行政法规和规章不符合合法性要件即具有违法情形的，可以向法定备案机关提出审查建议。法制机构对报送的行政法规和规章，应当按照合法性要件，依职权或依请求进行审查。法制机构在审查行政法规、规章时，认为需要有关行政机关提出意见的，有关行政机关应当在规定期限内回复；认为需要法规、规章的制定机关说明有关情况的，有关制定机关应当在规定期限内予以说明。

第四，备案处理。经审查，法制机构认为需要依法裁决的，报法定裁决机关裁决；认为不符合合法性要件即具有违法情形的，可建议制定机关自行纠正，也可报法定改变或撤销机关决定改变或撤销并通知制定机关。部门规章之间、部门规章与地方政府规章之间对同一事项的规定不一致的，由国务院法制机构进行协调；经协调不能取得一致意见的，由国务院法制机构提出处理意见报国务院决定，并通知制定机关。对《规章制定程序条例》第2条第2款、第8条第2款规定的无效规章，国务院法制机构不予备案，并通知制定机关。行政法规和规章在制定技术上存在问题的，法制机构可以向制定机关提出处理意见，由制定机关自行处理。

5. 司法监控。

（1）通过法律解释监控行政立法。在法律上，法院并不具有改变或者撤销行政法规和规章的权力。根据行政法原则和《行政诉讼法》关于“参照规章”的规定，以及《人民法院组织法》关于最高人民法院司法解释权和各级人民法院审判权的规定，司法对行政立法的监控是通过法律解释来实现的。

人民法院在个案中的法律解释不仅仅是人民法院单方面的解释，而是在充分贯彻辩论原则等诉讼基本原则下的解释。对行政法规和规章是否合法，与诉讼中的其他事实问题和法律问题一样，都应展开充分辩论，然后由人民法院来作出判断、解释，并支持其中的一方。基于此，人民法院在个案中行使法律解释权，对行政法规和规章的含义、效力作出阐释和认定，并对法律、法规和规章进行选择适用，是合理的；同时，对在个案中发现的违法行政法规和规章，可以建议法定改变或撤销机关改变或撤销。也就是说，人民法院不必在个案中请求法定机关审查，中止案件的审理；《立法法》等规定人民法院可以请求审查、提出建议并不意味人民法院不能作出解释和认定，并非不能拒绝适用因违法等而不具有相应效力的行政法规和规章。但在结案前，一方当事人或者案外的国家机关、社会团体、企事业组织或者公民已经向法定机关请求审查并已被受理的情况下，尤其是在合宪性审查程序被启动后，人民法院不应自行作出判断，而应当中止案件的审理，待有审查结论后再恢复案件的审理。

通过法律解释监控行政立法，不仅可以通过行政诉讼，而且还可以通过民事诉讼和刑事诉讼来实现。最高人民法院公布的典型案例泰丰大酒店有限公司诉大同市土地管理局土地使用权出让纠纷案，就是一起民事诉讼案件。① 在该案中，原告在支付了定金及部分土地使用权出让金后，其余款项虽经被告多次催促，一直未按约定履行。被告遂根据合同的约定，决定解除合同，并决定根据国务院《城镇国有土地使用权出让和转让暂行条例》第 14 条和山西省人民政府《山西省城镇国有土地使用权出让和转让实施办法》第 11 条的规定，对原告已经支付的定金及土地使用权出让金不予退还。二审法院认为，《城镇国有土地使用权出让和转让暂行条例》“第十四条没有出让金不予退还的规定。该条例第五十三条规定，‘本条例由国家土地管理局负责解释’。因此，山西省实施办法第十一条规定的不予退还，既未经行政法规授权，又与行政法规抵触，是无效的。”②

(2) 基于监控的具体解释形式。法律解释多种多样，但从行政立法的司法监控来说，实践中主要有以下几种。

第一，司法解释。最高人民法院运用司法解释权，可以实现监控行政立法的作用。“最高法院行政诉讼法 2018 年司法解释”第 2 条第 4 款规定：“行政诉讼法第十三条第四项规定的‘法律规定由行政机关最终裁决的行政行为’中的‘法律’，是指全国人民代表大会及其常务委员会制定、通过的规范性文件。”这一解释就有效防止了行政机关通过行政立法扩大“行政机关最终裁决的具体行政行为”的范围，并使得《行政诉讼法》施行前在行政法规和规章中已经规定的行政主体最终裁决行为无法逃避司法审查。类似的事例还有很多，在此不一一列举。

第二，条文含义的释明。各级人民法院还可以通过个案来释明法律规范的意义，从而实现对行政立法的监控。在最高人民法院公布的典型案例丰祥公司诉上海市盐务局行政强制措施案中，上海市第二中级人民法院认为：“国务院《盐业管理条例》第四条规定：‘轻工业部是国务

① 同样的案件更多是作为行政案件来审理的，参见最高人民法院公布的典型案例“湖北省武汉市国土资源管理局与武汉兴松房地产开发有限公司行政纠纷上诉案”［法公布（2003）第 47 号］，最高人民法院（2002）行终字第 7 号行政判决书。

② 泰丰大酒店有限公司诉大同市土地管理局土地使用权出让纠纷案．最高人民法院公报，2000（4）.

院盐业行政主管部门，主管全国盐业工作。省及省级以下人民政府盐业行政主管部门，由省、自治区、直辖市人民政府确定，主管本行政区域内的盐业工作。’轻工业部《盐业行政执法办法》第七条规定：‘各级盐业行政主管部门，应当设立盐政执法机构，负责本辖区内的盐政执法工作。’根据以上国务院、轻工业部的法规、规章的规定，上海市人民政府制定了《上海市盐业管理若干规定》，其中第四条规定：‘上海市商业委员会是本市盐业行政主管部门。上海市盐务局是市人民政府依据《食盐专营办法》授权的盐业主管机构，负责管理本市行政区域内的食盐专营工作，组织本规定的实施，并接受市商委的领导。’因此，本市盐业行政主管部门是市商委，而非盐务局。盐务局只能负责管理食盐专营工作，并无对本市工业盐的经营、运输进行查处的职权，不具有作出封存、扣押违法经营工业盐行政强制措施的执法主体资格。”① 在这里，法院通过援引国务院行政法规和轻工部规章的规定，阐明了《上海市盐业管理若干规定》第4条规定的意义，即只有作为盐业行政主管部门的上海市商业委员会才具有行政执法主体资格，上海市盐务局只是食盐专营的主管机构而无行政执法主体资格。经过这样的解释，就可以弥补行政法规或规章在制定时的疏漏，阐明条文的具体含义，衔接各法律、法规和规章之间以及各条款之间的逻辑联系。

第三，限缩或扩大解释。各级人民法院通过个案来进行限缩性或扩大性法律解释，使违法的行政法规和规章回到法治轨道上来。在最高人民法院公布的典型案例任建国诉吕梁行政公署劳动教养委员会复查决定案中，一审法院在列举了适用于本案的三个行政法法源后认定，它们“都没有授权地方人民政府另定执行措施的规定。这三个法规中规定的适用劳动教养的对象很明确，根本没有《山西省人民政府关于保护企业厂长、经理依法执行职务的规定》第八条第（二）项‘以暴力、威胁方法阻碍厂长、经理依法执行职务，尚不够刑事处罚的，可实行劳动教养’的规定。”然后，一审法院解释指出：“对山西省人民政府规章中的这一条只能作这样的理解：只有法规规定的劳动教养对象兼有以暴力、威胁方法阻碍厂长、经理依法执行职务的行为，尚不够刑事处罚时，才可对其实行劳动教养。否则，不能单独依规章对其实行劳动教养。”② 该解释是一种限缩性解释，限缩了《山西省人民政府关于保护企业厂长、经理依法执行职务的规定》第8条第2项的规定本来的含义，使其与有关法律、法规的规定相一致，从而实现法治。同样，如果行政法规或规章限缩了法律所规定的含义，人民法院在个案中可作扩大性解释，以与法律保持一致，实现法制的统一。

第四，释明行政法规和规章的效力。基于《立法法》关于法的适用的规定和《行政诉讼法》关于参照规章的规定，人民法院在个案中可以对行政法规和规章等的效力予以释明，认定其空间效力、时间效力、对人和事的效力、效力等级（效力位阶）以及是否存在特别法优于普通法问题，从而选择适用法律、法规和规章，实现对行政立法的监控。在最高人民法院公布的典型案例任建国诉吕梁行政公署劳动教养委员会复查决定案中，针对上诉人吕梁行政公署劳动教养委员会提出“人民法院审理行政案件应当参照地方规章”的上诉理由，二审法院阐明了《行政诉讼法》（1989年颁布，已修改）第53条所规定的“参照”规章的含义，指出：“这里所指的可以参照的规章，是指那些根据法律和国务院的行政法规制定的规章。对于那些不是根据法律和行政法规制定的规章，或者其内容与法律和行政法规相抵触的规章，则不在人民法院参照之列。”山西省人民政府的规章第8条第2项扩大了法律和行政法规所规定的应予劳动教养的对象和违法事由，因此，该规定对人和事，只有在应予劳动教养的对象和违法事由与法律和行政法

① 丰祥公司诉上海市盐务局行政强制措施案．最高人民法院公报，2003（1）．

② 任建国不服劳动教养复查决定案．最高人民法院公报，1993（3）．

规规定相一致部分，才具有“参照”的效力，扩大部分不具有“参照”效力。法院在个案中通过释明行政法规和规章的效力，选择适用法律、法规和规章，是当前司法实践中对行政立法进行监控所普遍采用的方法之一。

法律应用

本章所介绍的虽然是行政立法知识和原理，但对法律应用也是极为重要的。

1. 关于规章在民事行为中适用的判决要旨

“中国农业银行黑龙江省分行宏博支行与北方国际租赁有限公司担保合同纠纷案”［最高人民法院民事判决书，(2000) 经终字第 267 号］

尽管北方公司既未依照中国人民银行于 1984 年 10 月 17 日颁布的《关于金融机构设置或撤并管理的暂行规定》而取得“经营金融业务许可证”，亦未依照 1991 年 2 月 21 日中国人民银行与国家工商行政管理局联合颁布的《关于金融机构办理年检和重新登记注册问题的通知》而取得“经营外汇业务许可证”，但根据本院《关于适用〈中华人民共和国合同法〉若干问题的解释(一)》第 3 条、第 10 条之规定，即使本案中的租赁合同在《合同法》颁布之前可能因超越经营范围而无效，但本案在合同法律适用依据方面无疑应当适用新《合同法》及其司法解释，不能轻易认定超越经营范围的民事行为无效。特别是根据合同法司法解释第 4 条“合同法实施以后，人民法院确认合同无效，应当以全国人大及其常委会制定的法律和国务院制定的行政法规为依据，不得以地方性法规、行政规章为依据”之规定，本案中所涉中国人民银行和国家工商行政管理局的上述办法和通知皆属行政规章类的规范性文件，故而不能作为人民法院认定合同无效的依据。

2. 关于行政立法中立法技术的运用

例如，A 省计划生育条例规定，城镇居民一对夫妇只能生育一胎，违者罚款。B 省计划生育条例规定，城镇居民夫妇本身系独生子女，生育第一胎系女性的，可生育第二胎。如果夫妇双方户籍所在地分别为 A 省和 B 省，结婚后户籍并未迁移到一处，并均为独生子女，生育第一胎为女性后，又生育了第二胎，那么到底是否应受处罚呢？这就说明，法律规范间的冲突，关系到当事人的权利、义务。如果上述两个地方性法规中有一个规定：夫妇双方户籍所在地不在同一行政区域的，以婚姻缔结地有效的法律规范的规定为准，那么问题就可以得到较好的解决。这就是立法中准用性法律规范技术的运用，以确保法律规范之间的一致。在市场一体化，资金、人才和商品大流通的形势下，立法中更需要运用这样的技术来处理。

课后复习

1. 试析授权行政立法。
2. 试述行政立法的主体及其权限。
3. 行政立法的原则有哪些？
4. 行政立法应遵循哪些程序？
5. 试述行政立法的监控制度。
6. 法院如何监控行政立法？

第六章 行政规范性文件

提　要

行政规范性文件，是指行政机关及被授权组织为实施法律和执行政策，在法定权限内制定的除行政法规和规章以外的决定、命令等普遍性行为规则的总称，包括行政创制性文件、行政解释性文件和行政指导性文件三类。其中，有的是行政法的渊源，有的是被援用规则，有的是授益行政的依据，有的是具体行政行为的理由和证据。对行政规范性文件进行监控的标准有两条，即行政规范性文件的分类标准和各类行政规范性文件的合法性标准，但不同的行政规范性文件有不同的合法性要件。对行政规范性文件进行监控的重要机制，是司法监控。

重点问题

1. 不同类别行政规范性文件的区分。
2. 不同类别行政规范性文件的合法要件。
3. 行政规范性文件的地位。
4. 行政规范性文件的监控。

第一节　行政规范性文件概述

行政规范性文件的存在，既是现实又是必然。它对行政机关来说是重要的，对相对人来说也并非因它不是法源而无足轻重。由于制定的随意性，尽管行政规范性文件备受批评，但我们无法从制度上把它消灭，而只能对它予以规范。今天的问题，是如何对它予以规范。行政法学所提供的分析框架是：制定主体合法、程序合法、权限合法和内容合法。这是正确的，但又是不够的，因为行政规范性文件纷繁复杂、千差万别。我们还必须对它进行相应的分类，在具体的类别中运用上述分析框架。或者说，我们必须将上述分析框架运用到各类行政规范性文件中去分析。同时，我们还应当考虑，经规范的行政规范性文件，或者说合法的行政规范性文件应当得到怎样的对待。

一、行政规范性文件的含义

行政规范性文件，是指行政机关及被授权组织为实施法律和执行政策，在法定权限内制定的除行政法规和规章以外的决定、命令等普遍性行为规则的总称，俗称“红头文件”。它在法律文件中表现为“行政措施”、“决定”、“命令”，甚至“报告”、“纪要”、“答复”、“意见”、“通知”、“解释”、“说明”和“函”等。在理论上，它可以分为行政创制性文件、行政解释性文件和行政指导性文件三类。

行政规范性文件必须依据一定的程序来制定。《国务院办公厅关于加强行政规范性文件制定和监督管理工作的通知》（国办发〔2018〕37 号）中要求：“行政规范性文件必须严格依照法定程序制发，重要的行政规范性文件要严格执行评估论证、公开征求意见、合法性审核、集体审议决定、向社会公开发布等程序。”只有这样，才能保证其规范性调整具有严肃性、权威性和稳定性。不过，行政规范性文件的制定程序与立法程序或行政立法程序存在着较大的差别：

首先，行政规范性文件的制定程序由《党政机关公文处理工作条例》等加以规定。法律、法规和规章因为其内容的重要性，在制定程序上适用《立法法》、《行政法规制定程序条例》和《规章制定程序条例》的规定。根据《规章制定程序条例》第 36 条规定，行政规范性文件制定机关可以参照适用相关规定，但没有强制性的要求。

其次，在具体的程序设计上，法律、法规和规章的制定有着一系列比行政规范性文件的制定更为严格和特殊的立法程序。譬如，行政规范性文件的制定并不都需要像立法那样必须经听证、多轮审议、集体表决通过，而是可以由行政首长经部门办公会议审议后审批通过。尤其是，任何立法都必须遵循严格的公布程序，以便于大家共同遵守、执行。行政规范性文件则依法可由行政机关办事机构的首长签发。在以往，这种行政规范性文件一般不公开对外发布，最多只下达或发送给有关部门和一定范围的公众，或者在报刊上登载一消息而已。现在，根据行政公开原则，行政规范也要采取相应的公开措施予以发布。如《上海市行政规范性文件制定和备案规定》（2010 年 5 月 1 日施行）第 23 条中规定未经公布的行政规范不得作为行政管理的依据，行政规范可以通过政府公报、政府网站、报纸、杂志、广播、电视等媒介公布。但无论如何，立法程序要更为正式、严格，更注重民主；行政规范的制定程序则比较简单、灵活，更注重效率，可以根据具体情况进行调整。《上海市行政规范性文件制定和备案规定》第 21 条第 1 款中规定如果遇到突发事件、执行紧急命令、需要采取立即施行的临时性措施、依授权调整和发布标准等情形，行政机关可以简化听取意见、法律审核、会议审议的程序。《国务院办公厅关于加强行政规范性文件制定和监督管理工作的通知》（国办发〔2018〕37 号）中也要求：“及时通过政府公报、政府网站、政务新媒体、报刊、广播、电视、公示栏等公开向社会发布，不得以内部文件形式印发执行，未经公布的行政规范性文件不得作为行政管理依据。”

二、行政规范性文件的地位

合法、有效的行政规范性文件，不仅可以作为行政机关实施具体行政行为的依据，而且还将得到司法的尊重，即在司法裁判中予以引用。国务院的行政规范性文件，甚至还是各部委制定行政规章的依据。具体说，行政规范性文件具有以下 4 种地位：

1. 法的渊源。行政法定解释性文件，是法律解释的载体。《行政法规制定程序条例》第 31 条规定：“行政法规的规定需要进一步明确具体含义的”，由国务院解释。“国务院法制机构研究拟订行政法规解释草案，报国务院同意后，由国务院公布或者由国务院授权国务院有关部门公布”；“行政法规的解释与行政法规具有同等效力”。《规章制定程序条例》第 33 条规定：“规章解释权属于规章制定机关”；“规章有下列情况之一的，由制定机关解释：（一）规章的规定需要进一步明确具体含义的；（二）规章制定后出现新的情况，需要明确适用规章依据的”；“规章解释由规章制定机关的法制机构参照规章送审稿审查程序提出意见，报请制定机关批准后公布”；“规章的解释同规章具有同等效力”。它们不仅是行政法的渊源，也是其他部门法的渊源。

2. 被援用的规则。法律、法规和规章中存在大量的准用性法律规范，行政规范性文件往往成为被援用的规则。这类行政规范性文件，多数是依授权行政创制性文件。例如，国务院制定的《水土保持法实施条例》第6条规定：“水土流失重点防治区按国家、省、县三级划分，具体范围由县级以上人民政府水行政主管部门提出，报同级人民政府批准并公告。”这是一种授权，同时又是一条准用性法律规范。湖北省人民政府制定的《省人民政府关于划分水土流失重点防治区的公告》[2000年8月21日鄂政发（2000）47号]，是一个依授权行政创制性文件，并构成该条例第6条所援引的规则。准用性法律规范因其内容的不确定性，拘束力并不完整。行政规范性文件本身也没有独立的普遍性强制拘束力。只有两者相结合，才共同构成了普遍性强制拘束力。被援用规则不限于依授权行政创制性文件，也可以是其他行政规范性文件。① 行政规范性文件在构成法律、法规或规章被援用规则时，也可以被视为法的渊源。

3. 授益行政的依据。依职权行政创制性文件可以作为授益行政的依据。《国务院关于2005年深化农村税费改革试点工作的通知》[国发（2005）24号]、《国务院办公厅关于深化国有农场税费改革的意见》[国办发（2006）25号]、《上海市人民政府印发关于进一步加强本市知识产权工作若干意见的通知》[沪府发（2003）48号] 和《怀远县人民政府关于全面取消农业税附加的通知》[怀政（2004）29号] 等，纷纷规定取消各种费用、给付各种补贴。这些依职权行政创制性文件不一定有直接的法律依据，但符合法律的精神，增进了公众的福祉，应该得到尊重和维护。它们可以作为行政给付行为的依据，也应该是人民法院审理此类案件的依据。行政机关作出具体行政行为和人民法院作出裁判总得有个依据，在法律规范没有作出规定或者规定不具体的情况下，或者是以行政规范性文件为依据，或者是以非国家机关制定的行为规则作为依据，或者是以行政工作人员自己的理解、判断作为依据。在这三者中，行政规范性文件比非国家机关的规则更具权威性，比行政工作人员在个案中的自行理解、判断更具可预测性。因此，以行政规范性文件为依据也是理所当然的选择。在这种情况下，我们也可以把依职权创制性文件视为法的替代性渊源。

4. 理由和证据。无论是具体行政行为还是司法裁判，对于适用这个法律、这一条款而不适用另一法律、另一条款，对事实作这样的认定而不作那样的认定，都必须说明理由，有相应的证据予以证明，而理由要具有说服力，证据要具有证明力。具有说服力和证明力的理由与证据，不应该是具体行政行为和司法裁判作出者的个人见解，而应该是客观的必然。行政规范性文件就可以作为这种理由和证据。在最高人民法院公布的典型案例溆浦县中医院诉溆浦县邮电局不履行法定职责案中，二审法院认定被告属于授权行政主体的理由，除了所描述的历史事实外，可以说唯一的证据就是行政规范性文件，即规定邮电与卫生行政部门对开通“120”急救电话有确定权的湖南省卫生厅、省邮电局（1997）15号《关于规范全省“120”医疗急救专用电话管理的通知》（以下简称15号文件）。“15号文件下发给地、市和县级的卫生行政主管部门以及邮电局，正说明政府要通过这些职能部门对‘120’急救电话的开通实施行政管理。邮电局执行这个文件时与被审查的医疗机构之间发生的关系，不是平等的民事关系，而是特殊的行政管理关系。

① 齐奇主编．2004年上海法院案例精选．上海：上海人民出版社，2005：478页．该案中构成被援用规则的沪商委〔2001〕第63号规范性文件，只是一个行政自主解释性文件。

它们之间因此发生争议而引起的诉讼，不是民事诉讼，而是行政诉讼。”①

三、行政规范性文件的监控

1. 行政规范性文件的监控标准。对行政规范性文件进行监控的标准有两条，即行政规范性文件的分类标准和各类行政规范性文件的合法性标准。

基于行政规范性文件的分类标准，我们对有争议的行政规范性文件应进行定位，确定它到底属于哪一类行政规范性文件。尽管行政规范性文件可以分为三类，行政机关应按照它的属性来制定相应的行政规范性文件，但是，行政机关在制定一个行政规范性文件时，往往不加区分地作出规定，所作出的行政规范性文件可能与本来拟制定的行政规范性文件的属性并不相符合。在最高人民法院公布的典型案例点头隆胜石材厂不服福鼎市人民政府行政扶优扶强措施案中，也许被告福建省福鼎市人民政府制定被诉的鼎政办（2001）14号文件的初衷是进行行政指导，但实际上却成了一个具体行政行为。并且，一个行政规范性文件，也可能会出现两种或三种不同属性的行政规范性文件的内容。② 这样，在行政规范性文件的性质有争议的情况下，我们就需要对其进行认定，确定它属于哪一类。

基于各类行政规范性文件的合法性要件，我们就可以对有争议的行政规范性文件进行合法性判断。在张先著诉芜湖市人事局公务员录用案中，原告对被告芜湖市人事局提举的第四组法律依据，即安徽省人事厅《关于印发〈安徽省国家公务员录用实施办法〉几个配套实施细则（试行）的通知》[包括《安徽省国家公务员录用体检实施细则（试行）》]，提出了合法性质疑："原告认为：实施细则侵犯了宪法规定的公民平等权、担任国家公务员参加公共事务的政治权利、公民的隐私权、劳动权。”“合议庭认为：《安徽省国家公务员录用体检实施细则（试行）》来源于人事部《国家公务员录用暂行规定》的明确授权，属合法、有效的规范性文件，对被告提供的这份法律依据可以参考适用，原告的异议理由不能成立，不予采信。”③

2. 行政规范性文件的监控机制。

（1）权力机关的监控。根据《宪法》和《地方组织法》的规定，国家权力机关可以通过人事任免政府组成人员，发展计划和财政预决算的审查、批准，工作报告的审议，以及质询和罢免等对行政规范性文件的制定进行间接监控。并且，国家权力机关还可以对行政规范性文件的制定进行直接监控。《宪法》第67条第7项规定，全国人大常务委员会有权撤销国务院制定的同宪法、法律相抵触的决定和命令。根据《地方组织法》第8、9、44条的规定，地方各级人大及县级以上地方各级人大常委会有权撤销本级政府的不适当的决定和命令。这里的决定和命令，包括行政规范性文件。《各级人民代表大会常务委员会监督法》对上述规定做了细化规定，并规定可以组织关于特定问题的调查委员会展开调查。

（2）行政机关的监控。上级行政机关可以通过建立备案制度来监控并有权撤销或改变违法的行政规范性文件。制定机关办公机构在制定过程中要对起草部门是否严格依照规定的程序起草、是否进行评估论证、是否广泛征求意见等进行审核。制定机关负责合法性审核的部门要对文件的制定主体、程序、有关内容等是否符合法律、法规和规章的规定，及时进行合法性审核。

---

① 溆浦县中医院诉溆浦县邮电局不履行法定职责案．最高人民法院公报，2000（1）.

② 如湖北省卫生厅《关于医疗单位配制制剂审批问题的有关规定》[鄂卫药字（85）第234号]。

③ 安徽省芜湖市新芜区人民法院（2003）新行初字11号行政判决书。

此外，行政规范性文件颁布之后，制定机关也可以采用自动失效、“三统一”制度[①]、后期评估、规范清理等制度自我纠正违法的行政规范性文件。此外，根据《行政复议法》第7条第1款的规定，公民、法人或者其他组织认为国务院各部门、县级以上地方各级人民政府及其工作部门，乡、镇人民政府的规定不合法的，可以与有争议的具体行政行为一并向行政复议机关提出审查申请。该法第26条规定：“申请人在申请行政复议时，一并提出对本法第七条所列有关规定的审查申请的，行政复议机关对该规定有权处理的，应当在三十日内依法处理；无权处理的，应当在七日内按照法定程序转送有权处理的行政机关依法处理，有权处理的行政机关应当在六十日内依法处理。处理期间，中止对具体行政行为的审查。”

（3）司法机关的监控。对行政规范性文件的一种很重要的监控机制，是司法监控。在法律上，人民法院并不具有改变或者撤销行政规范性文件的权力，但是，现行《行政诉讼法》第53条第1款规定：“公民、法人或者其他组织认为行政行为所依据的国务院部门和地方人民政府及其部门制定的规范性文件不合法，在对行政行为提起诉讼时，可以一并请求对该规范性文件进行审查。”人民法院对行规范性文件的审查，主要从制定机关是否超越权限或者违反法定程序、作出行政行为所依据的条款以及相关条款等方面进行。现行《行政诉讼法》第64条规定：“人民法院在审理行政案件中，经审查认为本法第五十三条规定的规范性文件不合法的，不作为认定行政行为合法的依据，并向制定机关提出处理建议。”该条所规定的“不合法”，包括：超越制定机关的法定职权或者超越法律、法规、规章的授权范围；与法律、法规、规章等上位法的规定相抵触；没有法律、法规、规章依据，违法增加公民、法人和其他组织义务或者减损公民、法人和其他组织合法权益；未履行法定批准程序、公开发布程序，严重违反制定程序；其他违反法律、法规以及规章规定的情形。人民法院经审查认为规范性文件不合法的，不作为认定行政行为合法的依据，并在裁判理由中予以阐明。在裁判生效之后3个月内，作出生效裁判的人民法院应当向规范性文件的制定机关提出处理建议，并可以抄送制定机关的同级人民政府、上一级行政机关、监察机关以及规范性文件的备案机关。

据此，人民法院对行政规范性文件的合法、有效，取得了在个案中的判断权。在方才女诉淳安县公安局行政处罚案中，法院对浙江省公安厅制定的《消防安全要求》第7、14条等规定进行了审查。法院认为：“《浙江省消防条例》（省级地方性法规）第十七条第一款规定，‘用于出租的居住房屋，应当符合消防安全要求。消防安全的具体要求由省公安机关会同有关部门制定，报省人民政府批准后施行。’根据该授权，浙江省公安厅制定了《消防安全要求》，并报经浙江省人民政府批准同意后施行。该第七条、第十四条是浙江省公安厅根据消防管理的基本要求，并结合浙江省出租房屋的特点和火灾防范工作的需要，对用于出租的房屋的消防设计、消防设施等作出的细化规定，该两条之内容符合上位法之授权，内容合法。”[②] 此外，通过法律解释监控行政规范性文件，不仅可以通过行政诉讼来实现，而且可以通过民事诉讼和刑事诉讼来实现。

① “三统一制度”是指行政规范的统一登记、统一编号和统一发布的制度。浙江省人民政府《关于推行行政规范性文件“三统一”制度的意见》（浙政发〔2012〕100号）中指出，“三统一”制度的目的在于“切实解决行政规范性文件管理不到位、制定程序不规范、公众查询不方便等问题，从源头上预防和减少行政争议，维护法制统一和政令畅通，不断提高人民群众对行政规范性文件制定与发布工作的满意度”。

② 浙江省杭州市中级人民法院（2015）浙杭行终字第254号行政判决书。

第二节　行政创制性文件

行政创制性文件，是指行政机关未启动行政立法程序而为不特定相对人创设权利、义务的行政规范性文件。从行政创制性文件的根据来看，它可以分为两类，即依职权行政创制性文件和依授权行政创制性文件。

一、依职权行政创制性文件

依职权行政创制性文件，是指行政机关为了行政管理的实际需要，根据宪法和有关组织法规定的固有职权而为不特定相对人设定权利、义务的行政规范性文件。它的制定，除应符合法定程序外，还应具备下列合法要件：

1. 职权上的依据。一个合法的依职权行政创制性文件，应当在行政机关的职责权限内予以制定。行政机关制定这类行政规范性文件应当有宪法和组织法上的职权依据。《宪法》第 89 条第 1 项规定：国务院根据宪法和法律，规定行政措施，制定行政法规，发布决定和命令；第 90 条第 2 款规定："各部、各委员会根据法律和国务院的行政法规、决定、命令，在本部门的权限内，发布命令、指示和规章"；第 107 条规定："县级以上地方各级人民政府依照法律规定的权限……发布决定和命令"。《地方各级人民代表大会和地方各级人民政府组织法》第 59 条第 1 项规定：县级以上的地方各级人民政府执行本级人民代表大会及其常务委员会的决议，以及上级国家行政机关的决定和命令，规定行政措施，发布决定和命令；第 61 条第 1 项规定：乡、民族乡、镇的人民政府执行本级人民代表大会的决议和上级国家行政机关的决定和命令，发布决定和命令。根据上述规定，行政机关有权制定行政创制性文件，无须其他行政法规范或行政规范性文件的特别授权；并且，既然是制定主体的固有职权，那么在其职权的有效期间内，这种创制权一直有效，并可经常、反复地运用。

行政机关依职权制定行政创制性文件，必须在自己的职责权限范围内进行，而不得超越自己的事务管辖权和级别管辖权。实践中，很多违法的行政规范性文件往往由行政机关越权而引起。并且，行政机关的内部机构也不应以自己的名义对外发布行政创制性文件，否则，也可以构成越权。同时，行政机关依职权制定行政创制性文件，也不得滥用职权。在实践中，有许多旨在实现部门垄断和地方保护的行政创制性文件，就是行政机关滥用职权制定的。

2. 法律规范的缺位。从根本上说，公众的权利、义务应当由法律、法规和规章来创制，行政规范性文件创制公众的权利、义务应当是一个例外，这种例外只能存在于法律、法规和规章空缺的领域。在法律、法规和规章对公众的权利、义务已有规定的情况下，不需要再创制行政规范性文件，即使创制了，也是违法的。

3. 内容上的授益性。行政机关可以依法通过行政规范性文件来创制权利义务，但并非在法律、法规和规章缺位的所有情况下都可以依职权创制公众的权利、义务，一般说来，行政机关只能在给付行政领域，在法律、法规和规章缺位的情况下才能依职权制定行政规范性文件，创设公众的权利；在负担行政领域，行政机关不应依职权制定行政规范性文件，也就是说，行政机关不能以行政规范性文件创设公众的义务。根据《立法法》、《行政处罚法》和《行政许可法》的规定，行政机关不得制定涉及公民人身自由、设定行政处罚、设定行政许可方面的行政创制性文件。根据《行政强制法》的规定，行政机关也不得制定设定行政强制措施的创制性文件。

因此，一个合法的依职权行政创制性文件，应当是一种授益的行政规范性文件而不应当是一种负担的行政规范性文件。

4. 不违反禁止性规定。行政机关要依职权创制一个合法的行政规范性文件，还应当遵循有关法律、法规和规章以及上级行政规范性文件的禁止性或限制性规定。例如，根据税收法律、法规和《国务院关于纠正地方自行制定税收先征后返政策的通知》[国务院2000年1月11日国发（2000）2号]的规定，除国务院外，其他行政机关不得制定税收优惠政策。又如，《国务院办公厅关于再次重申发布全国性对外经贸法规、政策有关规定的通知》（国务院办公厅1993年9月23日发）规定："今后，全国性的对外经贸法规、政策均由对外贸易经济合作部审核并统一对外发布（需立法或需由国务院发布的除外）……各地方、各部门未经国务院授权，不得制定、发布全国性对外经贸法规、政策（包括禁止或限制进出口商品的目录）。各地方、各部门在各自职权范围内制定有关法规、政策涉及对外经贸问题时，必须以国家的对外经贸法规为依据，不得与其相抵触。"违反禁止性规定为公众创设权利的行政规范性文件，也是无效的。

依职权行政创制性文件的各合法要件是相互联系的，只有遵守或符合所有合法要件的依职权行政创制性文件，才是合法、有效的。如果只符合其中某个或某几个合法要件，而不符合其他或其中一个合法要件，都属于违法的依职权行政创制性文件。

二、依授权行政创制性文件

依授权行政创制性文件是指行政机关为了补充或变通行政法规范或上级行政规范性文件的规定，依据宪法和组织法以外的法律、法规、规章或上级行政规范性文件的专门授权而制定的，为不特定相对人设定权利、义务的行政规范性文件。它要合法、有效，除必须主体合法、程序合法和形式合法外，还应当合乎下列要件：

1. 授权依据合法。行政机关制定依授权行政创制性文件，顾名思义，应当具有授权依据，否则，创制权利、义务的行政规范性文件，就应当纳入依职权行政创制性文件的范畴予以认定。这里的授权依据，可以是法律、法规、规章，也可以是国家权力机关的决议或上级行政规范性文件，但应当是宪法和组织法以外的法律、法规、规章或有关规范性文件。

依授权行政创制性文件需要有授权依据，而且授权依据本身必须合法。行政法规范或上级行政规范性文件不得把依法不能授出、没有必要授出的权力和内容授予行政机关。例如，法律保留的内容，以及行政处罚的设定等，依法都不能授权行政机关通过行政规范性文件来规定；没有必要作区别规定的内容，也就没有必要设置授权条款。如果行政法规范或上级行政规范性文件的授权条款违法，那么也将导致授权条款的无效和依授权行政创制性文件的违法、无效。在实践中，具有普遍性的问题是授权条款过于笼统或原则。授权条款过于简单，实际上并不能起到制约依授权行政创制性文件制定的作用。也正因为如此，在实践中行政机关所制定的依授权行政创制性文件时有与授权法不一致的地方。实践中另一个比较严重的问题是，某些授权条款本身往往就为行政机关谋取不正当利益留下了方便之门，导致了依授权行政创制性文件的严重失控。

2. 行使所取得权力合法。依授权行政创制性文件的创制权，来源于行政法规范或上级行政规范性文件的授权，因此，判断一个依授权行政创制性文件在职权上是否合法，就必须以授权条款为依据。行政机关在制定时是否超越职权，也只能按授权条款的规定来确定。同时，行政机关不得滥用其所取得的权力来制定依授权行政创制性文件。还需要说明的是，这类行政规范性文件的创制权并不与制定主体的原有职权并存，有关行政机关在依授权制定相应的行政创制性文件后，这项创制权即自然终止，而不能反复运用。这里所说的不能反复运用，是指取得授权的行政主体只能制定所授权事项的行政规范性文件，而不是说对已制定的该行政创制性文件不能修改。

3. 内容合乎授权目的。依授权行政创制性文件的内容，应符合授权条款的要求。首先，所创制的内容应受授权条款的限制。在授权条款已经规定创制内容的种类、幅度或范围的情况下，行政机关应在该种类、幅度或范围内设定权利、义务，不得违反。其次，所创制的内容应当符合授权目的。行政法规范或上级行政规范性文件的许多授权，是考虑到我国各地经济社会发展的不平衡性，考虑到各部门的不同情况而作出的，目的是更好地实现实质公平。例如，我国西部地区属于经济欠发达地区，沿海地区属于经济较发达地区。如果西部省市所创制的收费标准高于沿海地区，如果没有其他因素，即使在授权条款所规定的幅度内，在内容上也仍然是不符合授权目的的。也就是说，取得授权的行政机关在创制不特定相对人的权利、义务时，不得谋求地方保护、部门垄断或其他不正当利益。另外，依授权行政创制性文件的内容还应符合授权依据以外行政法规范的规定。

第三节 行政解释性、指导性文件

一、行政解释性文件

所谓行政解释性文件，就是指行政机关为了实施法律、法规和规章，统一各个行政机关及其公务员对法律、法规和规章的理解及执行活动，对法律、法规和规章进行解释而形成的规范性文件。它可以分行政法定解释性文件和行政自主解释性文件两类。

1. 行政法定解释性文件。这是指具有法定解释权的行政机关对法律规范进行解释而形成的具有普遍性强制拘束力的行政规范性文件。它要合法、有效，除应遵守法定程序外，还应符合下列条件：

（1）解释主体合法。行政法定解释性文件的主体是具有法定解释权的行政机关。这就意味着，只有行政机关的法律解释才有可能是行政法定解释性文件，不属于行政机关的国家权力机关、政党组织、其他社会组织和个人对法律规范所作的解释不属于行政法定解释性文件。同时，只有具有法定解释权的行政机关对法律规范进行解释，才能形成行政法定解释性文件；没有法定解释权的行政机关，对法律规范进行解释而形成的行政规范性文件不属于行政法定解释性文件。

在《立法法》制定、生效以前，根据全国人大常委会《关于加强法律解释工作的决议》的规定，国务院及其主管部门，省、自治区、直辖市人民政府的主管部门具有法律解释权。此后，随着地方组织法的修改，出现了规章的解释权问题，其中，部委规章的解释权一般属于该规章制定主体①，但个别部委规章规定解释权属于相应的业务主管机构。② 地方政府规章的解释权一般被赋予政府职能部门。③ 我们查阅了四川省人民政府办公厅汇编出版的，从 1952 年至 1984 年

① 参见《律师事务所在外国设立分支机构管理办法》第 14 条。
② 参见《商品流通企业法律顾问工作试行办法》（现已失效）第 26 条。
③ 参见《湖北省气象管理办法》第 40 条。

的全部法规、规章和规范性文件，以及湖北省人民政府法制办公室汇编成册的，从 1949 年至 1990 年的全部法规、规章和规范性文件，没有发现地方政府规章的解释权属于规章制定者的规定。同时，地方政府的解释权也得到了发展。根据全国人大常委会《关于加强法律解释工作的决议》第四部分的规定，地方性法规的法律解释权并不属于地方人民政府，而属于制定该法规地方常委会和同级人民政府的主管部门。但后来，地方人大常委会的这一解释权基本上没有运用，而往往在地方性法规中规定由同级人民政府来行使。① 在《立法法》、《行政法规制定程序条例》和《规章制定程序条例》相继生效后，具有法定解释权的行政机关只有国务院和规章制定主体。

（2）解释对象合法。在《立法法》、《行政法规制定程序条例》和《规章制定程序条例》生效前，行政法定解释性文件的解释对象是法律、法规和规章，而不是行政规范性文件和政策。在《立法法》、《行政法规制定程序条例》和《规章制定程序条例》相继生效后，国务院只能对行政法规进行解释，规章制定主体只能解释自己制定的规章。

（3）解释内容合法。在《立法法》、《行政法规制定程序条例》和《规章制定程序条例》生效前，具有法定解释权的行政机关作出法律解释，应当以法律、法规和规章的规定在具体执行中的问题为限。如果在解释时，所解释的内容超出了法律、法规和规章规定的内容，则不属于行政法定解释性文件，而属于行政创制性文件了。在《立法法》、《行政法规制定程序条例》和《规章制定程序条例》相继生效后，国务院可以就行政法规条文本身需要进一步明确界限或者作出补充规定的问题进行解释，规章制定主体可以就规章中需要进一步明确具体含义的规定、规章制定后出现新的情况需要明确适用规章依据的问题进行解释。尤其应当强调的是，行政机关在解释法律规范时，应当尊重所解释法律规范的本意和立法目的，不得歪曲和违反，不得任意扩大或缩小法律规范本来的含义。

2. 行政自主解释性文件。这是不具有法定解释权的行政机关为了统一下属行政机关及其工作人员对法律、法规和规章及特定行政规范性文件的认识，对法律、法规和规章及特定行政规范性文件进行解释而形成的行政规范性文件。

（1）行政自主解释性文件的合法条件。行政自主解释性文件要合法、有效，除了程序条件外，还应具备下列条件：第一，行政主体对所解释的法律规范和行政规范性文件具有实施权。也就是说，行政主体只能解释自己负责执行或实施的法律、法规、规章和行政规范性文件，只有在自己主管权限范围内所作的行政规范性文件才能合法、有效，否则就属于超越权限。第二，行政自主解释性文件的内容不得与法律规范或上级的行政规范性文件相抵触。其中，国务院自主制定的行政解释性文件，不得与法律、行政法规相抵触；各部委自主制定的行政解释性文件，不得与法律、行政法规和国务院的行政规范性文件相抵触；地方人民政府及其职能部门自主制定的行政规范性文件，不得与法律、行政法规、地方性法规、规章和上级行政规范性文件相抵触。第三，行政自主解释性文件的内容不得与所解释行政法规范的本意相违背，不得任意扩大或缩小法律规范本来的含义，而只能具体化。②

（2）行政自主解释性文件的作用。从总体上说，行政自主解释性文件的作用与行政法定解释性文件的作用是相同的，即阐明法律、法规和规章的意义，从而进一步控制行政自由裁量，实现行政公平。但它不能拘束法官，更主要的是以下几方面的作用。

第一，对内作用。行政自主解释性文件以往并不对外发布，只发送到相关机关及负责人，

① 参见《上海市实施〈中华人民共和国集会游行示威法〉办法》第 25 条等。

② 参见王福英诉扬中市公安局拒绝履行保护人身权、财产权法定职责案。

因而对外并不具有法律效力，更不像行政法定解释性文件那样可作为法的渊源。这种行政解释性文件只能拘束下级行政主体，而不能拘束外部相对人，不具有外部法律效果，也不能拘束法院审理行政案件的活动。当一个行政决定以这类基准为依据时，法院应当以独立的立场，依法来审理。① 行政法学研究内部行政措施的任务在于，分析内部行政措施是否真正限于内部。② 也就是说，尽管在当前行政自主解释性文件已越来越外部化，可能直接或间接地影响到公民的权利、义务，但它的作用重点仍然在内部而不在外部。

第二，统一行动。由于行政主体各种各样，公务员的法律素质及其他素质各不相同，各行政主体及公务员所处的环境条件差异极大，因而往往导致对法律规范的理解不一致，对法律规范的执行不统一。这就决定了有必要进一步阐明和确定法律规范的含义，统一认识，协调行动，对法律规范和行政规范性文件进行工作解释。这种行政自主解释性文件即使从对内作用来说，至多也只是一种有约束力的工作指示，即指示下属行政主体及其公务员对法律规范和行政规范性文件应作何种理解，从而统一和协调其行动和裁量，避免各级各类行政主体或公务员在操作上各行其是，而不在于使法律规范和行政规范性文件进一步具体化以适应本地方、本部门的具体情况。

第三，明确效力。行政系统是一个长官意志浓厚的系统，当一个法律、法规或规章生效时，下级行政主体及其公务员往往并不会积极主动地去实施它，而总是等待上级行政主体对实施该法律、法规或规章的安排或指示。只有在上级行政主体作出一个贯彻实施某法律、法规或规章的通知后，下级行政主体及其公务员才会行动起来。从法律上说，行政自主解释性文件起到了说明和强调特定法律、法规或规章在本地方、本部门具有约束力，并要求下属各行政主体予以执行和自觉接受约束的作用。行政自主解释性文件还可以明确上级行政规范性文件对本系统的具体要求以及它在法律上的性质和地位，阐明和确定不具有行政隶属关系的行政机关所制定的行政规范性文件在本系统的效力。总之，明确法律规范和行政规范性文件在本系统的效力，从而统一认识、协调行动，是行政自主解释性文件的又一个作用。

二、行政指导性文件

所谓行政指导性文件，就是行政机关对不特定相对人事先实施书面行政指导时所形成的一种行政规范性文件。行政指导所针对的对象可以是特定的，也可以是不特定的；其形式可以是书面的，也可以是口头的。当行政指导以口头形式进行时，并没有形成一种行政规范性文件。当行政指导针对特定相对人时，即使以书面形式作出，也并没有形成行政规范性文件。然而，当行政机关对不特定相对人、以书面形式进行行政指导并予以公布时，便形成了我们所说的行政规范性文件。

行政指导性文件最为重要的合法性要件，是不得具有强制性和拘束力，它只能依赖于相对人的自觉接受，而不得拘束相对人作为或不作为。行政指导性文件不仅本身不得具有强制性和拘束力，而且也不得在事实上具有强制性和拘束力。在最高人民法院公布的典型案例点头隆胜石材厂不服福鼎市人民政府行政扶优扶强措施案中，原告福建省福鼎市点头隆胜石材厂不服被告福建省福鼎市人民政府于2001年3月13日以鼎政办（2001）14号文件下发的《关于2001年玄武岩石板材加工企业扶优扶强的意见》，向福建省福鼎市人民法院提起诉讼："被告辩称：鼎

① 盐野宏．行政法：74.

② 王名扬．法国行政法：178页以下．

政办（2001）14 号文件，只是在取得行政相对方、本案第三人福建玄武石材有限公司同意后，对其业务所作的非强制性、不直接产生法律后果的行政指导性文件。对原告来说，该文件既没有给他设定权利，也没有对他科以义务，与他的利益没有直接的关系。”“福鼎市人民法院认为：福鼎市的玄武岩石材企业，其生产用原料都由第三人福建玄武石材有限公司供应，而且供应数量有限。在此情况下，被告福鼎市人民政府以鼎政办（2001）14 号文件，批准下发了《工业领导小组办公室关于 2001 年玄武岩石板材加工企业扶优扶强的意见》。该文件虽未给原告点头隆胜石材厂确定权利与义务，但却通过强制干预福建玄武石材有限公司的销售办法，直接影响到点头隆胜石材厂的经营权利。因此对点头隆胜石材厂来说，该文件具有行政诉讼法第十一条第一款第（三）项规定的‘认为行政机关侵犯法律规定的经营自主权’的情形，是行政诉讼法第二条规定的具体行政行为……福鼎市人民政府认为鼎政办（2001）14 号文件是行政指导性文件，没有强制性，不是具体行政行为，不是行政诉讼可诉对象的理由，不能成立。”① 本案被诉鼎政办（2001）14 号文件虽不属于针对不特定人制定的行政规范性文件，但所提供的判断是否具有强制性、拘束力的标准，却是可以适用于行政规范性文件的。

同时，行政指导性文件要合法、有效，还要求行政机关在自己法定的事务管辖权、级别管辖权和地域管辖权范围内制定；在内容上不得设定权利、义务，否则就属于行政创制性文件；不得违反法律规范和作出错误的指导；遵循法定程序。

法律应用

1. 关于行政规范性文件与行政立法文件的区分

当一个行政机关既能进行行政立法又能制定行政规范性文件时，在一个纠纷中就必须区分其所制定的法律文件是行政法规、规章还是行政规范性文件，从而确定能否作为具体行政行为的依据。一般说来，以形式上是否具有条、款、项的逻辑结构，就能对两者作出区分。但是，有些行政规范性文件也具有条、款、项的逻辑结构，在这种情况下，就需要通过从程序上是立法程序还是非立法程序，来加以区分。

2. 关于行政处罚的设定

《行政处罚法》第 14 条规定，除法律、法规和规章外，其他规范性文件不得设定行政处罚。这就意味着行政规范性文件不得设定行政处罚。在一个行政处罚案件中，如果行政处罚决定的依据是行政规范性文件，就可以认定为《行政复议法》第 28 条第 1 款第 3 项第 2 目和《行政诉讼法》第 70 条第 2 项所规定的适用依据错误。这里的设定行政处罚，包括设定应受处罚的行为、处罚的种类和处罚幅度。但下列情况是否属于设定行政处罚？《中华人民共和国教师法》（以下简称《教师法》）规定，教师品德不良的，可取消教师资格。某省教育厅的行政规范性文件规定，教师为学生代考的，属于《教师法》规定的品德不良。我们认为，该行政规范性文件属于行政自主解释性文件，且不属于设定行政处罚（应受处罚的行为），而是对品德不良的一种认定。在一个行政处罚案件中，该行政规范性文件可构成一个被援用的规范，与《教师法》一道，共同作为行政处罚决定的依据。也就是说，在这种情况下，不应认为行政处罚决定适用依据错误。

① 点头隆胜石材厂不服福鼎市人民政府行政扶优扶强措施案．最高人民法院公报，2001（6）.

课后复习

1. 行政规范性文件的地位如何?
2. 如何监控行政规范性文件?
3. 行政创制性文件的合法要件有哪些?
4. 行政解释性文件的合法要件有哪些?

第七章

行政规划

提　要

行政规划，也称行政计划，是指行政主体凝聚社会共识，确定某一阶段行政目标，实现该目标的原则、政策、措施和途径的行动方案或行动纲领。行政规划具有行政性、宏观性、未来性和法律性的特征。行政规划的编制是指规划编制机构依据宪法、法律、行政法规授予的职权，根据国内外的社会经济形势及发展趋势和宏观经济规律的要求，对涉及国民经济全局、区域经济、专项领域短期和长远发展的战略目标、总体要求、重要任务、具体措施等进行预测、论证、编制、审议等行为。行政规划公布以后，规划实施主体应当及时对规划的主要目标和任务进行分解，提出贯彻实施规划的具体方案或意见，明确责任分工，保障规划顺利实施。规划是对未来目标的设定和实施方案的安排，在实施过程中很可能发生不可预见的情形，因此，在行政规划的实施过程中，规划编制部门要适时组织开展对规划实施情况的评估，及时发现问题，认真分析产生问题的原因，提出有针对性的对策建议。经评估或者因其他原因需要对规划进行修订的，规划编制部门应当提出规划修订方案，如果规划修订方案需要经过报批、公布程序的，则需要履行报批、公布手续。

重点问题

1. 行政规划的含义与特征
2. 行政规划的编制主体
3. 行政规划的编制程序

第一节　行政规划概述

一、行政规划的概念

1. 行政规划的含义

行政规划作为一种国家管理社会的手段由来已久，且在现代社会发挥着越来越重要的作用。随着国家职能由消极行政到积极行政的转变，政府作为公共服务的提供者、社会资源的分配者与社会发展的引导者需要不断地调处公共资源稀缺和社会利益日益分化的矛盾，“为达成前述任务，政府必须就有限之资源做合理有效之分配运用、拟定规划，就达成该目的有关方法、步骤或措施，预为设计与规划”①。

所谓行政规划，也称行政计划，是指行政主体凝聚社会共识，确定某一阶段行政目标，实现该目标的原则、政策、措施和途径的行动方案或行动纲领。在我国的法律中，由于同时运用了“规划”和“计划”两种用语，造成了国内行政法学界法律用语表述的混乱，往往“行政规划”和“行政计划”被相互混用。但严格说来，“计划”是指工作行动前预先拟定的具体内容和步骤；“规划”是指比较全面的长远的发展计划。“规划”比“计划”更具有宏观性、战略性和长远性。②

2. 行政规划的特征

(1) 行政性。行政规划的主体是行政主体，包括各级行政机关和法律、法规授权的组织。这就将行政规划与立法机关以立法的形式所制定的关于某一领域事务的“规划”区别开来。行政规划是行政主体行使行政职权的活动。行政规划是行政主体依据一定的职权作出的，用于实现一定行政政策的手段和工具。行政规划的目的是实现特定的行政目标，如促进区域协调发展、可持续发展，协调城乡空间布局，改善人居环境，促进城乡经济、社会全面协调可持续发展等。

(2) 宏观性。行政规划不具有像法律规范假定、处理、制裁那样的逻辑结构，而是具有原则性、指引性，多为发展目标、行动方向、实施原则、推进要求等。它对目标的设定及采用的方法、步骤、措施是多方面的，是一种具有复杂性、多样性和系统性的综合指标体系和行为体系。③ 在经济法学上，往往把涉及经济发展的行政规划作为宏观调控手段加以讨论。

(3) 未来性。行政规划是对未来的事项进行预测并设定所要达成的行政目标，以便采取相应有效的措施来保证预设目标的实现，从而减少行政工作的盲目性和随意性。从这一意义上说，它与针对已发事件作出决定的具体行政行为迥异，而与行政立法、行政规范性文件一样属于抽象行政行为。

(4) 法律性。如《城乡规划法》规定，经依法批准的城乡规划，是城乡建设和规划管理的依据。④ 其他许多法律、法规也规定了行政规划这一行政行为。目前，行政规划的体系和编制程序正在有步骤地法制化。行政规划一经编制和发布，就对行政主体具有确定力，非因法定理由、非经法定程序，不得变更，而且它还是行政主体实施具体行政行为的依据。

二、行政规划的种类

行政规划种类繁多，主要有以下几种类型。

1. 拘束性规划和指导性规划。这是根据行政规划对相对人是否具有法律上的拘束力所作的分类。拘束性规划对行政主体和相对人都具有拘束力，指导性规划对相对人不具有拘束力。如《环境影响评价法》第8条就把专项规划分为指导性规划和拘束性规划。据此规定，指导性规划是提出预测性、参考性指标的专项规划，拘束性规划是对指标、要求作出具体规定的专项规划。一个专项规划，往往既有指导性规划部分，又有拘束性规划部分。当然，有的行政规划可能全

---

① 翁岳生主编．行政法．北京：中国法制出版社，2002：798.

② 应松年．政府职能的演变与行政规划．郑州大学学报（哲学社会科学版），2006（1）.

③ 应松年主编．当代中国行政法．北京：中国方正出版社，2005：1039.

④ 参见《城乡规划法》第7条等。

部属于指导性规划或拘束性规划。如《城乡规划法》第 9 条规定：“任何单位和个人都应当遵守经依法批准并公布的城乡规划，服从规划管理，并有权就涉及其利害关系的建设活动是否符合规划的要求向城乡规划主管部门查询。”这意味着城乡规划属于拘束性规划。

2. 总体规划、专项规划和区域规划。这是按照行政规划的对象和功能进行的分类。总体规划是国民经济和社会发展的战略性、纲领性、综合性规划，是编制本级和下级专项规划、区域规划以及制定有关政策和年度计划的依据。专项规划是以国民经济和社会发展特定领域为对象编制的规划，是总体规划在特定领域的细化，也是政府指导该领域发展以及审批、核准重大项目，安排政府投资和财政支出预算，制定特定领域相关政策的依据。区域规划是以跨行政区的特定区域国民经济和社会发展为对象编制的规划，是总体规划在特定区域的细化和落实。①

严格编制国家级专项规划的领域。编制国家级专项规划原则上限于关系国民经济和社会发展大局、需要国务院审批和核准重大项目以及安排国家投资数额较大的领域，主要包括：农业、水利、能源、交通、通信等方面的基础设施建设，土地、水、海洋、煤炭、石油、天然气等重要资源的开发保护，生态建设、环境保护、防灾减灾，科技、教育、文化、卫生、社会保障、国防建设等公共事业和公共服务，需要政府扶持或者调控的产业，国家总体规划确定的重大战略任务和重大工程，以及法律、行政法规规定和国务院要求的其他领域。

合理确定编制国家级区域规划的范围。国家对经济社会发展联系紧密的地区、有较强辐射能力和带动作用的特大城市为依托的城市群地区、国家总体规划确定的重点开发或保护区域等，编制跨省（区、市）的区域规划。其主要内容包括：对人口、经济增长、资源环境承载能力进行预测和分析，对区域内各类经济社会发展功能区进行划分，提出规划实施的保障措施等。

3. 长期规划、中期规划和短期规划。这是根据行政规划的期限所作的分类，是我国国民经济规划体系中最重要、最基本的分类。长期规划一般为十年及以上的行政规划，如《全国乡村医生教育规划（2011—2020 年）》；中期规划一般为五年规划，如《国家新型城镇化规划（2014—2020 年）》；短期规划为年度规划。

另外，根据规划的经济、社会内容，行政规划还可以分为科学技术发展规划、教育发展规划、农业发展规划、产业规划、城乡规划、环境保护规划、城乡居民收入和消费水平规划、交通运输规划等类型。

三、行政规划的功能

在计划经济体制下，由于对市场机制作用的排斥，行政规划的作用就会被无限夸大，成为资源配置的主体性、基础性甚至唯一手段。然而，实践证明，这并不能促进资源配置和经济的高效发展。现代市场经济在强调市场作为资源配置的基础性手段在调节经济运行中的重要作用的同时，也十分重视行政规划作为宏观调控的有效手段，也是当前的一项重要改革内容。国务院的《全面推进依法行政实施纲要》第 9 条指出，改革行政管理方式“要充分发挥行政规划、行政指导、行政合同等方式的作用”。行政规划对推进我国经济快速、健康和稳定发展，调整城乡“二元”结构，实现城乡均衡发展，发挥着积极引导和规制的作用。并且，在某种特定场合和特殊意义上，行政规划被置于法律以及行政立法的前导，具有引导法律和行政立法的功能。

1. 科学、合理的组织功能。行政的首要职能是组织、协调和指挥，从而实现行政目标。行

① 参见《国务院关于加强国民经济和社会发展规划编制工作的若干意见》，国发〔2005〕33 号。

政规划的编制是一个凝聚社会共识、关照各方利益、确定阶段性行政总任务的过程。通过行政规划，设定了一定期限内综合的、科学的、合理的行政目标。为实现行政目标，行政规划通过组织、协调各种力量，配置相应资源，选择行动路线，保障行政效益，发挥其重要的作用。

2. 行政目标的指引功能。与其他行政手段相比，行政规划是在对过去经济、社会发展进行总结之后，立足现实、面向未来对经济、社会发展等领域作出的一种长远安排，因此，行政规划的引导功能更为突出。对于公众而言，一项行政规划可以引导其安排未来一定时期的行为；对于行政机关来讲，行政规划明确了行政机关履行服务职责的方向，提供了实施具体行政行为的依据。

3. 调整和综合行政政策的功能。行政规划的目的在于设定相关各个行政机关共通的目标，综合各个行政政策，协调各方意见，确定公共利益，约束有关行为，实现发展目标，调整社会关系。① 司法实践中，已越来越多地引用行政规划作为认定公共利益、审查具体行政行为的依据。

第二节　行政规划的编制和实施

一、行政规划的编制主体

行政规划的编制是指规划编制机构依据宪法、法律、行政法规授予的职权，根据国内外的社会经济形势及发展趋势和宏观经济规律的要求，对涉及国民经济全局、区域经济、专项领域短期和长远发展的战略目标、总体要求、重要任务、具体措施等进行预测、论证、编制、审议等行为。

1. 行政规划的审批或备案主体

宪法和法律等规定了行政规划的审批或备案主体。

(1) 国家权力机关。各行政规划都有相应的审批主体。根据《宪法》第 62、99 条的规定，总体规划即国民经济和社会发展规划，由编制主体的同级人民代表大会审查和批准。对某些重要的专项规划，按单行法的规定，应报国家权力机关备案。如根据《城乡规划法》第 19、20 条的规定，城镇的控制性详细规划应报本级人民代表大会常务委员会备案。

(2) 人民政府。大多数专项规划和区域规划需报人民政府批准或备案。第一，政府主管部门编制的专项行政规划或区域行政规划，由本级人民政府批准。如根据《环境保护法》第 13 条的规定，国务院环境保护主管部门会同有关部门编制的国家环境保护规划，报国务院批准并公布实施；县级以上地方人民政府环境保护主管部门会同有关部门编制的本行政区域的环境保护规划，报同级人民政府批准并公布实施。第二，政府编制的专项行政规划或区域行政规划由上级政府批准或备案。如根据《城乡规划法》第 14、15 条的规定，直辖市政府编制的城市建设总体规划报国务院审批。省、自治区人民政府所在地的城市以及国务院确定的城市的总体规划，由省、自治区人民政府审查同意后，报国务院审批。其他城市的总体规划，报省、自治区人民政府审批。县人民政府组织编制县人民政府所在地镇的总体规划，报上一级人民政府审批。其他镇的总体规划由镇人民政府组织编制，报上一级人民政府审批。

2. 行政规划的编制主体

---

① 姜明安主编．行政法与行政诉讼法．6 版．北京：北京大学出版社，高等教育出版社，2015：258.

宪法和法律等规定了行政规划的编制主体。

（1）本行政区域政府或主管部门。第一，一般说来，总体规划和重要的专项规划由政府编制。国民经济和社会发展规划均由政府编制。根据《城乡规划法》的规定，城乡建设的总体规划、省域城镇体系规划均由本行政区域的政府编制。旅游发展规划和文物保护规划等，依法也应由本行政区域政府编制。第二，一般性专项规划由本级政府的主管部门编制。如根据《城乡规划法》的规定，建设领域的详细规划由本行政区域城乡建设主管部门编制；根据《环境保护法》的规定，本行政区域环境保护规划由环境主管部门编制，根据《水法》的规定，法定流域以外的江河、湖泊的综合规划，由本行政区域水行政主管部门编制等。①

（2）所涉行政区域的上级政府或主管部门。一般说来，区域规划多由所涉区域的上级政府或主管部门编制。如《旅游法》第17条第2款规定："对跨行政区域且适宜进行整体利用的旅游资源进行利用时，应当由上级人民政府组织编制或者由相关地方人民政府协商编制统一的旅游发展规划。"根据《水法》第17条第1款的规定，除国家确定的重要流域外，跨省、自治区、直辖市的江河、湖泊的流域综合规划和区域综合规划，由有关流域管理机构会同江河、湖泊所在地的省、自治区、直辖市人民政府水行政主管部门和有关部门编制。这里的流域管理机构，隶属于国务院水利行政主管部门。另外，有的行政规划虽然并非区域规划，但基于其重要性，法律也规定由上级政府编制。如根据《城乡规划法》第15条的规定，县政府所在镇的建设总体规划由县政府编制。

二、行政规划的编制原则

行政规划的编制应遵循下列原则：坚持以人为本、全面协调可持续的科学发展观；坚持从实际出发，遵循自然规律、经济规律和社会发展规律；坚持科学化、民主化，广泛听取社会各界和人民群众的意见；坚持统筹兼顾，加强各级各类规划之间的衔接和协调；坚持社会主义市场经济体制的改革方向，充分发挥市场配置资源的基础性作用。在上述原则中，尤其要坚持以人为本原则和公众参与原则。

行政规划的设计以人为本，以人的可持续发展为依归。行政规划设计自然要考虑经济建设、考虑商业部署，考虑对外交流、考虑旅游观光，考虑所在地区、所在城市、所在乡镇的脸面与形象。但是，这一切考虑都必须以人的福祉为最终依归，如果离开了人的福祉去考虑其他目标，那就必然导致异化。②如《城乡规划法》第18条第1款规定："乡规划、村庄规划应当从农村实际出发，尊重村民意愿，体现地方和农村特色。"

行政规划的编制要确保公众有效地参与。行政规划"不是将抽象的法律规范涵摄到具体的要件事实，而是利益权衡、信息处理、方向确定、手段选择的综合过程"③。行政规划的自由裁量性和实体法律规范制约的不足，只能有赖于公众有效地参与来监督规划的合理作出。行政规划编制过程中如果没有民主参与，或者民众参与程度不高，行政规划的结果就会遭到民众的强烈不满和抵制。

① 参见《城乡规划法》第12—15条、第19—21条，《环境保护法》第13条，《水法》第17条。

② 姜明安．尊重行政规划的法制属性．北京日报，2017－04－24.

③ 汉斯·J. 沃尔夫，奥托·巴霍夫，罗尔夫·施托贝尔．行政法：第二卷．高家伟译．北京：商务印书馆，2002：180.

三、行政规划的编制程序

行政规划编制程序是指行政主体在编制行政规划中所必须遵守的步骤和方式。法律对行政规划的内容和原则很难加以控制，只能由行政机关予以合目的性裁量。但对行政规划的编制程序，法律可以作出规定，从而在兼顾效率的基础上保障公众权利。虽然我国目前尚无法律对行政规划的程序作具体的规定，但概括有关分散的规定，可以总结出行政规划的编制程序。

1. 调查、收集资料和沟通协调。该程序要求行政主体在草拟行政规则前应当就规划所涉及的相关问题进行广泛深入的调研，收集信息，汇总资料和数据，对收集的信息和数据进行对比分析，为规划的草拟做好前期准备。① 编制规划前，还必须及时与有关部门进行沟通协调。编制国家级专项规划，编制部门要拟订规划编制工作方案，明确规划编制的必要性、衔接单位、论证方式、进度安排和批准机关等，并送有关部门进行协调。需由国务院批准的专项规划，要拟订年度计划，由国务院发展改革部门商有关部门报国务院批准后执行。编制跨省（区、市）区域规划，由国务院发展改革部门会同有关省（区、市）人民政府提出申请，经国务院批准后实施。规划编制工作所需经费，应按照综合考虑、统筹安排的原则，由编制规划的部门商同级财政部门后列入部门预算。②

2. 草拟。该程序要求行政主体根据已经掌握的有关资料初步拟出规划草案，同时准备规划编制的背景说明及相关参考资料。在该程序中，规划编制主体需要做到以下几点。

（1）强化规划之间的衔接协调。要高度重视规划衔接工作，使各类规划协调一致，形成合力。规划衔接要遵循专项规划和区域规划服从本级和上级总体规划，下级政府规划服从上级政府规划，专项规划之间不得相互矛盾的原则。编制跨省（区、市）区域规划，还要充分考虑土地利用总体规划、城市规划等相关领域规划的要求。省（区、市）级总体规划草案在送本级人民政府审定前，应由省（区、市）发展改革部门送国务院发展改革部门与国家总体规划进行衔接，并送相关的相邻省（区、市）人民政府发展改革部门与其总体规划进行衔接，必要时还应送国务院其他有关部门与国家级专项规划进行衔接。相邻地区间规划衔接不能达成一致意见的，可由国务院发展改革部门进行协调，重大事项报国务院决定。专项规划草案由编制部门送本级人民政府发展改革部门与总体规划进行衔接，送上一级人民政府有关部门与其编制的专项规划进行衔接，涉及其他领域时还应当送本级人民政府有关部门与其编制的专项规划进行衔接。同级专项规划之间衔接不能达成一致意见的，由本级人民政府协调决定。跨省（区、市）的区域规划草案由国务院发展改革部门送国务院其他有关部门与相关专项规划进行衔接。各有关部门要积极配合规划编制部门，认真做好衔接工作，并自收到规划草案之日起30个工作日内，以书面形式向规划编制部门反馈意见。③

（2）保障公众有效地参与。公众参与的途径和形式主要有：一是通过人民代表或政协委员来参与。④ 二是社会公众和利害关系人的直接参与。一般说来，涉及公众权利义务的行政规划，

---

① 参见《土地利用总体规划管理办法》第7条等。

② 参见《国务院关于加强国民经济和社会发展规划编制工作的若干意见》，国发〔2005〕33号。

③ 参见《国务院关于加强国民经济和社会发展规划编制工作的若干意见》，国发〔2005〕33号和《国家级区域规划管理办法》第15条等。

④ 参见《城乡规划法》第22条等。

都应当有公众的参与，具体形式有听证会、论证会、听取意见和公开征询意见等多种形式。①

（3）落实专家论证制度。为充分发挥专家的作用，提高规划的科学性，国务院发展改革部门和省（区、市）人民政府发展改革部门要组建由不同领域专家组成的规划专家委员会，并在规划编制过程中认真听取专家委员会的意见。②

3. 公布草案并公开听取意见。编制行政规划的行政机关在征询公众意见的基础上，提出行政规划的草案，并通过网络、报刊等多种媒体向社会进行公布，进一步听取公众对行政规划草案的意见，听取意见还可以采取举行论证会、听证会的方式。对此，有关单行法和地方行政程序规定作了明确规定。③ 同时，还要继续组织专家进行深入论证，对国家级、省（区、市）级专项规划组织专家论证时，专项规划领域以外的相关领域专家应当不少于1/3。规划经专家论证后，应当由专家出具论证报告。④

4. 针对意见，修改草案。此阶段需要规划编制机关根据草案公布期间通过听证会、论证会等方式收集来的意见，对行政规划草案作进一步的修改和调整，修改的过程中必须充分考虑专家和公众的意见，并对草案修改中对专家和公众意见的采纳情况作出说明。如依据《城乡规划法》的规定，组织编制行政规划的机关应当充分考虑专家和公众的意见，并在报送审批的材料中附具意见采纳情况及理由。⑤

5. 规划的审批。规划编制部门向规划批准机关提交规划草案时应当报送规划编制说明、论证报告以及法律、行政法规规定需要报送的其他有关材料。其中，规划编制说明要载明规划编制过程，征求意见和规划衔接、专家论证的情况以及未采纳的重要意见和理由。审批机关应按照法定权限依法进行审批。

6. 规划的公布。编制机关应将经批准的行政规划通过政府门户网站、政府公报、报纸等载体向社会公开。规划的公布一是有利于公众查询并根据规划安排自己的活动，二是便于公众监督行政主体实施行政规划的情况。如《土地利用总体规划管理办法》第31条规定："土地利用总体规划经依法批准后，规划编制机关应当自规划批准之日起二十个工作日内，在本级人民政府或者国土资源主管部门门户网站向社会公布，接受公众查询和监督。其中，乡（镇）土地利用总体规划应当在本行政区域各村民委员会村务公开栏或者其他公共场所公布。但法律、行政法规规定不得公开的内容除外。"

四、行政规划的实施

行政规划公布以后，规划实施主体应当及时对规划的主要目标和任务进行分解，提出贯彻实施规划的具体方案或意见，明确责任分工，保障规划顺利实施。

1. 评估制度。由于规划是对未来目标的设定和实施方案的安排，在实施过程中很可能发生不可预见的情形，因而在行政规划的实施过程中，规划编制部门要适时组织开展对规划实施情况的评估，及时发现问题，认真分析产生问题的原因，提出有针对性的对策建议。对于一些重大的行政规划项目，如《城乡规划法》第46条规定：省域城镇体系规划、城市总体规划、镇总

---

① 参见《城乡规划法》第26条和《广东省环境保护条例》第10条等。

② 参见《国务院关于加强国民经济和社会发展规划编制工作的若干意见》，国发〔2005〕33号。

③ 参见《城乡规划法》第26条第1款和《湖南省行政程序规定》第37条第1款等。

④ 参见《国务院关于加强国民经济和社会发展规划编制工作的若干意见》，国发〔2005〕33号。

⑤ 参见《城乡规划法》第26条等。

体规划的组织编制机关，应当组织有关部门和专家定期对规划实施情况进行评估，并采取论证会、听证会或者其他方式征求公众的意见。

评估的方式可以由编制部门自行评估，也可以委托其他机构进行评估，或者采取自评估与第三方评估相结合等方式，但是，为了保证评估的客观、中立，评估过程中必须采取有相关部门、行业等专家参加的论证会、听证会等方式来公开征求公众的意见。①

行政规划评估报告的内容主要包括规划总体要求、重点任务、保障措施等的落实情况，规划实施的效果、规划实施中存在的问题以及推进实施的建议等。评估完成后应该形成正式的规划评估报告，并以适当的形式将评估报告反馈给规划实施主体及相关部门。规划评估报告是推动规划实施、调整修订规划的重要依据。

2. 调整和修订。经评估或者因其他原因需要对规划进行调整或修订的，规划编制部门应当提出规划修订方案，如果规划修订方案需要经过报批、公布程序的，则需要履行报批、公布手续。总体规划涉及的特定领域或区域发展方向等内容有重大变化的，专项规划或区域规划也要进行相应的调整和修订。②

由于行政规划一经制定，行政相对人就必然对之产生信赖，并会根据此种信赖安排其生产、生活。因此，对已经制定的规划进行调整就必须十分慎重，行政规划机关不能以公共利益为幌子，没有法律依据随意地修改规划。同时，对特定相对人因相关行政规划调整、修改而受到的损失予以补偿，完善行政规划的信赖利益保护和权利救济机制。一般认为，行政规划的救济请求权包括：规划存续请求权，规划执行请求权，过渡措施和补救措施请求权，补偿请求权，等等。③

行政规划修改过程中，行政规划机关应当将行政规划修改方案进行公告。公布行政规划修改方案，是为了让公众在举行听证会之前对行政规划的修改能够充分了解，并对修改方案提出意见。行政规划机关应当在听证会举行前的一定时间内将行政规划修改的内容登载于政府公报或者其他媒介上，方便公众查询。通过过程公开、公众参与、专家评估等程序制度，切实提高行政规划的科学性、民主性和高效性，从而达到将行政规划纳入法治化轨道的目的。

最后，修改后的规划应及时向社会公布，让社会公众知晓。

法律应用

1. 行政规划的协同治理功能

行政规划是一种行为法机制，但却实现了组织法上的功能，即它是编制机关对有关行政机关履行组织法上领导或指导职责的一种形式。行政规划的编制，是以协调不同部门、不同地区政府机关意见为基础的，整合了各方行政机关的意见，实现了各个行政机关之间的协同。当然，除部分具有约束性的指标外，行政规划的内容往往是原则性、宏观性和综合性的，它的各实施机关往往具有裁量的空间。通过对行政规划实施的考核和评估机制，可以规范实施机关的裁量实施行为，促进有关实施机关之间的协同实施。因此，除了进行行政职能转变和大部制改革以外，应充分发挥行政规划这一行政协同治理机制。

① 参见《国家级区域管理办法》第21条等。

② 参见《国家级区域管理办法》第23条等。

③ 莫于川主编．行政法学原理与案例教程．北京：中国人民大学出版社，2007：244.

2. 行政规划的司法应用

行政规划原则上不涉及特定人的权利义务，因而一般不会被起诉到法院。如果对行政规划提起诉讼，法院就会裁定驳回起诉。但是，它却是具体行政行为的依据。当具体行政行为被诉时，基于我国法院的全面审查原则，就会涉及行政行为所依据的行政规划。当前，较为普遍的观点是行政规划构成被诉行政行为的合法要件。第一，农村集体土地和城市房屋征收中的公共利益的确定。公共利益是征收的合法要件，但却是一个不确定法律概念。行政机关所认定的公共利益在发生争议时，就需要加以证明。能证明公共利益的，应当是通过民意机制确定的证据。因此，经国家权力机关审批的国民经济和社会发展规划是否已经将开发项目纳入其中，就成为法院可以采信的证据。第二，违法性继承。当环境保护规划和城市规划存在未经公众参与等严重瑕疵时，依据该规划所作的具体行政行为也将构成违法。据此，法院将支持公民、法人或其他组织的诉讼请求。

课后复习

1. 什么是行政规划？行政规划的特征有哪些？
2. 试述行政规划的编制程序。
3. 如何开展行政规划实施的第三方评估？

第八章

行政征收与补偿

提　要

行政征收是指行政主体基于公共利益的需要，依法强制性取得相对人财产的负担行政行为。行政征收的设定应依法进行并符合科学、合理的要求。行政征收包括需要补偿的行政征收和无须补偿的行政征收。行政补偿是指行政主体合法行使公权力的行为造成公民、法人或者其他组织的合法权益的损害，或者公民、法人或其他组织为公共利益而使自己的权益受到损害时，国家弥补相对人损失的一种给付救济。行政补偿包括了对财产损害的补偿和对非财产损害的补偿。行政补偿义务机关应当依照法定的程序和正当法律程序的要求，根据法定的标准和方式补偿相对人的损失。

重点问题

1. 行政征收的特征。
2. 行政征收与行政征用、行政没收等易混淆概念的区别。
3. 行政征收的设定和种类。
4. 行政补偿的含义和特征。
5. 行政补偿的程序。

第一节　行政征收

一、行政征收的界定

（一）行政征收的含义与特征

行政征收是指行政主体基于公共利益的需要，依法强制性取得相对人财产的负担行政行为。行政征收具有如下特征：

1. 行政征收针对的是相对人的非国有财产。这里的“财产”不仅包括物质上的财产，也包括权利。物质上的财产主要包括金钱，集体土地，林地、草原等自然资源，国有土地上的房屋，组织和个人的设备、设施、交通工具和其他物资等。对权利的征收主要规定在《外资企业法》

第 5 条、《中外合资经营企业法》第 2 条[①]和《台湾同胞投资保护法》第 4 条中。根据上述规定，国家在特殊情况下，可以依社会公共利益的需要，征收外资企业、合营企业和台湾同胞投资者的投资。行政主体征收外资企业等标的物不仅仅是征收生产线等物质财产，还包括征收该企业所拥有的专利权和商标权等权利。

2. 行政征收是行政主体依法获取相对人非国有财产的所有权。行政主体作出行政征收的行为之后，财产权利发生转移，被征收财产的所有权属于国家，被征收人失去了被征收财物的所有权。

3. 行政征收带有强制性。行政征收不以意思自治为原则，不需要征得被征收人的同意，其内容由行政机关依法确定。被征收人应当服从行政征收的决定，否则，将会承担一定的后果。[②]

4. 根据征收对象的不同，行政征收是否应当给予补偿呈现出不同的情况。行政主体在征收相对人的特定财产时应当给予补偿，即弥补相对人因为失去特定财产所有权而遭受的损失。但行政主体在征收税款等金钱时不需要补偿。我国《宪法》第 13 条第 3 款规定："国家为了公共利益的需要，可以依照法律规定对公民的私有财产实行征收或者征用并给予补偿。"这里的"私有财产"指的是非金钱的特定财产，而征税等对金钱给付义务的课征不适用该条，原因是征税等对金钱给付义务的课征是要求公民承担一种普遍的义务，而不是行政决定确定的针对特定人的义务。虽然对金钱给付义务的课征和对特定财产的征收存在着区别，但是，这两类行为都是国家基于公共利益的需要取得了相对人一定财产的所有权，具有相同的典型特征。"行政行为的模式定位应当以内容要素和典型特征为基本标准。……一个行政行为的模式定位，要看该行为的内容要素是否具备某一行政行为模式的典型特征。"[③] 既然对金钱给付义务的课征和对特定财产的征收有着同样的典型特征，那么就有必要将它们定位为同一种行政行为模式，即行政征收。因此，从征收是否应当给予补偿的角度看，征收公民的特定财产时应当给予补偿，征税等对金钱给付义务的课征原则上不需要补偿。

5. 行政征收是依职权行政行为。行政主体不需要相对人提出申请，仅依据法律赋予的行政征收权便可以主动做出行政征收行为。有时行政征收需要相对人的申报，如征税中的纳税申报。但是，申报与依申请行政行为中相对人的申请不同。申报是一种义务，与相对人的法律责任相联系，依申请行政行为中的申请则是一种权利。

6. 行政征收具有法定性。行政征收是直接剥夺相对人财产所有权的负担行政行为，对相对人的权益具有侵害性。从保护公民权利的角度出发，行政征收应当遵守依法行政的基本要求，其设定和实施都必须严格遵守法律的规定。目前，《立法法》对行政征收的设定作了比较清晰的规定。但是，对于行政征收的实施，尤其是实施行政征收的程序，仅有《税收征收管理法》、《土地管理法》、《国有土地上房屋征收与补偿条例》和《社会抚养费征收管理条例》等少数法律法规作了比较细致的规定，其他种类的行政征收还缺少对征收程序的明确规定。

（二）行政征收与相关概念的辨析

行政征收在外在表现形式上与部分行政处罚、行政强制措施、行政强制执行以及行政征用比较相似，比较容易混淆，但它们有着本质的区别。

---

① 《外资企业法》《中外合资经营企业法》已被《外商投资法》所取代。

② 如《税收征收管理法》第 64 条第 2 款规定："纳税人不进行纳税申报，不缴或者少缴应纳税款的，由税务机关追缴其不缴或者少缴的税款、滞纳金，并处不缴或者少缴的税款百分之五十以上五倍以下的罚款。"

③ 叶必丰．行政法学．武汉：武汉大学出版社，2003：229.

1. 行政征收与行政处罚

行政征收和行政处罚中的罚款、没收、收缴等在外形上比较相似，都是使相对人失去了一定的财产。但它们有着根本的区别。行政处罚的目的是制裁实施了违反行政法律规范并依法应当给予处罚的行为。因此，相对人实施了违法行为是行政主体作出行政处罚的前提，行政征收则不需要这样的基础，绝大多数情况下，被征收人并没有实施违法行为。

2. 行政征收与行政强制措施

行政征收不同于查封场所、设施或者财物以及扣押财物等针对相对人财产的行政强制措施。行政征收导致了被征收财产的所有权的转移，行政强制措施则只是对相对人的财物实施暂时性的控制，没有导致财产所有权的转移。

3. 行政征收与行政强制执行

行政征收不同于代履行、加处罚款或者滞纳金、强制划拨等行政强制执行。行政强制执行以相对人不履行义务为前提，其目的是迫使相对人履行义务或达到与履行义务相同的状态。行政征收不需要以相对人不履行义务为条件。

4. 行政征收与行政征用

行政征用是行政主体依法有偿强制使用相对人财产或劳务的行政行为。行政征用主要包括以下几种情形：第一，私人财产征用。如《归侨侨眷权益保护法》第 13 条规定，国家依法保护归侨、侨眷在国内私有房屋的所有权。依法征收、征用、拆迁归侨、侨眷私有房屋的，建设单位应当按照国家有关规定给予合理补偿和妥善安置。第二，土地征用。如《军事设施保护法》第 12 条规定，军事禁区、军事管理区范围的划定或者扩大，需要征用土地的，依照有关法律、法规的规定办理。第三，其他自然资源的征用。如《森林法》第 18 条规定，进行勘查、开采矿藏和各项建设工程，应当不占或者少占林地；必须占用或者征收、征用林地的，经县级以上人民政府林业主管部门审核同意后，依照有关土地管理的法律、行政法规办理建设用地审批手续。《草原法》第 38 条规定，进行矿藏开采和工程建设，应当不占或者少占草原；确需征收、征用或者使用草原的，必须经省级以上人民政府草原行政主管部门审核同意后，依照有关土地管理的法律、行政法规办理建设用地审批手续。第四，民用资源的征用。如《国防动员法》第 54 条规定，国家决定实施国防动员后，储备物资无法及时满足动员需要的，县级以上人民政府可以依法对民用资源进行征用。该条所称民用资源，是指组织和个人所有或者使用的用于社会生产、服务和生活的设施、设备、场所和其他物资。第五，劳务征用。如《防洪法》第 45 条第 1 款规定，在紧急防汛期，防汛指挥机构根据防汛抗洪的需要，有权在其管辖范围内调用物资、设备、交通运输工具和人力，决定采取取土占地、砍伐林木、清除阻水障碍物和其他必要的紧急措施。

行政征收与行政征用的区别主要有以下几点：第一，行政征收仅针对相对人的财产，行政征用不仅针对相对人的财产，还可以针对相对人的劳务。第二，行政征收会导致财产所有权的转移，行政征用不涉及财产所有权，仅针对财产或劳务的使用权。① 2009 年 8 月 27 日，全国人大常委会通过《关于修改部分法律的规定》，将《渔业法》第 14 条等法律规范中的“征用”修改为“征收”。这一决定清楚地显示了上述差别。第三，行政征收既可能是需要给予补偿的，也有可能是不需要给予补偿的，行政征用一般应当是需要给予补偿的。第四，行政征用有许多情形适用于国防、公共安全和防治自然灾害等情况，是政府应对紧急情况时行使紧急权力的表现。

---

① 如《物权法》第 44 条规定：“因抢险、救灾等紧急需要，依照法律规定的权限和程序可以征用单位、个人的不动产或者动产。被征用的不动产或者动产使用后，应当返还被征用人。单位、个人的不动产或者动产被征用或者征用后毁损的、灭失的，应当给予补偿。”

因此，在许多情况下，它具有紧急性和刻不容缓的特征。行政征收则很少表现出这种紧急性的特征。第五，不少行政征用具有事后补偿性特征。由于不少征用决定是在紧急情况下作出的，与公民的法定权利相比，行政紧急权力更具优先性和权威性，即使对相对人造成损害，相对人也应负忍受义务，加之非常情况持续的时间和政府征用的时间都难以确定，不便计算损害补偿数额，因此，只能于事后根据征用的时间长短及征用标的的损耗程度来计算补偿数额。而需要给予补偿的行政征收则一般属于事前补偿。

二、行政征收的设定与种类

（一）行政征收的设定

所谓行政征收的设定，是指拥有行政征收设定权的国家机关在行政法的渊源中，对行政征收所作的创设性的规定。我国《宪法》第 13 条规定：“公民的合法的私有财产不受侵犯。国家依照法律规定保护公民的私有财产权和继承权。国家为了公共利益的需要，可以依照法律规定对公民的私有财产实行征收或者征用并给予补偿。”《立法法》第 8 条和第 9 条规定，“税种的设立、税率的确定和税收征收管理等税收基本制度”和“对非国有财产的征收、收用”应当由全国人大及其常委会制定的法律进行规定，尚未制定法律的，全国人大及其常委会有权作出决定，授权国务院可以根据实际需要，对其中的部分事项先制定行政法规。根据上述法律规范，在我国，有资格设定行政征收的法律规范只有法律和行政法规。其中，国务院制定行政法规设定行政征收必须获得全国人大及其常委会的授权。除法律和行政法规外，地方性法规、行政规章等任何其他法律规范都不能设定行政征收，如果法律和行政法规外的其他法律规范设定行政征收，则与《宪法》和《立法法》相抵触，属于无效的法律规范。法律和行政法规外的其他法律规范不能设定行政征收，但可以在法律和行政法规所设定的行政征收的范围内作细致的、操作性的规定。

行政征收的设定除必须合法外，还必须合理。行政征收是一种负担行政行为，直接侵害公民、法人或其他组织的财产权。如果设置不当，不利于保护公民的合法私有财产，产生一定的负面社会效果。因此，行政征收的设定不仅必须合法，而且应当合理。在我国，行政征收，尤其是行政收费的标准，应当以实现特定立法目的的必要性为标准，以比例原则为设定的准则，不宜设定过高的征收标准，防止出现过于昂贵的行政征收。①

（二）行政征收的种类

以行政征收是否给予补偿为标准，行政征收可以分为无须补偿的行政征收和需要补偿的行政征收。

1. 无须补偿的行政征收。无须补偿的行政征收在我国主要有两类：行政征税和行政收费。行政征税是法定征税主体依法确定税款数额，征收税款并将纳税人的应纳税款征收入库的行政行为。我国有权实施行政征税的行政主体只有税务机关和海关。行政征税的种类包括流转税、资源税、收益税、财产税和行为税等。行政征税的具体方式包括查账征收、查定征收、查验征收、定期定额征收、代扣代缴和代收代缴、委托代征以及自核自缴等。行政收费是一定行政机关凭借国家行政权所确立的地位，为行政相对人提供一定的公益服务，或授予国家资源和资金

① 沈福俊．不合理的行政收费应当彻底革除——从个体工商户管理费等行政收费被停征说起．法学，2008（9）.

的使用权而收取的代价。[1] 目前，中央层面的行政收费包括全国政府性基金、全国性及中央部门和事业行政单位事业性收费两大类。其中，全国政府性基金包括铁路发展基金、民航发展基金等21个类别，全国性及中央部门和事业行政单位事业性收费包括水资源费、社会抚养费等49个类别。除此之外，各地方还有养犬管理服务收费等其他种类的行政事业性收费。[2]行政征税和行政收费虽同属无须补偿的行政征收，但仍有较大的区别。行政征税的理论基础是政治权力，行政收费的基础则是行政主体为特定的相对人提供了一定的公益服务，或授予国家资源和资金的使用权。这种差异导致行政征税和行政收费在制度上存在不同。比如，"税是对整个社会征收的，不考虑谁获得了资助公益事业的利益。相反，费只向特定获益者征收，并依据其个人接受服务的数量"[3]。

2. 需要补偿的行政征收。目前我国需要补偿的行政征收主要有以下几种：第一，土地征收。国家因为公共利益的需要可以依法征收集体所有的土地。征收土地的，应当给予补偿。我国《宪法》第10条第3款规定："国家为了公共利益的需要，可以依照法律规定对土地实行征收或者征用并给予补偿。"《土地管理法》第2条第4款规定："国家为了公共利益的需要，可以依法对土地实行征收或者征用并给予补偿。"第二，国有土地上房屋征收。为了公共利益的需要，行政主体可以依法征收国有土地上单位、个人的房屋，并应当对被征收房屋所有权人给予公平补偿。国有土地上房屋征收与补偿主要由《国有土地上房屋征收与补偿条例》进行规定。第三，对企业的征收。国家可以基于公共利益的需要征收整个特定的非国有企业，并给予相应的补偿。《外商投资法》第20条、《台湾同胞投资保护法》第4条都有类似的规定。

三、行政征收的救济

公民、法人或其他组织不服行政征收决定的，可以根据《行政复议法》第6条、《行政诉讼法》第12条依法申请行政复议或提起行政诉讼，要求复议机关或法院保护其合法权益，还可以根据《国家赔偿法》第4条申请行政赔偿。这里需要注意两个问题：第一，很多规定行政征收的法律、法规都没有明确规定行政征收的救济。公民、法人或其他组织不服行政主体根据该单行法律规范作出的行政征收决定时，可直接依照《行政复议法》、《行政诉讼法》和《国家赔偿法》的规定请求行政救济，不必一定要以规定行政征收的单行法律规范的规定作为依据。第二，不服行政征收决定而申请复议或提起诉讼时需要注意特定单行法律规范规定的特殊程序。例如，根据《税收征收管理法》第88条第1款和第2款的规定，纳税人、扣缴义务人、纳税担保人不服税务机关作出的征收税收的决定时，必须先依照税务机关的纳税决定缴纳或者解缴税款及滞纳金或者提供相应的担保，才能依法申请行政复议。同时，纳税人、扣缴义务人、纳税担保人不服税务机关作出的征收税收的决定的，必须首先申请行政复议，对行政复议决定不服的，才能提起行政诉讼，不能直接提起行政诉讼。当事人不服税务机关在征税过程中采取的行政处罚、行政强制措施和行政强制执行时，则不需要遵守前述规定，只需按一般程序申请行政复议或提起行政诉讼即可。

---

① 胡建淼．行政法学．3版．北京：法律出版社，2012：219.

② http：//www.gov.cn/zhuanti/shoufeiqingdan/shoufeiqd.html，2018-11-09.

③ 霍尔姆斯．权利的成本——为什么自由依赖于税．毕竟悦译．北京：北京大学出版社，2004：7.

第二节　行政补偿

一、行政补偿的概念和特征

行政补偿是指行政主体合法行使公权力的行为造成公民、法人或者其他组织的合法权益的损害，或者公民、法人或其他组织为公共利益而使自己的权益受到损害时，国家弥补相对人损失的一种给付救济。行政补偿有如下特征：

1. 行政补偿的前提是行政主体合法行使公权力的行为造成公民、法人或者其他组织的合法权益的损害，或者公民、法人或其他组织为公共利益而使自己的权益受到损害。前者如行政主体依法征收集体土地致使相对人失去集体土地的所有权，后者如公民、法人或其他组织协助行政主体履行行政职责而受到损害。《人民警察法》第 34 条第 2 款规定："公民和组织因协助人民警察执行职务，造成人身伤亡或者财产损失的，应当按照国家有关规定给予抚恤或者补偿。"行政补偿以合法行使公权力的行为致害为前提。与行政补偿不同，根据《国家赔偿法》第 2～4 条的规定，行政赔偿以行政主体违法行使行政权造成侵害为前提。

2. 行政补偿的主体是国家。国家负责补偿公民、法人或其他组织因合法的公权力行使或为了公共利益而受到的损害。行政补偿义务机关是国家行政机关或其他行政组织，它代表国家负责具体的补偿事务，行政补偿义务机关本身并不是行政补偿的主体。

3. 行政补偿是一种法定的义务。从行政补偿的性质上看，它是行政主体的一项法定的义务，行政主体必须依法补偿相对人因合法的公权力行使或为了公共利益而受到的损害，否则，就是违背了保护公民合法财产权的基本法治理念。

4. 行政补偿针对的是特定的公民、法人或其他组织，而不是全体或普遍的社会成员。社会成员在征收税收等过程中因为国家权力的行使而平等地受到损失不存在补偿的问题，只有当少数或个别公民因为公权力的合法行使或为了公共利益而受到损失时才会产生需要弥补特别牺牲的问题。其理由在于，让公众受益的行政行为造成的损害应当由公众作为整体承担，不应仅由行政行为侵害的个人承担，那是不公平的。因此，当个人为了公共利益牺牲个人利益时，国家就应当从国库中支付一定的补偿费用，以弥补牺牲个人利益的人。一般认为，相对人受到的特别损害具有以下特征：一是主体的具体性，即受到损害的主体是具体的、特定范围内的社会成员，不具有普遍性；二是后果的可责难性，即损害必须达到一定的程度，如果是轻微的损害，受害人应当自己容忍；三是性质的非正当性，即受到损害的主体对于他们所遭受的损害没有应该忍受的理由；四是目的的单一性，即损害的发生的目的是维护或增进公共利益。①

二、行政补偿的范围

从我国的立法实践看，行政补偿的范围既包括财产损害，也包括非财产损害。

（一）财产损害

财产损害也称物质损害，是指侵害行为所导致的具有财产形态的价值减少或利益的丧失。财产权的内容包括物权、债权、知识产权等。在财产权的内容方面，补偿的范围通常是全面和

---

① 王太高．行政补偿制度研究．北京：北京大学出版社，2004：132.

没有限制的。在补偿财产损害时，不仅补偿直接损害，还补偿一定范围的间接损害。财产损害的补偿主要有以下几种情形：

1. 行政征收补偿和行政征用补偿。行政主体征收相对人的财产（除行政征税和行政收费外）或征用相对人的财产或者劳务的，应当补偿相对人的财产损失。具体包括：土地、草原等不动产征收、征用的补偿；城市房屋拆迁补偿；对非国有企业实行国有化征收的补偿；防洪征用补偿等。行政补偿与行政征收和行政征用之间的关系极为密切，行政补偿常被称为行政征收和行政征用的“唇齿条款”①，实践中，行政征收补偿和行政征用补偿也是行政补偿最常见的类型之一。

2. 信赖利益的补偿。行政主体合法地变更或者撤回行政行为，损害了相对人的信赖利益时，应当依法给予补偿。如《行政许可法》第 8 条规定，公民、法人或者其他组织依法取得的行政许可受法律保护，行政机关不得擅自改变已经生效的行政许可，行政许可所依据的法律、法规、规章修改或者废止，或者准予行政许可所依据的客观情况发生重大变化的，为了公共利益的需要，行政机关可以依法变更或者撤回已经生效的行政许可，由此给公民、法人或者其他组织造成财产损失的，行政机关应当依法给予补偿。

3. 公民、法人或其他组织为公共利益而使自己的权益受到损害的补偿。《人民警察法》第 34 条第 2 款规定，公民和组织因协助人民警察执行职务，造成财产损失的，应当按照国家有关规定给予抚恤或者补偿。

4. 其他行政补偿。除上述事项外，也可以依法因国家的事实行为所造成的损失予以补偿。《水法》第 35 条规定，从事工程建设，占用农业灌溉水源、灌排工程设施，或者对原有灌溉用水、供水水源有不利影响的，建设单位应当采取相应的补救措施；造成损失的，依法给予补偿。

（二）人身损害

我国行政补偿立法对人身损害的补偿主要包括：第一，基于保护野生动物而遭受的损害。《野生动物保护法》第 19 条规定，因保护该法规定保护的野生动物，造成人员伤亡的，由当地人民政府给予补偿。第二，使用武器造成无辜人员伤亡的补偿。《人民警察使用警械和武器条例》第 15 条规定，人民警察依法使用警械、武器，造成无辜人员伤亡或者财产损失的，由该人民警察所属机关参照《国家赔偿法》的有关规定给予补偿。第三，公民、法人或其他组织为公共利益而使自己的权益受到损害的补偿。《人民警察法》第 34 条第 2 款规定，公民和组织因协助人民警察执行职务，造成人身伤亡的，应当按照国家有关规定给予抚恤或者补偿。

三、行政补偿的方式和标准

（一）行政补偿的方式

行政补偿的方式，是指国家承担行政补偿责任的各种形式。补偿是对受害人所受损害的弥补，根据损害的性质、程度的不同，补偿的方式也有所不同。行政补偿的方式可以分为两大类：直接补偿和间接补偿。直接补偿是指以金钱或者实物的方式直接填补受害人所受损失的行政补偿方式。直接补偿包括金钱补偿，恢复原状，实物补偿，入股分红和折算为治理项目的股份、资本金等。间接补偿是指通过授予某种特殊权利或者利益的方式间接填补受害人所受损失的行政补偿方式，包括政策优惠，即在人、财、物的调配上给予优惠；减免税费，即在征税或者收

① 叶必丰．行政法与行政诉讼法．3 版．北京：高等教育出版社，2015：136－137；江必新，梁凤云．行政诉讼法理论与实务．3 版．北京：法律出版社，2016：261－262.

费上给予免除或者减轻；赋予某种特许权，即赋予某种能够给受害人带来利益的权利；晋级、晋职、农转非等特殊照顾；给予医疗、抚恤以及其他政策性优惠或者照顾等。

（二）行政补偿的标准

我国关于行政补偿标准的规定，主要包括两类：量化标准和模糊标准。

1. 量化标准。所谓量化标准是法律规范使用具体数字规定行政补偿的具体标准。《土地管理法》第47条所规定的征收耕地行政补偿的标准就是典型的量化标准，该条规定，征收耕地的补偿费用包括了土地补偿费，土地补偿费的具体计算标准是该耕地被征收前3年平均年产值的6倍至10倍。

2. 模糊标准。所谓模糊标准，是法律规范没有明确规定行政补偿的标准，而是使用了语义比较模糊的词句，由行政主体根据具体的情况确定明确的标准。我国现行补偿立法中规定的模糊标准以下几种：一是“适当补偿”。《国防法》第48条规定，国家根据动员需要，可以依法征用组织和个人的设备设施、交通工具和其他物资。县级以上人民政府对被征用者因征用所造成的直接经济损失，按照国家有关规定给予适当补偿。二是“公平、合理的补偿”。《外商投资法》第20条规定，国家对外国投资者的投资不实行征收；在特殊情况下，根据社会公共利益的需要，对外国投资者的投资可以依照法律规定实行征收、征用，并给予公平、合理的补偿。三是“合理补偿”。《归侨侨眷权益保护法》第13条规定：国家依法保护归侨、侨眷在国内私有房屋的所有权。依法征用、拆迁归侨、侨眷私有房屋的，建设单位应当按照国家有关规定给予合理补偿和妥善安置。四是笼统规定“依法”或者“依照国家规定”予以补偿。《防洪法》第7条规定，各级人民政府应当对蓄滞洪区予以扶持；蓄滞洪后，应当依照国家规定予以补偿或者救助。

四、行政补偿的程序

我国没有关于行政补偿程序的统一立法。结合单行法律规范中关于行政补偿程序的法律规范和正当法律程序原则，我们认为行政补偿程序应当包括以下内容：（1）通知。通知指行政主体主动实施补偿时，向有关的受害人告知补偿请求权，以利于其了解行政补偿的事项。（2）申请。申请指受害人向行政主体提出补偿请求。（3）受理。受理是指行政主体对受害人提出的补偿请求进行审查，对符合条件的予以立案。（4）损害认定及价值评估。受理机关应当对受害人所受损害进行调查，对损害是否存在以及损害程度进行认定。对损害比较复杂的，应当委托有资质的中介机构对损害进行评估。（5）协商或者作出决定。行政主体应当与受害人就补偿方式和补偿数额进行协商，双方协商一致，签订补偿协议。经协商不能就补偿方式和补偿数额达成一致的，由行政主体单方面作出行政补偿决定。（6）执行。行政补偿义务机关应当在法定期限内履行行政补偿协议、补偿决定，逾期不履行的，相对人可以申请人民法院强制执行。根据国土资源部发出的文件《关于进一步做好征地管理工作的通知》，在土地征收补偿中，行政补偿的费用即征地补偿安置费应当直接发给农民，防止和及时纠正截用和挪用。在国有土地上房屋征收补偿中，行政补偿义务机关补偿的期限应当以实施强制搬迁的时间为准，即行政补偿义务机关应当在强制被征收人搬迁之前给予被征收人以补偿。

法律应用

1. 防止行政补偿遁入行政赔偿

根据法律的规定，行政赔偿实行法定标准；根据司法实践，行政补偿则实行市场标准。也就是说，补偿额往往高于赔偿额。同时，国有土地上房屋征收等存在“钉子户”。为此，有的地方行政主体对“钉子户”的房屋违法予以强拆，试图既达到强拆目的又降低成本。最高人民法院最近的判例积极遏制了这一现象，即对被征收房屋的违法强拆应以补偿标准确定赔偿额。[参见最高人民法院（2017）行再97号行政判决书]。

2.《土地管理法实施条例》第25条第3款规定，征地补偿、安置方案报市、县人民政府批准后，由市、县人民政府土地行政主管部门组织实施。对补偿标准有争议的，由县级以上地方人民政府协调；协调不成的，由批准征用土地的人民政府裁决。国法〔2011〕35号《国务院法制办公室关于依法做好征地补偿安置争议行政复议工作的通知》则规定，被征地集体经济组织和农民对有关市、县人民政府批准的征地补偿、安置方案不服要求裁决的，应当依照行政复议法律、法规的规定向上一级地方人民政府提出申请。根据上述规定，被征地集体经济组织和农民如果对征地补偿安置方案确定的补偿标准不服，应当首先向批准该征地补偿安置方案的市、县人民政府申请协调，协调不成的可向上一级地方人民政府申请行政复议，对复议仍不服的则可以提起行政诉讼。

3. 关于土地征收过程中合法建筑拆除的法定职权与适格被告

农村集体土地征收过程中对合法建筑的拆除，宜首先推定系征收实施主体实施或者委托实施的拆除行为，而不应认定为民事主体等实施的拆除。因为现行集体土地征收制度的本质是国家基于公共利益需要实施征收，并由国家依法进行补偿，整个过程均系行政权行使的过程。农村集体土地征收过程中强制拆除合法建筑的法定职权问题，应当结合现行有效的土地管理法律、行政法规、司法解释等规定，依法加以判定。

在当地市、县人民政府未对补偿安置主体有特殊规定的情况下，拆除征收范围内合法建筑的行政职权归属于土地行政主管部门。职权之所在，即义务之所在，也即责任之所在。实施强制拆除既是土地行政主管部门必须行使的法定职权，也是其必须履行的法定义务，更是其应尽的责任；在法律没有相应授权性规范的前提下，土地行政主管部门无权将法律已经明确规定的行政强制职权再行赋予其他主体行使。

在经依法批准的征地过程中，因合法房屋被强制拆除引发的行政案件，土地行政主管部门应当首先被推定为适格被告；除非有相反证据或者生效裁判足以推翻上述认定。

课后复习

1. 简述行政征收的概念和特征。

2. 简述行政征收的设定和种类。

3. 简述行政征收和行政征用的联系与区别。

4. 简述行政补偿和行政赔偿的区别。

5. 简述行政补偿的程序。

6. 人们常说，超生被有关部门发现会被“罚款”。请问：这种情况下的“罚款”是不是行政处罚中的罚款？与本章学习的行政征收和行政征用有什么联系？

第九章
行政许可

提　要

行政许可，是指行政主体根据公民、法人或者其他组织的申请，依法进行审查，并决定是否赋予其从事特定活动的权利或资格的一种授益性、外部的、要式的具体行政行为。根据法律的规定，行政许可有普通许可、特许、认可、核准和登记等不同类型。为了避免行政机关滥设行政许可，充分发挥行政许可的积极作用，法律对行政许可的设定权归属、设定范围和形式作出了全面、合理的规定。行政机关在实施行政许可时，不仅主体要合法，同时也要遵循申请、受理、审查、决定、听证、变更、延续以及期限方面的程序规定；不仅要遵循行政许可的一般程序，特别类型的许可还要遵循特别程序。行政许可作出之后，许可所设定的权利、义务是否得到了行政许可机关和被许可人的遵守，需要通过监督检查制度来落实。

重点问题

1. 行政许可的特征。
2. 政许可的种类。
3. 行政许可的设定权归属、设定范围和形式。
4. 行政许可的实施机关。
5. 实施行政许可的法定程序。
6. 行政机关对被许可人的监督检查。

第一节　行政许可概述

一、行政许可的概念与特征

行政许可，是指行政主体根据公民、法人或者其他组织的申请，依法进行审查，并决定是否赋予其从事特定活动的权利或资格的一种授益性具体行政行为。

行政许可具有如下特征：

1. 行政许可是一种应申请具体行政行为。在行政许可的程序中，作为公民、法人或其他组织的行政相对人向行政主体提出申请，是行政主体作出行政许可的前提条件。也就是说，行政许可的程序只能应相对人的申请而启动，行政主体不能主动为之。在北京嘉友房地产开发集团有限公司诉北京市规划委员会违法变更建筑名称核准证一案中①，原告北京嘉友房地产开发集团有限公司在 2004 年 9 月 1 日向被告北京市规划委员会提出建筑名称变更申请，将“嘉友国际大厦”申报改名为“嘉友曙光国际大厦”，但被告于 9 月 7 日作出的建筑名称核准证将嘉友公司申报的名称更名为“曙光嘉友国际大厦”。对此，北京市海淀区人民法院认为：“建筑名称核准属于行政许可的范畴，市规委只有在相对人申请的条件下方能作出。若认为申请人的申请不符合法定条件、标准，应作出不予行政许可的书面决定，并说明理由及告知申请人享有依法申请行政复议或者提起行政诉讼的权利，而不得变更申请事项而作出行政许可决定。被告认为其可依职权酌情调整申请事项作出行政许可的主张，没有法律依据。”

当然，在相对人没有提出申请的情况下，行政主体如果主动给予相对人某种许可证照，该行为仍然属于行政许可，但这一行政许可的实施已违反法定程序，属于违法的行政许可。

2. 行政许可是一种解禁的具体行政行为。解除禁止，是行政许可的内在本质特征，也是区分行政许可与其他类似许可行为的最重要标准。出于保护公共安全、公共资源合理配置以及公民人身、财产安全的需要，国家往往会利用法律、法规在特定领域设置一般性的禁止，限制相对人的某种权利或资格，从而使相对人无法进入“禁区”从事相关活动。这种一般性的禁止，有时会以明确的方式在法律条文中予以表述，例如，《枪支管理法》第 3 条规定：“国家严格管制枪支。禁止任何单位或者个人违反法律规定持有、制造（包括变造、装配）、买卖、运输、出租、出借枪支。”有些时候，法律条文则会以默示的方式表达禁令，例如，《禁毒法》第 66 条规定，“未经批准，擅自从事戒毒治疗业务的，由卫生行政部门责令停止违法业务活动，没收违法所得和使用的药品、医疗器械等物品”。该条规定虽然没有直接使用“禁止”或“不得”等文字，但从其制裁结果同样可以推断出禁止的含义。

立法所创设的一般性禁止，并非绝对不允许相对人进入，而只是希望通过审查的方式，对进入“禁区”的相对人的数量或质量予以控制，进而实现安全保护的目标。因此，行政机关对相对人进行审查，然后对符合要求的相对人解除禁止，使其重新恢复在特定领域从事活动的权利或资格，便是行政许可。可以说立法上一般性禁止的设立，是实施行政许可行为的必要条件。

3. 行政许可是一种授益的具体行政行为。行政许可为相对人打开了“禁区”之门，使相对人重新获得从事特定活动的权利或资格，这对相对人而言无疑是一种利益的增加，可见，行政许可是授益性的具体行政行为。

需要指出的是，在行政许可有多个相对人提出申请的情况下，行政机关将许可证照赋予其中的某个相对人，对其而言是授益行为，但对未获许可的其他相对人来说，则构成一种负担行为。另外，相对人在申请行政许可时，往往需要付出一定的成本，在法律、行政法规另有规定的情况下，甚至还需支付相应的费用。例如，国务院颁布的《矿产资源开采登记管理办法》第 9 条规定，“国家实行采矿权有偿取得的制度。采矿权使用费，按照矿区范围的面积逐年缴纳，标准为每平方公里每年 1 000 元”。只有在缴纳采矿权使用费后，采矿权人才可以凭银行的收款凭证到采矿权登记管理机关领取开采许可证。尽管如此，行政机关所颁发的采矿许可证并不因此成为负担行政行为，因为采矿权人从采矿活动中所得到的收益必然远远超出其为获取许可而付出的成本。总体而言，采矿权人仍将因采矿许可证获益。因此，对于领受行政许可的相对人来

① “北京嘉友房地产开发集团有限公司诉北京市规划委员会违法变更建筑名称核准证案”，北京市海淀区人民法院（2006）海行初字第 316 号行政判决书。

说，行政许可确实是赋予其利益的具体行政行为。

4. 行政许可是一种外部的、要式具体行政行为。《行政许可法》第 3 条第 2 款规定，“有关行政机关对其他机关或者对其直接管理的事业单位的人事、财务、外事等事项的审批，不适用本法”。因此，《行政许可法》将内部行政审批行为排除出去，将行政许可仅限于针对外部相对人。

一般情况下，行政许可的作出必须遵循法定程序，并采取书面或其他法定形式，以此作为形式要件。实践中，行政许可可以表现为许可证、资格证、合格证和批文等等。因此，行政许可是典型的要式具体行政行为。

二、行政许可的种类

行政许可遍布于行政管理的各个领域，不同的行政许可，在性质、功能及程序等方面会有很大差别。因此，对行政许可进行归类研究，有利于更好地规范与调整行政许可。

根据不同的标准，行政许可有多种分类方式。例如，（1）以许可享有的程度为标准，可将许可分为排他性许可和非排他性许可：前者是指许可在颁发给某相对人之后，其他人即不能再获得该项许可，如专利和商标的许可；后者则是指所有符合条件的相对人都可申请并获得该项许可，如驾驶证和营业执照。（2）以许可是否附加以必须履行的义务为标准，许可可以分为权利性许可和附义务的许可：前者是指被许可人可自由决定是否使用许可所赋予的权利或资格的行政许可，如护照和进出口许可证。大多数许可属于此类。后者是指被许可人必须在一定时期内负有作为义务，否则就将面临不利法律后果的行政许可，如建设用地许可证。（3）以许可的内容为标准，还可将许可分为资格许可和行为许可：前者是行政主体赋予相对人某种资格或能力的许可，后者则是行政主体允许相对人从事特定活动的许可。资格许可和行为许可往往结合在一个许可证照当中，如驾驶证的颁发意味着受领人既获得了驾驶机动车辆的资格，也可以驾驶特定种类的车辆。但是，资格许可和行为许可在有些领域也会分离，以律师领域的许可为例，公民在通过国家统一司法考试后，获得的是法律职业资格证书，即资格许可。但是要作为律师进行执业，还需在满足一定条件后，向司法行政部门申领律师的执业证书方可从事执业活动，这就是行为许可。

《行政许可法》第 12 条对行政许可的设定事项范围进行了规定，在第 12 条的前 5 项中，《行政许可法》实际上是按 5 种类型对行政许可作出划分。

1. 普通许可。普通许可是行政主体应相对人的申请，对相对人在国家安全、经济安全、公共利益、人身健康和生命财产安全等领域是否具备从事特定活动的条件进行审查，并决定是否予以批准的具体行政行为。普通许可的功能主要在于防范风险、保障安全，一般没有数量上的限制，属于非排他性许可。普通许可是行政许可中最为常见的类型，占到所有许可的约 70%。

2. 特许。特许是行政主体在有限自然资源开发利用、公共资源配置以及直接关系公共利益的特定行业的市场准入等领域，应相对人的申请对其资质进行审查，并决定是否赋予其权利的具体行政行为。特许的功能主要在于分配资源而不是控制危险，因此一般都有数量上的控制。较为典型的行政特许有采矿许可、无线电频率许可以及电信业务经营许可，等等。特许往往涉及巨大的经济利益，因此须有偿设立，在符合条件的情况下还可转让、继承。《行政许可法》第 53 条要求，除法律、行政法规另有规定外，行政机关实施特许应当通过招标、拍卖等公平竞争的方式。如果行政机关未采用上述方式，或者违反招标、拍卖程序，对申请人的权益构成侵害的，申请人可依法请求行政复议或提起行政诉讼。

3. 认可。认可是行政主体应相对人的申请，对其进行审查，并决定其是否在提供公众服务且直接关系公共利益的职业、行业具备特殊信誉、特殊条件或特殊技能的资格、资质的具体行政行为。像经纪人资格、执业医师资格以及建设单位资质等都属于很典型的行政认可。认可的功能主要在于保证从业水平，以及信誉和技能的确实存在。因此，认可一般需通过考试、考核来认定，没有数量限制，但获得认可后的资格、资质具有人身性，不得转让。

4. 核准。核准是行政主体应相对人的申请，对于直接关系公共安全、人身健康、生命财产安全的重要设备、设施、产品和物品，通过检验、检测或检疫的方式进行审定，以确定其是否符合技术标准、技术规范的具体行政行为。像建筑工程竣工后由公安消防部门进行消防验收，环保部门对危险废物越境转移的核准，都属于行政核准的范畴。核准的功能同样在于控制风险，其核准与否的依据是客观性很强的技术标准和技术性规范，行政主体此时一般不具备裁量的空间。行政主体核准的主要方式是检验、检测或检疫，原则上应到现场进行核实，一般没有数量上的限制。

5. 登记。登记是行政主体应相对人的申请，就企业或其他组织的设定等事项作出审查，从而决定是否赋予其主体资格的具体行政行为。我国现行立法中有关登记的规定十分庞杂，如户口登记、机动车辆登记、税务登记，等等。但是，并非所有登记都属于行政许可的范畴，一般认为，像企业营业执照的颁发、户外广告登记以及商业展销会的登记，属于行政许可。行政许可中的登记和其他种类许可的区别不在于功能，而主要是形式或程序上的区别。在行政登记中，行政机关对相对人的申请只作形式审查，因登记材料真实性产生的责任由申请人承担。①

三、行政许可的作用

行政许可作为政府的事前控制手段之一，在行政管理活动中发挥着积极的作用，为世界各国所普遍采用。在控制风险、分配社会和自然资源、调控经济发展以及向社会提供公信力证明等方面，行政许可都具有其他行政措施无法替代的重要作用。

但是，行政许可自身也存在着不可忽视的消极作用。

首先，行政许可在人为设置“禁区”之后，允许少数人凭借许可证照进入“禁区”，这一部分被许可人在特定领域实际上成为垄断者，在法律的特殊保护下，他们会逐渐失去积极向上的动力。在有数量限制的许可种类中，这种弊端表现得尤为明显。因此，行政许可不可避免地具有抑制竞争、保护垄断的副作用。

其次，行政许可是通过政府之手来配置资源，实现社会管制。但是，在社会经济活动中，市场这只看不见的手才是分配资源的最佳手段。政府不应该，也无法完全替代市场的作用。

行政许可作为“市场失灵”后政府补位的结果，固然是不可缺少的管理手段，但一旦失去控制，过多过滥地设置行政许可，同样会造成社会经济生活的扭曲和失序。

再次，行政许可是相对人在特定领域从事活动的“通行证”，而政府和行政官员手握颁发“通行证”的大权。在利益选择下，极易引发官员利用权力进行寻租，使行政许可成为腐败和贪污受贿的温床，管制者反为被管制者“俘虏”的现象比比皆是。

正是基于上述原因，《行政许可法》第 13 条规定，“通过下列方式能够予以规范的，可以不

---

① 张兴祥．中国行政许可法的理论和实务．北京：北京大学出版社，2003：92.

设行政许可：（一）公民、法人或者其他组织能够自主决定的；（二）市场竞争机制能够有效调节的；（三）行业组织或者中介机构能够自律管理的；（四）行政机关采用事后监督等其他行政管理方式能够解决的”。

第二节 行政许可的设定

一、设定权

所谓设定权，是指规范性法律文件对某种制度措施作出创设性规定的权力。这种创设，是从无到有的第一次规定。

需要指出：设定权与规定权是不同的。规定权是指在上位法已设定的幅度、范围之内，由下位法作出更为具体化的规定。这种规定可以更加细致，更具有操作性，但不能超出上位法的范围，不能与上位法的已有规定相抵触，也不能增设违反上位法的条件。

从设定权与规定权的差异可以看出，更需要法律严格加以监控和约束的是设定权。只有通过法律规范了设定权，才能抑制行政机关随意创设制度措施以牟取私益的冲动。最早对设定权及其权力分配作出系统性规定的，是1996年的《行政处罚法》。鉴于其已取得的良好效果，《行政许可法》沿袭了相同的思路，对行政许可的设定权归属、设定范围和形式作出了较为合理、全面的规定。

二、行政许可的设定权

1. 法律对行政许可的设定权。全国人大是我国的最高立法机关，因此，全国人大及其常委会制定的法律可以对各种类型的行政许可作出设定。

2. 行政法规对行政许可的设定权。在全国人大及其常委会尚未以法律的形式创设行政许可的领域，国务院可以通过行政法规的方式设定各类行政许可。但是，省、自治区、直辖市人民政府对行政法规设定的有关经济事务的行政许可，根据本行政区域经济和社会发展情况，认为通过《行政许可法》第13条所列方式能够解决的，经报请国务院批准后，可以在其行政区域范围内停止实施该项行政许可。

3. 国务院决定对行政许可的设定权。制定法律和行政法规需要遵循相应的立法程序，耗时较长，在情况紧迫时，行政机关无法借助上述方式来创设行政许可。因此，《行政许可法》第14条规定，必要时国务院可以采用发布决定的方式设定行政许可。但国务院以行政规范性文件的方式所设定的行政许可具有临时性、紧急性的特点，因此在实施后，如果发现需要长期实行该项许可，国务院就应当及时提请全国人大及其常委会制定法律，或者自行制定行政法规。

4. 地方性法规和地方规章对行政许可的设定权。在法律和行政法规尚未创设行政许可的领域，地方人大及其常委会可以通过地方性法规的方式设定行政许可。法律、行政法规和地方性法规都没有创设过行政许可，但出于行政管理的需要，确需立即实施行政许可的，省、自治区、直辖市人民政府可以运用规章的形式设定临时性的行政许可。临时性行政许可实施满1年需要继续实施的，应当提请本级人大及其常委会制定地方性法规。

但是，为了避免地方政府利用行政许可的方式实施地方保护主义，影响市场经济的正常运行，《行政许可法》第15条第2款对地方性法规和地方规章的行政许可设定权作出了限制：地方性法规和省、自治区、直辖市人民政府规章，不得设定应当由国家统一确定的公民、法人或者其他组织的资格、资质的行政许可；不得设定企业或者其他组织的设立登记及其前置性行政许可。其设定的行政许可，不得限制其他地区的个人或者企业到本地区从事生产经营和提供服务，不得限制其他地区的商品进入本地区市场。

三、设定行政许可的法定程序

《行政许可法》规定，设定行政许可，应当规定行政许可的实施机关、条件、程序和期限。《行政许可法》还进一步规定了设定行政许可必须遵循的起草程序和设定之后的评价程序。

1. 起草程序。起草法律草案、法规草案和省、自治区、直辖市人民政府规章草案，拟设定行政许可的，起草单位负有以下两项义务：一是应当采取听证会、论证会等形式听取意见，二是向制定机关说明设定该行政许可的必要性、对经济和社会可能产生的影响以及听取和采纳意见的情况。

2. 评价程序。行政许可设定之后的评价程序包括以下三类：一是行政许可的设定机关应当定期对其设定的行政许可进行评价，对已设定的行政许可，认为通过《行政许可法》第13条所列方式能够解决的，应当及时予以修改或者废止；二是行政许可的实施机关可以对已设定的行政许可的实施情况及存在的必要性适时进行评价，并将意见报告该行政许可的设定机关；三是公民、法人或者其他组织可以向行政许可的设定机关和实施机关就行政许可的设定与实施提出意见和建议。

第三节　行政许可的实施

一、行政许可的实施机关

根据《行政许可法》的规定，行政许可的实施机关可以有多种类型。

1. 具有行政许可权的行政机关。它可以在其法定职权范围内实施行政许可。

2. 被授权组织。得到法律、法规授权的具有管理公共事务职能的组织，可以在法定授权范围内以自己的名义实施行政许可。

3. 被委托行政机关。行政机关在其法定职权范围内，依照法律、法规、规章的规定，可以委托其他行政机关实施行政许可。委托行政机关对受委托行政机关实施行政许可的行为应当负责监督，并对该行为的后果承担法律责任。受委托行政机关则必须在委托范围内以委托行政机关的名义实施行政许可，不得再委托其他组织或者个人实施行政许可。委托机关还应当将受委托行政机关和受委托实施行政许可的内容予以公告。

4. 相对集中行使许可权的行政机关。经国务院批准，省、自治区、直辖市人民政府根据精简、统一、效能的原则，可以决定一个行政机关行使两个或两个以上行政机关的行政许可权。相对集中行政许可权，是为了便利相对人的行政许可申请，加快许可的办理速度，减少多头实施许可的弊端。

5. 行政机关的相对集中。除了行政许可权的相对集中外，行政许可的实施机关也可以相对集中办公，以达到和集中许可权相同的目的。《行政许可法》第26条就规定了一个窗口对外和联合办公的方式。第26条规定：行政许可需要行政机关内设的多个机构办理的，该行政机关应当确定一个机构统一受理行政许可申请，统一送达行政许可决定。行政许可依法由地方人民政府两个以上部门分别实施的，本级人民政府可以确定一个部门受理行政许可申请并转告有关部门分别提出意见后统一办理，或者组织有关部门联合办理、集中办理。

二、行政许可的实施程序

根据《行政许可法》的规定，行政机关在实施行政许可时必须遵循以下程序。

1. 申请。行政许可是应申请的具体行政行为，相对人的申请是行政机关实施行政许可的前提条件，因此，公民、法人或者其他组织从事特定活动，依法需要取得行政许可的，应当向行政机关提出申请。申请人可以委托代理人提出行政许可申请，但是，依法应当由申请人到行政机关办公场所提出行政许可申请的除外。在申请方式上，相对人可以通过信函、电报、电传、传真、电子数据交换和电子邮件等方式提出行政许可的申请。申请人在提出申请时，应当如实向行政机关提交有关材料和反映真实情况，并对其申请材料实质内容的真实性负责。

对于行政机关而言，在申请阶段行政机关肩负的义务有：第一，申请书需要采用格式文本的，行政机关应当向申请人提供行政许可申请书格式文本，申请书格式文本中不得包含与申请行政许可事项没有直接关系的内容；第二，行政机关应当将法律、法规、规章规定的有关行政许可的事项、依据、条件、数量、程序、期限以及需要提交的全部材料的目录和申请书示范文本等在办公场所公示，申请人要求行政机关对公示内容予以说明、解释的，行政机关应当说明、解释，提供准确、可靠的信息；第三，行政机关不得要求申请人提交与其申请的行政许可事项无关的技术资料和其他材料；第四，行政机关应当建立和完善有关制度，推行电子政务，在行政机关的网站上公布行政许可事项，方便申请人采取数据电文等方式提出行政许可申请；第五，行政机关应当与其他行政机关共享有关行政许可信息，提高办事效率。

2. 受理。行政机关在收到申请人提出的行政许可申请，经初步审查后，应当根据不同情况分别作出处理：第一，申请事项依法不需要取得行政许可的，应当即时告知申请人不受理；第二，申请事项依法不属于本行政机关职权范围的，应当即时作出不予受理的决定，并告知申请人向有关行政机关申请；第三，申请材料存在可以当场更正的错误的，应当允许申请人当场更正；第四，申请材料不齐全或者不符合法定形式的，应当当场或者在5日内一次告知申请人需要补正的全部内容，逾期不告知的，自收到申请材料之日起即为受理；第五，申请事项属于本行政机关职权范围，申请材料齐全、符合法定形式，或者申请人按照本行政机关的要求提交全部补正申请材料的，应当受理行政许可申请。

行政机关无论是否受理行政许可申请，都应当出具加盖本行政机关专用印章和注明日期的书面凭证。

3. 审查。审查是行政机关决定是否给予许可的必经环节。《行政许可法》在审查程序上规定了两种方式：形式审查和实质审查。申请人提交的申请材料齐全、符合法定形式，行政机关能够当场作出决定的，应当当场作出书面的行政许可决定。这是对形式审查方式的规定。实质审查则要求，根据法定条件和程序，需要对申请材料的实质内容进行核实的，行政机关应当指派两名以上工作人员进行核查。

此外，《行政许可法》还规定，依法应当先经下级行政机关审查后报上级行政机关决定的行政许可，下级行政机关应当在法定期限内将初步审查意见和全部申请材料直接报送上级行政机关。上级行政机关不得要求申请人重复提供申请材料。行政机关对行政许可申请进行审查时，发现行政许可事项直接关系他人重大利益的，应当告知该利害关系人。申请人、利害关系人有权进行陈述和申辩。行政机关应当听取申请人、利害关系人的意见。

4. 决定。行政机关在审查申请人的申请后，应当依法作出是否准予行政许可的书面决定。不予许可的，行政机关应当说明理由，并告知申请人享有依法申请行政复议或者提起行政诉讼的权利。如果行政机关受理申请后在法定期限内未予答复，申请人同样可以依法向人民法院提起行政诉讼。这里所说的"法定期限"，自行政许可申请受理之日起计算。以数据电文方式受理的，自数据电文进入行政机关指定的特定系统之日起计算。数据电文需要确认收讫的，自申请人收到行政机关的收讫确认之日起计算。

在行政许可决定的作出方式上，行政机关应当视情况选择：既可以当场作出行政许可决定，也可以在法定期限内按照规定程序作出行政许可决定。行政机关作出准予行政许可的决定后，需要颁发行政许可证件的，应当向申请人颁发加盖本行政机关印章的许可证、执照、资格证、资质证、批准文件、证明文件或者法律、法规规定的其他行政许可证件。行政机关实施检验、检测、检疫的，可以在检验、检测、检疫合格的设备、设施、产品、物品上加贴标签或者加盖检验、检测、检疫印章。

此外，行政机关作出的准予行政许可决定，应当予以公开，公众有权查阅。申请人认为行政机关不公开行政许可决定或者不提供行政许可监督检查记录，侵犯了自己的合法权益，可以向人民法院提起行政诉讼。法院如果认为被告行政机关的拒绝缺乏正当理由，可以判决被告在法定或合理期限内准予原告查阅。

5. 期限。行政机关在实施行政许可的各个程序环节中，都必须严格遵守法定期限。第一，除可以当场作出行政许可决定的外，行政机关应当自受理行政许可申请之日起 20 日内作出行政许可决定。20 日内不能作出决定的，经本行政机关负责人批准，可以延长 10 日，并应当将延长期限的理由告知申请人。法律、法规另有规定的，从其规定。第二，行政许可采取统一办理或者联合办理、集中办理的，办理时间不得超过 45 日；45 日内不能办结的，经本级人民政府负责人批准，可以延长 15 日，并应当将延长期限的理由告知申请人。第三，依法应当先经下级行政机关审查后报上级行政机关决定的行政许可，下级行政机关应当自其受理行政许可申请之日起 20 日内审查完毕。但是，法律、法规另有规定的，从其规定。第四，行政机关作出准予行政许可的决定，应当自作出决定之日起 10 日内向申请人颁发、送达行政许可证件，或者加贴标签，加盖检验、检测、检疫印章。第五，行政机关作出行政许可决定依法需要听证、招标、拍卖、检验、检测、检疫、鉴定和专家评审的，所需时间不计算在上述期限内。行政机关应当将所需时间书面告知申请人。

6. 听证。听证是行政许可程序环节中重要的一项。《行政许可法》规定，在行政许可过程中经历过听证程序的，行政机关应当根据听证笔录作出行政许可决定。《行政许可法》所规定的听证程序可分为两类：一是依职权听证。法律、法规、规章规定实施行政许可应当听证的事项，或者行政机关认为需要听证的其他涉及公共利益的重大行政许可事项，行政机关应当向社会公告并举行听证。二是应申请听证。行政许可直接涉及申请人与他人之间重大利益关系的，行政机关在作出行政许可决定前应当告知申请人、利害关系人享有要求听证的权利；申请人、利害关系人在被告知听证权利之日起 5 日内提出听证申请的，行政机关应当在 20 日内组织听证。

根据《行政许可法》的规定，听证应遵循以下程序。

第一，行政机关应当于举行听证的 7 日前将举行听证的时间、地点通知申请人、利害关系人，必要时予以公告；第二，听证应当公开举行；第三，行政机关应当指定审查该行政许可申请的工作人员以外的人员为听证主持人，申请人、利害关系人认为听证主持人与该行政许可事项有直接利害关系的，有权申请回避；第四，举行听证时，审查该行政许可申请的工作人员应当提供审查意见的证据、理由，申请人、利害关系人可以提出证据，并进行申辩和质证；第五，听证应当制作笔录，听证笔录应当交听证参加人确认无误后签字或者盖章。

需要指出：公民、法人或者其他组织仅就行政许可过程中的告知补正申请材料、听证等通知行为提起行政诉讼的，人民法院不予受理。这是因为，上述行为均属于行政许可中的程序环节，行政机关尚未就是否给予行政许可作出最终的决定。因此，这些行为并没有切实影响到相对人的合法权益。但如果上述行为导致了许可程序对相对人事实上终止，就意味着相对人已经无法取得行政许可，而相对人就这些行为提出起诉的，法院应予受理。

7. 变更、延续。受具体行政行为确定力的约束，行政主体和相对人都不可以随意变更行政许可。被许可人要求变更行政许可事项的，应当依法向作出许可决定的行政机关提出申请。符合法定条件、标准的，行政机关应当依法办理变更手续。行政主体未经相对人申请，也不能主动变更，只有在行政许可确有违法情形时，行政机关才能依法主动予以变更。

延续是行政主体应相对人申请，延长行政许可有效期间的行为。被许可人需要延续依法取得的行政许可的有效期的，应当在该行政许可有效期届满 30 日前向作出许可决定的行政机关提出申请，但法律、法规、规章另有规定的，从其规定。行政机关应当根据被许可人的申请，在该行政许可有效期届满前作出是否准予延续的决定，逾期未作决定的，视为准予延续。

变更和延续是行政许可的后续程序，对被许可人的已有合法权益产生了新的影响，因此也成为行政机关作出的独立于原行政许可决定的新的具体行政行为。公民、法人或其他组织认为行政机关就行政许可的变更和延续所作出的具体行政行为及其相应的不作为侵犯了自己的合法权益，可以提起行政诉讼，人民法院应当依法受理。

8. 特别程序。不同类型的行政许可在功能、特点及实施方式上均有很大差异，因此，《行政许可法》专门对各种类型的行政许可的特别程序作出了规定，并明确在实施行政许可时，应优先适用这些特别程序；只有在特别程序没有规定时，方可适用之前的一般程序。

（1）特许程序。行政机关在有限自然资源开发利用、公共资源配置和直接关系公共利益的特定行业的市场准入这三个领域设置的行政许可，被称为特许。对于特许，行政机关应当通过招标、拍卖等公平竞争的方式作出决定，但是，法律、行政法规另有规定的除外。行政机关在按照招标、拍卖程序确定中标人、买受人后，应当作出准予行政许可的决定，并依法向中标人、买受人颁发行政许可证件。

（2）认可程序。行政机关在提供公众服务并且直接关系公共利益的职业、行业，需要确定具备特殊信誉、特殊条件或者特殊技能等资格、资质的事项设置的行政许可，属于认可。在实施认可程序时，如果是赋予公民以特定资格，依法应当举行国家考试的，行政机关根据考试成绩和其他法定条件作出行政许可决定；如果是赋予法人或者其他组织以特定的资格、资质的，行政机关应当根据申请人的专业人员构成、技术条件、经营业绩和管理水平等的考核结果作出行政许可决定。但是，法律、行政法规另有规定的除外。涉及公民的特定资格的考试，依法由行政机关或行业组织实施，公开举行。行政机关或行业组织应当事先公布资格考试的报名条件、报考办法、考试科目以及考试大纲，但不得组织强制性的资格考试的考前培训，不得指定教材或者其他助考材料。

（3）核准程序。行政机关在需要按照技术标准、技术规范，通过检验、检测、检疫等方式对直接关系各种安全的重要设备、设施、产品、物品进行审定的事项上设置的行政许可，属于核准。行政机关必须根据检验、检测、检疫的结果作出相应的行政许可决定。如果决定不予许可的，行政机关应当书面说明不予许可所依据的技术标准和技术规范。自受理申请之日起 5 日内，行政机关应当指派两名以上工作人员按照技术标准、技术规范进行检验、检测、检疫。不需要对检验、检测、检疫结果作进一步技术分析即可认定设备、设施、产品、物品是否符合技术标准、技术规范的，行政机关应当当场作出行政许可决定。

(4) 登记程序。行政机关对于企业或者其他组织的设立等需要确定主体资格的事项所设置的行政许可，属于登记。在申请人提交的申请材料齐全、符合法定形式的情况下，行政机关应当当场予以登记。需要对申请材料的实质内容进行核实的，行政机关应当指派两名以上工作人员进行核查。

(5) 有数量限制的行政许可的实施程序。对于这一类行政许可，行政机关在作出许可决定时一般应遵循“申请在先”原则。如果两个或者两个以上申请人的申请均符合法定条件、标准，行政机关应当根据受理行政许可申请的先后顺序作出准予行政许可的决定。法律、行政法规另有规定的除外。

第四节　行政许可的监督检查

行政许可所设定的权利、义务，在许可决定作出之后是否得到了完全的遵守，需要通过一定的监督检查制度来落实。《行政许可法》专设一章规定行政许可的监督检查制度，将监督检查的对象分为行政许可机关和被许可人两类，分别进行规定并赋予了相应的义务。

一、对行政许可机关的监督检查及行政许可机关的法定义务

1. 对行政许可机关的监督检查。根据《行政许可法》的要求，县级以上人民政府应当建立健全对行政机关实施行政许可的监督制度，加强对行政机关实施行政许可的监督检查。上级行政机关应当加强对下级行政机关实施行政许可的监督检查，及时纠正行政许可实施中的违法行为。

2. 行政许可机关的法定义务。行政机关对行政许可的实施进行监督检查时，不得妨碍被许可人正常的生产经营活动，不得索取或者收受被许可人的财物，不得谋取其他利益。

二、对被许可人的监督检查及被许可人的法定义务

1. 对被许可人的监督检查。《行政许可法》要求，行政机关应当建立健全监督制度，通过核查反映被许可人从事行政许可事项活动情况的有关材料，履行监督责任。具体而言，对被许可人的监督检查方法主要有如下 4 种：第一，作出检查记录和网络互联。行政机关应当将监督检查的情况和处理结果予以记录，由监督检查人员签字后归档，公众有权查阅行政机关监督检查记录。此外，行政机关应当创造条件，实现与被许可人、其他有关行政机关的计算机档案系统互联，核查被许可人从事行政许可事项活动情况。第二，实地检查和定期检验。行政机关可以对被许可人生产经营的产品依法进行抽样检查、检验、检测，对其生产经营场所依法进行实地检查。检查时，行政机关可以依法查阅或者要求被许可人报送有关材料，被许可人应当如实提供有关情况和材料。行政机关根据法律、行政法规的规定，可以对直接关系公共安全、人身健

康、生命财产安全的重要设备、设施进行定期检验。检验合格的，行政机关应当发给相应的证明文件。第三，异地抄告。被许可人在行政许可机关管辖区域外违法从事行政许可事项活动的，违法行为发生地的行政机关应当依法将被许可人的违法事实、处理结果抄告行政许可机关。第四，举报制度。在行政许可机关的监督检查之外，个人和组织发现被许可人有违法从事行政许可事项的活动的，有权向行政机关举报，行政机关应当及时核实、处理。

2. 被许可人的法定义务。《行政许可法》对被许可人的法定义务以及行政机关可以采取的措施主要规定于以下三个方面：第一，被许可人未依法履行开发利用自然资源义务或者利用公共资源义务的，行政机关应当责令限期改正。被许可人在限期内不改正的，行政机关应当依照有关法律、行政法规的规定予以处理。第二，取得直接关系公共利益的特定行业的市场准入行政许可的被许可人，应当按照国家规定的服务标准、资费标准和行政机关依法规定的条件，向用户提供安全、方便、稳定和价格合理的服务，并履行普遍服务的义务；未经行政许可机关批准，不得擅自停业、歇业。被许可人不履行该义务的，行政机关应当责令限期改正，或者依法采取有效措施督促其履行义务。第三，对直接关系公共安全、人身健康、生命财产安全的重要设备、设施，行政机关应当督促设计、建造、安装和使用单位建立相应的自检制度。行政机关在监督检查时，发现上述重要设备和设施存在安全隐患的，应当责令停止建造、安装和使用，并责令设计、建造、安装和使用单位立即改正。

三、对行政许可的撤销、撤回、吊销与注销

在行政许可决定实施以后，行政机关既可以依法对行政许可进行变更，也可以根据相关法律的规定，采用不同方式消灭行政许可决定的效力。

1. 撤销。撤销适用于行政机关纠正违法实施行政许可的情形。适用撤销的前提是行政机关违法作出行政许可决定或者相对人违法取得行政许可。根据《行政许可法》第 69 条的规定，有下列情形之一的，行政许可机关或其上级行政机关根据利害关系人的请求或者依据职权，可以撤销行政许可：（1）行政机关工作人员滥用职权、玩忽职守作出准予行政许可决定；（2）超越法定职权作出准予行政许可决定；（3）违反法定程序作出准予行政许可决定；（4）对不具备申请资格或者不符合法定条件的申请人准予行政许可；（5）依法可以撤销行政许可的其他情形。被许可人如果以欺骗、贿赂等不正当手段取得行政许可，则行政机关应当予以撤销。不过，撤销行政许可如果可能对公共利益造成重大损害的，行政机关不得撤销。另外，撤销行政许可损害被许可人的合法权益的，除被许可人以欺骗、贿赂等不正当手段取得行政许可的外，行政机关应当依法给予赔偿。

在确定行政机关的赔偿责任时，应区分不同情形：行政机关在实施行政许可过程中与他人恶意串通，共同违法侵犯原告的合法权益的，应当承担连带赔偿责任；行政机关与他人违法侵犯原告的合法权益，应当根据其违法行为在损害发生过程和结果中所起的作用等因素，确定行政赔偿责任；如果行政机关已经依照法定程序履行审慎、合理的审查职责，因他人行为导致行政许可决定违法的，不承担赔偿责任。

2. 撤回。撤回指的是行政机关基于公共利益的需要收回已经颁发的行政许可。适用撤回的前提是相对人合法取得行政许可，不存在违法情形。根据《行政许可法》第 8 条第 2 款的规定，基于以下两种情形，行政机关可以依法变更或者撤回已经生效的行政许可：（1）行政许可依据的法律、法规、规章修改或废止；（2）行政许可依据的客观情况发生重大变化。由于被许可人

系合法取得行政许可，根据信赖保护原则，变更或撤回许可如果给公民、法人或者其他组织造成财产损失的，行政机关应当依法给予补偿。根据《最高人民法院关于审理行政许可案件若干问题的规定》，公民、法人或其他组织仅主张行政补偿的，应当先向行政机关提出申请。行政机关在法定期限或合理期限内不予答复，或者对行政机关作出的补偿决定不服的，相对人可依法提起行政诉讼。在补偿数额上，法律、法规、规章或规范性文件对变更或撤回行政许可的补偿标准未作规定的，一般在实际损失范围内确定补偿数额。行政许可属于特许种类的，一般按照实际投入的损失确定补偿数额。另外，有关行政许可补偿案件的调解，可以参照《最高人民法院关于审理行政赔偿案件若干问题的规定》的有关规定办理。

3. 吊销。吊销许可证照是《行政处罚法》所规定的一种行政处罚措施，它适用于被许可人取得行政许可后有严重违法行为的情形，是对被许可人严重违法行为进行制裁的结果。行政机关作出吊销行政许可证照的决定前，应当告知被处罚人有要求听证的权利，被处罚人要求听证的，行政机关应当组织听证。

4. 注销。注销指的是行政机关注明取消行政许可。注销与被许可人取得行政许可是否合法无关，适用于特定客观事实出现使行政许可失效的情形。根据《行政许可法》第70条的规定，有下列情形之一的，行政机关应当依法办理有关行政许可的注销手续：(1) 行政许可有效期届满未延续；(2) 赋予公民特定资格的行政许可，该公民死亡或者丧失行为能力；(3) 法人或者其他组织依法终止；(4) 行政许可依法被撤销、撤回，或者行政许可证件依法被吊销；(5) 因不可抗力导致行政许可事项无法实施；(6) 法律、法规规定的应当注销行政许可的其他情形。

和变更、延续一样，撤销、撤回、吊销与注销均可能对被许可人的合法权益产生影响，公民、法人或其他组织认为行政机关就上述事项作出的具体行政行为及相应的不作为侵犯了自己的合法权益，提起行政诉讼的，人民法院应当依法受理。

法律应用

1. 关于行政许可的撤销

行政许可一经作出，即具有公定力、确定力，对于行政机关和相对人都产生约束力。对于行政机关而言，其自我纠错将会受到严格限制，只有符合法定情形的，行政机关才有权予以撤销或变更。在已经作出行政许可的情况下，撤销许可应当受到更加严格的限制。对当事人权利存在瑕疵、但已经取得许可后的撤销决定，人民法院对该行为合法性的审查标准应更加严格，非合理理由行政机关不得撤销已经作出的行政行为。[参见最高人民法院（2016）行再104号行政判决书]

2. 注销行政许可应遵循正当程序

行政机关设定和实施行政许可，应当遵循公开、公平、公正的原则。虽然现行法律对行政许可注销行为的程序没有具体规定，但行政机关在注销行政许可时仍应遵循程序正当原则，向行政相对人说明行政行为的依据、理由，以充分保障当事人的知情权和陈述申辩权。行政机关在注销行政许可前未告知行政相对人，未听取行政相对人的陈述申辩，违反了程序正当原则，在作出注销决定后又未依法送达行政相对人，行政相对人要求撤销行政机关行政许可注销行为的，人民法院应予支持。["射阳县红旗文工团诉射阳县文化广电新闻出版局程序不正当注销文化行政许可纠纷案"，载《最高人民法院公报》，2018 (8)]

3. 行政许可具有法定期限，行政机关在作出行政许可时，应当明确告知行政许可的期限，行政相对人也有权利知道行政许可的期限。行政相对人仅以行政机关未告知期限为由，主张行政许可没有期限限制的，人民法院不予支持。行政机关在作出行政许可时没有告知期限，事后以期限届满为由终止行政相对人行政许可权益的，属于行政程序违法，人民法院应当依法判决撤销被诉行政行为。但如果判决撤销被诉行政行为，将会给社会公共利益和行政管理秩序带来明显不利影响的，人民法院应当判决确认被诉行政行为违法。(最高法院指导案例 88 号)

课后复习

1. 如何理解行政许可的解禁与授益性?
2. 试述普通许可、特许、认可、核准和登记的特性与功能。
3. 试述行政许可设定权和规定权的差异。
4. 行政许可的实施机关有哪些类型?
5. 试述行政许可实施的一般程序和特别程序。
6. 试述行政机关对被许可人的监督检查方法以及被许可人的法定义务。
7. 试论行政许可的撤销、撤回、吊销与注销的适用情形。

第十章

行政监督

提　要

行政监督，又称行政监督检查，或行政检查，是指行政主体基于行政职权，依法对行政相对人是否遵守行政法规范和执行行政决定等情况所作出的事实行为。行政监督应当遵循比例原则，符合适当性和必要性要求，采取的检查措施与其所达到的目的之间需相称。依不同的标准可以将行政监督区分为一般监督与特定监督、守法监督与执行监督等不同类别，并分别具有不同的特征与作用。行政监督最常见的监督方法是书面监督审查和实地监督检查两种方法。行政监督应遵守事先通知、表明身份、实施监督、作出监督检查结论等程序规则。

重点问题

1. 行政监督的概念界定。
2. 行政监督的基本原则。
3. 行政监督的主要类型。
4. 行政监督的主要方法。
5. 行政监督的基本程序。

第一节　行政监督概述

一、行政监督的概念界定

行政监督，又称行政监督检查或行政检查，是指行政主体基于行政职权，依法对行政相对人是否遵守行政法规范和执行行政决定等情况所作出的事实行为。① 具体言之，行政监督是行政主体为保障法律、法规、规章和其他规范性文件得到遵守，保障有关行政命令、行政处理决定得以执行，基于其享有的法定监督职权，对公民、法人或者其他组织遵守法律和履行法定义务的情况进行监督、检查、了解的一种事实行为。本书所谓之行政监督不同于行政执法监督检查。行政执法监督检查，是指各级人民政府对所属工作部门和下级人民政府，各级人民政府工

① 叶必丰．行政法与行政诉讼法：113.

作部门对本部门所属工作机构和下级工作部门实施法律、法规、规章和规范性文件和行政行为进行监督的活动。简而言之，行政执法监督检查是对执法者的监督，是一种政府内部监督活动。行政监督则是针对外部行政相对人的调查与检查行为。

行政监督行为广泛存在于公安、工商、海关、税务、交通、环境保护、水利、电力、医疗保健、卫生防疫、出入境边防、国家安全等行政管理活动的各个领域，贯穿于整个行政执法过程中，是行政机关一种重要的行政执法方式，也是行政法规范实施和行政决定执行的重要保证。行政机关无论是作出行政处理决定还是采取其他行政执法措施，一般都要以行政监督检查为前提和基础。

二、行政监督的基本特征

基于行政监督的概念界定，其具有如下特征。

1. 行政监督是一种职权行为。首先，行政监督的基础是法定的行政监督检查权，行政监督的主体是享有行政监督权的行政主体，包括国家行政机关和经授权的组织。如《医疗器械监督管理条例》（国务院令第 680 号）第 54 条第 1 款明确了食品药品监督管理部门进入现场实施检查、抽取样品；查阅、复制、查封、扣押有关合同、票据、账簿；查封、扣押不符合法定要求的医疗器械；查封生产经营活动场所等项监督职权。同时，其他非行政主体的组织或个人所实施的监督行为，如国家权力机关进行的调查或视察工作、人民检察院对监所执法情况的检查等，都不属于行政监督行为。其次，作为一种职权行为，行政监督具有一定的强制性，行政相对人负有协力义务。如依据《公路法》第 71 条第 1 款之规定，公路监督检查人员依法在公路、建筑控制区、车辆停放场所、车辆所属单位等进行监督检查时，任何单位和个人不得阻挠。再次，作为一种职权行为，任何行政主体必须在其职权范围内实施行政监督，如土地执法部门不能进行税务监督，工商部门不能进行土地执法监督。

2. 行政监督是一种外部行为。行政监督行为发生在行政主体和行政相对人之间。行政监督是行政主体对作为行政相对人的公民、法人和其他社会组织是否遵守行政法规范和执行行政决定等情况的一种监督检查，也即行政监督以作为相对人的公民、法人和其他社会组织为对象，以相对人是否遵守行政法规范和执行行政决定等情况为内容。行政监督的这一特征，使其区别于行政法制监督、审计监督、行政监察监督等以行政主体及其工作人员为对象，以行政主体及其工作人员是否严格执法、是否依法实施行政行为为内容的内部监督行为。

3. 行政监督是一种事实行为。行政监督作为一种职权行为，与具体行政行为具有一定的共性，都具有强制性，相对人应负有协力义务。譬如在行政监督检查过程中，相对人必须接受检查、询问，如实提供有关事实材料，暂停正常的工作或活动等。但是行政监督并不直接创设、变更或消灭相对人的权利和义务。相对人的协力义务也是一种法律上的义务，而不是行政监督行为设定的义务。因此，行政监督行为本身并不具有明确的法律效果，它是一种行政事实行为而非法律行为。行政监督的这一特征，使其区别于行政许可、行政处罚、行政强制等其他能够直接创设、变更或消灭相对人的实体权利、义务的具体行政行为。

第二节　行政监督的基本原则

一、行政监督的一般原则

当前我国尚欠缺行政监督法律和法规层面的统一立法，行政监督的原则散见于部门性和地方性规章及规范性文件之中。如《南昌市行政检查办法》（洪府发〔2011〕8号）第5条规定："行政执法部门实施行政检查应当于法有据，程序正当，合理确定行政检查范围和行政检查周期，公平、公正对待被检查人。"再如《湖南省安全生产监督管理机关行政检查暂行办法》（湘安监〔2014〕3号）第4条规定："行政检查应遵循公开、公平、公正原则；纠正违法行为应当坚持行政检查与教育相结合；实施行政检查应遵守法律、法规和规章规定的程序。"虽然有关行政监督基本原则的表述不尽相同，但基本上都将依法实施、公平公正、公开透明、高效便民等作为行政监督检查的一般原则。依法实施原则，要求行政监督依照法定权限和程序进行，没有法律、法规、规章依据，行政执法主体不得实施行政监督检查活动。公平公正原则，要求听取被检查对象的意见，做到公平公正，充分保护被检查对象的合法、正当、平等权益。公开透明原则，要求行政执法机关主动向被检查对象或者社会公众公开、公示行政检查职责、人员身份、检查依据、检查程序、检查结果等信息，自觉接受监督。高效便民原则，要求行政检查不得妨碍被检查对象正常的生产经营活动，不得索取或者收受被检查对象的财物，不得谋取其他利益，防止多头执法、执法扰民。

二、行政监督的比例原则

虽然行政监督在行为性质上是一种事实行为，但是作为行政主体最为常见的一种行政执法手段，行政监督涉及政府与市场、行政权力与公民权利之间的关系。同时，由于欠缺高位阶的统一立法依据，当前行政监督的实施多属于行政主体自主裁量的范围。为有效实现行政目的，同时保障相对人的合法权益，行政监督更应遵循行政法上的比例原则，追求行政监督检查合法性与合理性的统一。

行政监督的比例原则，要求行政主体实施行政监督行为必须具有适当性和必要性，应当选择使相对人的利益受到限制或者损害最小的方式来行使，适度行政，禁止过度。在行政监督检查过程中，比例原则主要涉及行政监督的权限、内容、频率、方式、方法等。如拥有相同职能的政府部门，不能对企业进行重复检查；同一部门的上、下级不得对企业进行重复监督检查；对同一事项各部门不得多头监督检查；不能把年度检验变成季度监督检查，更不能不定期地进行骚扰式监督执法。《湖南省规范行政裁量权办法》（湖南省人民政府令第244号）第41条要求，行政机关实施一般性行政检查，应当合理确定检查范围和检查周期，公平、公正地选择检查对象。《南昌市行政检查办法》第9条要求，行政政执法部门应严格控制行政检查的次数；同一行政执法部门的多个内设机构和下属机构对同一被检查人不同事项的行政检查，能够合并检查的合并检查；上下级行政执法部门应划分检查范围，避免重复检查。这些规定都是比例原则在行政监督过程中的体现。

第三节　行政监督的主要类别

依不同的标准可以将行政监督作不同分类，不同种类行政监督的特征、功能及法律要求也存在着一定的差异性。

一、一般监督、特定监督与随机监督

依据行政监督的对象是否具体、特定，可将行政监督分为一般监督、特定监督与随机监督。

一般监督是指行政主体针对不特定的行政相对人遵守法律、法规、规章、行政命令以及执行有关行政决定的情况而实施的监督。行政执法主体依法定职权对不特定对象进行例行检查、初步检查等日常巡查都属于一般监督。例如，物价部门对其所辖范围内的所有经营单位的物价情况的检查，交通警察对过往机动车辆进行的安全监督检查，工商管理人员对市场经营者的经营范围进行日常监督检查等。

特定监督是指行政主体针对某个具体、特定的行政相对人遵守法律、法规、规章、行政命令以及执行有关行政决定的情况进行的监督检查。例如，统计机关要求某个企业报送统计材料，环境保护部门要求某个排污单位申报排污情况，质检部门要求某家企业提交产品质检报告等。行政主体根据投诉举报线索、上级交办意见或者其他机关移送材料对具体对象进行专项检查也属于特定监督。

除此之外，在行政执法过程中，行政执法主体采取随机抽取检查对象、随机选派行政执法人员的方式进行的“随机监督”也是行政监督的重要方式。

二、依职权监督、依授权监督与依委托的监督

根据行政监督权来源的不同，可分为依职权监督、依授权监督与依委托的监督。

依职权的行政监督是指行政主体依据自身的行政职权而进行的监督检查。实践中绝大多数的行政监督都是依职权的监督。如《电信条例》第 43 条规定：“国务院信息产业主管部门或者省、自治区、直辖市电信管理机构应当依据职权对电信业务经营者的电信服务质量和经营活动进行监督检查，并向社会公布监督抽查结果。”

依授权的行政监督是指行政主体依据法律、法规的授权所进行的行政监督检查。如根据《海洋环境保护法》的授权，港务监督管理机构对船舶排污等海港环境保护问题进行监督检查。

依委托的行政监督是指享有行政监督权的行政主体将其行政监督权依法委托给其他符合条件的行政机关、社会组织或公民行使，受委托者在委托范围内进行相应的行政监督。如《通信行业统计管理办法》第 7 条第 2 款规定：“省、自治区、直辖市通信管理局受信息产业部委托，负责监督检查本区域统计法律、法规在通信领域的实施，维护统计机构和统计人员的合法权益。”受委托的行政监督主体，只能以委托者的名义进行行政监督检查，其后果由委托者承担。

三、事前监督、事中监督与事后监督

以行政监督与行政相对人的行为时间顺序为标准，可将行政监督分为事前监督、事中监督与事后监督。

事前监督，是指行政主体在相对人将要从事某一活动之前对其进行的行政监督。例如，工商机关在某一饭店开业前对其经营资格、条件的审查。事前监督的作用在于防患于未然，敦促行政相对人遵守法律、履行义务，防止违法行为的发生。

事中监督，是指行政主体在相对人从事某一行为的过程中所实施的行政监督。如卫生监督部门对某食品加工厂的卫生状况进行的监督检查。事中监督能及时了解、掌握有关信息，即时制止违法行为。

事后监督，是指行政主体在相对人从事的某一活动完成后对其所进行的行政监督。例如，

市政机关对某一市政工程进行工程验收。事后监督主要是对已发生的问题及时进行补救，制止违法行为的继续侵害。

当然，事前、事中和事后监督往往是相对而言的，难以截然分开，行政主体的行政监督行为常由多个环节构成，分为若干阶段，在不同阶段的监督检查，既可能是事前监督，又可能是事中和事后的监督。

四、守法监督与执行监督

以行政监督的内容为标准，行政监督可分为守法监督与执行监督。

守法监督是指行政主体对相对人是否遵守行政法规范所实施的监督检查。这种行政监督以相对人是否遵守行政法规范为内容，其目的在于保证行政法规范得到普遍遵守，其后果往往是引起行政处理决定的作出。例如，林业主管部门依据《森林法》对森林资源的保护、利用和更新情况进行监督检查，发现行政相对人有盗砍、盗伐林木行为的，经查证属实后，可对相对人进行行政罚款。县级以上卫生行政、质量监督、工商行政管理、食品药品监督管理部门依据《食品安全法》对食品安全进行监督检查，发现生产经营者的违法行为，经查证属实，可对其进行行政罚款。

执行监督是指行政主体对相对人是否执行有关行政处理决定或履行特定义务等情况所实施的监督检查。这种行政监督的目的是监督已经作出的行政处理决定的执行情况，督促行政相对人履行法定义务，其后果往往是引起行政强制执行行为的发生。例如，公安交管部门在对违章机动车驾驶员作出罚款的行政处罚决定后，对相对人是否履行该罚款决定进行监督检查。经过监督检查，发现相对人不履行法定义务的，行政机关即可依法采取行政强制执行措施。

第四节　行政监督的方法

行政机关在实施行政监督之时，须采取一定的途径、方式、手段和措施等具体的方法来实现行政监督检查职能。当前由于欠缺统一的立法，行政监督的途径与方法散见于各单行法律法规、部门规章和规范性文件之中，诸如检查、监督、监督检查、督促检查、执法检查、抽查、稽查、检验、检疫、查验、调查、勘察、查核、询问、访视、普查、稽核、审核、听取汇报、统计，责令提供必要资料、凭证，查阅账册、抽取样品、取样化验等，不胜枚举。本章只对常用的监督检查方式加以分析，并对相对特殊的监督方法加以介绍。

一、行政监督的一般方法

行政监督并无一成不变的途径与方法，根据税务、公安、交通等监督内容的不同，不同行政部门所采取的行政监督途径与方法也各具特色。应当根据监督内容及其他各种客观因素来综合采用多种监督方法。如《税务稽查工作规程》第 23 条规定：“实施检查时，依照法定权限和程序，可以采取实地检查、调取账簿资料、询问、查询存款账户或者储蓄存款、异地协查等方法。”这一规定即融合了多种监督方法。行政监督最为常用的一般方法有书面监督审查和实地监督检查两种。

1. 书面监督审查。书面监督审查是指行政主体要求相对人提交书面材料，通过对书面材料的查阅进行的监督检查。书面监督检查是一种常用的行政监督方法，适用范围较广。如税务稽查、财务审计检查、工商检查等均可适用。书面监督审查的特点在于对行政相对人有关书面文件材料进行审查，包括账簿、凭证、报表、书面证明等。

根据现行法规范的规定，书面监督检查的名称形式多样，主要的形式有：其一，调阅，如税务机关调取并审验纳税人的账簿、记账凭证、报表和有关材料进行审查。其二，查阅，即行政机关对相对人有关证件、文件材料内容的审查，如海关部门有权查阅与进出境运输工具、货物、物品有关的合同、发票、账册、单据、记录、文件、业务函电、录音录像制品等资料。其三，统计，即通过数据了解相对人的情况，如人口统计、农林统计、物价统计等。凡负有统计义务的相对人必须如实按期上报有关统计资料。行政机关通过收集、整理和分析统计数据，及时掌握相关情况，发现问题，作出行政决策或采取补救措施，保证行政目标的实现。其四，登记，即行政主体要求相对人就特定事项向其申报、说明，并记录在册，以备检查。如通过出生登记、户口登记，对居民实施监督；通过对城市私有房屋所有权的登记，对私有房屋的出租、出让或转让等活动实施监督管理。这种登记行为是行政主体就相对人的有关情况进行记录、存档，并不改变相对人的权利、义务。

2. 实地监督检查。实地监督检查是指行政机关工作人员对监督检查的对象进行现场了解，如现场检查、人身检查、临床检查等，是最常见的检查方法，广泛适用于税务、物价、工商、公安、卫生等领域。实地监督检查可以针对行政相对人的住宅、经营场所、人身、财产、行为、有关资料等展开。实地监督检查可以定期或临时检查，也可以全面、专项或抽样检查。其主要形式有：第一，巡视。如公安机关在公共场所的巡检，工商管理机关在市场上的巡查，市容市貌管理部门在街头的巡逻等。第二，检查。如工商机关对个体营业执照经营范围的审核等。第三，查验。如《居民身份证法》第15条规定，人民警察执行职务，经出示执法证件，可以查验居民身份证。第四，勘验。行政机关对有违法嫌疑的场所、物品、人身等进行实地勘察或检查，如《道路交通安全法》第72条规定，交通警察应当对交通事故现场进行勘验、检查，收集证据。第五，验收核实。如《城乡规划法》第45条规定，县级以上地方人民政府城乡规划主管部门对建设工程是否符合规划条件予以核实。

二、行政监督的其他方法

在行政实践中还存在一些其他监督检查方法，这些监督检查方法要么融合了书面审查与实地检查的共有特点，要么自身具有独特的个性。

1. 听取汇报。行政主体通过听取行政相对人的汇报、报告和相关情况的说明，来了解相对人守法或执行有关行政决定的情况。汇报是行政相对人单方面陈述和说明，具有直观性，通常应和其他监督检查方法结合使用。听取汇报的监督检查方式在低位阶的规范性文件中比较常见，但是在法律、法规中比较少见，主要是政府部门的一种行政活动方式。

2. 责令提供报送必要的资料。责令提供报送必要的资料也是法律规范中经常出现的行政监督方式。如《统计法》第35条规定："县级以上人民政府统计机构在调查统计违法行为或者核查统计数据时，有权采取下列措施，要求检查对象提供有关原始记录和凭证、统计台账、统计调查表、会计资料及其他相关证明和资料。"《银行业监督管理法》第33条规定："银行业监督管理机构根据履行职责的需要，有权要求银行业金融机构按照规定报送资产负债表、利润表和其他财务会计、统计报表、经营管理资料以及注册会计师出具的审计报告。"

3. 行政搜查与盘问。行政搜查和盘问作为一种监督方式，对相对人的人身和财产权利影响较大，仅限于公安、海关等特定行政主体适用，其他非经授权的行政主体不得擅自行使该项监督权力。同时在使用条件上，其实施不仅应具备一般行政监督所需要的法定条件，如出示证件或佩戴公务标志，而且还应具备某些特殊法定条件，如进行搜查还应具有搜查证。所谓行政搜查是指对可能隐匿违法物品的人身或场所进行检查，并扣留所查获的有关物品的行为。如《海关法》第 6 条第 4 项规定，海关有权检查有走私嫌疑的运输工具和场所，检查走私嫌疑人的身体。所谓行政查问，即是对某些具有特定行政违法嫌疑人的传唤、盘查与讯问，或对公民、组织的信函、银行存款进行直接检查了解，或向与检查对象有知情关系的人员或者单位侧面询问了解检查对象遵守法律的情况。例如《税收征收管理法》第 54 条第 6 项规定，税务机关可依法查询从事生产、经营的纳税人、扣缴义务人在银行或者其他金融机构的存款账户，查询案件涉嫌人员的储蓄存款。

三、多个行政部门共同监督

现有的行政法规范对行政监督方式方法的规定，主要是针对一般的监督情形，也即某一特定行政机关对特定行政相对人进行监督检查的情形。在行政实践中，会出现多个行政机关对同一被监督主体都有监督权的情形，为了避免行政机关滥用行政监督权，干涉或影响私人或企业的自主权，创造良好的行政法治环境，有必要限制和减少不必要的监督检查事项，控制和规范多个政府部门对同一被监督主体实施监督的行为。针对这种情形，《湖南省规范行政裁量权办法》第 43 条规定了联合监督检查、合并监督检查和综合监督检查三种途径与方式。所谓联合监督检查，是指对同一单位由几个政府工作部门实施的一般性检查，应由县级以上人民政府组织有关部门或者由一个政府工作部门牵头实行联合检查。所谓合并监督检查，是指不同层级的相同政府工作部门对同一单位同一事项的一般性行政检查，应当由一级政府工作部门进行检查或者由上一级政府工作部门组织合并检查。所谓综合监督检查，是指政府工作部门多个内设机构和下属机构实施一般性行政检查的，应当在本部门的组织领导下实行综合检查。这三种监督方式有利于减少不必要的监督检查事项，避免行政主体的重复监督检查。

第五节 行政监督的程序

行政监督的程序是指行政主体实施行政监督应当遵循的方式、步骤、顺序和时限。在行政监督现行法律规范，如《海关稽查条例》《税务稽查工作规程》《湖南省安全生产监督管理机关行政检查暂行办法》《南昌市行政检查办法》《广东省档案行政执法检查办法》等，对行政监督的程序规定各不相同。一般而言，行政监督应遵循事先通知、表明身份、实施检查、作出处理等程序步骤。

一、事先通知

事先通知是指在行政监督检查作出之前，行政监督主体依照法定途径、方式让行政相对人了解即将进行的行政监督的某些事项的程序步骤。《海关稽查条例》第 10 条要求，海关应当在实施稽查的 3 日前，书面通知被稽查企业、单位。《税务稽查工作规程》第 22 条第 1 款要求税务机关事先告知被查对象检查时间、需要准备的资料等。《食品生产加工企业落实质量安全主体责任监督检查规定》第22条第2款要求，质量技术监督部门应当在监督检查前15个工作日，向企业送达《食品生产加工企业落实质量安全主体责任监督检查通知书》，告知企业监督检查有关项目。事先通知是行政监督检查的前奏，主要是告知行政监督检查的内容、时间、法律依据以及行政相对人的权利和义务等。但是在特定情况下可以不予事先通知，径行实施监督检查。《〈中华人民共和国海关稽查条例〉实施办法》第10条规定，在被稽查人有重大违法嫌疑或被稽查人的会计账簿、会计凭证、会计报表、会计电算化资料、报关单证等有关资料及进出口货物可能被擅自转移或毁弃等情况下，经海关关长批准，海关可以不经事先通知，径行对被稽查人实施稽查。在径行稽查时，将“海关稽查通知书”当面送达被稽查人。《南昌市行政检查办法》第12条规定，实施日常巡视检查或者因举报实施行政检查的，可以不通知被检查人。

二、表明身份

表明身份是指行政监督主体的执法人员在实施行政监督时，应当履行表明身份的义务，主动向相对人出示有效的身份证明或执法文书，以证明其具有进行行政监督检查的主体资格和行为资格。目前，在我国的税务、公安、计量、统计、审计、卫生、物价等有关法律、法规中，已明确规定了行政监督检查主体实施监督检查时应明示公务身份。例如《审计法》第39条第2款规定，审计人员向有关单位和个人进行调查时，应当出示审计人员的工作证件和审计通知书副本。《税收征收管理法》第59条规定，税务机关执法人员进行税务检查时，应当出示税务检查证和税务检查通知书。《南昌市行政检查办法》第13条要求，行政执法人员实施行政检查，应当主动出示相关批准文件和行政执法证件。

三、实施检查

实施检查是指行政机关执法人员通过检查、现场勘察、鉴定等方法来了解事实情况、收集信息、提取证据资料等的程序步骤，是行政监督程序的核心环节。实施检查环节是一个整体的程序步骤，在实施检查的过程中，包含具体的程序规则和程序制度。

其一，监督检查人数。如《海关稽查条例》第11条要求，海关进行稽查应当组成稽查组，其组成人员不得少于二人。《湖南省安全生产监督管理机关行政检查暂行办法》第25条规定，安全监管机关实施单独行政检查应派出2名以上监督检查人员参加；实施联合检查的，参与部门均应安排2名以上的人员参加。

其二，回避制度。如《海关稽查条例》第13条规定，海关进行稽查时，海关工作人员与被稽查人有直接利害关系的，应当回避。《税务稽查工作规程》第7条明确要求，税务稽查人员有《税收征收管理法细则》规定回避情形的应当回避。

其三，说明理由制度。行政执法人员应当向被检查者说明检查的原因和根据。说明理由，一方面是为了防止执法人员滥用此种权力，另一方面可以此获得被检查者的理解、支持和协助。

其四，公开制度。除法律、行政法规另有规定外，对有关实物、场所实施监督检查时，应当通知当事人到场，同时邀请有关人员在场作证，进行公开检查。但行政监督检查人员有为相对人保守技术秘密、商业秘密和个人隐私的义务。例如，《税收稽查工作规程》第6条规定，税务稽查人员应当依法为纳税人、扣缴义务人的商业秘密、个人隐私保密。

其五，时效制度。行政监督检查虽不直接造成相对一方实体权益的得失，但是对实体权益的行使有很大的影响。行政监督检查必须按照法定时间或正常时间及时进行，不得拖延而超过合理的检查所需时间。如《税务稽查工作规程》第 22 条要求，检查应当自实施检查之日起 60 日内完成。

四、作出检查结论

行政机关在监督检查后应在规定的时间内向相对方作出检查结论，并根据检查结果的不同，分别作出相应的处理。行政监督检查情况及结论应作出书面记录，由检查人员签字。例如，《行政许可法》第 61 条第 2 款规定：“行政机关依法对被许可人从事行政许可事项的活动进行监督检查时，应当将监督检查的情况和处理结果予以记录，由监督检查人员签字后归档。”行政主体根据检查情况作出检查结论（分为“符合要求”“基本符合要求”“不符合要求”三种结论），向被检查者提出改进意见，向上级写出报告等。例如，《审计法》第 40 条规定：“审计组对审计事项实施审计后，应当向审计机关提出审计组的审计报告。审计组的审计报告报送审计机关前，应当征求被审计对象的意见。被审计对象应当自接到审计组的审计报告之日起十日内，将其书面意见送交审计组。审计组应当将被审计对象的书面意见一并报送审计机关。”此外，根据行政监督检查的情况，行政主体还应分别不同情况提出不同处理决定的书面意见。例如，根据《审计法》第 41 条的规定，审计机关按照审计署规定的程序对审计组的审计报告进行审议，并对被审计对象对审计组的审计报告提出的意见一并研究后，提出审计机关的审计报告；对违反国家规定的财政收支、财务收支行为，依法应当给予处理、处罚的，在法定职权范围内作出审计决定或者向有关主管机关提出处理、处罚的意见；审计机关应当将审计机关的审计报告和审计决定送达被审计单位和有关主管机关、单位，审计决定自送达之日起生效。

法律应用

对行政监督检查的具体方式，法律规范往往没有具体规定，甚至鼓励行政主体改革创新（参见《行政许可法》第 61 条）。现在，对驾驶执照的记分，对医疗机构的记分等，都属于行政监督检查方式。有的行政监督检查属于具体行政行为，有的则属于行政事实行为。对依法实施的行政监督检查行为，相对人有忍受义务。行政监督检查行为侵犯公民、法人或其他组织合法权益的，相对人可依法投诉；对符合起诉条件的，可依法起诉。

课后复习

1. 什么是行政监督？行政监督具有什么特征？
2. 行政监督应当遵循什么原则？
3. 根据不同的标准可以对行政监督进行哪些分类？
4. 行政监督的方法有哪些？如何正确适用这些监督方法？
5. 行政监督的一般程序有哪些？

第十一章 行政处罚

提 要

行政处罚是指具有法定权限的行政主体，对违反行政法规范的公民、法人或其他组织所实施的一种行政制裁。它不同于行政处分和刑事处罚。行政处罚的设定和实施应遵循处罚法定原则，公正、公开原则，处罚与教育相结合原则，处罚救济原则和处罚不相替代原则。行政处罚的种类有警告、罚款、没收、责令停产停业、吊扣证照、拘留，以及法律、行政法规规定的其他行政处罚。法律可以设定任何行政处罚，但法规和规章设定行政处罚却有一定限制。行政处罚的实施应遵循管辖制度、适用原则、法定程序及其他有关制度。处罚的程序可分为简易程序、一般程序、听证程序和执行程序。

重点问题

1. 行政处罚的含义与特征。
2. 行政处罚的原则。
3. 行政处罚的种类与设定。
4. 行政处罚的管辖与适用。
5. 行政处罚的程序。

第一节 行政处罚的概念和界限

一、行政处罚的概念

行政处罚是指具有法定权限的行政主体，对违反行政法规范的公民、法人或其他组织所实施的一种行政制裁。据此，行政处罚具有如下几个方面的特征：

1. 行政处罚的主体。实施行政处罚的主体是具有法定权限的行政主体。第一，行政处罚作为一种行政行为，只能由行政主体即行政机关和法律、法规授权的组织实施，并非行政主体的其他任何机关、团体、组织和个人均无权实施。第二，实施行政处罚的行政主体必须是具有法定处罚权的行政主体。不具有法定处罚权的行政主体，不得实施行政处罚，如果实施，尽管仍称为行政处罚，但却是一种违法的行政处罚。

2. 行政处罚针对的对象。行政处罚针对的对象是违反行政法规范的公民、法人或者其他组织。第一，行政处罚的对象只能是作为外部相对人的公民、法人或者其他组织，而不能是内部相对人。内部相对人即行政主体内部的公务员违反行政法规范时，应受行政处分而不受行政处罚。当然，公务员在以公民身份实施个人行为，即成为外部相对人时，也可以成为行政处罚的对象。第二，行政处罚的对象只能是违反行政法规范的公民、法人或其他组织。也就是说，只有公民、法人或其他组织实施了违反行政法规范的行为，构成了行政违法时，才能给予行政处罚。这也是实施行政处罚的前提。公民、法人或其他组织没有违反行政法规范，或仅仅违反本单位的内部纪律，只能给予纪律处分；或违反的是刑事或民事法律规范，就只能给予刑事处罚或民事制裁，都不能给予行政处罚。

3. 行政处罚的性质。从性质上看，行政处罚是一种行政制裁。第一，它是一种制裁行为，属于法律制裁的范畴，具有惩戒性，可以剥夺或限制处罚对象的某些人身权利、财产权利，或科以某种义务。因此，它不同于行政奖励、行政许可等授益性或赋权性的行政行为。第二，它属于法律制裁中的一种，即行政制裁，在程度和方式等方面也不同于刑事或民事制裁。第三，它属于行政制裁中的一种，且不同于同属行政制裁的行政处分。

二、行政处罚的界限

为了进一步理解行政处罚的含义和性质，我们还需比较、区分行政处罚与行政处分、刑事处罚这两种法律制裁之间的差异。

1. 行政处罚与行政处分。行政处分是行政主体对其系统内部违反行政法规范的公务人员实施的一种惩戒措施。行政处罚与行政处分同属行政制裁，但有较大区别：第一，行政处罚是由享有法定处罚权的外部行政主体实施的，其处罚权已为法律、法规明确规定；行政处分则是由受处分的公务人员所在的机关或上级机关或行政监察机关作出，行政机关一般都享有对其工作人员的行政处分权。第二，行政处罚的对象是违反行政法规范的公民、法人或其他组织；行政处分的对象仅限于行政主体系统内部的公务人员。第三，行政处罚属于外部行政行为，以行政管辖关系为基础，以维护社会秩序为目的；行政处分则属于内部行政行为，以行政隶属关系为基础，以维护系统内部秩序为目的。第四，行政处罚的种类很多，有警告、罚款、没收、吊扣证照、责令停产停业、行政拘留等，大都与被处罚人的人身权、财产权等基本权利有关；行政处分的种类只有警告、记过、记大过、降级、撤职和开除等形式，与被处分人的职务上的权利有关，且处分比处罚的程度要轻。第五，受处罚人对行政处罚不服的，可申请行政复议或提起行政诉讼，通过行政复议或行政诉讼获得救济；受处分人对行政处分不服的，只能向作出处分的机关或上一级机关或行政监察机关申诉。

2. 行政处罚与刑罚处罚。刑罚处罚，又称刑事处罚，简称刑罚，是人民法院依法对犯罪分子所实施的一种最严厉的制裁手段。行政处罚与刑罚处罚都是具有强制力的制裁方式，且都属于公法制裁的范畴，但两者有显著的区别：第一，行政处罚权属于行政权的一部分；刑罚处罚权归属于审判权的范畴，属于司法权的一部分。第二，行政处罚是由具有外部管理权限的行政机关或法律、法规授权的组织实施的；刑罚的实施主体是国家司法机关——人民法院。第三，行政处罚的对象是违反行政法规范的公民、法人或其他组织，在公民、法人或其他组织既违反行政法规范又违反刑事法规范的情况下，也可能对其实施两种处罚；刑罚只能对违反刑事法规范的犯罪分子实施，而不能对只违反行政法规范、尚未构成犯罪的人实施。第四，行政处罚的种类很多，既有行政处罚法的统一规定，又有各行政法律、法规的分散规定；刑罚的种类统一由刑法规定，包括主刑和附加刑两大类，主刑又包括管制、拘役、有期徒刑、无期徒刑、死刑5种，附加刑又包括罚金、剥夺政治权利、没收财产3种，此外，附加刑还有适用于外国人的驱逐出境，适用于军人的剥夺奖章、勋章和荣誉称号。第五，行政处罚是按照行政处罚法所规定的行政程序作出的；刑罚必须根据刑事诉讼法规定的普通司法程序作出。

第二节　行政处罚的原则

行政处罚的原则，是指行政处罚的设定和实施所必须遵循的法定的基本准则。《行政处罚法》在总则部分明确规定了我国行政处罚的基本原则。

一、处罚法定原则

这是行政法的基本原则——合法性原则在行政处罚领域的具体体现，它要求行政处罚必须依法进行，即具有法定的依据，严格符合法定的要求。具体包括：处罚的主体必须是法定的行政主体，且有法定的处罚权限；处罚的依据是法定的，法无明文规定不得处罚；处罚的程序合法，即遵循法定的程序等。《行政处罚法》第3条第2款明确规定："没有法定依据或者不遵守法定程序的，行政处罚无效。"

二、公正、公开原则

这是行政合法性原则和行政合理性原则在行政处罚领域的具体体现，它要求行政处罚必须做到客观、公平、合理。

1. 公正。所谓公正就是公平、正直，没有偏私。处罚要做到公正，就必须做到：第一，以事实为根据，即客观。要在充分、确凿的事实依据的基础上实施处罚，切忌主观臆断，先处罚后审查违法的证据和事实。第二，过罚相当，即违法与处罚相一致，或者说处罚与违法行为相适应，做到处罚的种类、幅度与违法行为的事实、情节及社会危害程度相一致。而不能偏轻偏重，更不能畸轻畸重。第三，不得滥用行政裁量权。行政主体在进行行政处罚活动时享有很大的行政裁量权。坚持公正原则，最重要、最关键的是要求行政主体在行使行政裁量权时要公正、平等、没有偏差，即要求行政主体进行处罚时要合乎法的宗旨，基于正当动机，要考虑相关的因素，对受处罚者要公正对待、一视同仁，不能厚此薄彼，更不能以感情代替法律，反复无常。

2. 公开。所谓公开就是公之于众，让他人知晓和明白。处罚要做到公开，就必须做到：第一，处罚的依据要公开，不能依据未公布的规定或内部文件实施处罚。第二，处罚的程序要公开，如获取证据的渠道公开、检查公开、处罚决定公开。更重要的是，在行政处罚的实施过程中要有相对人的参与和了解，以提高公民对行政主体及其实施的处罚的信任度，同时监督行政主体及其公务人员依法、公正地行使职权，保障相对人的合法权益。《行政处罚法》规定了一系列保证处罚公开的制度，如表明身份制度、告知制度、听取意见制度、听证制度。

三、处罚与教育相结合原则

这一原则是指行政主体在实施行政处罚时，不能单纯以处罚为目的，为了处罚而处罚，一罚了之，而应在实施行政处罚的同时加强对受罚人的法制教育，使其知道自己行为的违法性，及时纠正自己的违法行为，并保证今后自觉守法。这样才能达到处罚的真正目的，最为有效地保障法律的实施。当然，教育与处罚相结合也并不是让行政主体以教代罚，毕竟两者具有不同的功能。对违法行为只教育、不处罚，完全失去处罚应有的惩戒功能，也不能够有效保障法律的实施。因此，在实施处罚时，应将处罚与教育结合起来，二者都不可偏废。

四、处罚救济原则

这一原则是为了保障当事人在行政处罚中的合法权益而设立的，主要是指当事人对行政主体给予的行政处罚享有陈述权、申辩权；对行政处罚不服的，有权依法申请行政复议或提起行政诉讼；因行政处罚受到损害的，有权依法提出赔偿要求。行政主体在实施行政处罚时，不仅要为相对人提供陈述和申辩的机会，即听取相对人的意见，还必须告知相对人享有申请复议和提起诉讼的权利，以确保相对人通过这些救济途径切实保障自己的合法权益。

五、处罚不相替代原则

这一原则是指行政处罚不能与民事法律责任和刑事法律责任相互替代。行政处罚、民事责任和刑事责任虽然都属于法律责任，但它们有不同的性质和范围，三者不能相互替代。行政处罚是行为人违反行政法规范，侵害了行政管理秩序而应承担的一种行政法律责任；民事责任是行为人违反了民事法律规范，侵害了他人的民事权利，造成了损害而应承担的一种法律责任；刑事责任则是行为人触犯了国家刑律，构成了犯罪而应承担的法律责任。因此，它们是由三种性质不同的违法行为所引起的三种性质不同的法律责任，不能相互替代。行为人的行为违反了哪一种法律规范、侵害了哪一种客体，就应承担哪一种相应的法律责任；当行为人的行为同时违反了几种法律规范、侵害了几种客体时，就应同时承担几种相应的责任，而不能以罚代赔、以罚代刑。例如，司机开车时违反交通规则撞死了人，司机的行为就同时侵害了三种客体，应同时承担三种法律责任：第一，侵害了交通管理秩序，应吊销驾驶执照；第二，对他人的生命权造成损害，应予以民事赔偿；第三，情节严重，构成了犯罪，还应追究刑事责任。总之，行政主体在实施行政处罚时，对于违法行为造成他人损害的，应责令其承担相应的民事责任，或由人民法院根据受害人的起诉而追究违法行为人的民事责任；对于违法行为构成犯罪的，应及时移送司法机关，由人民法院依法追究其刑事责任，而不能因行政处罚而免除民事责任，也不能以行政处罚代替刑事处罚。

第三节　行政处罚的种类与设定

一、行政处罚的种类

行政处罚的种类，是行政处罚外在的具体表现形式。划分行政处罚的种类，是设定和实施行政处罚的前提条件。根据《行政处罚法》第8条的规定，行政处罚的法定种类有以下几种：

1. 警告。这是指行政主体对违法者实施的一种书面形式的谴责和告诫。它作为一种正式的处罚形式，必须是要式行为，要由处罚机关作出书面裁决，并向本人宣布和送达，而不是简单、随便的口头批评。口头警告不能算作行政处罚，而只是批评教育的方法。

2. 罚款。这是行政主体强迫违法者缴纳一定数额金钱的处罚形式。它属于一种财产罚，其作用是对违法者予以经济制裁。罚款是目前我国立法频率最高，也是运用最广泛的一种处罚形式，但也是存在问题最多、运用最乱的一种。因此，《行政处罚法》对这种处罚形式作了许多限制性规定。

3. 没收。包括没收违法所得和没收非法财物。违法所得即通过违法行为所获得的某种物质利益，主要指金钱收入，如违法经营所获得的非法利润等。非法财物指与违法行为有关的财物，如实施违法行为的工具、违禁物品等。

4. 责令停产停业。这是指行政主体责令违法者停止生产、经营活动，从而限制或剥夺其从事生产、经营活动能力的处罚形式。

5. 吊扣证照。包括暂扣许可证或执照和吊销许可证或执照。前者是行政主体对持有许可证和执照能从事某类活动的相对人，因其违法行为而在一定期限内暂行扣押其证照，使之暂时失去从事某类活动资格的处罚；后者是行政主体对持有许可证和执照能从事某类活动的相对人，永久性地取消其许可证和执照，使其不再具有从事某类活动资格的处罚。

6. 行政拘留。这是指公安、安全机关对违法行为人在短期内限制其人身自由的处罚。拘留有严格的期限限制，最长不超过20日，且只能由公安、安全机关执行。

7. 法律、行政法规规定的其他行政处罚。

以上是我国《行政处罚法》明确列举的6种行政处罚的基本种类，以使我国行政处罚的种类趋向统一化。除此之外，我国《行政处罚法》还确认，凡法律、行政法规规定的其他处罚都属于合法、有效的处罚种类。这实际上是一个兜底条款，以容纳尚未列举全面和将来可能会有所发展的行政处罚种类，但这些种类只能限于法律、行政法规的规定。

二、行政处罚的设定

所谓行政处罚的设定，即国家机关依职权和实际需要，在有关法律、法规或规章中，创设行政处罚规范的权力。我国《行政处罚法》针对法律、法规和规章等不同效力层次的规范性文件分别规定了它们的处罚设定权限。

1. 法律的设定权。法律可以设定任何种类和形式的行政处罚。同时，对限制人身自由的行政处罚，只能由法律设定，法规、规章都无权设定。这是由人身自由的重要性决定的。

2. 行政法规的设定权。行政法规除了不能设定限制人身自由的处罚之外，可以设定其他各种处罚。但如果法律对行政处罚已作了规定，需要行政法规作出具体规定的，行政法规必须在法律规定的范围内作出具体规定，不能超出法律已规定的限度。

3. 地方性法规的设定权。地方性法规可以设定除限制人身自由、吊销企业营业执照之外的其他各种行政处罚。它还可以在法律、行政法规规定的范围内作出具体规定，但不能超出法律、行政法规已规定的限度。

4. 行政规章的设定权。行政规章种类多，数量大，法律效力的层次也相对较低。为了防范行政规章对处罚设定过多过滥，《行政处罚法》规定，在法律、法规对处罚已作规定的情况下，规章只应在法律、法规规定的范围内作出具体规定；法律、法规未作规定的，规章可以设定警告或一定数量的罚款这两种行政处罚。

除以上 4 种规范性文件外，其他的行政规范性文件不得设定任何行政处罚。

第四节　行政处罚的管辖与适用

一、行政处罚的管辖

行政处罚的管辖即行政处罚案件的管辖，是指行政处罚的实施机关之间对行政违法案件实施行政处罚时的权限分工。根据《行政处罚法》第 20 条、第 21 条，行政处罚的管辖包括：

1. 职能管辖。这是指不同职能的行政主体之间在实施行政处罚上的权限分工。职能不同的机关享有的处罚权是不同的，行政主体只能对自己的职能范围内的违法案件享有处罚管辖权。对此，各种行业性的行政法规范作了具体规定，如工商行政法规范规定工商管理机关对工商违法案件有权实施处罚，税务行政法规范规定税务行政机关对税收违法案件有权实施处罚等。

2. 地域管辖。这是指不同地区的行政主体之间在实施行政处罚上的权限分工。《行政处罚法》明确规定：行政处罚“由违法行为发生地”的行政机关管辖，即对违法案件，由违法行为发生地的行政机关实施行政处罚。违法行为发生在何地，就由当地有处罚权的行政机关管辖。也就是说，《行政处罚法》规定的地域管辖以违法行为发生地为标准来确定，而不以当事人所在地或标的物所在地等为标准来确定。当然，这只是一个原则性规定，“法律、行政法规另有规定的除外”。

3. 级别管辖。这是指不同级别（或上、下级）行政机关之间在实施行政处罚上的权限分工。《行政处罚法》明确规定，对违法行为由“县级以上地方人民政府”实施行政处罚。这就明确了行政处罚管辖在级别上只能是具有处罚权的县级以上地方人民政府及其职能部门，县级以下的行政机关无权实施处罚。当然，这只是一个原则性规定，“法律，行政法规另有规定的除外”。至于县级以上行政机关之间的处罚权限分工问题，《行政处罚法》未作规定，这就必须由单行法律、法规或规章来加以明确。

4. 指定管辖。这是指上级行政机关以决定的方式指定下一级机关对某一行政处罚行使管辖权。通常是当两个以上的行政机关对处罚管辖发生争议或因特殊情况无法行使管辖权时，才由上级机关指定由谁来管辖。《行政处罚法》规定，对管辖发生争议的，应当报请它们共同的上一级行政机关指定管辖。

二、行政处罚的适用原则

行政处罚的适用是指行政处罚的实施机关，对行政法规范规定的行政处罚加以具体运用，从而依法决定对违法行为是否给予处罚、如何予以处罚的活动。根据《行政处罚法》的规定，行政机关在行政处罚的适用活动中应遵循下列原则。

1. 处罚与责令改正相结合原则。这是行政处罚的处罚与教育相结合原则在其适用阶段的具体反映。根据《行政处罚法》第 23 条的规定，处罚的实施机关“实施行政处罚时，应当责令当事人改正或者限期改正违法行为”。这一规定的目的在于切实纠正违法行为，教育当事人自觉守法，实现行政处罚的最终目的。

2. 一事不得再罚款原则。这是“过罚相当”原则在处罚适用阶段的具体体现。根据《行政处罚法》第 24 条的规定，这一原则是指“对当事人的同一个违法行为，不得给予两次以上罚款的行政处罚”。

所谓“同一违法行为”，是指当事人基于同一事实和理由实施的一次性违反行政法规范的行为，而不是数次或数个违法行为。如果当事人实施了数个违法行为，每个违法行为都要受一次处罚，而不适用“不再罚”原则。同时，它还必须是同一性质的违法行为，而并非不同性质的行为，如一个违法行为同时违反行政法规范和刑法规范的，就不适用这一规则。当然，这里的违法可以是只违反了一种行政法规范，也可以是同时违反了几种行政法规范。对这种同性质的法规竞合问题的解决仍然适用这一规则，即一个行政机关按这种法规的规定给予了罚款的，其他机关不得依据其他法律规范的规定，再次予以罚款。

对于同一违法行为不得再次给予处罚的形式只限于“罚款”。如果需要给予其他处罚的形式如没收、吊扣证照、责令停产停业等，则仍可给予其他处罚形式。这是因为，各个行政机关的职权是不同的，不同形式的处罚只能由各行政主体依法定权限实施，不能互相替代。例如，对于制作、销售淫秽物品的行为，需要拘留的，只能由公安机关实施；需要吊销营业执照的，则仍应由工商行政管理机关实施。之所以规定不得再罚款，目的是防止重复罚款、多头罚款的现象，保护当事人合法权益。

3. 罚刑合并原则。这是行政处罚不能取代其他法律责任原则在行政处罚适用阶段的具体体现。所谓罚刑合并，即行政处罚与刑事处罚应合并适用，而不能以罚代刑。或者说，在违法行为构成犯罪时，应合并适用行政处罚与刑事处罚，而不能以罚代刑。

适用这一原则的前提是违法行为构成了犯罪，即“行政犯罪行为”。同一违法行为不仅违反行政法规范，同时又触犯了刑事法规范的规定而构成了犯罪的，实际上是行政违法行为与犯罪行为的竞合。这种行为的双重违法性，决定了其责任和处罚的双重性。只有这样，才能全面追究犯罪分子的法律责任，有效打击和预防犯罪。另外，行政处罚和刑罚在种类及功能以及行政权与司法权上的差异，也决定了同时适用这两种处罚的必要性。如对制造、销售假药的犯罪人，既不能以刑罚处罚代替吊销执照，也不能以吊销执照等行政处罚代替刑罚，法院也无权判决吊销执照，而应由行政机关和司法机关实行双罚。

当然，在具体合并适用这两种处罚时应视不同情况具体对待。对于违法行为已被处以罚款或拘留，人民法院又判罚金或拘役、有期徒刑的，应以罚款的数额和拘留的时间折抵相应的罚金数额和相应的刑期。对于违法行为已被判刑的，如果判处的是罚金，就不应再给予罚款；如果判处的是拘役或徒刑，也不应再给予拘留。对于违法行为被处以的处罚种类与所判刑罚并不相类似，如对违法行为给予的仅是罚款，而人民法院仅判处徒刑、未予罚金，或对违法行为给予的仅是拘留处罚，而人民法院仅判罚金而未判拘役或徒刑，则两者各自都应适用，既不能相互折抵，也不能相互代替。①

三、行政处罚的量罚情节

1. 不予处罚的情节。不予处罚是因有法定情形存在，行政机关对某些形式上违法但实质上不应承担责任的行为不应予以处罚。《行政处罚法》规定，有下列情况之一的，不予处罚：第

① 周佑勇．行政法原论．北京：中国方正出版社，2005：298.

一，不满14周岁的未成年人有违法行为的；第二，精神病人在不能辨认或不能控制自己行为时有违法行为的；第三，违法行为轻微并及时纠正，没有造成危害后果的；第四，超过追罚时效的。

2. 从轻或减轻处罚的情节。从轻处罚是指在法定的处罚幅度内就轻或就低予以处罚，但不能低于法定处罚幅度的最低限度。减轻处罚是指在法定处罚幅度的最低限度以下给予处罚。《行政处罚法》规定，有下列情况之一的，可以从轻或减轻处罚：第一，已满14周岁、不满18周岁的人有违法行为的；第二，主动消除或减轻违法行为危害后果的；第三，受他人胁迫有违法行为的；第四，配合行政机关查处违法行为有立功表现的；第五，其他法定情形。

四、行政处罚的时效制度

行政处罚的时效制度，又称追罚时效，是指对违法行为追究行政处罚责任的有效期限。如果超过这个期限，就不能再实施行政处罚。《行政处罚法》规定追罚时效的目的在于促使行政机关积极行使职权、履行职责，以避免因时过境迁而增加案件查处的难度；并提高行政执法效率，避免拖拉、不负责等官僚主义作风。

《行政处罚法》第29条规定，违法行为在2年内未被发现的，不再给予行政处罚，法律另有规定的除外。这就是追罚时效的规定。在法律对追罚时效另有规定时，从其规定。《治安管理处罚法》规定追罚时效为6个月，《海关法》规定追究走私行为的处罚时效则为3年，等等。在这种情况下，追罚时效不适用《行政处罚法》规定的2年。值得注意的是，追罚时效是规定期限内“未被发现的”期限，而不是已经发现而未被处理的期限。

《行政处罚法》第29条第2款还具体规定了对时效的计算方法，即一般情况下是从违法行为发生之日起计算时效，如果违法行为有连续或继续状态的，则要从行为终了之日起计算时效。如某化工厂排污超标，因拒绝治理连续1年超标，1年后治理好不再超标，那么就从超标行为终了之日起计算。再如，某人无照营运出租车，连续多次开车载客，应从最后一次载客之日起计算。

第五节　行政处罚的程序

《行政处罚法》规定了简易程序、一般程序和听证程序，以及处罚的执行程序。

一、简易程序

为了提高处罚效率，节约成本，及时、有效地维护正常的社会秩序，《行政处罚法》首先规定了一套简便易行的程序，即简易程序，又称当场处罚程序。

1. 适用条件。根据《行政处罚法》第33条的规定，适用当场处罚必须同时具备以下两个条件：一是违法事实确凿且有法定依据。违法事实确凿主要是违法事实简单、明了、清楚，证据确凿、充分，无须进一步调查取证，就足以证明违法行为的存在；法定依据指对此类违法行为实施处罚已有明确的法律依据。二是处罚程度上，对公民是处以50元以下罚款或警告，对单位是处以1 000元以下罚款或警告。

2. 具体步骤。当场处罚的具体步骤或程序是：第一，表明身份，即执法人员应向当事人出示执法身份证件，以表明自己具有处罚的权力和资格，防止假冒、诈骗和执法人员超越权力。此即所谓“亮证”处罚。这里的证件既可以是工作证，也可是特定的执法证，有时二者皆须出示，有时还要求附带出示执勤证章等其他标志。第二，说明理由。在表明身份之后、填写处罚规定之前，应向当事人说明处罚的事实、理由、依据并给予当事人陈述和申辩的机会，听取当事人的意见。第三，填写处罚决定书。执法人员当场作出处罚决定，应填写预定格式、编有号码的处罚决定书。第四，交付处罚决定书。处罚决定书填写完后，应当场交付当事人。第五，事后备案。填写的处罚决定书应一式两份，一份交当事人，另一份报所在机关备案，以便于所属机关进行监督、检查。

二、一般程序

一般程序，又称普通程序，是指对一般违法案件实施处罚所普遍适用的基本程序。相对于简易程序而言，这种程序严格、复杂一些，适用也广泛得多。具体包括：

1. 立案。立案即案件的确立，是指处罚实施机关对所发现的、认为需要给予处罚的违法行为，将其登记并确立为应受调查处理的案件的活动。立案的案件来源有多种情况，如现场发现违法行为，有关单位、个人报告或举报，上级机关交办，等等。立案应填写专门格式的“立案报告表”，并指派专门的承办人员负责案件的调查工作。

2. 调查取证。这是指案件承办人员即办案人员对案件事实调查核实、收集证据材料的活动。立案后，办案人员必须对案件进行全面、客观、公正的调查并收集有关证据材料。调查的手段包括：询问当事人和证人；提取物证、书证；进行现场勘验、检查和鉴定等。另外，根据《行政处罚法》的规定，收集证据时，根据需要可以采取抽样取证的措施；在证据可能灭失或以后难以取得的情况下，可对有关证据采取先行登记等保存证据的措施。

3. 审查决定。案件调查终结以后，办案人员要准确适用法律，提出有关事实结论和处理结论的书面意见，报机关负责人予以审查。经审查后，根据不同的情况，分别作出不同的处理决定：第一，处罚决定。经审查，认为确有应受处罚的违法行为的，根据情节轻重及具体情况，作出处罚决定。第二，不予处罚决定。违法行为轻微，依法可以不予处罚的，作出不予处罚决定。但是，如果需要给予行政处分的，应给予行政处分。第三，撤案决定。违法事实不能成立的，不得给予处罚，应作出撤销案件的决定。第四，移送决定。违法行为已构成犯罪的，应作出移送司法机关先行处理的决定；需要由其他机关处罚或处分的，也应作出相应的移送决定。

4. 制送处罚决定书。对于作出处罚决定的，在决定之前，应告知当事人处罚的事实、理由和依据，并认真听取当事人的陈述和申辩。在作出处罚决定之后，必须制作书面形式并符合法定格式的处罚决定书。处罚决定书应载明下列事项：当事人的姓名或者名称、地址；违反法律、法规或者规章的事实和证据；行政处罚的种类和依据；行政处罚的履行方式和期限；不服处罚决定，申请行政复议或者提起行政诉讼的途径和期限；作出处罚决定的机关的名称和作出决定的日期，并加盖作出处罚决定机关的印章。处罚决定书制作后，应当对当事人宣告并当场交付给当事人。如果当事人不在场，应在 7 日内依《民事诉讼法》的有关规定，根据情况以直接送达、留置送达、转交送达、委托送达、邮寄送达或公告送达等方式送达给当事人。

三、听证程序

听证程序并非独立于前两种程序之外的一种程序，而只是一般程序中一个特别的程序。所谓听证，特指行政机关在作出处罚决定之前以举行专门听证会的形式听取当事人的陈述、申辩和质证的程序。

1. 适用条件。根据《行政处罚法》第 42 条的规定，同时具备下列条件的，行政机关要组织听证：一是作出重大的处罚，包括责令停产停业、吊销许可证或执照、较大数额罚款。最高人民法院在《关于没收财产是否应进行听证及没收经营药品行为等有关法律问题的答复》（〔2004〕行他字第 1 号）中，将行政机关作出没收较大数额财产的行政处罚决定也纳入了听证范围。二是有当事人的要求。听证是当事人的一种申辩权利，对权利不予主张，视为放弃权利，因此当事人不要求听证的，行政机关可不组织听证，但行政机关在作出上述几种重大处罚决定前，应告知当事人有要求举行听证的权利。

2. 具体过程。听证程序具体包括以下三阶段：

（1）准备阶段。在听证会举行之前要做好一系列准备工作，具体包括：第一，告知听证权利。对于需要举行听证的处罚，应告知当事人有要求举行听证的权利；当事人要求听证的，应在行政机关告知后 3 日内提出。第二，通知听证的时间、地点。应在举行听证会的 7 日前，书面通知当事人听证的时间和地点。第三，决定是否公开进行。听证会一般应公开进行，但涉及国家秘密、商业秘密、个人隐私的除外。第四，指定听证主持人。为了正常、有效地进行听证活动，行政机关应确定主持听证的专门工作人员，一般应指定法制工作机构的工作人员主持听证，未设法制工作机构的，可指定其他熟悉业务的工作人员主持，但本案的调查人员不能担任本案听证主持人。本案的调查人员应作为与违法嫌疑人相对应的控告人参与听证。

（2）举行阶段。听证会的举行大致可按如下步骤：由听证主持人宣布听证会开始，包括宣布听证事项、查明当事人身份、告知当事人有申请回避的权利等。由案件调查人员宣读指控书，提出当事人违法的事实、证据和处罚建议。由听证主持人询问当事人、证人和其他有关人员并出示有关证据材料，以查清这些证据的真实性。由当事人针对所指控的事实和相关问题进行申辩和质证。最后，由调查人员和当事人就本案有关的事实和法律问题进行相互辩论。辩论结束后，当事人还有最后陈述的权利。整个听证会的举行，应有专门的书记员制作听证笔录，这也是被用来定案的重要证据之一。

（3）处理阶段。听证结束后，由处罚机关依不同情况作出不同的处理决定，包括前述处罚决定、不予处罚决定、撤案决定和移送决定等。

四、执行程序

行政处罚的执行，是指执行主体实现行政处罚决定书所确定的内容而进行的活动，简而言之就是处罚决定的实现。《行政处罚法》主要就执行程序中的下列问题作了规定：

1. 执行的方式。根据《行政处罚法》的规定，行政处罚的执行方式包括两种：（1）自觉履行，即受处罚人自动在法定期限内按要求履行处罚决定书规定的义务内容。（2）强制执行，即依法采取强制措施，强迫当事人履行处罚决定。根据《行政处罚法》第 51 条的规定，当事人逾期不履行行政处罚决定的，作出行政处罚决定的行政机关可以采取下列措施：一是加处罚款，即当事人到期不缴纳罚款的，处罚机关可以每日按罚款数额的 3％加处罚款。二是强制拍卖和强行划拨，即根据法律规定，将查封、扣押的财物拍卖或将冻结的存款划拨抵缴罚款。三是申请人民法院强制执行。前两项措施可由行政机关自行依法强制执行，对于需要采取其他强制措施的，可以申请人民法院强制执行，再由人民法院依法采取有关强制执行措施，强制相对人履行处罚决定。

2. 罚款的执行，即罚款的收缴。罚款是处罚中运用最广，但也是最乱的一种形式，实践中存在很多弊端，如滥罚款、将罚款收入与经费划拨和本单位奖金或福利挂钩、坐支、留成，甚至挥霍、滥用罚款款项，等等，为了力克这些弊端，《行政处罚法》用了许多条款对罚款的执行作了专门详细的规定。

(1) 罚缴分离原则。《行政处罚法》第46条明确规定，罚款执行应遵循的基本原则即罚缴分离原则。罚缴分离原则又称裁执分离原则，即罚款决定与罚款收缴相分离，亦即《行政处罚法》第46条所规定的，“作出罚款决定的行政机关应当与收缴罚款的机构分离”。其具体含义或内容是，作出处罚决定的行政机关及其执法人员不得自行收缴罚款，当事人应自收到处罚决定书之日起15日内到指定的专门机构（即银行）缴纳罚款，再由银行将收受的罚款直接上缴国家。

这一原则将罚款的决定权和收缴权（或执行权）分开，分别由两个不同的机构来行使，实际上设定了一种监督制约机制。这对于防止行政机关及其执法人员在处罚过程中因兼有处罚的决定权和执行权可能产生的腐败现象，对于从根本上解决目前普遍存在的滥罚款问题都具有重要意义。

(2) 当场收缴罚款。罚缴分离只是一个原则，并不意味着所有罚款的执行都实行罚缴相分离。作为这一原则的例外，行政机关在一定情况下依法定程序也可当场自行收缴罚款，但对于当场收缴罚款的适用范围和程序，《行政处罚法》作了严格的限定。根据《行政处罚法》第47条、第48条的规定，当场收缴罚款的适用范围包括三种情形：依法给予20元以下罚款的；不当场收缴事后难以执行的；在边远、水上、交通不便地区，当事人到指定银行缴纳罚款确有困难，经当事人提出的。

作出处罚决定的行政机关及其执法人员当场自行收缴罚款，还要严格遵循法定程序。依《行政处罚法》第49条、第50条，行政机关及其执法人员当场自行收缴罚款必须使用和出具统一的罚款收据，否则，当事人有权拒绝缴纳罚款；且应当在法定期限及时上缴。《行政处罚法》第50条规定，执法人员当场收缴的罚款，应当自收缴之日起2日内交至行政机关；在水上当场收缴的罚款，应当自抵岸之日起2日内交至行政机关；行政机关应当在2日内将罚款交付指定的银行。

法律应用

1. 行政处罚的告知

行政机关在作出行政处罚决定前，应当告知当事人作出行政处罚决定的事实、理由和依据，并告知当事人依法享有的权利；行政处罚决定书也应当载明上述必要内容。如果行政机关没有作出正式的行政处罚决定书，而是仅仅向当事人出具罚款证明，且未向当事人告知前述必要内容，致使当事人无从判断。当事人因此未经行政复议直接向人民法院起诉的，人民法院应当予以受理。[“上海金港经贸总公司诉新疆维吾尔自治区工商行政管理局行政处罚案”，载《最高人民法院公报》2006 (4)]

2. 过罚相当原则与显失公正

行政机关依法对行政相对人的违法行为实施行政处罚时，应遵循过罚相当原则，综合考虑处罚相对人的主观过错程度、违法行为的情节、性质、后果及危害程度等因素行使自由裁量权。

行政机关如果未考虑上述应当考虑的因素，违背过罚相当原则，导致行政处罚结果显失公正的，人民法院有权依法判决变更。［参见“苏州鼎盛食品公司不服苏州市工商局商标侵权行政处罚案”，载《最高人民法院公报》2013（10）］

3. 根据《行政执法机关移送涉嫌犯罪案件的规定》第3、5、8条和第11条的规定，行政执法机关在依法查处违法行为过程中，发现违法实施涉嫌构成犯罪，依法需要追究刑事责任的，必须依照规定向公安机关移送。行政执法机关将案件移送立案侦查后，不再针对同一违法行为作出处罚；如果作出处罚，则属于行政程序违法。

课后复习

1. 什么是行政处罚？行政处罚与行政处分、刑事处罚有何区别？
2. 试述行政处罚的原则。
3. 简述行政处罚的种类。
4. 试述行政处罚适用的原则。
5. 试述行政处罚的程序。
6. 简述行政处罚的听证程序。

第十二章 行政强制

提　要

行政强制是指行政主体为实现行政决定的内容，或为维护公共利益和公共秩序，预防和制止违法行为与危害事件发生而实施的强行限制相对人权利的行政行为，包括行政强制执行和行政强制措施。它区别于行政处罚和行政诉讼强制措施。行政强制执行，是行政主体在必要时对不履行行政决定所确定义务的相对人，采取强制方式强制其履行义务或直接实现与履行同一状态的行政行为，包括代履行、执行罚和直接强制执行。行政强制措施是指行政主体为制止违法行为或在紧急危险情况下，根据法律、法规的规定，采取法定的强制方式，对公民、法人或者其他组织的人身或者财产实施暂时性限制、暂时性控制的措施。行政强制执行和行政强制措施都是严重影响相对人合法权益的行为，都应严格按法定条件和程序实施。

重点问题

1. 行政强制与有关概念的区别。
2. 行政强制执行的种类和方式。
3. 行政强制执行的程序。
4. 行政强制措施的特征。
5. 行政强制措施的条件和程序。

第一节　行政强制概述

一、行政强制的概念

广义的行政强制是指行政主体和人民法院为实现行政决定的内容，或为维护公共利益和公共秩序，预防和制止违法行为与危害事件发生而实施的强行限制公民、法人或其他组织权利的行为。狭义的行政强制仅指行政主体为实现行政决定的内容，或为维护公共利益和公共秩序，预防和制止违法行为与危害事件发生而实施的强行限制相对人权利的行政行为，包括行政强制执行和行政强制措施。本书所称的行政强制是指狭义的行政强制，它具有下列特征：第一，行政强制是有关的强制性行为的概称。其强制性体现为行政主体运用国家权力，采用物理性打击或以物理性打击相威胁的方式，强行实现有关主体所追求的状态，并且往往不顾及相对人是否同意和接受。第二，行政强制的主体是行政主体。人民法院强制执行行政行为，不包括在本书所称的行政强制中。第三，行政强制是组合性概念，包括行政强制执行和行政强制措施。行政强制执行和行政强制措施又分别包括多种具体强制方式。第四，行政强制属侵益性行为，是基于公权力的运作和公共利益的追求，对特定相对人的权利进行约束和限制的行为。

二、行政强制与有关概念的区别

1. 行政强制与行政处罚的区别。第一，性质和目的上的差别。行政强制是为确保行政执法活动的顺利进行和行政执法结果的实现（包括行政处罚的顺利进行和行政处罚结果的实现）而实施的一类强制性行为。在实施行政强制时，强制方式的选择和确定取决于这种方式能否发挥“确保”作用。如果采取某种强制方式不足以发挥“确保”作用，还可以在法律规定的范围内，增加该方式的强制力度，或者改用其他更严厉的强制方式。行政处罚是为维护公共利益和社会秩序，通过对违法行为者施加精神上的痛苦或使其遭受物质上的损失的方式，对违法行为者实施的一种行政性制裁。行政处罚针对违法行为的性质、违法程度，决定实施行政处罚的方式和力度；行政处罚自身的特点和“一事不再罚”原则的限制，又使行政处罚对于某一特定的行为而言，成为“一次性”的和“最终”的处理行为。第二，对相对人的权利作用上的差别。由实施行政强制追求的目的所决定，行政强制较多地表现为对相对人的权利的限制或威胁，而且本质上属于程序上的限制或威胁。即使是执行罚，也不是对违法相对人确定的惩罚，而是对相对人不履行义务的威胁。一旦相对人履行了义务，执行罚不再实际发生。这也是执行罚属于行政强制方式，而不属于行政处罚方式的主要原因。同样是由追求的目的所决定，行政处罚则表现为对违法相对人权利的剥夺，而且本质上属于对违法相对人的实体处理结果。无论是人身罚、财产罚，还是资格罚、精神罚，都充分体现了对违法相对人实体权利的剥夺。第三，实施上的交错和差别。在行政处罚最终作出之前的实施阶段，存在实施行政强制的可能性，比如对违法财物、管制刀具在没收以前的查封、扣押；在行政处罚作出之后，当相对人不履行行政处罚确定的义务时，也存在实施行政强制执行的必要性。所有这些，都使行政强制和行政处罚在实施的时间和过程中发生交错，并表现出差别。

2. 行政强制与行政诉讼强制措施的区别。行政诉讼强制措施，又称对妨碍行政诉讼行为的强制措施，是指人民法院在行政诉讼中，为保证行政诉讼的顺利进行，对实施妨碍诉讼行为者采取的强制性排除妨碍的手段。行政诉讼强制措施属于行政诉讼过程中所采取的强制措施。行政强制与行政诉讼强制措施的区别主要表现在如下几个方面：第一，性质和适用主体的不同。行政强制在性质上属于行政行为，由行政主体实施；行政诉讼强制措施在性质上属于司法行为，由人民法院实施。第二，所依据的法律不同。行政强制的实施依据是行政实体法规范和《行政强制法》所设定的行政程序法规范，行政诉讼强制措施的法律依据是《行政诉讼法》。第三，所追求的目标不同。行政强制以实现行政秩序和行政性义务的内容为目标，而行政诉讼强制措施则以确保行政诉讼程序运转的稳定、安全和有效率为目标。第四，救济的途径不同。行政强制具有可诉性，即相对人对行政强制不服，只要符合起诉的条件，都可以向人民法院提起行政诉讼；而行政诉讼强制措施则不具有可诉性，即被采取行政诉讼强制措施的人对该措施不服，只能对其中的罚款（1 万元以下）和拘留（司法拘留，15 日以下）两种强制措施，向上一级人民法院申请复议，而对训诫和责令具结悔过目前尚没有明确的救济途径。

三、行政强制的种类

依据不同的标准，可以对行政强制作不同的种类划分。如果以是否有确定义务的行政决定的先行存在为标准，可以将行政强制分为行政强制执行和行政强制措施。行政强制执行，是行政主体在必要时对不履行行政决定所确定义务的相对人，采取强制方式强制其履行义务或直接实现与履行义务同一状态的行政行为。与行政强制执行不同，行政强制措施不以行政决定的先行存在为条件，而是针对违法行为或危害事件采取，以制止违法行为、防止证据损毁、避免危害发生、控制危险扩大等情形为目的，是对人身自由的限制措施和对财物的控制措施。其典型形式是我国《行政诉讼法》第 12 条规定的限制人身自由及对财产的查封、扣押、冻结等行政强制措施，这些措施的采取纯粹是为了实现行政主体所追求的特定秩序和必要状态，或者是为了后续行政行为的顺利实施，不以先前存在一个行政决定为条件。它是为解决行政执法过程中对违法行为、危害事件的预防、制止和控制问题而设计的行为和制度。

第二节　行政强制执行

一、行政强制执行的概念

对行政决定的强制执行，在大陆法系国家是由行政机关运用行政权来实现；在英美法系国家则主要是由司法机关运用司法权来实现；在我国则形成了以司法机关强制执行为主、以行政机关强制执行为补充的体制。我国之所以形成这样的体制，是因为依法行政的基础还不够坚实，通过决定权和执行权的分离可以更多地保障公民、法人或者其他组织的合法权益。基于我国对行政决定的强制执行体制，有的学者曾把行政强制执行概括为行政机关和人民法院对行政决定的强制执行。① 2011 年颁布的我国《行政强制法》，从统一规定行政决定内容实现的角度，将行政机关对行政决定的强制执行和人民法院依申请对行政决定的强制执行，统一规定为行政强制执行，并分别规定了行政机关强制执行的程序和申请法院强制执行的程序。

我国以实现行政决定确定的义务为目标的行政强制执行，实行行政机关（最主要的行政主体）自行强制执行和法院依申请强制执行的双轨体制。具体言之，就是在法律赋予行政机关强制执行权的情况下，行政决定（所确定义务）的强制执行由行政机关实施；在法律没有赋予行政机关强制执行权的情况下，行政决定（所确定义务）的强制执行，由法院根据行政机关的申请实施。我国行政强制执行实行双轨体制的法律依据，主要是行政管理领域各单行法律的规定和《行政强制法》第 13 条的规定，新修改的《行政诉讼法》第 97 条延续了原《行政诉讼法》第 66 条的规定②，继续确认了双轨制执行体制。总括而言，我国目前所奉行的双轨制行政强制执行体制，虽然在执行主体上表现为行政机关和法院都可以成为实施行政强制执行的主体，但由法院依行政机关的申请而实施行政强制执行的情况居多，并且在法律对行政强制执行未作规

---

① 张焕光，胡建淼．行政法学原理．北京：劳动人事出版社，1989：294－295.

② 《行政强制法》第 13 条第 2 款规定：法律没有规定行政机关强制执行的，作出行政决定的行政机关应当申请人民法院强制执行。新《行政诉讼法》第 97 条规定：公民、法人或者其他组织对行政行为在法定期限内不提起诉讼又不履行的，行政机关可以申请人民法院强制执行，或者依法强制执行。

定的情况下，即只要法律未赋予行政机关强制执行权，不论其是否赋予了法院强制执行权，都推定只能由法院依行政机关的申请而实施行政强制执行。

虽然我国现行法律确认了行政强制执行的双轨制执行体制，但是，从行政行为的角度看，法院依行政机关的申请对行政决定的执行行为，无法归入行政行为的范畴，这是学界的共识。本章所讲的行政强制执行，不包括人民法院对行政决定的强制执行，而仅指行政主体对行政决定的强制执行。我们认为，为避免交流和沟通上的混乱，可以用“行政决定的强制执行”来概括行政机关对行政决定的强制执行和人民法院对行政决定的强制执行。因而，本章所讲的行政强制执行，是指行政主体在必要时对不履行行政决定所确定义务的相对人，采取强制方式强制其履行义务或直接实现与履行义务同一状态的具体行政行为。

行政强制执行是行政主体所作的具体行政行为。对已经生效的行政决定，相对人应予执行，应履行行政决定所确定的义务。相对人不执行或不履行的，行政主体有权采取一定的方式强制相对人履行，或直接实现该行政决定的内容，以维护行政权威、保护公共利益。行政主体能实施行政强制执行行为，是基于法律的规定。只有法律明确规定的行政主体才有权组织实施行政强制执行。法律未明文赋予行政强制执行权的，行政主体无权采取强制方式强制相对人履行义务，而只能申请人民法院予以司法强制执行。

行政强制执行是对因行政决定而负有义务的公民、法人或者其他组织采取的行为。这就是说，被执行人是公民、法人或者其他组织。行政强制执行只适用于公民、法人或者其他组织，而不适用于行政主体，强制行政主体履行义务只能通过行政复议、行政诉讼等方法。行政强制执行也不适用于国家公职人员。行政主体强制国家公职人员履行所负义务，完全可以通过行政隶属关系来实现，不需要特定的行政强制执行制度。同时，公民、法人或者其他组织之所以成为被执行人，是因为负有应履行的义务，并且是因行政决定而负有义务。① 如果公民、法人或者其他组织不负有义务或者说享有的是权利，或者虽负有义务但却是由行政法规范规定的义务，则不能成为被执行人。强制公民、法人或者其他组织履行行政法规范所设定的义务，只能采用行政处罚等行为，而不能采用行政强制执行。

行政强制执行是在必要时对不履行义务的相对人采取的行为。这就是说，确定义务的行政决定已具备生效条件，发生了法律效力即公定力、确定力、拘束力和执行力；并且，该行政决定的生效，是因相对人在规定期限内未申请复议或未提起诉讼，或者是经复议后在规定期限内未提起诉讼，或者是经复议终局，或者是经法院判决。相对人对自己所负的义务没有履行或无故不愿履行，需要由行政主体予以强制执行。如果相对人已经或正在履行其义务，或者相对人具有法定理由而无法及时、完全地履行义务的，就不能予以强制执行。行政主体对相对人的行政强制执行已具有现实必要性，即：通过非强制方式已无法促使相对人履行义务或实现与履行相同的状态，而不履行此项义务有损公共利益或他人的合法权益。

行政强制执行的目的是实现已生效的行政决定的内容，即促使相对人履行义务或者直接实现与履行相同的状态。例如，行政主体通过处以滞纳金等方式，以促使相对人自动、及时、完全地履行义务，实现行政决定的内容。行政主体通过强制拆除、强制划拨和变卖抵缴等行政强制方式，以实现与相对人亲自履行义务相同的状态，从而实现行政决定的内容。尽管某些行政强制执行中所采用的强制方式，如滞纳金、拘留等，也有制裁相对人不履行义务行为的意义，但还是为了实现行政决定的内容，并不能免除相对人的原有义务。

---

① “武鸣染织厂诉武鸣县城乡建设委员会案”//最高人民法院中国应用法学研究所编．人民法院案例选：行政卷·下：861.

二、行政强制执行的种类和方式

行政强制执行可以分为间接强制执行和直接强制执行两类，间接强制执行又包括代履行和执行罚两种。

（一）代履行

所谓代履行，是指行政主体依法作出要求相对人履行已生效的排除妨碍、恢复原状等义务的行政决定，相对人逾期不履行，经催告仍不履行，其后果已经或者将危害交通安全、造成环境污染或者破坏自然资源的，行政主体代替义务人履行义务，或者行政主体委托没有利害关系的第三人代替义务人履行义务，并向义务人收取履行义务所需费用的一种行政强制执行。

代履行的意义，是将生效行政决定所确定的义务，在实现过程中遇到的难题简化，难题是义务人应当履行义务而不履行；简化的办法是由行政主体代替义务人履行义务，或者行政主体委托无利害关系的第三人代替义务人履行义务，并将行政主体要求义务人履行义务，转化为要求义务人支付履行义务所需费用。这样做的结果是，义务的内容实现了，行政主体所预期的状态和目标达到了；要求义务人支付相应的费用，也比要求义务人履行其原本需要履行的义务容易了。

1. 代履行的条件。行政主体采取代履行的行政强制执行，应具备下列条件：第一，相对人不履行已生效的排除妨碍、恢复原状等义务的行政决定。第二，代履行的义务必须是排除妨碍、恢复原状，或者其他可以代为履行的义务。可以由他人代为履行的义务，不能是人身方面的义务或者不作为的义务。有关人身方面的义务、不作为的义务，他人都无法代为履行，只能由相对人亲自履行。因此，代履行的义务必须是非人身方面的作为义务。第三，代履行的义务必须是代履行后能达到与相对人亲自履行义务同一目的的义务。他人不能代为履行的义务，或者他人代为履行后显然无法达到与相对人亲自履行义务相同的目的，也就不能用代履行予以强制执行。但是，他人能代为履行的义务，即非人身方面的作为义务，在他人代为履行后也不一定能达到与相对人亲自履行义务相同的目的。只有在代履行后能达到与相对人亲自履行同一目的的非人身方面的作为义务，才能用代履行的方式予以强制执行。第四，代履行的行政强制执行确属必要。这就是说，相对人不履行其所负的义务，并且这种义务仍然存在，行政主体用非强制方法已无法促使相对人自行履行义务或直接实现与履行相同的状态，行政主体也不能用执行罚和直接强制执行来促使相对人履行义务或直接实现与履行相同的状态，而这种义务没有得到履行或实现、不及时得到履行或实现有损公共利益或他人利益。只有出现并存在这种必要性时，行政主体才能采取代履行予以强制执行，否则就不能采用代履行的方法。第五，行政主体具有采取代履行的权力。代履行作为一种具体行政行为，必须基于行政主体的法定职责权限予以实施。没有代履行权的行政主体不能采取代履行行为。当然，行政主体是否享有代履行权，一种意见认为，取决于法律的规定；还有一种意见认为，《行政强制法》第50条在对代履行适用范围进行限制的同时，也给属于这个范围的行政主体进行了普遍授权，即只要相对人逾期不履行已生效的排除妨碍、恢复原状等义务的行政决定，主管行政机关就具有了实施代履行的权力。①

① 《行政强制法》第50条规定：行政机关依法作出要求当事人履行排除妨碍、恢复原状等义务的行政决定，当事人逾期不履行，经催告仍不履行，其后果已经或者将危害交通安全、造成环境污染或者破坏自然资源的，行政机关可以代履行，或者委托没有利害关系的第三人代履行。

2. 代履行的方式。目前，代履行的方式主要有：第一，排除妨碍。这是行政主体对不履行已生效行政决定所确定的排除妨碍义务的相对人予以代履行的一种行政强制执行方式。排除妨碍的具体方式很多且各种各样，由各特别法分别加以规定。① 第二，强制拆除。这是行政主体对不履行已生效行政决定所确定的限期拆除违法建筑物、构筑物义务的相对人予以代履行的一种行政强制执行方式。② 第三，恢复原状。这是行政主体对不履行已生效行政决定所确定的恢复原状义务的相对人予以代履行的一种行政强制执行方式。例如，对砍伐树木后的补种、土地复垦等，就属于一种恢复原状义务。③ 恢复原状的具体方式很多，由各特别法分别规定。

（二）执行罚

所谓执行罚，是指行政主体作出金钱给付义务的行政决定，相对人逾期不履行的，行政主体采取加处罚款或滞纳金的方式，以促其履行义务的行政强制执行方式。执行罚和代履行都是间接强制执行，但是两者有明显的区别：执行罚是促使相对人自行履行义务的一种行政强制执行，代履行则是直接实现与履行相同状态的一种行政强制执行。予以执行罚后不一定就能促使相对人履行义务和实现行政决定的内容，予以代履行后一般都能实现与履行相同的状态。执行罚的程序比较简单，在原行政决定文书中载明逾期不履行将予执行罚后即可实施；代履行的程序要复杂得多。实施执行罚的强制方式为加处罚款和滞纳金，比较单一；实施代履行的强制方式有很多，因义务的不同而不同。执行罚中所加收的罚款和滞纳金，是相对人迟延或拖延履行义务的不利后果，可加处到义务人履行义务为止或者行政主体认为没有必要加处为止；代履行中所交的费用，是他人代为履行的实际花费，具有劳务费性质。

1. 执行罚的条件。行政主体实施执行罚应具备下列条件：第一，相对人逾期不履行已生效的金钱给付义务的行政决定。应当说明的是，执行罚在以往曾适用于任何义务，但《行政强制法》将执行罚适用的范围，限定为金钱给付义务。第二，采取执行罚的行政强制执行确属必要。这就是说，相对人不履行所负的金钱给付义务，这种义务仍然存在，行政主体用非强制的方法已无法促使相对人履行义务或实现与履行相同的状态，且还不具备采用代履行和直接强制执行的条件，而这种义务没得到履行或实现有损公共利益和他人利益。第三，执行罚的标准应当告知相对人，并且加处的罚款和滞纳金数额不得超过原本金钱给付义务的数额。第四，行政主体具有执行罚的权力。究竟哪些行政主体具有实施执行罚的权力？有一种意见认为，《行政强制法》第 45 条在对执行罚适用范围和适用标准进行限制的同时，也给有权作出金钱给付义务决定的行政主体进行了普遍授权，即只要相对人逾期不履行已生效的金钱给付义务的行政决定，有权作出金钱给付义务决定的行政主体就具有了作出执行罚决定的权力。但加处罚款或滞纳金超过 30 日，经催告，相对人仍不履行义务的，具有强制执行权的行政主体可以改用其他强制执行方式。这里的具有强制执行权的行政主体，不一定是作出执行罚决定的行政主体。

2. 执行罚的方式。主要有：第一，加处罚款或延误金，又称强制金，是行政主体对拖延履行且负有不能代履行的义务的相对人所采取的，促使相对人尽快履行义务的行政强制执行方式。对这种延误金，行政主体可以一次或者数次加收，也可以按日加收。第二，滞纳金。这是行政主体对负有金钱给付义务的相对人在不按时履行义务时，从滞纳之日起按滞纳款比例加收金钱，以促使相对人尽快履行义务的执行罚方式。滞纳金的应用极为广泛，许多法律、法规和规章都

---

① 参见《湖北省实施〈中华人民共和国动物防疫法〉办法》第 34 条。

② 参见《武汉市公路路政管理规定》第 11 条第 1 款，《湖北省实施〈中华人民共和国城市规划法〉办法》第 42 条第 2 款、第 44 条。

③ 参见《森林法实施条例》第 41 条，《土地管理法》第 75 条。

作了明文规定。

（三）直接强制执行

这是在采用间接强制执行未能达到目的或者在不能采取执行罚时，行政主体对负有已生效行政决定所确定义务的相对人的人身或财物予以实力强制的行政强制执行。直接强制执行与代履行有许多类似之处，有必要予以区别：代履行的义务只能是代履行后能达到同一目的的非人身方面的作为义务，直接强制执行的义务可以是任何义务。代履行所实现的是与相对人履行义务相同的状态；直接强制执行的实施，有的能实现与相对人履行义务相同的状态，如强制划拨、变卖抵缴等，有的却只是迫使相对人不得不履行义务，如强制戒毒、强制服兵役等。代履行的程序比较严格、复杂；直接强制执行时一般已没有必要告诫，因为已采取过间接强制执行，只要给予执行通知即可，但往往需要有关组织的协助。代履行时要征收费用，直接强制执行一般不征收执行费用。另外，强制执行的条件也不同。

1. 直接强制执行的条件。行政主体采取直接强制执行应具备下列条件：第一，设定相对人义务的行政决定已经生效。这里的义务可以是任何义务。第二，采取直接强制执行确属必要。这就是说，采用非强制方法已无法促使相对人履行所负义务或实现与履行相同的状态；行政主体已采取过间接强制执行方法，但相对人仍不履行义务或仍未能实现与履行相同的状态，即代履行因受到相对人的暴力抗拒而中止，或者执行罚因相对人拒不缴纳延误金、拒不履行义务而终止；采取间接强制执行可能促使相对人履行义务或实现与履行相同的状态，但依法或依客观事实不能采用执行罚；这种义务没得到履行或实现、未得到及时履行或实现，将严重损害公共利益或他人的合法权益。第三，行政主体具有直接强制执行的权力。直接强制执行的实施，将严重影响相对人的人身权和财产权，因此只能由有直接强制执行权的行政主体采取。特定行政主体是否具有直接强制执行权，享有采取哪种行政强制措施予以直接强制执行的权力，都是根据行政主体进行行政管理的实际需要由特别法规定的。

2. 直接强制执行的方式。根据现行法律、法规的规定，直接强制执行的方式主要有：第一，断绝能源供应。这是指行政主体通过断水、断电、断气、断热等断绝能源供应的方式，迫使相对人履行义务的强制方式。断水、断电等方式具有普遍意义，在立法上可以像强制划拨那样推广适用于各类义务的强制执行。第二，强制扣款。这是行政主体对负有金钱给付义务的公民，在能够或已经控制经济收入的情况下所采取的直接强制方式。第三，强制划拨。这是指行政主体从相对人在金融机构的账号中划拨存款以实现与履行义务相同的状态。这种强制方式在以往的法律、法规和规章中很多①，现多被取消或修改。这也反映行政权在近年来正得到逐步控制。不过，强制划拨仍然还是一种直接强制执行方式。② 第四，以物折抵。这是行政主体对拒不履行金钱给付义务又没有银行存款或行政主体已占有其某种财物的相对人所采取的一种直接强制方式，如《海关法》第93条的规定。第五，强制履行，如《兵役法》第66条的规定。第六，拘留。拘留作为一种处罚，也可由安全机关采取，但作为一种直接强制方式，拘留只能由公安机关采取。第七，其他方式。例如，《消防法》第70条第5款规定："责令停产停业，对经济和社会生活影响较大的，由公安机关消防机构提出意见，并由公安机关报请当地人民政府

① 参见《价格管理条例》（1987年9月11日国务院发布）第31条第1款，《违反财政法规处罚的暂行规定施行细则》（1987年10月29日财政部、审计署发布）第31条第4款、第34条，《金融稽核检查处罚规定》（1989年5月5日中国人民银行、中华人民共和国监察部发布）第26条，《国家物价局关于价格违法行为的处罚规定》（1988年5月14日）第12条第1款，《投机倒把行政处罚暂行条例》（1987年9月17日国务院发布）第12条，等等。

② 参见《旅行社管理条例》第43条。

依法决定。本级人民政府组织公安机关等部门实施。”在实践中，对这种停产停业的直接强制往往表现为派警察看守。

三、行政强制执行的程序

根据《行政强制法》的规定，行政机关依法作出为相对人确定义务的行政决定后，相对人在行政决定规定的期限内不履行义务的，具有行政强制执行权的行政机关实施行政强制执行，必须遵守下列程序。

1. 执行主体和执行起始时间。行政强制执行的主体必须是，且只能是法律规定的有强制执行权的行政机关，通常是作出行政决定的行政机关。可以开始强制执行的起始时间，是行政决定确定的相对人自动履行义务的期间届满之时。

2. 催告。有行政强制执行权的行政机关在作出行政强制执行决定之前，应当事先催告相对人履行义务。催告应当以书面形式作出，并载明下列内容：第一，自动履行义务所需的合理期限；第二，强制执行方式；第三，涉及金钱给付的，必须有明确的金额和给付方式；第四，相对人依法享有的陈述权和申辩权。载明上述内容的催告书，必须直接送达负有义务的相对人。经催告，相对人自动履行了行政决定的，不再实施行政强制执行。催告是作出行政强制执行决定的前置程序。

3. 听取陈述和申辩。相对人在收到催告书后有权进行陈述和申辩。行政机关应当充分听取相对人的陈述和申辩意见，对其提出的事实、理由和证据，应当进行记录、复核。相对人提出的事实、理由或者证据成立的，行政机关应当采纳。

4. 作出行政强制执行决定书。经催告，相对人逾期仍不履行行政决定的，行政机关可以作出行政强制执行决定。行政强制执行决定应当采用书面形式，并载明以下内容：第一，负有义务的相对人的姓名或者名称、地址；第二，行政强制执行的理由和依据；第三，行政强制执行的方式和时间；第四，对行政强制执行决定申请行政复议或者提起行政诉讼的途径和期限；第五，作出行政强制执行决定的行政机关名称、印章和日期。

5. 催告期间的转换。在催告期间，对有证据证明相对人有转移或者隐匿财物迹象的，行政机关可以作出立即强制执行决定。

6. 送达行政强制执行决定书和实施强制执行。行政强制执行决定书应当在实施行政强制执行之前，或者在实施行政强制执行时当场直接送达相对人，直接送达就是交付送达；相对人拒绝接收或者无法直接送达的，依照《民事诉讼法》的有关规定送达。行政强制执行决定书送达后，即可组织实施强制执行。

7. 中止执行和终结执行。在启动行政强制执行程序后的执行过程中，有相对人履行行政决定确有困难或者暂无履行能力；第三人对执行标的主张权利并确有理由；执行可能造成难以弥补的损失，且停止执行不损害公共利益；实施行政强制执行的行政机关认为需要中止执行等情形之一的，应当中止执行。中止执行的情形消失后，应当恢复执行。对没有明显社会危害，或者当事人确无能力执行，中止执行满 3 年未恢复执行的，行政机关不再执行。执行过程中，遇有公民死亡，无遗产可供执行，又无义务承受人；法人或其他组织终止，无财产可供执行，又无义务承受人；执行标的灭失；据以执行的行政决定被撤销；实施强制执行的行政机关认为需要终结执行等情形之一的，终结执行，即终结行政强制执行程序，并不再执行。

8. 执行和解。实施行政强制执行，行政机关在不损害公共利益和他人合法权益的情况下，可以与相对人达成执行协议。执行协议可以约定分阶段履行；相对人采取补救措施的，可以减免加处的罚款或滞纳金。执行协议达成后，相对人不履行执行协议的，行政机关应当恢复强制执行。

9. 对行政强制执行时间和方式的限制。除紧急情况外，行政强制执行不得在夜间或者法定节假日实施；不得对居民生活采取停止供水、供电、供热、供燃气等方式迫使相对人履行相关行政决定。

10. 对行政强制执行错误的补救。在执行中或者执行完毕后，作为强制执行依据的行政决定被撤销、变更，或者执行错误的，应当停止执行，恢复原状或退还财物；不能恢复或退还的，依法给予国家赔偿。

11. 对违法建筑物、构筑物、设施等需要强制拆除的，应当由有权的行政机关先予以公告，限期相对人自行拆除。相对人在法定期限内不申请复议或提起诉讼，又不拆除的，有权行政机关依法可以实施强制拆除。

金钱给付义务的执行和代履行，除必须遵循上述一般程序外，还必须遵循各自特殊的程序要求。

第三节　行政强制措施

一、行政强制措施的概念

目前，学界对行政强制措施的认识主要存在两种观点：一种观点认为，行政强制措施是行政主体在行政执法过程中所采用的各种强制性手段和办法。这种强制性手段和办法，既可以在强制实现义务内容的行政强制执行（行政主体自行强制执行）中使用，又可以在行政即时强制中使用，还可以在日常行政执法中，为查明或有效控制、有效制止违法行为和危害事件时使用。与行政强制措施相对应的概念是行政非强制措施。① 这是“办法”“手段”意义上的行政强制措施，只有当其作为行政强制措施的“办法”“手段”被使用时，才同特定的时间、过程、条件、程序和主体一起，转化为具体行政行为。② 另一种观点认为，行政强制措施是行政主体或者法律授权的组织，为了预防或制止正在发生或可能发生的违法行为、危险状态以及不利后果，或者为了保全证据、确保案件查处工作的顺利进行，而对相对人的人身自由、财产予以强行限制的一种具体行政行为，也被称为“即时强制”③。这是行为意义的行政强制措施。很明显，这种观点把行政强制措施视为与行政强制执行并行存在的一种独立的具体行政行为，并尽可能与《行政诉讼法》第12条第1款第2项规定的行政强制措施相对应。

根据《行政强制法》的规定，所谓行政强制措施，是指行政主体在行政管理过程中，为制止违法行为、防止证据损毁、避免危害发生、控制危险扩大等情形，依法对对公民的人身自由实施暂时性限制，或者公民、法人或其他组织的财物实施暂时性控制的行为。行政强制措施如下几个特征：第一，行政强制措施实施的即时性，且不以其他具体行政行为或行政决定的先行存在为条件。行政强制措施是在需要制止违法行为、防止证据损毁、避免危害发生、控制危险

---

① 傅士成．行政强制研究．北京：法律出版社，2001：266－267.

② 参见上书：37.

③ 方世荣主编．行政法与行政诉讼法．北京：中国政法大学出版社，1999：249.

扩大的情况下即刻实施的，其根本目的是维护社会秩序、防止危害社会的状态发生。由于行政强制措施实施的即时性，在行政强制措施实施之前，不可能先行作出一个处理相应事态的具体行政行为或行政决定，然后再执行这个具体行政行为或行政决定；并且，往往是即刻作出一个决定，即刻执行这个决定。在决定的作出与该决定的执行之间，没有明显的时间间隔。这也是行政强制措施与行政强制执行的主要区别。第二，行政强制措施实施的强制性，表现为对相对人及其权利的强行限制和控制。公权力的行使一般都带有强制性，但行政强制措施的强制性，特别是对受控相对人的强制性，尤其明显和突出。如对公民人身自由的限制，产生该公民行动不自由的结果；对存款的冻结，对财物的查封、扣押，产生存款和财物的使用权和处分权不能行使的结果。行政强制措施突出的强制性，要求必须对行政强制措施进行严格的条件和程序控制。第三，行政强制措施的临时性和辅助性。这是由适用行政强制措施的条件决定的。无论是制止违法行为、防止证据损毁的行政强制措施，还是避免危害发生、控制危险扩大的行政强制措施，一旦实施（采取）行政强制措施的事由消除，行政强制措施的继续存在即属没有必要。行政强制措施通常随着采取行政强制措施事由的消除而终止。行政强制措施通常也是为保障具体行政行为的作出而采取的，如对走私嫌疑物的查封或扣押，经查实后，对查封或扣押物进行没收处罚。在此，查封或扣押措施对后续处罚的顺利作出和执行，发挥了辅助和保障作用。第四，行政强制措施的非制裁性。这是由行政强制措施的性质决定的。限权和控制是行政强制措施的内容，而通过限权和控制避免社会秩序遭到破坏，则是实施行政强制措施的目的。因此，行政强制措施的采取，不以受限和受控相对人违法为前提；行政强制措施本身是限权而不是制裁。

二、行政强制措施的分类

1. 按目的分类。根据实施行政强制措施目的的不同，可以把行政强制措施划分为预防性行政强制措施、制止性行政强制措施和保障性行政强制措施。预防性行政强制措施以防止违法行为发生和证据损毁、避免危害发生为目的，它的特点是行政强制措施采取在违法行为、危害事件发生之前，或者证据有损毁危险的时候。如警察将对自己或他人构成威胁的醉酒人约束到酒醒，其目的就是预防醉酒人实施危害自身、他人和社会的违法行为。制止性行政强制措施以制止正在发生的违法行为、危害事件为目的，它的特点是行政强制措施采取在违法行为和危害事件发生之后、结束之前，如对走私货物的扣押，对超速或违章车辆的扣留等。保障性行政强制措施以保障行政管理的顺利进行，或者保障后续具体行政行为的顺利作出和执行为目的，它的特点是行政强制措施采取在启动行政执法之前或在行政执法过程中，如对证据的保全措施等。

2. 按内容分类。根据行政强制措施限权内容的不同，可以把行政强制措施划分为限制人身权的行政强制措施和限制财产权的行政强制措施。限制人身权的行政强制措施是以限制公民人身自由为内容的行政强制措施，其具体形式主要有：对人身的强制约束、强制传唤（《治安管理处罚法》），强制带回、人身搜查、人体检查（《海关法》），限制活动范围、强制返回（《出境入境管理法》），强制隔离、强制立即离境及人身扣留、强制实施行为等。限制财产权的行政强制措施是以限制对财产的使用和处分为内容的行政强制措施，其具体形式主要有：对财产的查封、扣押、冻结，强制扣款、强制拆除、强行拍卖、以物折抵等。限制人身权的行政强制措施和限制财产权的行政强制措施之划分，是我国《行政诉讼法》第 12 条第 1 款第 2 项所采纳的分类方式。

3. 按内容和形式分类。我国《行政强制法》第9条，以行政强制措施具体内容和形式的不同，将行政强制措施划分为如下5种：限制公民人身自由；查封场所、设施或者财物；扣押财物；冻结存款、汇款；其他行政强制措施。这种分类是基于现行法律、法规的规定和现实社会状况进行的，其好处是关注到各种行政强制措施之间的细微差别，使立法的规范更有针对性和可适用性。

三、行政强制措施的条件和程序

行政强制措施的实施，具有即时性和强制性等特点。行政强制措施的即时性，要求实施行政强制措施的条件清晰、明确，程序简便易行，甚至可以事后补办手续；行政强制措施的强制性，要求对行政强制措施的实施进行必要的条件和程序控制。这是一个两难的问题，如同赋权和控权，需要根据我国的政治、经济、社会、文化条件，行政主体行使权力的理性程度和社会成员的法文化水平等因素，确定一个合理的度，使之既能维护社会秩序，又不致侵害相对人的合法权益。

1. 行政强制措施的条件。行政强制措施只能由法律、法规规定的有行政强制措施实施权的行政主体和法律授权的组织在法定的职权范围内实施，适用的事实条件是遇有制止违法行为、防止证据损毁、避免危害发生、控制危险扩大等情形，适用的法律条件是法律、法规有可以实施行政强制措施的明确规定。此外，实施查封、扣押的行政强制措施还有特别的适用条件要求：发现违禁物品；需要保全证据；发现当事人转移财物以逃避法定义务，等等。

2. 行政强制措施的程序。行政强制措施的一般程序是：除当场采取行政强制措施外，事前需经行政主体负责人批准；由行政主体两名以上行政工作人员实施；出示执法身份证件及行政决定书；当场告知当事人采取行政强制措施的理由、依据及当事人依法享有的权利、救济途径；制作现场笔录；实施查封、扣押的，制作查封、扣押清单，查封、扣押清单一式两份，当事人和行政主体分别保存；现场笔录和清单由当事人或者见证人和行政执法人员签名或者盖章，当事人或者见证人拒绝签名或者盖章的，应当在笔录中予以注明；法律、法规规定的其他程序。

限制人身自由的行政强制措施只能由法律规定的行政机关实施，除必须遵循上述一般程序外，还必须遵循下列程序：当场告知或者实施行政强制措施后立即通知当事人家属实施行政强制措施的行政机关、地点和期限；在紧急情况下当场实施行政强制措施的，在返回行政机关后，立即向行政机关负责人报告并补办批准手续；法律规定的其他程序等。

对公民、法人或其他组织的财物进行查封、扣押，只能由法律、法规规定的行政机关实施，除必须遵循上述一般程序外，还必须遵循下列要求和程序：查封、扣押限于涉案的场所、设施或者财物，制作并向相对人当场交付查封、扣押决定书和清单。不得查封、扣押与违法行为无关的场所、设施或者财物；不得查封、扣押公民个人及其所扶养家属的生活必需品。并且在其他国家机关已经查封、扣押的情况下，不得重复查封、扣押。除法律、行政法规另有规定和行政机关负责人批准外，查封、扣押的期限不得超过30日。对查封、扣押的场所、设施、财物，行政机关应当妥善保管，不得使用或者损毁；查封、扣押发生的保管费用由实施查封、扣押的行政机关承担。查封、扣押后，行政机关应当及时查清事实，并在法定期限内作出处理，依法没收、销毁，或者解除查封、扣押等。

冻结存款、汇款的程序与查封、扣押的程序基本相同。

对行政主体实施的行政强制措施，当事人有权陈述和申辩，行政主体应当听取当事人的意见。

法律应用

1. 行政强制措施与行政处罚

扣留、查封与行政处罚，是各自独立的具体行政行为。行政机关已经向行政管理相对人告知了复议权、诉讼权以及起诉期限，行政管理相对人在法定期限内对扣留、查封不行使复议或起诉的权利，却在请求撤销行政处罚决定的行政诉讼中指控扣留、查封违法。根据行政管理相对人的诉讼请求，人民法院只审查行政行为的合法性。［“伊尔库公司诉无锡市工商局工商行政处罚案”，载《最高人民法院公报》2006（3）］

2. 即时强制的合法性

为避免灾害后果的发生，行政机关遵循技术操作规范的要求，采取必要措施的，可以认定已合理履行职责。行政机关对因自然灾害造成的损失不承担赔偿责任。

3. 对违法建筑实施强制拆除的程序

根据《行政强制法》第5条的规定，行政强制的实施应当适当，该法第四章对行政机关实施强制拆除行为应当遵循的法定程序做了明确、具体的规定，行政机关拆除违法建筑应当严格依照相关规定进行。强制拆除的对象是违法建筑本身，但组成建筑物的建筑材料及建筑内的物品，则属于当事人的合法财产。当事人因违法建筑所负的法律责任，不应当涉及其合法的私有财产。虽然《城乡规划法》《行政强制法》均未对行政强制执行的具体实施程序作出明确规定，但是参照《行政强制法》第三章关于行政强制措施实施程序的规定，结合《行政诉讼法》第38条第2款关于行政赔偿案件中因被告原因导致原告无法举证时由被告承担举证责任的精神，行政机关对违法建筑实施强制拆除的，手段、方式必须科学、适中，不得以野蛮方式实施强制拆除。对于建筑物内的物品，行政机关应当采用公证、见证等方式，进行清点造册、制作现场笔录、妥善保管并及时移交。如行政机关未依法履行上述程序，造成当事人合法财产损失的，则该强制拆除行为应予确认违法。［最高人民法院（2018）行申952号行政裁定书］

课后复习

1. 行政强制与行政处罚、行政诉讼强制措施有何区别？
2. 试述代履行的条件及方式。
3. 试述执行罚的条件及方式。
4. 试述直接强制执行的条件及方式。
5. 试述行政强制执行的程序。
6. 行政强制措施的特征有哪些？应遵循哪些条件和程序？

第十三章

行政给付和行政奖励

提　要

行政给付是指行政主体依照法律、法规的规定，对因失业、伤残、疾病、年老、灾难等具备特定条件的相对人提供物质帮助或其他优待条件的授益行政行为，又称行政救助或行政物质帮助。行政奖励是指行政主体为了实现行政目的，对严格遵守行政法规范并作出一定成绩或者响应行政指导的特定相对人，基于申请而给予其精神和物质上鼓励或优惠的授益行政行为。

重点问题

1. 行政给付的概念特征、特有原则与程序机制。
2. 行政奖励的原则、分类与程序。
3. 行政给付与行政奖励行为的可诉性。

第一节　行政给付

一、行政给付的概念与特征

行政给付，是指行政主体依照法律、法规的规定，对因失业、伤残、疾病、年老、灾难等具备特定条件的相对人提供物质帮助或其他优待条件的授益行政行为，又称行政救助或行政物质帮助。随着社会的发展以及行政理念的变革，行政给付已经超出了传统的生存照顾的界限，逐步向推动公民的全面发展，维护社会整体公平、正义等领域拓展。行政给付不仅仅是秩序行政视角下的管制工具，更成为现代社会公民的一项基本权利与行政主体的职责。

相比较而言，行政给付行为具有以下特征：

1. 行政给付是一种授益性行政行为。行政给付是行政主体依法赋予行政相对人以物质上的帮助以及与物质有关的权益的行为。被帮助人获得一定数量的货币、物品或有价证券，或经由行政主体为被帮助人提供一定的物质帮助条件或减免其所应承担的义务与负担，如免费入学、免费医疗等。只要行政相对人符合行政给付的基本条件，相应的行政主体就有职责和义务向其提供帮助。

2. 行政给付主要是一种依申请的行政行为。一般情况下，行政给付需要相对人主动向有关行政机关提出给付申请。但是，行政给付也可以是依职权的具体行政行为。例如，在地震、洪灾等自然灾害发生时，行政主管部门应主动为受灾对象提供服务，此条件下的行政给付是行政主体义不容辞的责任，不履行这种职责即是渎职。

3. 行政给付的对象具有特定性。行政给付的对象是特定的公民或公民群体，如老年人、老少边穷地区居民等。接受行政给付的对象必须具备法定条件，即真正陷入生活困难，需要行政机关提供帮助。只有具有法定条件的公民或公民全体才有资格享受行政给付。一旦接受行政给付的对象改善了生存条件，不具备法定条件，就不能继续享受行政给付。

4. 行政给付的表现形式多样。当前我国行政给付范围广泛、形式多样，行政给付的形式主要体现为物质上的帮助，具体表现为，其一，经费与金钱，如抚恤金、救灾款、救济金、安置款、扶贫款、补贴款、离休金、退休金等；其二，实物形式，如救灾衣物、食品、药品和农业种子等。其三，直接帮助，如医治伤病、安置、提供住宿等。其四，其他物质性权益。如为老人颁发老龄证，为学生颁发乘车优惠证（卡），为残障人士办理残疾证、为孤寡老人办理五保户供养证等，作为提供物质帮助或减免税费的凭证。

二、行政给付的特有原则

行政给付行为除应遵循行政合法、行政合理等基本原则外，还需遵循以下原则。

1. “帮困不助懒”原则。行政给付主要是保证公民的基本生活需要，而不是全部生活的需要。因此给付标准要与受给付者的基本生活需求成比例，防止给付过高或给付过低。如果对极度贫困者的给付水平太低，就达不到保障其基本生活的目的；而如果给付水平过高，容易使其成为只依赖国家而不愿劳动的懒汉，对其他劳动者产生负面影响，削弱经济发展的动力。我国的现有法律规范体现了这一原则。例如，《社会救助暂行办法》（国务院第 649 号令）第 9 条规定：“国家对共同生活的家庭成员人均收入低于当地最低生活保障标准，且符合当地最低生活保障家庭财产状况规定的家庭，给予最低生活保障。”《山东省社会救助办法》第 3 条规定，社会救助制度坚持保民生、托底线、救急难、可持续的方针。

2. 及时给付原则。行政给付的对象往往是生活处于极度困难，并且迫切需要给付的相对人。行政给付制度的价值在于雪中送炭，而非锦上添花。因此，行政给付必须坚持及时给付原则，否则，相对人如果已经度过了困难，或者因该困难导致了无法挽回的后果，行政给付就没有意义了。例如，《山东省社会救助办法》第 3 条规定，社会救助制度遵循…… 公开、公平、公正、及时的原则。

3. 与经济发展水平相一致原则。行政给付制度是由国家财政来维持的，要以一个国家的经济实力作为基础。行政给付的对象、范围大小与标准高低，都要受到本国社会、经济发展水平的制约和影响，给付标准太低或太高都不利于经济的发展。在经济发展水平低下的情况下，大范围、高标准地实施行政给付显然是不可能的。因此在确定行政给付的范围与标准的时候，应当从各地区的实际出发，充分考虑各地区居民的最基本生活需求、地区经济发展水平、物价水平、消费水平和财政承受能力等。例如，《江苏省社会救助办法》第 3 条第 1 款规定：“社会救助制度坚持托底线、救急难、可持续，与其他社会保障制度相衔接，社会救助水平与经济社会发展水平相适应。”该办法第 13 条规定：“最低生活保障标准，由设区的市人民政府按照当地居民生活必需的费用确定、公布，并根据当地经济社会发展水平和物价变动情况适时调整。”

4. 信赖保护原则。该原则要求，如果没有正当理由，当行政相对方已相信行政机关的行政给付行为的效力并且产生了合法的信赖利益时，行政主体不得擅自改变已生效的行政给付行为，不能随意收回、变更、废止、撤销对行政相对方有利的行政给付行为。如果由于某种正当理由而要变更，如撤销或废止行政给付，须保护行政相对人的正当合理的信赖利益，给相对人以必要的补偿。如我国台湾地区行“行政程序法”第 120 条规定，授予利益的违法行政行为经撤销后，受益人因信赖该处分而遭受的财产损失，撤销机关应给予合理补偿。据此，虽然行政主体授益行政行为违法，应予撤销。但基于该行为所产生的信赖利益应予保护。

三、行政给付的程序机制

1. 行政给付的一般程序。因行政给付的内容、对象与形式的不同，其具体程序各有所不同，但行政给付一般应遵照下列程序进行：

（1）申请。一般情况下，行政给付需要由相对人提出申请，并出具有关申请人及其家庭的收入和财产状况、生活困难原因及程度等证明材料，以便行政主体了解情况。《社会救助暂行办法》第 11 条第 1 项规定：“由共同生活的家庭成员向户籍所在地的乡镇人民政府、街道办事处提出书面申请；家庭成员申请有困难的，可以委托村民委员会、居民委员会代为提出申请。”这种申请可以是书面的，也可以是口头的。如城市流浪乞讨人员向民政部门救助站求助，虽无书面形式，但也视为一种申请。此外，对因自然灾害而发生的灾民生活安排、救灾款的拨付等行政给付，不经申请，只要受灾人申报损失情况，由行政主管部门进行统计核实，可依职权实施。

（2）审核。行政主体应对申请或申报材料进行审核。这种审核原则上应进行实质审核，由申请人所在单位或所在的基层组织（包括村民委员会、居民委员会或派出所）负责调查核实，并将有关材料和初审意见报送行政主管部门审批。同时，行政机关对申请人是否符合法定条件进行审核，并不限于作出给付决定之前，可以进行定期核查。如《社会救助暂行办法》第 11 条第 2 项规定：“乡镇人民政府、街道办事处应当通过入户调查、邻里访问、信函索证、群众评议、信息核查等方式，对申请人的家庭收入状况、财产状况进行调查核实，提出初审意见，在申请人所在村、社区公示后报县级人民政府民政部门审批。”

(3) 决定，也即行政机关批准或不批准行政给付。行政给付的审批机关在调查与核实的基础上，根据行政给付法关于给予给付条件的规定，决定是否对申请人给予行政给付。《社会救济暂行办法》第 11 条第 3 项规定：“县级人民政府民政部门经审查，对符合条件的申请予以批准，并在申请人所在村、社区公布；对不符合条件的申请不予批准，并书面向申请人说明理由。”

(4) 实施。这是指申请人的申请获得行政给付机构的批准后，按一定的标准和程序从行政给付机构领取救助款物或享受给付服务。例如，《军人抚恤优待条例》第 41 条规定：“经军队师（旅）级以上单位政治机关批准随军的现役军官家属、文职干部家属、士官家属，由驻军所在地的公安机关办理落户手续。随军前是国家机关、社会团体、企业事业单位职工的，驻军所在地人民政府人力资源社会保障部门应当接收和妥善安置；随军前没有工作单位的，驻军所在地人民政府应当根据本人的实际情况作出相应安置；对自谋职业的，按照国家有关规定减免有关费用。”

2. 行政给付的程序制度。

（1）公开制度。行政给付公开是指给付主体在实施给付行为的过程中，除法律规定的情形外，应将行政给付的行为、程序、结果等情况进行公示公开。《政府信息公开条例》第 11 条和

第 12 条均规定，各级政府应当公开救灾、优抚、救济、社会捐助等款物的管理、使用和分配情况。《南京市城市居民最低生活保障工作实施细则》（宁政规字〔2012〕25 号）第 12 条第 4 项规定，街道、镇会审后，将申请人名单、家庭成员、家庭收入、月人均收入、月补差金额等情况（一般应于当月 20 日左右）交由社区居委会在申请对象居所地附近张榜公布 5 日，听取群众意见，接受群众监督。对张榜公布后，群众有异议的，应进行复查，核实清楚后再定。

（2）说明理由制度。说明理由制度是指行政主体在作出或拟作出给付行为时，以适当方式向相对人说明作出该行为的事实根据、法律根据及其他理由的制度。尤其在行政机关作出拒绝、减少、终止、追回行政给付等不利处分时，必须说明理由。例如，《南京市城市居民最低生活保障工作实施细则》第 12 条第 5 项规定：区、县民政局审查认定不能享受的，要书面通知本人，并说明理由。该《实施细则》第 21 条明文要求，区、县民政局审核认定不予批准的，作出不予批准的书面决定，由街镇社会救助经办机构在 10 个工作日内书面通知申请人并说明理由。

（3）时效制度。时效制度是指法律、法规要对行政主体实施的行政给付行为设定明确的时间限制，避免因行政给付行为的拖延而损害相对人的权益。行政给付解决的是被给付人的基本生活保障问题，尤其是在发生了自然灾害或重大事件时，若不及时给付，被给付人的生存可能难以维持。《南京市城市居民最低生活保障工作实施细则》第 12 条第 5 项规定，区、县民政局对上报材料进行审批……自接受申请人提出申请之日起，30 天内办结审批手续。

四、行政给付的救济途径

行政给付是现代政府的重要职能。当特定对象面临失业、伤残、疾病、年老、灾难等困境时，行政主体须严格依照法定程序，履行法定职责，以维持社会成员的基本生存之需。行政主体不得有怠权、越权或滥权等行为，此乃公共利益的要求，同时也是维护社会整体公平正义的需要。行政给付是典型的授益行政行为，但“无救济则无权利”。若相关行政相对人的给付请求受阻，可以依法定途径寻求救济。这种救济途径包括举报、投诉。也即，行政相对人可以对社会救助工作中的违法行为进行举报、投诉。《江苏省社会救助办法》第 75 条第 2 款规定：“任何单位、个人有权对履行社会救助职责的工作人员在社会救助工作中的违法行为进行举报、投诉。受理举报、投诉的机关应当及时核实、处理。”另外，还可以对行政给付行为提起行政复议或行政诉讼。相关行政法规和规章明确了行政给付行为的复议和诉讼救济途径。如《社会救助暂行办法》第 65 条规定：“申请或者已获得社会救助的家庭或者人员，对社会救助管理部门作出的具体行政行为不服的，可以依法申请行政复议或者提起行政诉讼。”《山东省社会救助办法》第 88 条对此亦有相似规定。随着社会的发展以及行政理念的变革，行政给付的覆盖面和给付水平渐趋提高，这将为公众带来更多的福祉。相关的救济机制和措施将有利于保障行政主体权力行使的合法性与正当性，保障公众福祉及时、有效地实现。

第二节　行政奖励

一、行政奖励的概念与特征

行政奖励是指行政主体为了实现行政目的，对符合条件的行政相对人，赋予一定物质或精神权益的授益行政行为。行政奖励通过物质与精神上的引导，调动行政相对人实现行政目标的积极性、主动性和创造性，有利于提高行政效率，同时也使公民的主体地位受到尊重。

第一，实施行政奖励的主体是行政主体，包括行政机关和法律、法规授权的组织。企事业单位、各种基金会、民间团体所设立的奖励项目属于社会奖励，不属于行政奖励。这一主体特征将行政奖励与社会奖励区别开来。

第二，行政奖励的对象是外部行政相对人，即处于行政主体对应位置的自然人、法人或其他组织。如《沈阳市行政奖励工作管理规定》第 2 条规定，本规定所称行政奖励，是指市、县区人民政府和市政府各工作部门实施的以及行政机关、事业单位内部开展的评选表彰活动。这实际上是行政系统的内部奖励。行政奖励的奖励对象要求，使得其区别于行政系统内部的评优、评先等内部奖励行为。

第三，行政奖励的客体是符合法定条件的应予奖励的行为。行政奖励的目的在于表彰和鼓励先进，激励和带动后进，因此，应予奖励的行为应当是模范遵纪守法、积极响应国家政策、对国家/社会作出重要贡献的行为。如《科学技术进步法》第 15 条规定："国家建立科学技术奖励制度，对在科学技术进步活动中做出重要贡献的组织和个人给予奖励。"

二、行政奖励的基本原则

1. 精神奖励和物质奖励相结合的原则。《浙江省行政奖励暂行办法》第 3 条规定："行政奖励坚持精神奖励与物质奖励相结合的原则。"《山东省见义勇为奖励和保护条例》第 17 条规定："对事迹特别突出，在全省范围内有重大影响的见义勇为人员，经省社会管理综合治理委员会推荐，由省人民政府授予'山东省见义勇为英雄'荣誉称号，颁发荣誉证书并给予物质奖励，享受省级劳动模范或者先进工作者待遇。"《江苏省奖励和保护见义勇为人员条例》第 6 条规定，县级以上地方人民政府根据见义勇为人员的表现和贡献，应当给予见义勇为人员嘉奖、记功、授予荣誉称号等精神奖项中的单项或者多项奖励，并同时发给一定数额的奖金。上述规定即是精神奖励和物质奖励相结合原则的直接体现。

2. 奖励标准法定原则。行政奖励的条件和行政奖励的形式由法律规定。例如如何界定"见义勇为"，哪些行为属于"见义勇为"，应该给予何种形式的奖励等，这些标准和条件都应由法律加以明确规定。奖励标准法定是为了以制度性手段排除实施行政奖励中的随意性。如石家庄市交警部门"重奖不闯红灯者"① 的行为就背离了这一原则，随意设立和实施行政奖励，有滥用行政奖励职权之嫌。这不仅无法实现行政奖励的目的，而且还会适得其反，产生负效应。我国有关法律、法规规定，对违反规定实施行政奖励的，要按情节轻重分别给予批评、撤销奖励直至行政处分。

3. 奖励与行为相适应原则。这是关于行政奖励实施方面的原则，该原则要求所授予的奖励与相对人的行为和成绩相适宜，行政奖励的程度与受奖者的行为或成绩相匹配，按照相对人对国家和社会的贡献以及功绩等的大小来决定给予行政奖励的种类和等级。奖励与行为相适应原则是公正实施行政奖励要求的集中体现。

4. 公开、公正原则。行政奖励公开是公正的前提和保证，公正是发挥行政奖励的倡导、激励作用的基础。行政奖励中的公开原则是指有关行政奖励的范围、条件、程序等应当提前公布，

---

① 郭晓峰．石家庄重奖不闯红灯者．燕赵都市报，2010－07－12，11 版。

获奖人的产生公开、透明。这一原则要求行政奖励的条件、标准、结果等都应依法予以公示，接受广大群众和新闻媒体的监督。行政奖励公正原则要求做到机会均等、标准统一，凡是符合法定条件者，都有平等获得奖励的机会和资格，都要按照同样的标准衡量最终能否获得奖励。这一原则要求建立一种体现民主、公正和平等的评奖机制，凡符合法定奖励条件者，都有获得奖励的权利。

三、行政奖励的主要形式

行政奖励的形式主要包括精神奖励、物质奖励、其他资格或者权益奖励。

1. 精神奖励。精神奖励的形式主要有通报表扬，对受奖者在一定范围内以一定形式予以公开赞扬；通令嘉奖，在较大范围内予以公开表彰；记功，分为特等功、一等功、二等功、三等功；授予荣誉称号，如授予见义勇为先进分子、见义勇为英雄、劳动模范等称号。

2. 物质奖励。这种奖励形式是给予受奖人一定奖品或奖金的奖励，如奖励人民币 5 万元，奖励住房一套，奖励汽车一部等。物质奖励在给予受奖人奖金或奖品的同时，实际上也会给受奖人带来荣誉感，并且使物质奖励产生物质和精神的双重激励作用。

3. 其他资格或权益奖励。物质奖励和精神奖励是传统的、常见的奖励形式，随着社会的发展出现了新的行政奖励形式，如汶川大地震过后，经教育部的批准，四所大学破格录取抗震救灾中表现突出的四位英雄少年，这种奖励行为难以归类为物质奖励或者精神奖励，而是赋予其接受高等教育的资格。再如《新疆维吾尔自治区见义勇为人员奖励和保护办法》第 22 条第 1 款规定：“见义勇为人员在同等条件下，享有就业、入学、入伍、晋职、晋级、承包经营等方面的优先权。获得自治区级见义勇为荣誉称号的，享受自治区劳动模范待遇。”这一规定中，关于就业、入学、入伍的优先权，以及享受省级劳模待遇的奖励也难以单纯归类为物质奖励或者精神奖励，而是多种权益的综合体。

四、行政奖励的主要程序

目前，行政奖励缺乏统一的程序规定。归纳我国现行法律、法规的有关规定，关于行政奖励的程序大致有三种不同的情况：第一种情况是法律、法规对特定领域的行政奖励程序作出了较具体、明确的规定，如《国家科学技术奖励条例》，依据该条例实施自然科学领域的奖励，就必须适用该条例规定的程序。第二种情况是法律、法规将实施行政奖励的程序授权给实施奖励的机关自行拟定，如《消防法》，依据该法实施消防方面的奖励，其程序由实施奖励的消防机关拟定，这实际上赋予了消防机关自设程序的裁量权。第三种情况是法律、法规只规定了奖励的条件和权限，未对奖励的程序作任何规定，如《文物保护法》，依据该法实施行政奖励，实施机关的程序裁量权更大。不同领域、不同种类的行政奖励程序各有其特殊性。

总结现行法律、法规的有关规定，行政奖励的一般程序大致可以分为 4 个步骤：奖励的提出、审查批准、公布评议、授予奖励。

第一，奖励的提出。奖励的提出也即奖励程序的启动。目前大致有三种情况：一是有关相对人自行申请或申报，二是群众评选，三是有关单位或个人推荐。这三种情况都可以启动实施行政奖励的程序。如《安徽省见义勇为人员奖励和保护条例》第 10 条规定，见义勇为行为人或者其亲属可以向见义勇为行为发生地的县级综治机构申报见义勇为。国家机关、企事业单位、社会团体和其他组织以及个人可以向见义勇为行为发生地的县级综治机构举荐见义勇为。见义勇为没有申报人、举荐人的，行为发生地的县级以上综治机构可以在调查核实和组织评审委员会评审后直接确认。这一规定明确了自行申请和有关部门举荐两种奖励提出途径。

第二，审查批准。在审批阶段，有时由实施机关组成专家评审委员会，对进入程序的相对人进行审查评比，并将评比结果报实施机关审批；有的奖励申请则由实施机关在调查审核的基础上加以确认。如《新疆维吾尔自治区见义勇为人员奖励和保护办法》第 12 条规定，社会管理综合治理机构应当自收到请求确认见义勇为行为的申报、举荐材料之日起 30 日内调查核实，作出确认或者不予确认的书面决定。

第三，公布评议。行政奖励事项经审查批准后，由行政奖励的实施机关通过一定的形式公布。有的奖励在最终确定之前公布，并规定一定的异议期，异议期满或异议不成立的，奖项最终确定，并作为正式奖励公布；有的奖项没有异议期，一经公布，即是确定的结果。公布程序是行政奖励生效的实质性程序。

第四，授予奖励。实施行政奖励的机关采用一定的形式，将奖品、奖金和证明精神奖励的证、章发给受奖人。

五、行政奖励的救济途径

行政奖励是最大限度调动行政相对人的积极性、主动性和创造性，提高行政效率，实现行政目标的重要行为模式。根据行政法的一般原理，行政主体的行政奖励行为只要符合职权性、权益受损性、行为违法性等标准，即具有可复议性和可诉性，可以通过复议和诉讼途径寻求救济。目前我国一些地方性规范对此加以了明确。如《安徽省见义勇为人员奖励和保护条例》第 32 条规定：“合法权益未依照本条例的规定得到保护的见义勇为人员或者其近亲属，可以依法申请行政复议或者提起行政诉讼。”这将有利于规范和约束行政主体的权力行使，更有利于切实保障行政相对人的合法权益。随着福利国家和给付行政观念的确立与发展，行政奖励这种行政模式将会成为政府实现行政目标的重要途径和手段。将行政奖励纳入行政复议和行政诉讼的受案范围，将为行政奖励案件的有效救济提供充分的法律支持，为行政相对人的权利提供切实的法律保障。

法律应用

1. 关于见义勇为的认定

法律概念及其构成要件难以把握和认定时，若有利于弘扬社会正气，可以从宽解释。判断救助行为是否见义勇为，不应该要求必须事迹突出，而要看被救助者是否身处现实危险、救助者是否冒着危险实施救助。（中国行政审判案例第 74 号）

2. 关于行政奖励的允诺

行政机关为促进辖区经济社会发展而制定的奖励文件，如所含允诺性内容与法律法规不相违背，应视为合法有效。当引资人按照文件规定，通过发挥中介作用客观上促成本地招商引资时，行政允诺关系成立，引资人依法要求兑现相关奖励的权利受法律保护。（中国行政审判案例第 22 号）

课后复习

1. 论行政给付的原则。
2. 简析行政给付的程序。
3. 简析行政给付与行政奖励的异同。
4. 简述行政奖励的分类。
5. 论行政给付与行政奖励行为的可诉性。

第十四章 行政裁决

提 要

行政裁决，是指行政机关依照法律授权，对于平等主体当事人之间发生的、与行政事务密切相关的、特定的民事纠纷进行审查，并作出裁决的行政行为。它包括权属纠纷裁决、损害赔偿纠纷裁决和侵权纠纷裁决三种。它既是一种解决民事纠纷的途径，又是一种行政作用形式。行政裁决的实施，应遵循相应的原则和程序。

重点问题

1. 行政裁决的概念和特征。
2. 行政裁决在现代行政管理中的功能。
3. 行政裁决的种类。
4. 行政裁决的原则和程序。

第一节 行政裁决概述

一、行政裁决的概念

一般而言，行政裁决是指行政机关依照法律授权，对平等主体当事人之间发生的、与行政事务密切相关的、特定的民事纠纷进行审查，并作出裁决的具体行政行为。对于行政裁决的理解，可以从三个方面展开：(1) 从宪法的角度来看，行政裁决涉及在民事纠纷的处理上行政机关与人民法院之间的管辖权分配和衔接的问题；(2) 从法律制度的功能来看，作为一种法律纠纷的解决机制，行政裁决与司法审判在社会成本和效率等方面上的比较优势；(3) 从权力控制的角度来看，行政裁决涉及行政权对私人事务的干预，其存在程序正义和司法救济等合法性问题。

二、行政裁决的特征

1. 行政裁决的主体是法律授权的行政主体。行政裁决是行政机关对特定民事纠纷的处理，其行为主体主要是特定的行政机关，在特殊情况下，还包括除了行政机关之外的被授权组织。行政机关运用行政权对特定的民事纠纷予以裁决处理，必须经过法律的授权。在此，对于何谓法律的授权存在两种不同的观点：（1）从广义的角度来理解法律授权，即认为法律、法规均可以授权行政主体进行行政裁决，由此，对与民事纠纷有关的行政事项具有行政管理职权的行政主体经法律、法规授权后，才能对该类民事纠纷行使行政裁决权。① 有的学者还认为规章也可以授予行政主体行政裁决权力。（2）从狭义的角度来理解法律授权，即认为只有全国人民代表大会及其常务委员会制定的法律才可以授予行政裁决权。我们倾向于第二种观点，这是因为对特定民事纠纷的处理关系到行政机关和人民法院之间的职权分配，属于宪法层面的分权问题，其制度的设立应当由代表民意的权力机关作出。在法律规定上，我国的《立法法》第 8 条规定了只能由法律规定的事项，其中包括民事基本制度、诉讼和仲裁制度。行政裁决针对的是特定的民事纠纷，其裁决处理属于民事基本制度的范畴，同时，作为替代法律诉讼的纠纷解决机制，行政裁决又和诉讼制度相联系，因此，只有全国人民代表大会及其常务委员会通过法律的形式对行政裁决事项予以规定，被法律授权的行政主体才可以行使行政裁决权。在法律理论上，法律保留原则要求涉及公民基本或者重要的权利、义务事项的立法权由权力机关来行使，而行政机关不得代为立法。特定的民事纠纷是由行政机关来裁决，还是由人民法院予以司法审查，涉及公民获取法律救济的程序性权利，故这类事项必须由法律来规定，或者在法律有明确授权的情况下，由行政机关作出规定。

法律保留的理论是从 20 世纪 90 年代后期才从德国引入中国行政法学界，加之规范立法权的《立法法》是 2000 年制定的，因此，在 20 世纪 90 年代早期的一些行政立法实践和行政法理论存在着一定的差距。例如，1990 年 4 月 19 日司法部发布的《民间纠纷处理办法》规定，对于经过调解后仍达不成协议的纠纷，基层人民政府可以作出处理决定；基层人民政府作出的处理决定，当事人必须执行（第 17 条和第 21 条）。1993 年国家国有资产管理局发布的《国有资产产权界定和产权纠纷处理暂行办法》第 29 条规定：全民所有制单位之间因对国有资产的经营权、使用权等发生争议而产生的纠纷，应在维护国有资产权益的前提下，由当事人协商解决。协商不能解决的，应向同级或共同上一级国有资产管理部门申请调解和裁定，必要时报有权管辖的人民政府裁定，国务院拥有最终裁定权。

2. 行政裁决的对象是与行政事务相关的特定的民事纠纷。一般而言，民事纠纷采取民事诉讼或者仲裁的方式来寻求法律救济，我国《民事诉讼法》第 6 条规定：民事案件的审判权由人民法院行使。人民法院依照法律规定对民事案件独立进行审判，不受行政机关、社会团体和个人的干涉。而经过法律授权，行政机关获得了对特定民事纠纷的裁决权，就存在一个行政裁决适用范围的法律问题。至于哪一些民事纠纷由行政机关予以裁决处理，我国法律并没有统一的规定，这些有关行政裁决的规定主要散见于单行的法律之中，例如，《土地管理法》、《森林法》、《草原法》、《水法》、《矿产资源法》和《环境保护法》，等等。

3. 行政裁决过程的准司法性。行政裁决的过程既有和民事诉讼类似的特征，又有行政行为的特性，这种准司法性反映在行政裁决的程序启动、处理和作出决定等方面。在行政裁决的程序启动上，一般可以由当事人申请行政裁决，具有行政裁决权的行政机关也可以依职权进行行政裁决。行政裁决是应申请还是依职权而启动，须根据具体的法律规定来确定。（1）应申请的行政裁决。双方当事人在争议发生后，可以依据法律、法规的规定，在法定期限内向法定行政

---

① 马怀德主编．行政法与行政诉讼法．3 版．北京：中国法制出版社，2007：250.

裁决机关提出裁决申请，行政裁决程序开始启动。纠纷当事人申请行政裁决一般应采取书面形式，递交申请书，载明法定裁决事项。例如，《商标法》第44条规定，对已经注册的商标有争议的，可以向商标评审委员会申请裁定。（2）依职权的行政裁决。在涉及自然资源的权属纠纷上，具有行政裁决权的行政机关可以依职权主动地对特定民事纠纷予以行政裁决。但在行政机关依职权进行行政裁决之前，仍然给予民事纠纷的双方当事人某些意思自治的余地，即在双方当事人协商解决不成的情况下，行政机关才可以依职权进行行政裁决。例如，《矿产资源法》第49条规定，矿山企业之间的矿区范围的争议，由当事人协商解决，协商不成的，由有关县级以上地方人民政府根据依法核定的矿区范围处理；跨省、自治区、直辖市的矿区范围的争议，由有关省、自治区、直辖市人民政府协商解决，协商不成的，由国务院处理。

在行政裁决的过程中，行政机关处于居间裁决民事纠纷的第三者或者公断人的地位，这不同于行政许可、行政处罚或者行政强制等具体行政行为中行政机关是以中间人的身份或者角色进行裁决处理，而不是单纯地代表公共利益对相对人的权利和义务进行设定、变更和消灭。同样，行政裁决的程序也具有准司法性，其包括行政裁决的申请、受理、回避、时效等程序性规定，以保证行政裁决过程的中立和公正。

4. 行政裁决决定的强制性。无论民事纠纷的当事人是否同意或者是否承认裁决，都不会影响行政裁决的成立和其所具有的法律效力。行政机关依法作出的行政裁决决定，具有强制性的法律效力，这一特征表现在三个方面：（1）行政裁决决定具有强制性的法律效力，双方当事人对裁决内容必须予以服从。这一点与行政机关对民事纠纷的调解不同，经过调解后双方当事人达成的调解协议是意思自治的结果，并不包含行政机关的行政意志。（2）行政裁决决定的强制性导致了法律救济途径和方式的转变，即由民事救济转变为行政救济。当事人对行政裁决不服，只能依法申请行政复议或向人民法院提起行政诉讼。《行政诉讼法》第61条规定，在涉及行政许可、登记、征收、征用和行政机关对民事争议所作的裁决的行政诉讼中，当事人申请一并解决相关民事争议的，人民法院可以一并审理。而行政机关对民事纠纷的调解，当事人不服的，只能通过民事救济的途径和方式来解决。《行政复议法》第8条第2款规定，不服行政机关对民事纠纷作出的调解或者其他处理，依法申请仲裁或者向人民法院提起诉讼，不属于行政复议的范围。“最高法院行政诉讼法2018年解释”第1条规定，调解行为以及法律规定的仲裁行为不属于人民法院行政诉讼的受案范围。（3）在行政裁决的执行上，双方当事人对裁决决定既不申请行政复议又不提起行政诉讼的，经过法定时效后，行政机关可以予以强制执行或者申请法院强制执行。

5. 行政裁决是一种具体行政行为。行政机关依照法律授权针对特定的民事纠纷进行的裁决，是一种特殊的具体行政行为。其符合具体行政行为的构成要件，即行政机关必须具有法定的行政裁决权，对特定的民事纠纷实际运用裁决权，并设定、变更或者消灭当事人的权利或者义务，最后以书面的形式表现出来。相对人不服行政裁决而引起的纠纷属于行政纠纷，对此，除属于法定终局裁决的情形外，当事人可依法申请行政复议或提起行政诉讼。

第二节　行政裁决的种类

根据有关法律、法规的规定，我国的行政裁决主要有以下类型。

1. 权属纠纷裁决。权属纠纷是指双方当事人因某一财产的所有权或使用权的归属产生的争议。纠纷当事人依法向有关行政机关请求确认，行政机关对发生在当事人间，并与行政事务有关的财产所有权、使用权的归属争议作出确认性裁决。如行政机关对土地、草原、水、滩涂的使用权纠纷的裁决，对矿产资源利用、开采权纠纷的裁决。这种纠纷也可能产生于房产等非自然资源方面，如行政机关对土地附着物的所有权纠纷的裁决等。权属纠纷的裁决结果是权属关系得以确定。

2. 损害赔偿纠纷的裁决。损害赔偿纠纷是一方当事人的权益受到侵害后，要求侵害者给予损害赔偿所引起的纠纷。权益受到损害的当事人可以依法要求行政机关作出裁决，确认赔偿责任。如环境保护管理中，对于因违反环保规定排放污染物，造成他人合法权益受损害而引起的赔偿纠纷，环保机关所作的裁决，等等。在行政管理中发生的这类民事损害赔偿纠纷数量较大，通过行政裁决，可以确认赔偿责任和赔偿金额，使当事人受损害的合法权益及时得到恢复或赔偿。

3. 对侵权纠纷的裁决。侵权纠纷是一方当事人的合法权益受到他方的侵犯而产生的纠纷。受侵犯的当事人依法向行政机关提出请求，行政机关依法作出裁决。如对他人商标权、专利权的侵犯引起的纠纷，依法由工商、专利管理部门进行裁决；版权管理机关对侵犯他人著作权纠纷作出裁决；知识产权管理机关对专利、商标侵权纠纷作出裁决等。这些纠纷涉及的权利，通常具有排他性，是法律特别规定的专有权。行政机关对这类纠纷的裁决通常与损害赔偿裁决一起，而且以确认权属为前提。裁决侵权纠纷的目的在于制止侵权行为，保护受害当事人的合法权益。

行政机关裁决权属纠纷、侵权纠纷和损害赔偿纠纷之间具有内在的联系。权属关系的确定是侵权事实得以确定的基础，侵权事实的确定又为损害赔偿请求提供了依据。三者有着密切的联系，是一个先后连续的过程，不可分割。但裁决这三种纠纷各自的着眼点不同，分别强调了在这个连续过程中的不同阶段。由于这三种纠纷的争议目的不同，当事人请求所要保障的权益侧重点不同，相应地，这三类行政裁决的目的不完全相同。但是，在维护相对人合法权益、履行行政机关职能和实现行政目标方面，这三种行政裁决的目的是一致的。

第三节　行政裁决的原则与程序

一、行政裁决的原则

行政裁决的原则，是行政机关在行使裁决权的过程中应当遵守的基本准则，也是处理和解决平等主体之间发生的、与行政事务有关的特定民事纠纷过程中应当遵循的准则。行政裁决主要遵循以下原则：

1. 公正、平等的原则。行政机关运用行政裁决权，必须坚持和贯彻公正、平等的原则。第一，裁决机关在法律上必须处于独立的第三人地位，以公断人的身份进行裁决。第二，裁决机关具体负责裁决的人员应当实行严格的回避制度，严格执法，做到公正依法裁决。第三，裁决机关必须以事实为根据，全面认定事实，正确地适用法律，并实行裁决程序公开。行政机关行使行政裁决权，必须按照法律规定，在程序上为双方当事人提供平等的机会，以确保纠纷的双方当事人在法律面前地位平等。

2. 简便、迅速的原则。行政机关行使行政裁决权，必须在程序上体现提高效率，降低行政成本，减少费用，及时、有效地解决当事人之间的纠纷，实现行政职能的要求。行政裁决机关应当在确保纠纷得以公正解决的前提下，尽可能地采取简便、迅速、灵活的裁决程序，方便当事人，减轻当事人不必要的支出，缩短裁决周期，节省当事人的开支和费用。

3. 客观、准确的原则。行政机关裁决纠纷必须客观、全面地认定事实，根据案情的需要，组织和开展有关的调查、勘验或鉴定，坚持遵循规律、尊重科学、尊重事实，做到客观、准确地认定事实。

二、行政裁决的程序

行政裁决作为解决特定民事纠纷的一种有效方式，在诸多专业性、技术性较强的行政领域被越来越多地适用。它可以及时、有效地解决当事人之间的民事争议，保护当事人的合法权益，适应现代行政和社会经济发展的需要。目前，我国的行政裁决制度尚不够完善，有关法律、法规的规定比较零散，不够统一，对行政裁决程序的规定更显得欠缺。由于行政裁决的程序直接关系到行政裁决结果，影响着行政裁决的目标与功能的实现，所以完善行政裁决制度绝不可忽视行政裁决程序这一重要问题。结合我国现行法律、法规的规定和行政裁决的实践，其程序规则以及步骤、方式大致如下：第一，申请。纠纷当事人应当首先向有权行政机关提出申请，要求行政机关对已发生的争议作出行政裁决，以保护自己的合法民事权益。当事人的申请应当符合的条件是：申请人必须是民事权益发生争议的当事人或其法定代理人；申请必须向有管辖权的行政机关提出；申请必须在法定期限内提出；申请必须符合法定形式，即一般须提交书面申请，载明双方当事人的基本情况、争议事项、具体请求以及根据和理由等。第二，受理。行政机关收到当事人的申请后，应当对申请的内容进行初步审查，如果符合申请条件的，应当受理；如果认为不符合申请条件的，应及时通知当事人并说明理由。第三，审查。行政机关受理当事人的申请后，即开始对当事人的争议进行审查，包括对有关事实和证据进行查证核实，召集当事人进行调查、询问、辩论和质证，向有关证人了解情况，必要时可以组织勘验、鉴定；如证据不足，行政机关有权责令当事人举证，也可自行依法组织调查、取证。第四，裁决。行政机关经过审查认为事实清楚、证据充分的，应及时作出行政裁决。裁决书应载明争议双方当事人的基本情况，争议的内容，裁决机关认定的事实，以及裁决的根据和理由等；并应告知当事人对此裁决能否申请复议或提起诉讼，以及复议或诉讼的管辖机关。如果属于终局裁决，则应当告知当事人履行裁决的期限等。行政裁决作出后，裁决书应及时送达双方当事人。

法律应用

行政裁决在治安管理领域的立法变化

1986年颁布的《治安管理处罚条例》规定了公安机关对民事纠纷的行政裁决权。该条例第5条规定，对于因民间纠纷引起的打架斗殴或者损毁他人财物等违反治安管理行为，情节轻微的，公安机关可以调解处理；第38条规定，被裁决赔偿损失或者负担医疗费用的，应当在接到裁决书后5日内将费用交裁决机关代转；数额较大的，可以分期交纳。拒不交纳的，由裁决机关通知其所在单位从本人工资中扣除，或者扣押财物折抵。同时，还规定了对裁决不服的复议前置。第39条规定，被裁决受治安管理处罚的人或者被侵害人不服公安机关或者乡（镇）人民政府裁决的，在接到通知后5日内，可以向上一级公安机关提出申诉，由上一级公安机关在接到申诉后5日内作出裁决；不服上一级公安机关裁决的，可以在接到通知后5日内向当地人民法院提起诉讼。2005年颁布的《治安管理处罚法》（2012年修正）在行政裁决上作了很大的调整，即由公安机关的行政裁决转化为调解处理。第8条规定，违反治安管理的行为对他人造成损害的，行为人或者其监护人应当依法承担民事责任。第9条规定：对于因民间纠纷引起的打架斗殴或者损毁他人财物等违反治安管理行为，情节较轻的，公安机关可以调解处理。经公安机关调解，当事人达成协议的，不予处罚。经调解未达成协议或者达成协议后不履行的，公安机关应当依照本法的规定对违反治安管理行为人给予处罚，并告知当事人可以就民事争议依法向人民法院提起民事诉讼。

在司法适用上，应当注意《治安管理处罚法》的立法精神，其表现在两个方面：(1) 对民事纠纷仅限于调解处理，不作出行政裁决。以前公安机关可以就民事赔偿问题予以行政裁决，而新的立法弱化了公安机关对民事纠纷的行政干预，公安机关可以调解处理，经调解未达成协议或者达成协议后不履行的，当事人可以就民事争议依法向人民法院提起民事诉讼。(2) 由直接的行政裁决转化为间接的行政规制。经公安机关调解，当事人达成协议的，不予处罚。经调解未达成协议或者达成协议后不履行的，公安机关应当依照《治安管理处罚法》的规定对违反治安管理行为人给予处罚。在此，不予行政处罚成为当事人达成调解协议的激励因素，从而促使当事人达成和解。这样不同于以往通过行政权力的强制性来解决问题。从更深的层面来看，这一立法并没有一味地强调公共秩序的维护，而是转变了形式理性的思维模式，使得立法更加注重社会效果，从而趋向实用主义的立法思路。

2006年1月23日公安部发布《公安机关执行〈中华人民共和国治安管理处罚法〉有关问题的解释（一）》，其中对治安案件的调解问题作出了进一步的解释。根据《治安管理处罚法》第9条的规定，对因民间纠纷引起的打架斗殴或者损毁他人财物以及其他违反治安管理行为，情节较轻的，公安机关应当本着化解矛盾纠纷、维护社会稳定、构建和谐社会的要求，依法尽量予以调解处理。特别是对家庭、邻里、同事之间的纠纷引起的违反治安管理行为，情节较轻，双方当事人愿意和解的，如制造噪声、发送信息、饲养动物干扰他人正常生活，放任动物恐吓他人，侮辱、诽谤、诬告陷害、侵犯隐私、偷开机动车等治安案件，公安机关都可以调解处理。同时，为确保调解取得良好效果，调解前应当及时依法做深入、细致的调查取证工作，以查明事实、收集证据、分清责任。调解达成协议的，应当制作调解书，交双方当事人签字。公安部的法律解释遵循了《治安管理处罚法》的立法本意，使得对民事纠纷的解决和对违反治安管理行为的处罚区分开来。对与治安管理相关的民事纠纷，公安机关进行调解处理，调解不成的，当事人通过民事诉讼的途径获得法律救济；对违反治安管理的行为，公安机关依法进行行政处罚，当事人对行政处罚不服的，通过行政复议或者行政诉讼的途径获得法律救济。

治安管理领域行政裁决立法的上述变化，反映了我国行政裁决的整体状况。现在，中央发布了指导性文件，相信行政裁决会朝着更健康、规范的方向发展。

课后复习

1. 什么是行政裁决？行政裁决有哪些特征？
2. 行政裁决有哪些种类？它们之间存在什么内在联系？
3. 行政裁决的功能主要是什么？
4. 行政裁决应当遵循哪些原则？
5. 行政裁决应当遵守的程序规则是什么？

第十五章

行政合同

提　要

行政合同亦称行政契约或行政协议，是指行政主体为了履行行政职能和实现特定的行政目标，与行政相对人之间经过协商，双方意思表示一致所达成的协议，不同于民事合同和具体行政行为。目前，我国常见的行政合同类型主要有科研合同、国家订购合同、行政征用合同、公共工程建设投资合同，土地等国有资源的有偿出让、承包经营和开发利用合同，企业承包、租赁合同，政府采购合同和BOT政府特许经营合同。行政合同具有相应的适用领域，在实践中具有重要作用。行政合同的缔结应遵循相应的规则和方式，缔结中和缔结后行政主体与相对人双方具有相应的权利、义务。行政合同可依法变更、解除和终止。

重点问题

1. 行政合同的特征。
2. 行政合同与民事合同、具体行政行为的区别。
3. 行政合同的种类和作用。
4. 行政合同双方的权利、义务。
5. 行政合同的履行规则。
6. 行政合同的变更和消灭。

第一节　行政合同概述

一、行政合同的概念

行政合同亦称行政契约或行政协议，是指行政主体为了履行行政职能和实现特定的行政目标，与行政相对人之间经过协商，双方意思表示一致所达成的协议。它具有下列特征：

1. 行政合同的当事人一方必须是行政主体，主体具有特定性。行政合同作为行政主体行使职权的一种方式，行政主体是其不可缺少的实施主体；行政合同作为一种协议形式，只能在行政主体与相对人之间或行政主体之间形成。如果没有行政主体参加，不可能形成行政合同。应当指出，并非行政机关参加的所有合同都是行政合同，因为行政机关既可以作为行政合同的当事人，也可以作为其他合同的当事人。一方面，行政机关享有法律赋予行政主体的地位和职能，可以通过行政合同的方式行使行政权；另一方面，行政机关又具有平等民事主体的身份，它可以为了实现一定的民事目的实施民事行为，与其他民事主体签订民事合同。

2. 行政合同的目的是履行行政职能，具有公益性。行政合同有其明确的目的性，任何一个行政合同的订立，都是行政主体为履行其行政职能、实现特定的行政目标而实施的行为。行政主体借助于行政合同形式行使行政职权，处理行政事务，从而达到服务于社会公共利益的目的。如行政主体为了修建道路、桥梁、机场等公共设施，与企业签订共同投资建设合同；为了实现城市建设、改造的目的，与企业签订公共建设合同；为了国家和群众的利益，行政主体与农民签订粮棉订购合同；等等。这些行政合同所追求的，并不是行政主体自身的利益，而是行政主体履行其社会公共管理的职能，从而实现国家和社会的公共利益。订立民事合同的目的，则主要在于实现当事人自身的经济利益。

3. 行政主体对于行政合同的履行、变更或解除享有优益权，具有行政优益性。行政合同是为了国家和社会公共利益，因此，国家通过法律赋予行政主体许多职能上的优益条件，以保证行政合同的有效执行。在行政合同的执行中，根据行政需要，行政主体可以单方依法变更或解除合同，而作为另一方当事人的公民或组织则不享有这种权利。这种行政优益权显示出行政主体与行政相对人在行政合同中的不平等的法律地位。但是，行政主体单方面变更、解除行政合同的权利的行使是有条件的，应当受到公平、合理、合法原则的支配。只有当行政合同订立后发生了妨碍合同实现的客观情况时，才能依照法定职权和法律根据变更或解除合同。行政主体非因相对人的过错而变更、解除合同，导致相对人的财产权益受到损失的，应当予以合理补偿。

4. 行政合同是双方意思表示一致的行政行为，具有合意性。行政合同在行政行为类型中属于一种双方行为，双方行为应以双方当事人意思表示一致为前提。行政主体与相对人在订立行政合同时，必须进行平等协商，取得一致意见，任何一方不得将自己的意志强加于对方。当然，在行政合同履行过程中，行政主体具有某些单方面的优益权，如监督权、指挥权、变更权和解除权等。一般认为，对于行政主体在行政合同中的这些特权，双方经过协商后，可以直接订立在具体的合同之中。在行政合同制度比较发达的国家，行政合同理论认为，行政主体自然享有这些特权，无须在合同中再加规定。需要指出的是，双方意思表示一致并不等于双方目的相同：行政主体签订行政合同的目的是执行公务，而相对人可能是为了自身利益或其他目的。

5. 行政合同的订立、履行、变更和解除须遵守预设的法律规范，具有法定性。行政合同的双方当事人都必须依法实施行政合同行为，不能违反相关的法律规定。应当强调的是，行政主体通过行政合同处理的行政事务，应取决于法律对该项行政事务已作出了规定，不得通过行政合同的方式处理那些非法定行政合同事项；在行政合同履行过程中，行政主体的行政优益权必须依法行使；当法律规定不明确时，行政主体基于自由裁量权订立的行政合同，其目的必须是实现公共利益，符合法律的原则和目的。

行政合同历来是一个有争议的话题。有的学者认为，行政主体与公民、法人或者其他组织之间地位不平等，就不可能有契约存在，而只存在行政决定。① 也有的学者认为，只有行政主体与相对人之间才存在行政契约②，而行政主体相互之间在行政执法过程中所缔结的协议不是

① 陈新民．行政法学总论：264；张金鉴主编．云五社会科学大辞典·行政学．台北："商务印书馆"，1973：257.

② 许建兵．行政合同浅探．行政法学研究，1993（3）；高鸿．行政合同刍议．行政法学研究，1993（4）.

行政合同而是行政协议或行政协定。[①] 也有的学者认为，行政主体与相对人之间基于其不平等地位而缔结的协议，根本就不应该称为行政合同，但可以称为行政契约。[②] 还有的学者认为，行政合同或者行政契约包括行政主体相互之间、行政主体与相对人之间所缔结的协议。[③] 我们在这里所讨论的行政契约或行政合同、行政协议，不包括行政主体相互之间的行政协议或行政协定，这是因为，行政法学主要研究行政主体与相对人之间的权利义务关系，而行政主体之间的协议基本上不涉及或不直接涉及相对人的权利、义务。

在司法实践中，对于行政协议纠纷应当通过民事诉讼程序解决，还是通过行政诉讼程序解决，存在不同认识。《最高人民法院关于审理涉及国有土地使用权合同纠纷案件适用法律问题的解释》（法释〔2005〕第5号）将国有土地出让合同纠纷界定为民事案件。随后，“最高法院行政诉讼法2015年解释”第11—16条规定了行政协议的内容。其中第11条规定，行政机关为实现公共利益或者行政管理目标，在法定职责范围内，与公民、法人或者其他组织协商订立的具有行政法上权利义务内容的协议，属于《行政诉讼法》第12条第1款第11项规定的行政协议。第12条规定将政府特许经营协议、土地、房屋等征收征用补偿协议等行政协议纳入行政诉讼的受案范围。不过，“最高法院行政诉讼法2018年解释”第163条将上述2015年的司法解释予以废止，而有关行政协议的内容没有写入2018年的司法解释。2016年年底，最高人民法院在深入调研、反复论证的基础上，起草了《最高人民法院关于审理行政协议案件若干问题的规定》（论证稿）。司法解释稿就行政协议的范围、管辖、审理方式、法律适用、判决等司法实践中的重点难点问题作了规定。由此可见，有关行政协议的司法实践仍然处于发展变化之中，其中一种发展趋势是最高人民法院通过司法解释对行政协议作出统一的规定。

二、行政合同与相关概念的区别

1. 行政合同与民事合同。行政合同与民事合同是两种不同的合同。民事合同是平等主体之间意思表示一致而形成的协议，行政合同则是行政主体与相对人这两方不平等主体之间的协议。从形式上看，行政合同必有一方主体是行政主体，我国学者也多强调行政合同的这一特点。[④] 但是，由行政主体等作为一方当事人的合同并不一定就是行政合同。也就是说，是否有作为行政主体的行政机关等的参加，并不是判断是否为行政合同或者区别行政合同与民事合同的根本标准。

区别行政合同与民事合同的主要标准，应当是所设定的权利义务关系的性质。一般说来，具有下列情形之一的合同属于行政合同：第一，合同的目的是执行行政法规范。例如，《武汉市计划生育管理办法》[⑤] 第17条规定：“申请个体经营和开办私营企业的已婚育龄人口，在与户籍所在地乡、镇、街、场计划生育管理机构签订《计划生育合同》后，有关部门方可办理证（照）。”根据这一规定而缔结的计划生育合同，就是为了执行计划生育行政法律规范，属于行政

① 张载宇．行政法要论．台北：汉林出版社，1977：389.

② 高正文．《行政契约法》立法刍议//中国人民大学书报资料中心：宪法学、行政法学，2002（3）.

③ 宋梁凤．关于行政合同若干问题的探讨．行政法学研究，1994（1）；哈特穆特·毛雷尔．行政法学总论：353；余凌云．行政契约论．北京：中国人民大学出版社，2000：32.

④ 罗豪才主编．行政法学：259；应松年主编．行政法学新论．北京：中国方正出版社，1999：344；姜明安主编．行政法与行政诉讼法：252.

⑤ 1999年5月28日武汉市人大常委会修改通过，1999年7月30日湖北省人大常委会批准，1999年10月5日武汉市人大常委会第15号公布。

合同。行政主体委托社会组织执法的委托合同，也属于这类行政合同。第二，包含本来应作出或者需作出行政决定的内容的。也就是说，本来应作出或可以作出行政决定来设定、变更或消灭权利、义务，但行政主体依法没有实施而以合同形式来实施的。例如，被裁决拘留的人在复议和诉讼期间为暂不执行拘留裁决，而根据《关于治安管理处罚中担保人和保证金的暂行规定》①的规定与公安机关订立的保证合同，就属于这类行政合同。土地行政主管部门将土地使用权出让给相对人而签订的合同，并不是一般的买卖合同，还包含着需作出的土地使用权许可决定，因而也属于行政合同。行政特许合同多属于这类合同。第三，针对行政法上的权利、义务而订立的合同。例如，消防安全合同、事故预防合同和垃圾清运合同等，设定的都是《消防法》、《安全生产法》和市容卫生法规上规定的行政法权利、义务，都属于这类行政合同。相对人与行政赔偿义务机关所订立的行政赔偿协议，以及因补偿或抚恤而订立的协议，也是针对行政法上的权利、义务而订立的合同，属于行政合同②，否则，就不属于行政合同而属于民事合同。基于上述认识，在角斜木器制镜厂诉海安县供电局、角斜镇人民政府案和郑兴彬诉古柏乡人民政府案中，尽管被诉行为是行政决定（具体行政行为），但把供用电合同、农业承包合同认定为行政合同似乎还难以成立。③

但是，如果给付义务是中性的，那么区别行政合同与民事合同就会发生困难。"在这种情况下，起决定性作用的是给付义务的目的和合同的总体特征：如果公民履行金钱支付义务的目的是使行政机关作出期望的职务行为，就是行政合同。""如果合同规定，公民应当交付特定的不动产，而不是支付金钱，道理亦同。"④ 例如，文物部门对文物的征购合同，并非民事合同，而是为了公共利益而缔结的合同，属于行政合同。当然，我们也没有必要为了扩大行政合同的范围而把某些处于模糊状态的合同都认定为行政合同。在我国当前，法律对民事合同的保护比对行政合同的保护更为有效。只要不损害公共利益，把某些处于模糊状态的合同作为民事合同来保护，并非不可。

2. 行政合同与具体行政行为。行政合同与具体行政行为的最大区别，在于是协商一致还是单方面的意思表示。行政主体与相对人经协商一致而达成的协议是行政合同，行政主体单方面设定、变更或消灭权利、义务的是具体行政行为。

有的行为在形式上有双方意思但实际上却是单方意思，这主要表现在应申请行政行为问题上。这种行政行为是经相对人参与的行为，即相对人尽管参与了意思表示，但最后都取决于行政主体的肯定或否定。相对人的意思即使为行政主体所接受或采纳，在法律上也被视为行政主体的意思，而不属于经协商而达成一致协议。因此，它是一种单方行为。这种单方行为，应经申请而未经申请，行政主体即作决定的，不影响该行为作为行政行为而成立，只不过是一个有瑕疵的行政行为。但是，如果没有相对人的意思表示，行政合同就不能成立。⑤

行政合同的协商一致，必须基于相对人的自愿。非自愿的意思表示一致，并非协商而达成的一致协议，不属于行政合同。例如，在崔新月诉正定县工商局案中，原告向被告资助20万元的"自愿书"是在被告的胁迫下按被告提供的稿子抄写的⑥，属于具体行政行为而不属于行政

① 1986年12月20日公安部发布。
② "艾力松诉香溪镇人民政府案"//姜明安主编．行政诉讼案例评析：31.
③ 最高人民法院中国应用法学研究所编．人民法院案例选：行政卷・下：1459，1464.
④ 哈特穆特・毛雷尔．行政法学总论：351.
⑤ 叶必丰．应申请行政行为判解：99页以下．
⑥ 河北正定县工商局强逼"自愿赞助"20万 执法还是犯法．工商时报，1998-07-07.

合同。在目前行政合同还没有被正式纳入行政复议和行政诉讼受案范围的情况下，我们应当特别注意防范行政主体利用这种形式上的自愿试图达到规避法律目的的现象。

基于行政主体与相对人之间的不平等地位，行政合同不能因默示推定而成立，而只能是明示的。例如，根据《集会游行示威法》的规定，公安机关对集会游行示威的申请应当在规定的期限内作出许可或不许可的决定并书面通知申请人，逾期不通知的视为许可。这种基于推定而成立的行为属于行政行为。同样，在75位老人诉鹤峰县人民政府案中，被告要求下属各单位组织动员和落实建路捐资，原告所在单位遂直接从原告工资中按被告所定数额扣款。[①] 即使原告没有异议，推定为原告默认接受或同意，也不是一种经协商一致的行政合同，而是具体行政行为。“公民对单方行政活动的一般同意不会产生合同。”[②] 某些场合被推定为具有行政委托关系，并不意味着这种委托关系是一种合同关系。

另外，还应注意行政合同与附款行政决定的区别。

第二节 行政合同的适用领域与种类

一、行政合同的适用领域

行政合同制度对于促进行政主体与相对人之间的服务与合作、信任与沟通关系，变革传统法治模式具有重要的意义。但就目前而言，我国的行政合同制度尚未得以正式确立。从今后的发展来说，我们认为在以下领域可以推行行政合同制度：

1. 需要更多调动相对人主动性和积极性的领域。在完全可以通过市场竞争予以调节的领域，不需要行政合同。但是，经济人由于其趋利性，对某些领域并不感兴趣，甚至会导致环境恶化。这就需要行政主体来调动相对人的主动性和积极性，促进社会的发展。比如，环境保护领域是一个利润很小或者需要在很长时期后才能获利的领域。在这一领域，仅仅有立法和行政决定不足以调动相对人的积极性和主动性，行政给付性质的行政规范性文件和行政指导不足以保护相对人的合法权益[③]，需要行政合同来约定权利、义务。另一些几乎完全没有竞争的领域，则是公务领域。在这一领域，也需要通过行政合同（公务员聘任合同）来提高公务员素质和水平，发挥其主动性和积极性。

2. 需要相对人履行某种义务和避免影响相对人合法权益的领域。在某些领域，相对人具有行政法上的义务，并且，这种义务的履行具有长期性，需要得到相应的保障，这种保障，无法通过行政决定来实现，或者说通过行政决定往往会导致对相对人合法权益的不必要影响。在这样的领域，就需要通过行政合同来保证公共利益的实现，同时避免影响相对人的合法权益。这些领域包括计划生育、治安管理、海关监管、安全生产、保密工作、科学研究资助和国家公职人员履行职责领域，等等。这类行政合同主要是行政保证合同或行政担保合同。[④] 目前，这类行政合同在实践中已经比较多。

3. 需要对行政主体作更多约束的领域。在行政特许、行政征用、行政主体履行赔偿义务领域，为防止行政主体作行政决定的随意性，维护公共利益，尊重相对人的意愿，需要相对人的

---

① 案情详见刘长风等．七十五位老人状告县政府．长江日报，2001-05-29.

② 平特纳．德国普通行政法．朱林译．北京：中国政法大学出版社，1999：124.

③ 胡永球．政策变更应通情达理．长江日报，2002-08-20.

④ 叶必丰等．公共利益本位论与行政担保．中央政法管理干部学院学报，1997（5）.

参与，并通过行政合同来保障相对人的合法权益。在行政给付和行政指导领域，为防止政策的多变性和指导的随意性，确保相对人履行义务后行政主体给付义务的实现，确保行政主体在相对人响应号召后相应优惠承诺的兑现，也需要行政合同来保证。在行政主体推进依法行政，对自己作比法律规定更严格要求的场合，也需要行政合同来保证承诺的兑现，保证行政主体的信誉。武汉市东西湖公安机关与辖区内相对人签订协议，推行发生治安案件公安机关先行理赔制度①，为自己履行职责提出了更高的要求和标准，这种要求和标准的实现，是以行政合同作为制度保证的。这种行政合同不同于把自己作为相对人而向上级"立军令状"之类的行政担保合同，体现了向相对人负责的精神。

4. 需要专业性和技术性的领域及行政事务具有临时性的场合。在行政认可、行政核准、行政鉴定等领域，往往具有较强的专业性和技术性。在当前，这些领域具有长期性和经常性的行政事务，往往是通过行政法规范的授权，赋予某些社会组织行政权并使其成为行政主体来处理的。实际上，除了行政许可不允许委托给社会组织以外，其他很多领域都可以像行政处罚中的委托那样，通过行政委托合同由相应的社会组织来处理此类行政事务。对那些具有临时性的行政事务，更没有必要建立专门机构（即使是临时机构），也没有必要进行行政法规范的授权，而可以运用行政委托合同来执行公务，如查封、扣押财物时的保管合同，代履行中的行政委托合同，等等。

总之，行政合同的适用范围是非常广泛的，有待我们去建立和推行。

二、行政合同的种类

目前，在我国行政实践中较为常见的行政合同类型主要有：

1. 科研合同。这是行政主体与科研机构之间，为完成一定的科研技术开发项目，确立双方权利义务关系而订立的合同。这类行政合同与民法所调整的技术开发、转让、服务、咨询等民事性质的合同不同。我国对重大科技项目普遍实行合同制度，大多采取行政合同的方式来实现科研项目的完成。

2. 国家订购合同。这是行政主体基于国家利益和社会公共利益的需要，与相对人签订的订购有关物资、产品的合同。这类行政合同与民事买卖合同不同，表现为行政主体的意思表示在合同中居于主导作用，具有不可拒绝的特性，相对人必须接受和履行国家订购合同中规定的具体事项，但双方对于完成合同事项所需的费用，以及权利、义务和责任等，可以协商确定。

3. 行政征用合同。这是指行政主体为了社会公共利益，在依法给予相对人补偿的前提下，与相对人签订的征用其财产的行政合同。这类行政合同具有一定的行政强制性，主要适用于城市建设、土地管理、交通铁路等基础建设等领域。我国现行的《土地管理法》《城市房屋拆迁管理条例》等法律、法规对此均有明确规定。政府有关部门应与被征用财产的所有人或使用人，就补偿、安置等问题签订书面合同。

4. 公共工程建设投资合同。这是行政主体为了社会公共利益的需要，就某些公共工程项目的建设，与相对人协商，共同投资参与，确定双方权利、义务而签订的行政合同。这类行政合同旨在调动相对人积极参与社会公益事业，动员社会力量弥补国家财力的不足，将社会公益事业的发展由以前单纯的政府行为变为有相对人参与的社会行为。它既有利于社会公益事业和经济的发展，以此弥补国家建设资金的不足，也有利于调动相对人参与的积极性，可以使其从中

---

① 丁其刚等．东西湖区警方一诺千金 第一笔五千元赔款兑现．长江日报，1999-07-09.

获得相应的回报和利益。

5. 土地等国有资源的有偿出让、承包经营和开发利用合同。这是指行政主体以国有土地等资源管理者的身份，将土地等国有资源的使用权在一定时期内让与相对人，并让其承包经营，同时向国家支付土地使用出让金，而与相对人订立的使用和开发利用土地等国有资源的行政合同。根据有关法律规定，土地使用权出让由国土资源管理部门与土地使用者签订合同。同时，国土资源管理部门对土地的使用进行监督，对未按合同规定的内容和期限进行开发、利用、经营的，有权予以纠正，给予处罚，并有权批准改变土地用途。

6. 企业承包、租赁合同。这是行政主体作为发包方，实行承包经营的企业作为承包方，双方经协商，依法确定各自的权利、义务而签订的国有企业承包经营的行政合同。承包合同所确定的权利、义务受法律保护，任何一方违反合同的规定，不履行或不正确履行义务，都必须依法承担相应的法律后果，受到法律制裁。这类企业承包行政合同所反映出的行政性质主要表现在：其一，行政主体（发包方）对承包方的生产经营活动具有监督权，有权依法按照合同的规定，对承包方的生产经营活动进行检查、监督；当承包方经营管理不善或者完不成承包经营合同任务时，行政主体有权提出解除合同。可见，这种监督权并非一般民事合同所具有，不是民事权利，而是一种行政职权。其二，行政主体在履行合同义务时，还负有为相对方提供服务和必要协助的义务。应当为企业的生产经营活动创造有利条件，提供必要的服务，积极协助解决企业经营活动中存在的困难。这种义务非民事义务，而是一种行政义务。

7. 政府采购合同，又称公共采购合同，是指政府为实现其职能和公共利益，以法定方式和程序，使用公共资金，从市场上为政府部门及其他公共部门购买货物、工程或服务的合同。政府采购行为看起来类似民事行为，政府采购合同也类似于一般的民事合同，但是，政府采购的公共利益性质，以及数量规模较大，并对国民经济和政府财政有着较大影响，决定了其性质接近于行政合同，与一般民事合同相比较，具有更多的制约和限制。政府采购合同与行政主体传统的自行分散采购相比而言，可以节约财政开支和增加透明度，有利于防止“幕后交易”，杜绝或减少腐败行为的发生。

8. BOT 政府特许经营合同。BOT 即 Build-Operate-Transfer 的缩写，其意为建设—经营—移交。这是指政府与民间（国外）投资者之间签订的，由政府提供政策优惠等方面的保证，由投资者承建、拥有、经营、维护大型基础设施或工业建设项目，并在协议期满后，将该项目无偿移交政府的合同。

除以上几类行政合同外，在实践中还有行政委托合同、行政聘用合同、计划生育合同、资源环境保护合同等。

第三节　行政合同的缔结、履行和变更、消灭

一、行政合同的缔结

1. 行政合同缔结的规则。行政主体订立行政合同的行为，是运用国家行政权力的具体体现，能直接产生法律效果。行政主体在缔结行政合同时应当遵循以下规则：第一，必须有法律根据或明确的法律授权。行政主体订立行政合同的行为与平等民事主体之间签订民事合同享有很大的自由和自主权不同，行政主体只有在法律明确规定或授权的情况下才可订立行政合同。第二，行政合同必须出于行政需要，不能随意订立。这种行政需要既要有法律、法规的明确规

定，又要基于法律、法规的原则精神和行政管理的实际情况。订立行政合同既要从国家和社会公共利益出发，又要照顾到相对人的合法权益；既要谨慎、稳妥，又要积极创新。第三，行政主体缔结的行政合同，不能超越行政权限。行政主体不能超越自己管辖的行政事务和权限范围订立合同，超出权限以外签订的行政合同无效。第四，行政合同的内容必须合法，凡是关于国家法律和政策明令禁止的内容和事项，行政主体均不得与相对人缔结行政合同。行政主体不仅必须具有法定的行政合同缔结权，而且还必须保证行政合同的内容合法、有效。第五，坚持公开竞争原则。缔结行政合同必须公正、公开、平等竞争，这样可以制约行政恣意，保证行政主体合理、公正地运用其在行政合同中的主导权，有利于通过行政合同圆满实现行政目的。第六，采用书面形式。一般来说，缔结行政合同必须采用书面形式。

2. 行政合同缔结的方式。缔结行政合同的主要方式有：第一，招标，即指行政主体通过一定方式公布一定的条件，向公众发出以订立行政合同为目的的意思表示。行政主体作为招标人在发出招标公告前或公告后，需要制定标底，标底不能公开。相对人按照行政主体公布的资格和条件进行投标。行政主体经过评议后，与提出最优条件的投标人签订合同。招标是缔结行政合同较常见的方式，它可以防止徇私舞弊，维护国家利益和公共利益，体现了公正、平等的准则，易于相对人接受。第二，拍卖。这是行政主体作为拍卖人向公众发出的以订立行政合同为目的的意思表示，行政主体在同意拍买人的条件后，合同即告成立的一种方式。拍卖与招标相比，区别在于相互竞争的拍买人彼此知道其他拍买人的条件，可以随时改变自己要约的内容，行政主体与条件最优的拍买人订立合同。这种方式通常适用于国有资产的出让。第三，邀请发价。这是指行政主体出于政治、经济、技术等方面的原因，在招标时不一定与要价最优的相对人缔结合同，而是邀请选择其认为最恰当的相对人签订合同。这种方式一般也采取公开的招标，但在投标的基础上，行政主体可以在参加投标的相对人中选择合同的相对方。第四，直接磋商。这是指行政主体在某些特殊情况下，直接与其他组织或公民进行协商，签订合同。这种方式在签订民事合同时较为常见，而在签订行政合同过程中必须受到法律、法规的限制，一般只能适用于需要保密的合同、情况紧急的合同、某些特殊的高度专门技术的合同以及研究试验合同和以特别方式履行的合同等。

行政主体通过上述方式之一选择合同的相对方后，即可与其签订行政合同。

二、行政合同双方的权利和义务

行政合同法律关系的内容，也就是行政合同法律关系双方当事人所享有的权利和所承担的义务。应当说明的是，这里的权利、义务不仅仅是指行政合同所设定的权利、义务，还包括缔约过程中双方当事人的权利、义务。

（一）行政主体的权利

一般说来，行政主体在行政合同法律关系中具有下列权利。

1. 选择缔约方的权利。行政合同涉及行政目的的实现和公共利益的实现，因而作为公共利益代表的行政主体需要有选择缔约方的权利。这种被选择者，并不一定是出价最高者，而应当是综合评价最优者。行政主体不应选择那些信誉不良的竞争者。例如，在当前的国有土地使用权拍卖中，有的竞投者出价惊人，目的就是把其他竞争者吓退，但在得到土地使用权后却不如期按价支付，或不按时开发利用，造成土地严重浪费的结果，最后又需要政府资金的注入来解决半拉子工程或平息方方面面的矛盾。这种现象今后应当杜绝。对于无选择可能性的，行政主体事先应依法限定缔约方的条件，并按该条件认真审查。《关于治安管理处罚中担保人和保证金的暂行规定》就规定了担保人的条件以及不能担任担保人的情形。

2. 收益（报酬）权和取得标的物权。行政主体出让土地、矿藏、水流、海域、森林、山林、草原、荒地、滩涂等自然资源的开发利用权，配置无线电频率、公共运输线路等有限公共资源，代履行相对人的义务、拍卖没收物品，等等，可依法获取收益或报酬。这种收益应全额及时上缴国库，行政主体更不得截留。行政主体不应当使行政执法有偿化。在行政征用和行政征购合同关系中，行政主体具有依合同取得标的物的权利。

3. 要求相对人亲自履行合同权。行政合同的相对人是行政主体根据行政目的的需要而慎重选定的，具有非任意性，因而在缔约后相对人应当亲自履行义务，而不能任意转由他人代为履行。如果由他人代为履行义务，就可能失去本合同的目的，也可能会成为一个新的行政合同。强调行政主体的这一权利，在目前有其现实意义。有的相对人在利用各种条件以较优惠价格取得土地等自然资源的开发利用权后，层层转让、转包，或以联营等变相的形式转让，导致该自然资源的价格不断爬升，最后失去了开发利用的可能性或者将极高的成本转嫁到消费者身上。这实际上是行政主体没有充分运用要求相对人亲自履行合同权或者失职的表现。

4. 对合同的变更、解除权。行政主体在合同的履行中有权随时变更合同的条款，扩大或减少相对人的权利、义务。行政主体在合同的履行中还可以通过合同消灭与相对人间的权利义务关系。但是，行政主体行使变更、解除权时，必须真正基于情势变更和公共利益的需要，造成相对人损失的，应给予补偿。行政主体更不得利用对合同的变更、解除权侵犯相对人的经营自主权或其他合法权益。在艾力松诉香溪镇人民政府案中，原告因工负伤，被告与原告和原告所在大队签订了医疗、抚恤和生活补助协议，协议规定有关费用由所在大队负责，大队解决不了的医疗费用由公社解决。在农村经济体制改革后，被告就应当及时对该协议进行变更，以确保相对人的合法权益。但被告不仅没有及时变更，反而认定原告的后遗症已基本消失并能从事轻微体力劳动，因而解除协议。法院经审理，判决协议有效，责令被告继续履行。①

5. 对合同的监督、指挥权。行政主体有权监督和指挥相对人对合同义务的履行，要求相对人选择，甚至直接为相对人选定符合公共利益的履行方式，制止相对人不符合公共利益的履行方式。例如，行政主体委托社会组织代履行的，就应到场监督；对拆除违法建筑物不应只把房顶一揭了事，采取爆破的，应保证周围群众生命和财产的安全，等等。

6. 强制履行权和制裁权。相对人不履行或迟延履行义务的，行政主体有权采取强制方式强制相对人履行义务。相对人违反合同约定义务的，行政主体有权予以制裁。例如，《关于治安管理处罚中担保人和保证金的暂行规定》第 4 条第 2 款规定："担保人故意放纵或者指使被裁决拘留的人阻碍、逃避复查或者审理的，按照治安管理处罚条例第十四条、第十九条第七项的规定，以教唆他人阻碍国家工作人员依法执行职务的违反治安管理行为处罚。"第 9 条第 1 款规定："被裁决拘留的人交纳保证金后逃跑逾期一个月的，所交保证金予以没收。原裁决的拘留仍必须执行。"《中华人民共和国海关关于进出口货物申请担保的管理办法》② 第 9 条也规定："报关人必须于担保期满时向海关办理销案手续。对未能在担保期限内向海关办理销案手续的，海关可以区分不同情况，按下列规定处理：（一）将保证金抵作税款，责令报关人按规定补办进出口手续，并处以罚款；（二）责令担保人缴纳税款或通知银行扣缴税款，并处以罚款；（三）暂停或取消报关人的报关资格。"

---

① 案情详见姜明安主编．行政诉讼案例评析：31.

② 1987 年 6 月 30 日海关总署发布。

（二）相对人的权利

1. 公平对待权。在缔约过程中，尤其是在具有竞争性的缔约中，相对人具有公平对待权。相对人有权要求行政主体对自然资源或有限公共资源的出让或配置依法进行拍卖或招标，在招标或拍卖中做到公平、公正，反对暗箱操作，要求行政主体制止违规竞投人，相对人有权要求行政主体公平、公开地介绍标的物的客观情况、存在的瑕疵，等等。

2. 获得报酬或收益的权利以及相应优惠的权利。相对人在提供某一标的物或劳务，完成一定工作后，有依合同获得报酬或收益的权利。在履行某些合同后，相对人具有获得某种优惠的权利或机会。例如，被裁决拘留的人在履行担保合同后，就具有在复议和诉讼期间不被执行拘留的权利；报关人在履行进出口货物担保合同后，就享有对进出口货物先行放行的优惠，等等。

3. 获得赔偿（补偿）的权利。如果行政主体违法变更或解除行政合同的，相对人有权依法要求行政主体履行原合同。如果因违法变更或解除行政合同造成相对人损失，或者履行原合同已经没有意义的，相对人有权要求赔偿损失。行政主体依法单方面变更或解除行政合同造成相对人损失的，相对人有权要求补偿。出现不可预见的客观情况，从而使合同的履行虽然事实上并非不可能，但致使相对人履行极端困难和遭受灾难性损失的，相对人也有权要求补偿。这种不可预见的客观情况应当具备下列条件：第一，特殊的和事先不可预见的情况，如自然灾害、战争，货币严重贬值而引起的物价剧烈上涨，等等。第二，这种情况的产生与双方当事人的行为无关。第三，这种情况必须导致合同的履行变得极端困难。对于上述权利的救济①，新修订的《行政诉讼法》扩大了受案范围，其中第 12 条第 11 项规定，公民、法人或者其他组织认为行政机关不依法履行、未按照约定履行或者违法变更、解除政府特许经营协议、土地房屋征收补偿协议等协议的，可依法提起行政诉讼。第 78 条规定，被告不依法履行、未按照约定履行或者违法变更、解除上述协议的，人民法院判决被告承担继续履行、采取补救措施或者赔偿损失等责任。被告变更、解除上述协议合法，但未依法给予补偿的，人民法院判决给予补偿。

在行政合同法关系中，一方当事人的权利也就是另一方当事人的义务。

三、行政合同的履行

行政合同依法成立后，对双方当事人即产生法律效力，当事人必须全面、正确、及时地履行合同，以实现订立行政合同的目的。为了确保行政合同的履行，应遵循以下规则：

1. 实际履行。实际履行是指当事人必须按照合同规定的标的履行，不能随意变更标的，也不能用其他方式如违约金或赔偿损失等方法代替合同的履行。实际履行是行政合同履行中的一个重要原则，因为签订行政合同是为了公共利益的需要，实现合同的标的，也是为了达到维护国家和社会公共利益，以及发展社会公益的目的。如果不实际履行合同，则是对国家和公共利益的损害。只要双方当事人有条件、有能力履行，必须实际履行合同。当然，在行政合同的履行中，如果出现了法定的某种特殊情况，也可以依法免除实际履行。

2. 自己履行。行政合同不仅要求实际履行，而且应当由合同当事人自己履行。当事人签订合同，表明具有自己履行的能力和条件，同时，合同对于特定的当事人有着特定的要求。因此，不能任意转由他人代替履行。合同一经签订，相对人非经行政主体同意，不能自行更换，也不能委托他人代为履行。

---

① 宋梁凤．关于行政合同若干问题的探讨．行政法学研究，1994（1）．

3. 全面、适当、及时履行。这是指当事人应按照合同规定的内容，全面、适当、及时地履行，不得任意增加或减少合同规定的内容，严格按照合同条款的规定履行。在合同履行中，除法律规定的特别情况外，当事人不能对合同的标的、履行期限、履行方式、履行地点任意进行变更，也不能只履行部分条款或部分内容，不能采取不适当的方式造成合同履行困难，或增加履行的负担。

四、行政合同的变更和消灭

1. 行政合同的变更。这是指已订立的行政合同在不改变其基本性质的前提下，行政主体基于特定的法律事实和行政优益权，对合同的主体、标的、内容等条款作相应的修改、补充或限制的活动。行政合同变更的主要情形是：行政主体为了国家和公共利益的需要，依法行使裁量特权，单方面变更合同；由于一定的法律事实的出现，如不可抗力等原因，需要变更行政合同。行政合同变更后，原合同的变更部分不再履行，但原合同中的未变更部分仍需履行。双方当事人应按照合同变更后确定的权利义务关系履行合同。

2. 行政合同的消灭。具体包括：

（1）行政合同的解除。这是指合同当事人尚未履行或未全面履行合同时，当事人提前结束合同约定的权利义务关系，不再履行合同。行政合同的解除方式主要有：第一，单方解除合同。这是行政主体单方意思表示所产生的解除合同。第二，双方协商解除合同。这是经双方当事人协商，意思表示一致所产生的解除合同。这种方式通常由相对人提出解除合同的意思表示，在征得行政主体同意后，提前终止行政合同的效力。行政合同解除后，双方当事人之间的合同关系即告终止，彼此不再享有或承担原合同规定的权利和义务。因行政主体单方面变更或解除行政合同的，行政主体应对相对人因此而受的损失予以补偿。

（2）行政合同的终止。这是指因某种原因而引起的债权债务客观上不复存在，合同终止是合同解除的定位概念。行政合同终止的情况主要有：合同履行完毕或合同期限届满；双方当事人同意解除合同；行政主体单方面解除合同；因不可抗力导致合同履行已不可能；因一方或双方过错，经有权机关决定或法院判决解除合同。

法律应用

1. 息诉罢访协议的性质

行政机关与上访人签订的息诉罢访协议，实质上是行政机关为了维护社会和谐稳定、公共利益和实现行政管理职能的需要，根据属地主义原则在其职责权限范围内，与上访人达成的有关政府出钱或者是给予其他好处、上访人息诉罢访等具有行政法上权利义务内容的协议，确立了新的权利义务关系，符合行政协议的法定要件，并对权利义务产生了新的实际影响，属于可诉的行政行为。[最高人民法院（2016）行申45号行政裁定书]

2. 土地征收补偿协议的起诉与受理

土地征收过程中，土储中心与村委会签订的土地征收补偿协议，是土地所有权人与征收管理部门之间签订的行政协议，属于行政诉讼的受案范围。但是，土地征收补偿协议只是土地所有权人与征收管理部门关于土地征收补偿款达成的协议，只有集体土地所有权人或者过半数的村民可以以集体经济组织名义提起诉讼。土地征收补偿协议不涉及土地使用权的行使，与土地使用权的行使相关联的是土地征收决定或者限期搬迁决定、强制清除地上附着物的行为等，作为土地使用人，与土地征收补偿协议行为并不存在区别于其他村民的特别权利……不具有原告资格。[最高人民法院（2016）行申1589号行政裁定书]

3. 行政协议优益权的行使

行政协议作为一种新型且重要的行政管理和公共服务方式，将传统上认为水火不容的行政和合同两种行为方式奇迹般地结合在一起。现在多数人认为，行政协议既有行政性又有合同性，是行政性与合同性的创造性结合，其因行政性有别于民事合同，又因其合同性不同于一般行政行为。行政协议因协商一致而与民事合同接近，但又因其为实现行政管理和公共服务的一种方式而具有行政性而有别于一般民事合同。行政协议强调行政性是必要的，唯有如此才能解释为什么行政协议需要在行政程序相关法律中进行规定，并且应获得行政复议、行政诉讼救济，也能解释在行政协议中行政机关为什么享有单方变更、解除行政协议等有别于民事合同的优益权。与民事合同主体签订合同是为了自身利益不同，行政机关签订行政协议是为实现公共利益或者行政管理目标。不仅签订行政协议本身是实现公共利益或者行政管理目标的方式，而且在履行协议过程中，行政机关可以根据实现公共利益或者行政管理目标的需要单方变更、解除协议，甚至可以依法单方作出行政强制、行政处罚。当然，行政机关只有在协议订立后出现了由于实现公共利益或者行政管理目标的需要或者法律政策的重大调整，必须变更或者解除时，才能行使单方变更、解除权，由此造成公民、法人或者其他组织合法权益损失的，亦应依法予以补偿。[最高人民法院（2017）行申4592号行政裁定书]

行政优益权的行使，通常须受到严格限制。首先，必须是为了防止或除去对于公共利益的重大危害；其次，当作出单方调整或者单方解除时，应当对公共利益的具体情形作出释明；再次，单方调整须符合比例原则，将由此带来的副作用降到最低；最后，应当对相对人由此造成的损失依法或者依约给予相应补偿。尤为关键的是，行政优益权是行政机关在《合同法》的框架之外作出的单方处置，也就是说，行政协议本来能够依照约定继续履行，只是出于公共利益考虑才人为地予以变更或解除。如果是因为相对方违约致使合同目的不能实现，行政机关完全可以依照《合同法》的规定或者合同的约定采取相应的措施，尚无行使行政优益权的必要。[最高人民法院（2017）行申3564号行政裁定书]

4. 行政合同的解释

行政机关在职权范围内对行政协议约定的条款进行的解释，对协议双方具有法律约束力，人民法院经过审查，根据实际情况，可以作为审查行政协议的依据。[最高人民法院指导案例76号]

课后复习

1. 试述行政合同的特征、种类和作用。
2. 行政合同的缔结应当遵循哪些规则和方式？
3. 行政合同中双方有哪些权利和义务？
4. 行政合同的履行应遵守哪些规则？
5. 在什么条件下可以变更和解除行政合同？变更、解除行政合同会产生哪些法律后果？
6. 行政合同的终止主要有哪些情形？

第十六章 行政指导

提　要

现代市场经济的发展产生许多在传统行政法下政府难以依法调控的问题，于是，利用非权力的行为影响市场经济的发展，可以产生比用僵硬的法律规定干涉市场经济更能取得良好的社会效果。行政指导的出现与运用正是这种市场经济发展需要的产生。它既是现代行政法中合作、协商民主精神发展的结果，也是现代市场经济发展过程中对市场调节失灵和政府干预双重缺陷的一种补救方法。因此，在现代行政法中，行政指导具有了行政职权行为无法替代的法律地位。

重点问题

1. 行政指导的概念和特征。
2. 行政指导的分类和形式。
3. 行政指导的原则和程序。

第一节　行政指导概述

一、行政指导的概念

行政指导是行政主体为了实现一定的公共目的，而引导行政相对人自愿采取一定的作为或者不作为的行为，行政相对人可以自愿决定接受或者配合，但不直接产生法律效果的行为。行政指导是行政主体适应现代市场经济下日益复杂多变的社会、经济生活的而采取的行政活动。

行政指导相对于传统的行政命令而言，是一种不以行政强制为特征的新型行政手段或方式。即对行政相对人的权利义务不直接产生影响，不具有行政强制执行力。行政主体为了实现行政目的，采用倡导、号召、劝告、警示、等方式，鼓励或希望公民、法人或者其他组织作为或者不作为的一种不具有强制性和拘束力的行政作用，是一种不具有法律效果的事实行为。① 根据“最高法院行政诉讼法2018年解释”第1条第2款第3项的规定，不具有强制力的行政指导行为

① 叶必丰．行政法与行政诉讼法．北京：高等教育出版社，2007：146.

被排除在行政诉讼受案范围之外。

在吉德仁等与盐城市人民政府行政决定案①一案中，法院区分了行政指导行为与可诉的具体行政行为，法院认为："所谓行政指导行为，是指行政机关在进行行政管理的过程中，所作出的具有咨询、建议、训导等性质的行为，不具有行政强制执行力。而被上诉人盐城市人民政府《会议纪要》中有关公交车辆在规划区免交规费的规定，是明确要求必须执行的，因此，盐城市人民政府认为该行为属行政指导行为没有法律依据。……《会议纪要》的上述内容实际上已直接给予了公交总公司在规划区内免交交通规费的利益，……由于该《会议纪要》是赋予一方当事人权利的行为，公交总公司作为受益人也参加了会议，因此《会议纪要》虽未向利益相对方直接送达，但《会议纪要》的相关内容在其后已经得到执行，城区交通局已将无法对公交总公司进行行政管理的原因及《会议纪要》的内容书面告知了吉德仁等人，因此应当认定盐城市政府在《会议纪要》中作出的有关公交车辆在规划区免征规费的行为是一种可诉的具体行政行为。"法院没有把《会议纪要》涉及的行为认定为是行政指导原因主要有两个：一是《会议纪要》有赋权行为；二是《会议纪要》要求必须执行并已经得到执行，即有强制力。

二、行政指导的特征

行政指导具有以下特征。

1. 法律效力上的非强制性

这是行政指导与行政处理行为的最大区别，也即行政指导所针对的行政相对人可以自愿的决定是否接受行政主体的指导。如果行政相对人认为没有必要按照行政指导的要求去执行，行政主体不能强制其履行，就是说行政指导并没有给行政相对人设立权利和义务。在苏某某诉丹东市物价局物价行政批准案②中，被告丹东市物价局对原告苏某某所住的小区辽宁金海物业有限公司所制定的物业服务标准作出批复，该批复根据物业服务等级标准等因素制定了与物业服务等级标准相对应的指导价格，但没有规定如果不履行需要承担相应的法律责任。亦即，辽宁金海物业有限公司可以不按照批复的指导价格收取物业费，物价局无权要求辽宁金海物业有限公司强制执行该价格，因此，该批复属于行政机关在进行行政管理过程中作出的行政指导行为，不具有强制力，对当事人的合法权益不产生实际影响。

但是不能因此认为行政指导没有任何作用，尽管行政指导不具有法律上强制力，但往往具有事实上强制力③，行政主体往往以利益作为诱导，引导相对人做出符合行政主体要求的选择，从而事实上起到让相对人自愿接受或遵守，以此来达到行政目的。例如，《国务院办公厅关于深入开展节能减排的通知》④中规定了十项全民节能行动的内容，对如何开展节能活动进行了详细指导，并没有设定法律后果，是否遵守纯属自愿，但这并不意味着相对人可以置其于不顾，其确定了以舆论监督为主导的制约手段，对浪费能源的单位和个人将予以曝光，事实上起到了约束作用。

2. 管理手段上的补充性

---

① 吉德仁等与盐城市人民政府行政决定案．最高人民法院公报，2003（4）.

② 辽宁省丹东市中级人民法院（2017）辽06行终42号行政裁定书。

③ 包万超．转型发展中的中国行政指导研究//罗豪才主编．行政法论丛：第1卷．北京：法律出版社，1998：286.

④ 参见国务院办公厅：《关于深入开展节能减排的通知》，国办发〔2008〕106号。

传统的行政模式正在从秩序行政、管理行政逐步走向给付行政、服务行政，行政主体对经济社会的干预的主动性不断加强，在依法行政的理念下，很多领域由于法律规范的缺失，导致行政主体的行为没有法律依据，而社会的发展需要行政主体必须采取管理手段，行政指导作为一种柔软灵活的行政方式也就应运而生。行政主体作出行政指导行为时，大多数是基于中立地位进行的，可是在司法行政领域中，行政主体虽然居于中立的地位，但不一定就是行政指导。如在叶建良诉惠州市惠城区公证处公证行为一案①中，惠州市惠城区公证处以“不具有强制力的行政指导行为，对公民权利义务不产生实际影响的行为，不属于法院行政诉讼的受案范围。公证处的公证行为既对双方无强制约束力，又不影响双方的权利义务，故该案不属于法院的行政诉讼范围”为由，提请上诉，法院认为：“《公证暂行条例》是国务院颁布的行政法规，依据该条例第二条、第三条和第四条的规定，公证是国家公证机关根据当事人的申请，依法证明法律行为、有法律意义的文书和事实的真实性、合法性，公证行为应认定为具体行政行为；公证业务由公证处办理，应认定公证处是行政法规授权实施公证行为的组织。因此，被上诉人不服公证行为提起的诉讼，符合《中华人民共和国行政诉讼法》规定的受案范围，上诉人在本案中是适格的被告。”

行政指导在行政过程中以不违背宪法和法律的精神、原则和规则的，不具有国家强制力的行为方式（如指导、劝告、建议、提醒、鼓励等）来调动行政相对人自愿协同行政主体管理的积极性，弥补了相关立法之缺失和不完善之处。行政指导日益成为行政管理中重要的补充手段。

3. 成因上的利益主导性

现代社会中，行政主体掌握了大量的资源，相对人在信息掌握上的不对称性及在资源分配上的不平衡性，成为行政指导行为得以存在的一个极特殊的理由。行政主体正是利用这种优势，运用其掌握的信息、知识及其它独有资源（如公共信用等）推动相对人进行选择或接受指导的活动。行政指导的这种作用或功能取决于行政机关特有的主体优势性。行政指导之所以能实际发挥作用，除了利益引导机制因素外，还依赖行政机关在知识、资讯、资源等多方面具有的优势。

如果相对人能掌握相关的信息，就不会对行政指导产生一定的需求。以农村种植计划为例，农户之所以接受政府种植计划方面的指导和安排，是由于政府部门掌握的农产品市场信息及知识较一般农户多。这种信息和知识的不平衡决定了农户可能需要政府提供这方面的指导。因为农户自己搜寻相关信息、获取相关知识，需要巨额的交易成本。行政主体利用其优势地位，为农户提供信息服务，引导农户的发展，从而为农户大量节约信息成本，农户就乐于接受行政主体的行政指导，行政主体借此也达到了行政管理的目的。可知，行政指导在成因上是基于利益的主导。

但是这种用于主导的利益是一种期待利益，行政指导不能直接赋予利益或者直接影响当事人的权益，在点头隆胜石材厂不服福鼎市人民政府行政扶优扶强措施②一案中，法院认为：“福鼎市的玄武岩石材企业，其生产用原料都由第三人福建玄武石材有限公司供应，而且供应数量有限。在此情况下，被告福鼎市人民政府以鼎政办（2001）14 号文件，批准下发了《工业领导小组办公室关于 2001 年玄武岩石板材加工企业扶优扶强的意见》。该文件虽未给原告点头隆胜石材厂确定权利与义务，但却通过强制干预福建玄武石材有限公司的销售办法，直接影响到点头隆胜石材厂的经营权利。……福鼎市人民政府认为鼎政办（2001）14 号文件是行政指导性文

① 参见广东省惠州市中级人民法院（2002）惠中法行终字第 34 号行政判决书。

② 点头隆胜石材厂不服福鼎市人民政府行政扶优扶强措施．最高人民法院公报，2001（6）.

件，没有强制性，不是具体行政行为，不是行政诉讼可诉对象的理由，不能成立。”本案中被告发布的文件意图对石材的供应进行利益主导，虽然没有规定原告的权利与义务，但是却直接影响到了原告的经营权，所以不是行政指导。

4. 行为方式上的多样性

行政主体在作出行政指导行为时，在具体方法上没有明确的法律羁束性规定，因而是由行政主体根据实际情况决定采取具体的指导方法。行政主体可以根据不断变化的形势，即使没有制定法上的规定，只要遵守相关的法律原则，如公平、公开原则，积极采取行政指导行为。这一特征既反映了行政主体在行政指导行为中拥有更大的自由裁量权，也说明了行政指导行为在具体实施中的复杂性。如常见的行政指导行为方式有通知、引导、劝告、建议、协商、示范、提醒、鼓励、制定导向性政策、发布官方信息等。

当相对人基于行政许可取得的某项权利终止前，行政主体可以以“通知”的方式，提前告知相对人必须处理的法定事项，以引导相对人正确处理许可终止前的相关事项，并未对相对人的权利义务产生法律后果，该类“通知”也属于行政指导。在原告西宁首创医疗废物处理有限公司诉被告西宁市环保局违法责令停产一案中，被告向原告发出《关于医疗废弃物处置相关工作的通知》，告知原告其危险废物经营许可证有效期即将到期，要求原告从收到《通知》之日起，不得再与医疗机构签订医疗废弃物处置合同，并尽快制定企业停产和设备拆除前的处置方案。原告认为该《通知》构成责令停产停业的行政处罚。法院认为，“在原告未在规定的期限内提出换证申请的前提下，被告发出《通知》系履行正常监管职责，运用非强制手段指导原告为或不为某种行为……，并非是对原告的处罚行为。原告能否继续从事医疗废弃物的处置等经营活动取决于其是否具有有效的行政许可权限，并非因被告的《通知》设定”，由此驳回原告起诉。①

第二节　行政指导的分类和形式

一、行政指导的分类

1. 以行政指导的功能为标准，分为助成性指导、规制性指导和调整性指导。

助成性指导是指行政主体为行政相对人的提供服务，增进并保障相对人利益而为的行政指导，又称为出主意型行政指导。助成性行政指导往往含有相对人积极配合指导所能获得的一种有利地位，如获得一定帮助，给予一定支持等，通常无偿获取相关专业知识、附随补助金、奖励或融资等利。如提供咨询、培训②，提供科技服务、职业指导、经营方向指导等。

规制性行政指导是指行政机关为了维护和增进公共利益，对妨碍社会秩序、危害公共利益的行为加以预防、规范、制约的行政指导。在冼泰来诉佛山市南海区罗村镇人民政府整改通知书一案③中，法院认为：“根据《佛山市人民政府安全生产委员会工作制度》总则第（二）项的规定，佛山市南海区罗村镇人民政府安全生产委员会属于被上诉人内部设立的非常设议事协调机构，不代替政府职能部门的安全生产监督管理职责。主要任务是统筹、指导、督促安全生产

① 参见青海省西宁市城西区人民法院（2014）西行初字第4号行政判决书。

② 参见《上海市人民政府办公厅转发市金融办等四部门关于本市开展小额贷款公司试点工作的实施办法》，沪府办发〔2008〕39号，第5条关于扶持措施的规定。

③ 广东省佛山市中级人民法院（2003）佛中法行终字第24号行政裁定书。

工作，研究安全生产重大政策和措施，协调解决安全生产中的重大问题。因此，该安全生产委员会针对上诉人冼泰来出租屋存在的安全隐患，作出的《劳动安全卫生限期整改通知书》是不具有行政强制执行力的指导性行为。”这里的《劳动安全卫生限期整改通知书》被法院认定为是规制性行政指导行为。

调整性行政指导是指行政相对方之间发生利害冲突，而又协商不成时，由行政机关出面调停以求达成妥协的行政指导。如《国务院办公厅转发劳动保障部关于做好被征地农民就业培训和社会保障工作指导意见的通知》① 第五项就规定：“督促指导用地单位优先安置被征地农民就业”，建议相关企、事业单位吸纳农民就业，以协调新土地使用者与失地之间的矛盾。以保护被征地农民的利益。

2. 以行政指导有无具体的法律依据为标准，可分为有法律依据的行政指导和无法律依据的行政指导。

有法律依据的行政指导是指有法律、法规、规章等明文规定的，无法律依据是指没有法律明文规定的。对于有具体法律依据的行政指导，政府及职能部门可直接采取指导、支持和帮助等行政指导行为。这些由人民政府对居民委员会作出的工作指导、支持和帮助，被法院依法认定为行政指导。如在“张某仙诉太原市人民政府不履行法定职责案”② 中，最高人民法院认为，《中华人民共和国城市居民委员会组织法》第 20 条规定：“市、市辖区的人民政府的有关部门，可以对居民委员会有关的下属委员会进行业务指导。”这些指导、支持、帮助等行为，在性质上属于行政指导。此外，对于没有具体法律依据的，行政机关应在其职责范围内，基于行政组织法的一般授权，按照法律精神或原则，实施行政指导。

然而，尽管行政机关作出的大多数的行政指导缺乏具体的法律依据，但这并不表明行政指导是可以没有法律依据的恣意的指导。行政指导仍然要根据法律的精神或国家政策进行。

3. 以行政指导所蕴含的行政意向的强弱为标准，分为警示性行政指导和非警示性行政指导。

警示性行政指导是指具备较强行政意向，有一定的告诫性，明确表示不遵守指导可能造成一定的不利法律后果的行政指导，对市场经济主体的不良行为苗头、倾向和已经发生的轻微违规违章行为，及时进行预先告诫、劝阻等。例如，《福清市工商行政管理局市场主体准入行政指导实施细则》第 12 条规定：“工商行政管理机关对市场经济主体的不良行为苗头，倾向和已经发生的轻微违规违章行为，未造成危害后果的，进行预先告诫、劝阻和警示，将违法行为遏制在萌芽状态”，工商行政管理机关可以发出《警示通知书》，如相对人不遵守，有可能面临行政机关的制裁，其行政意向比较强。

非警示性行政指导是指行政意向较弱，仅具有行为引导功能而不具备任何告诫成分的行政指导。绝大部分行政指导属于非警示性行政指导，可以细分为③：一是提示类指导，如通过提醒、引导、宣传、鼓励、表彰、意见等方式，指导市场主体的市场准入、依法经营、公平竞争和做大做强等；二是公示类指导，对已经查处的违法行为，及时向社会公开，增加案件的透明度，起到警醒他人、教育全面的作用；三是回访类指导，对受到过警告以上行政处罚的相对人进行执法回访，通过问卷调查、上门走访、征求意见等形式，主动听取被处罚人对行政执法的意见、建议和要求，帮助其建章立制，树立守法、诚信的经营理念。

---

① 参见《国务院办公厅转发劳动保障部关于做好被征地农民就业培训和社会保障工作指导意见的通知》，国办发〔2006〕29 号。

② 最高人民法院（2018）行申 906 号行政裁定书。

③ 参见《衢州市工商局行政指导试行办法》，衢工商综〔2004〕31 号。

二、行政指导的形式

行政指导行为本身具有较大的裁量性，其实施的具体方式也因为行政事务的复杂性导致形式多种多样，主要有说服、指导、辅导、协商、建议、劝告、引导、赞同、表彰、希望、鼓励、支持、帮助、注意、示范、协调、推广、宣传、指引、劝诫、告诫、警示、导向性行政政策、纲要性行政和发布官方信息等形式表现出来。但不论行政指导采用何种形式，都具有其基本的行为指引功能。行政主体根据行政的实际需要灵活采用。

有时一项行政工作中就可以用到多种行政指导形式。下面以《国务院办公厅转发环保总局等部门关于加强农村环境保护工作意见的通知》① 为例进行阐述。该通知以保护农村环境工作为核心，要求各政府部门采取相关措施，解决农村环境恶化的问题，其中涵盖了多种行政指导行为：

1. 指导性规划。为合理利用农村地下水资源，政府部门制定保护规划，进行地下水污染调查和监测，掌握水质状况，采取有效措施，保障农村生活饮用水达到卫生标准。这有利于水资源的合理利用，有利于改善农民生活。这是政府为农民提供的一项免费的服务，农民一般拒绝。

2. 推广先进方法。为治理农村污水、垃圾污染，政府推广统一垃圾处理系统、无害化卫生厕所、“四位（沼气池、畜禽舍、厕所、日光温室）一体”的能源生态模式等，是否接受由农民根据自身状况决定，接受者将得到政府的资金扶持。

3. 引导和鼓励。为控制农业污染，积极引导农民科学施肥，鼓励农民使用生物农药或高效、低毒、低残留农药，推广病虫草害综合防治、生物防治和精准施药等技术。

4. 宣传。为保护农村环境，政府部门加强环保知识宣传教育，树立生态文明理念，提高农民的环境意识，调动农民参与农村环境保护的积极性和主动性，推广健康文明的生产、生活和消费方式。

5. 培训。政府通过开展环境保护知识和技能培训活动，培养农民参与农村环境保护的能力，并听取农民对涉及自身环境权益的发展规划和建设项目的意见，尊重农民的环境知情权、参与权和监督权，维护农民的环境权益。

第三节　行政指导的原则

目前我国对行政指导并没有立法上的规定。但并不意味着政府部门在适用行政指导制度时具有随意性。学者们根据行政法理论，结合现行有关国家的行政程序法中对行政指导的相关规定及我国的实践，总结出行政指导的相关原则，主要包括：

一、自愿性原则

自愿性原则是指行政主体采取的方法措施应为行政相对方认同和自愿接受，并在当事人的主动配合下达到行政目的。这是行政指导制度的基础。此原则要求行政机关实施行政指导行为时，不能用采取命令的方式剥夺行政相对人的意愿，而必须充分尊重行政相对人的自主选择权

---

① 参见《国务院办公厅转发环保总局等部门关于加强农村环境保护工作意见的通知》，国办发〔2007〕63 号，第 6 条、第 7 条、第 10 条、第 18 条。

利，只能采取指导、劝告、建议、说服、调停、沟通等非强制方式，通过行政相对人自愿同意或协力去达到行政目的。一旦相对人反对，行政主体不能采取强制措施迫使其服从。相对人接受行政指导必须是出于其的真实意思表示，行政主体不能替代相对人进行选择，只能进行说服和引导，更不能替代相对人作出决策。如农田水利建设是事关农民切身利益的问题，在农业部等部门联合颁发的《关于建立农田水利建设新机制的意见》中，对于农民出资出劳参与农田水利建设的问题，确定了坚持民主决策、群众自愿的原则，在政府部门要求农民出资时，要严格区分农民自愿出资出劳与加重农民负担的政策界限，不能以筹资筹劳为名，迫使农民出资参与农田水利建设，在政府加大投入前提下，通过有效的组织工作，引导农民自愿出资。

二、正当性原则

正当性原则是指行政主体采取行政指导必须是基于维护公共利益和社会秩序的考量，更好地维护行政相对人的权益。这是相对人接受行政指导的前提。行政指导过程本身就是一个说服的过程，行政主体正是通过说理说服的过程向行政相对人展示行政指导的正当性，使相对人明白接受行政指导后带来利益上的影响，并主动接受行政指导。

行政指导行为的目的，就是通过灵活有效的利用利益驱动机制，通过激励来达到行政目的，以维护正常的社会生活和行政管理秩序，从而推动一个国家或地区经济与社会的健康协调发展。如果某项行政指导行为如果偏离、背离了这个目的，那么其行为就不具有正当性，应当予以撤销。如 1996 年 1 月 15 日，为解决企业应收账款难以回收的问题，南京市栖霞区政府计划经济委员会与栖霞区人民法院联合下发了《关于在全区范围内帮助企业清理催收应收账款的意见》，联合设立催款领导小组，帮助企业催收欠款，企业可以自愿接受该小组的帮助，款项催回后，由企业从中提取一定的比例作为办案经费和办案人员的奖励金。该行为虽然有法院的介入，但此行为采用的就是行政指导的手段，政府部门意图通过联合司法部门运用行政手段帮助企业解决经济问题的，一定程度上对企业是有利的行为。但是该行为严重偏离了法律目的，南京市人大法制委员会认为："这是受利益驱动作出的错误决定。一方面影响受理、审判经济纠纷案件的公正性；另一方面也形成地方保护主义"①。最后两家单位在各界的压力下主动撤销了该意见，纠正了其错误做法。

三、平衡兼顾原则

此原则要求行政机关在实施行政指导时，必须平衡各个相关主体之间的利益，做到公平、公正，同时应当考量行政效率以及成本与效益。

市场的竞争性带来了市场调节自身所无法解决的矛盾，仅靠市场调节不能完全解决公益、公平、外部性和社会成本问题。例如：2008 年以来，我国房地产市场遭遇"寒冬"，南京市商品房成交量也明显下降，土地出让成交下降五成以上，如不采取措施，则必然导致今后供求关系失衡，进而导致市场出现价格大起大落，影响房地产业长期稳定发展，进而直接影响国民经济的协调稳定发展，南京市人民政府为了改变这种状况，出台了《关于保持房地产市场持续稳定

① 袁曙宏．社会变革中的行政法制．北京：法律出版社，2001：420.

发展的若干意见》①，一方面对居民购房实施补贴，提高其消费能力；另一方面对开发企业给予多项“利好”政策，如开发商可缓交或分期缴纳开发涉及的基础设施配套费、人防费等建规费，最迟可延期至办理销售许可证前，好比给开发企业提供了数千万元的高额无息贷款，在购房者与开发商之间进行利益平衡，意在稳定房地产市场供求平衡、使其结构合理化、稳定价格。

同时，政府干预也有相当的局限，经济与社会的运行全由政府控制或行政干预过度，也会带来破坏市场机制的恶果。行政指导行为应当与其他手段（如法律强制手段、经济手段等）配合使用，即由政府对有缺陷的市场进行柔和而且适度的干预。

四、及时灵活原则

该原则要求行政主体在把握法律及政策精神实质的基础上，因地制宜，结合具体的环境，采取灵活的策略，创造性地执行法律。这里说的灵活性与创造性，指的是为了保证在有效的期限内达成行政目标而在手段上、策略上进行的灵活变通。

现代政府面临的环境复杂多变，考虑再周全的法律、法规也不可能完全适应于所有的具体情形。这就要求行政主体必须有良好的判断，善于捕捉最佳时机，采用有效的沟通方式对公共事件作出及时有效的反应，而不能消极不管，坐失良机，待到形成严重的社会危机才不得已采取行政措施，引发社会矛盾。只有充分发挥行政指导的及时性和灵活性，才能体现行政指导行为的实用价值。

五、透明公开原则

透明、公开是现代行政的基本特征，是现代法治国家的一种基本理念和当代行政法发展的一个基本趋向，并成为当代行政法的一个重要原则。该原则要求行政主体在做出行政指导过程中，除法律规定的情形外，必须将该行为涉及行政相对人及社会有关方面的内容采用不同的方式进行告知，让其知晓和了解，提供相应的条件以备查阅，以利于实现其了解权、监督权和其他合法权利，防止利用行政指导进行暗箱操作，避免权力寻租，促进行政效率。

透明公开原则要求行政主体做到资讯透明和程序透明，包括向相对方明示进行行政指导行为的目的、内容及负责指导者。如《衢州市工商局注册登记行政指导实施细则》第5条规定：“工商行政管理机关可以采用口头、书面、电子邮件、短信、公告栏、触摸屏、网上告示等便捷方式将注册登记行政指导内容告知行政相对人，提倡向行政相对人发放书面、规范的注册登记行政指导文书。”

第四节　行政指导的实施和程序

一、行政指导行为的实施

1. 行政指导行为的实施依据。

行政指导行为的实施依据是指行政主体实施行政指导行为的规范性文件。这是行政指导行

① 参见《江苏省南京市人民政府办公厅印发〈关于保持房地产市场稳定健康发展的意见〉的通知》，宁政办发（2008）106号，2008年9月19日。

为合法性、正当性的基础，行政指导更多的层面上属于行政主体自由裁量权的范畴，因此行政指导的做出不能超越法律的界限，就是说应“明确行政指导属于政府行政机关享有的法定行政职权。但其通常可得以依据法律对某行政机关或者某管理事项的原则性教授而为之。无须直接依照法律、法规等的具体条文规定。”① 行政指导不是随意的，行政主体在行使该项职权的时候，必须符合法律的目的。目前我国已经有不同层面的规范性文件涉及了行政指导的规定，以下为简单列举：

第一，从宪法层面上看，我国现行宪法有关于行政指导的内容。第 8 条第 3 款规定：“国家……鼓励、指导和帮助集体经济的发展。”宪法第 11 条第 2 款规定：“国家通过行政管理，指导、帮助和监督个体经济。”宪法修正案第 1 条规定：“国家……对私营经济实行引导、监督和管理。”宪法第 26 条第 2 款规定：“国家组织和鼓励植树造林，保护树木。”此外，现行宪法中还有多处以指导、引导、提倡、帮助、鼓励等提法，对各层次含义的行政指导作出了规定。

第二，从法律层面上看，多部法典涉及了行政指导的方式。例如，《中华人民共和国农业法》第 29 条规定：“县级以上人民政府应当制定农产品加工业和食品工业发展规划，引导农产品加工企业形成合理的区域布局和规模结构”；该法第 61 条规定：“有关地方人民政府，应当加强草原的保护、建设和管理、指导、组织农（牧）民和农（牧）业生产经营组织建设人工草场、饲草饲料基地和改良天然草原”。该法还多处采用鼓励、支持、扶持、引导、吸引等提法，对农业行政指导作了明确规定。

第三，从行政法规层面上看，有的法规明确要求采用行政指导。例如，2008 年 10 月 9 日颁布实施的《乳品质量安全监督管理条例》第十条规定：“国家采取有效措施，鼓励、引导、扶持奶畜养殖者提高生鲜乳质量安全水平。省级以上人民政府应当在本级财政预算内安排支持奶业发展资金，并鼓励对奶畜养殖者、奶农专业生产合作社等给予信贷支持。国家建立奶畜政策性保险制度，对参保奶畜养殖者给予保费补助。”

第四，从地方性法规层面上看，有关指导的规定种类多、数量大。例如，陕西省人民代表大会常务委员会于 2006 年 3 月 1 日起施行的《陕西省农村村庄规划建设条例》第四条规定：“村民委员会在县级建设行政主管部门和乡（镇）人民政府的指导下，做好村庄和村民住宅规划建设的实施和管理工作。”第十三条：“村庄建设规划在乡（镇）人民政府组织帮助下，在县级建设行政主管部门的指导下，由村民委员会依据村庄总体规划组织编制，经村民会议或者村民代表会议讨论同意，由乡（镇）人民政府报县级人民政府批准后公布实施。”

第五，从规章层面上看，有的规定了行政指导的程序，大量的是实体性的内容。例如，由湖南省人民政府颁布，自 2008 年 10 月 1 日起施行的《湖南省行政程序规定》是我国第一部有关行政程序的规定，其中第 99 条到 108 条专门对行政指导的程序作出了规定；但更多的是实体性的规定，如由天津市人民政府颁发，于 2008 年 8 月 20 日施行的《天津市价格监测管理规定》第十六条规定：“价格主管部门应当指导和帮助价格监测定点单位实施相关价格监测，为其价格监测信息资料采报人员提供免费培训”。

第六，从一般规范性文件层面上看，对行政指导的适用和程序有了更具体的规定。如国务院《全面推进依法行政实施纲要》第 9 条明确提出：“要充分发挥行政规划、行政指导、行政合同等方式的作用”，再如《衢州市工商局行政指导试行办法》《福清市工商行政管理局市场主体准入行政指导实施细则》等等。

---

① 崔卓兰．论行政指导及其法制化．中国法学，1997（1）.

从上面简单的列举可以看出，无论从实体到程序，我国已经出现行政指导的一系列规定，但是相关规定很分散，对同一问题缺乏统一认识，需要法律来作出明确统一的规定。同时必须认识到法律永远无法穷尽行政指导的适用范围，因此，行政指导更多的将是在缺乏规范性依据下进行的积极活动。

2. 行政指导行为的实施条件。

行政主体在管理过程中，自觉不自觉地大量运用了行政指导的方式，但更多时候没有对行政命令和行政指导加以区分，虽然有时名义上使用“推行”“指导”“意见”等字眼，但实施中通常将这类措施采用强制的方式，从而使行政指导在一定意义上成为了行政命令。如最高人民法院公布的建明食品公司诉泗洪县政府检疫行政命令纠纷案中，法院认为泗洪县政府分管副县长作出停止检疫的电话指示，既不是行政示范和倡导，也不具有咨询、建议等作用，实质是带有强制性的行政命令。

为规范行政指导行为，行政指导在实施中总体上应当符合以下条件：

第一，行政指导行为必须是在法定的权限范围内作出。行政指导行为作为一种管理手段，是基于行政主体行政职权而作出的，虽然不直接产生法律效果，但仍然具有事实上的强制力。因此，行政指导行为必须在行政主体的法定管辖权和其管辖的行政事务之内做出。

行政主体超越法定管辖权实施的行为不属于行政指导。在牛脸明诉岚县人民政府侵犯企业经营自主权上诉案①中，岚县人民政府以“岚县政府工作组在企业改制过程中，一直是协助、指导企业改制，企业内部人事变更均是由企业自主决定的，工作组的行为不具有强制性，故该行为也不具有可诉性”为由提请上诉，法院认为：“1998 年 9 月 19 日，通运公司召开的股东大会，虽事先征得了被上诉人牛脸明的同意，但在牛脸明完全能履行其职务的情形下，上诉人工作组仍主持会议，并违背公司董事长牛脸明的意志，增加了罢免和选举公司董事长议题，其行为已超出了行政指导的范围，具有强制性，故当事人对此不服提起诉讼，属于行政诉讼的受案范围。”本案中，工作组可以对企业改革实施指导，但不能超越其行政指导权限范围，超出其权限范围的就不是行政指导。

第二，行政指导行为必须是基于技术、政策、安全、信息等方面能帮助当事人增进其合法利益，或是预防当事人可能出现的妨害行政管理秩序的违法行为的需要。采取行政指导行为必须是建立在增进相对人的合法利益基础之上，既不能限制其权利增加义务，也不能赋予相对人非法利益。另外，行政指导可以是为维护公共秩序的需要而采取，可用警示性的行为进行警告，提醒相对人遵守秩序。

第三，行政指导行为虽然不以行政相对人同意为实施的前提，但应当考虑相对人的接受能力及可操作性。行政指导行为是行政主体实施的一种主动行为，它不取决于行政相对人是否同意接受，这一点与依职权作出的行政行为相同。其原理是行政指导行为仍是与行政主体的行政职权有关的行为，行政主体不能变相强制实施行政指导行为。同时必须考虑相对人的状况，不能盲目实施行政指导。一旦行政主体超越职权，且对相对人的权利义务产生实际影响，就构成变相的以行政指导没有实施强制性行政行为。在原告郑某容与被告台州市椒江区人民政府行政强制案中，被告认为其下属的临时机构——“三改一拆”行动领导小组办公室发出的《限期拆除通知书》属于“具有告知性、阶段性、劝导性，是一种不具有强制力的行政指导行为”，法院认为，该临时机构不具有作出限期拆除决定的法定职权，且对原告权利义务产生了实际影响，

① 山西省高级人民法院（2001）晋行终字第 60 号行政判决书。

被告辩称该行为属于行政指导行为不能成立。①

第四，行政主体实施行政指导行为应当明示做出相应行为的目的和理由，并告知相对人有选择权。行政指导行为如果是规范性文件作为依据，应当向行政相对人明示，规范性文件涵盖了行为的目的和理由。如果没有规范性文件作为依据，应当事先向当事人说明行为的目的和理由，并听取当事人的意见和建议，以提高行政指导行为说服力的正当需要。做出针对特定相对人的行政指导时必须告诉相对人有选择权，相对人可以自行决定是否接受。

二、行政指导的程序

行政指导程序行政主体实施行政指导行为时所应当遵循的方式、步履等所构成的规则。

从行政指导的实际运作来看，行政指导的程序应当包括两个层面：其一是决策程序，其二是实施程序。

1. 决策程序。

由于行政指导没有强制力，因此行政指导是否能够施行重在决策。行政指导的决策应当遵循科学化、民主化、规范化的原则，以相对人的要求、意愿为基础，并得到及时反映。政府提供的指导信息必须全面、准确、及时，并相对稳定，为行政指导的公开、公平、公正、便民、高效、诚信奠定基础。

行政指导的决策程序可以参照以下步骤进行。

第一，确定行政指导的事项，该事项的确定可以由行政主体自行决定，也可以由当事人的申请；第二，调查研究，形成行政指导方案草案，重大的行政指导方案草案应当组织专家论证；第三，公布行政指导方案草案，通过各种形式听取公众意见，如举行听证会、座谈会、协商会、开放式听取意见等；第四，确定行政指导方案，并公布。

2. 实施程序。

行政指导一经公布送达，既对相对人形成指导效力，不存在专门的执行程序。但是由于指导方式的多样性，决定了行政指导的实施没有统一的实施程序。当然，由于行政指导的取决于相对人的配合，行政主体公布后并没有完成行政指导，还应当进行以下行为：

第一，告知。行政机关公布行政指导后，应当将行政指导的内容通过告知程序到达行政相对人。告知原则上应当以书面形式进行，也可以采用口头的方式。

第二，确认相对人是否接受行政指导。行政主体应当采用协商、建议等方式对相对人进行说服，并用调查、登记等手段确认相对人是否接受行政指导。

第三，对实施行政指导的效果进行评估。行政指导实施后，行政主体应当评估其实施的效果，确认是否已经达到决策的目的，如果没有要及时修正，确保行政目的的实现。

第四，行政指导程序终止。行政机关在实施行政指导过程中，如果因适用条件环境发生重大变化不能适用或行政指导的决策目的已经实现，行政机关应当终止行政指导行为。

第五，备案。对于重大的、具有较大影响的行政指导，行政机关应当事后向上一级机关备案，以接受上一级机关的监督。

同时，行政指导文书不具备执行的效力。在原告李崇初与被告苍南县人民政府、苍南县国土资源建议等行政强制案中，三被告以行政指导的名义向原告发出联合通知，要求原告限期拆

① 浙江省台州市中级人民法院（2014）浙台行初字第27号行政判决书。

除违章建筑，事后，三被告在没有做出行政处罚和其他决定的情况下，直接将原告房屋拆除。法院认为，“该通知并非被诉行政强制行为的执行依据。三被告在该通知之后并没有做出行政处罚决定或限期拆除决定，在此情况下，三部门直接实施被诉强制拆除行为缺乏事实根据。”①

法律应用

行政指导在实践中往往成为行政主体用以抗辩司法审查的理由；同时，法院的判决也揭示了行政指导行为内在的功能，比如没有赋权和消灭权利的功能。[参见“建明食品公司诉泗洪县政府检疫行政命令纠纷案”，载《最高人民法院公报》，2006（1）；“广州市海龙王投资发展有限公司诉广东省广州市对外经济贸易委员会行政处理决定纠纷案”，载《最高人民法院公报》，2002（6）] 行政指导具有积极引导功能，但是具有积极引导功能的并非都属于行政指导。如行政奖励的引导功能明显，但并非行政指导，而具有强制性和法律效果，属于行政行为。

课后复习

1. 怎样理解行政指导的非强制性？
2. 行政指导有哪些主要种类？
3. 行政指导的原则有哪些？
4. 如何建立并不断完善我国的行政指导程序？

① 浙江省温州市中级人民法院（2014）浙温行初字第87号行政判决书。

第十七章 行政程序

提　要

行政程序是指行政主体作成行政决定依法必须经过的过程、次序或步骤，它可分为外部行政程序与内部行政程序，强制性行政程序与任意性行政程序，以及行政立法程序、行政执法程序与行政司法程序。行政程序的主要原则有正当程序原则、公正原则、公开原则、参与原则。我国主要的行政程序制度有告知制度、说明理由制度、行政公开制度、回避制度、听证制度等。

重点问题

1. 行政程序的概念与分类。
2. 行政程序法的基本原则。
3. 行政程序的主要制度。

第一节　行政程序的概念与分类

一、行政程序的概念

程序，从法律学的角度来看，主要体现为按照一定的顺序、方式和手续来作出决定的相互关系。其普遍形态是：按照某种标准和条件整理争论点，公平地听取各方意见，在使当事人可以理解或认可的情况下作出决定。①

行政程序是指行政主体作成行政决定依法必须经过的过程、次序或步骤。② 一般认为，行政程序包含四个要素：步骤、顺序、期限和方式。

步骤是指行政主体“完成某一程序的若干必经阶段”③，这些阶段是对一个完整行政行为的逻辑分割，类似于计算机编程中的一个个功能模块，如行政处罚包括立案阶段、调查阶段、处罚决定阶段、执行阶段。顺序是指行政行为的各个步骤先后关系的编排，就像计算机编程中各

---

① 季卫东．程序比较论．比较法研究，1993（1）．

② 叶必丰．行政法与行政诉讼法．北京：高等教育出版社，2007：185．

③ 应松年主编．行政法学新论．北京：中国方正出版社，1999：448．

个功能模块间的逻辑联系，如前述的行政处罚各个阶段就是按照一定的先后秩序编排，每个阶段相互衔接，不能倒置或跨越。期限是指行政行为实施的时间跨度，可以是行政行为某个步骤的时间限制，也可以是完成整个行政程序的时间限制，期限不同于时效，时效是指某一事实经过一定的期限产生法律后果的现象，而期限仅仅局限于时间限制。方式是指行政行为的外在实现形式，包括行政行为的表现方式和该行政行为结果的表现方式[①]，方式可以是多层面的，包括采用书面形式或口头形式、送达告知方式、说明理由、集体讨论决定等。

设置行政程序的目的在于规制行政行为的恣意，一旦行政主体偏离法律设定的行政程序，其行政行为将被确认为无效、被撤销或要求补正，行政主体要承担由此产生的法律后果。由于行政程序以行政行为为主导，行政程序被认为是行政主体自律的方式。同时，行政主体严格遵守行政程序的规范意味着对行政相对人的保护，通过程序设定当事人的参与机制，让行政主体的行政决定更具有可接受性，以此提高行政效率，达到行政管理的目的。

二、行政程序的分类

行政程序从不同的角度可以分为以下几类。

1. 外部行政程序与内部行政程序。

以行政机关与行政相对人关系的角度，可分为外部行政程序和内部行政程序。外部行政程序，是指行政主体对行政相对人实施行政行为时所遵循的程序，如行政处罚程序、行政许可程序、行政复议程序等。内部行政程序是指行政主体内部行政活动的工作程序，如《国家行政机关公文处理办法》规定的公文处理程序、《公务员法》规定的公务员处分程序、《行政处罚法》第 38 条 2 款规定的集体讨论决定等。

一般认为，内部行政程序要求更多地注重效率，而外部行政程序则更注重保护相对人的合法权益，但内部行政程序也具有保护相对人合法权益、保障行政行为合法性的功能。[②] 如在朱某诉潜山县公路运输管理所不服运输管理证据登记保存一案[③]中，潜山县人民法院认为："原告朱某的情况不符合《交通行政处罚程序规定》中规定的可先行登记保存的条件，被告潜山县公路运输管理所此行为属适用法律、法规错误，且该行为事前也没按规定经县交通部门的领导批准，其程序亦违法。"据此法院判令被告承担赔偿责任。按照《交通行政处罚程序规定》第 16 条规定，本案中所涉及的证据登记保存应当经交通管理部门负责人批准，领导批准属于行政机关内部手续，即内部行政程序，被告未履行相关手续，违反了《交通行政处罚程序规定》的规定，构成程序违法。该规章设定的"领导批准"本身包含了一定程度的自我约束、自我监督的功能，从而间接起到保护相对人合法权益的作用，使内部行政程序具有外部效力。

2. 强制性行政程序与任意性行政程序

以行政程序是否有选择性为标准，可分为强制性行政程序和任意性行政程序。[④] 强制性行政程序是指行政主体依照规范性文件的规定，必须严格遵守的程序。任意性行政程序是指行政主体在实施行政行为时，可以根据实际情况选择合适的方法和步骤，也即对具体的程序运用有

---

① 应松年，杨小君．法定行政程序实证研究．北京：国家行政学院出版社，2005：25.

② 章剑生．作为担保行政行为合法性的内部行政法．法学家，2018 (6).

③ 成卢．证据登记保存行为违法 行政机关败诉作出赔偿//中国法院互联网，http：//www.chinacourt.org/html/article/200307/18/69241.shtml.（2003 - 07 - 18)，[2008 - 12 - 11].

④ 章剑生．行政程序法学原理．北京：中国政法大学出版社，1994：200.

选择余地的程序。区分强制性程序与任意性程序的意义在于，行政主体对强制性行政程序没有任何选择余地，必须不折不扣地执行，行政行为在强制性程序上的任何偏差，都将被视为行政程序违法；而没有遵循任意性程序一般不能被认定为行政行为违反法定程序。

例如行政处罚中，告知当事人享有陈述权、申辩权系强制性行政程序，行政主体如不告知或告知方式不恰当，即构成程序违法。在莫文昭诉佛山市顺德区行政执法局不服行政处罚一案①中，法院认为："上诉人（佛山市顺德区行政执法局）在作出行政处罚前，通过《行政处罚听证告知书》向上诉人告知了行政处罚的事实、理由和法律依据，并告知了被上诉人（莫文昭）有要求听证的权利，但未告知当事人享有的陈述、申辩权。……行政处罚法明文规定的当事人享有的陈述、申辩权，是行政机关应当告知当事人的基本权利内容之一，也是行政机关作出行政处罚必须履行的程序。陈述、申辩权对当事人来说是授权性规定，但告知和听取当事人陈述、申辩权则是行政机关的义务性规定。因此，原审判决认定上诉人在作出行政处罚前未告知当事人陈述、申辩权属于程序违法是正确的。另外，上诉人告知了当事人享有听证权并不能代替其已履行了告知当事人享有陈述、申辩权的义务。"从本案可知，法院明确认定告知当事人陈述、申辩权是行政主体的法定义务，必须专门告知，且不能用其他方式替代，比如本案告知当事人享有听证权，并不能表明行政主体履行了告知陈述、申辩权的义务，体现了告知陈述权、申辩权系强制性行政程序。

3. 行政立法程序、行政执法程序与行政司法程序。

以行政程序具有的不同功能为标准，可分为行政立法程序、行政执法程序和行政司法程序。行政立法程序是指行政主体制定行政法规、规章所应遵循的程序，《立法法》《行政法规制定程序条例》《规章制定程序条例》《法规规章备案条例》等有相应的规定。行政执法程序是指行政主体实施行政决定所应遵循的程序，如行政许可程序、行政处罚程序等。行政司法程序是指行政主体以第三方的身份，依法裁决纠纷所应遵循的程序，如行政复议程序和行政裁决程序等。

第二节　行政程序的基本原则

行政程序的基本原则是存在并规制整个行政程序的法律精神，是统领行政程序制度的基本要求。我国尚未制定《行政程序法》，行政程序的基本原则在我国现阶段尤为重要，不仅对《行政程序法》的条款制定起着纲领性指示的作用，更是成为了我国的司法判决的依据，相应的判决不断在增多。

行政程序的基本原则主要包括：正当程序原则、公开原则、公正原则、参与原则。

一、正当程序原则

正当程序原则要求行政主体必须做到以下三个方面：其一，自己不做自己案件的法官，当所处理的事务与行政机关以及工作人员有利害关系时，应当主动回避；其二，说明理由，行政主体决定任何事项都有相应的理由，行政主体应当做出说明；其三，听取当事人的陈述和申辩，行政主体所做出的行政决定，特别是做出对行政相对人不利的行政行为时，必须听取相对人的陈述和申辩，当事人对严重影响其合法权益的有权要求听证。上述内容在我国的《行政处罚法》

① 广东省佛山市中级人民法院（2003）佛中法行终字第63号行政判决书。

《行政许可法》中已有明确的规定，一般学者把第三方面归纳为保障当事人权益原则。

实践中，在对行政行为进行合法性审查时，法院已经把正当程序原则作为判决依据。在原告郑州市中原区豫星调味品厂诉被告郑州市人民政府行政处理决定案①中，最高人民法院认为，被告所做的 4 号决定剥夺了原告继续使用涉案土地的权利，对其重大财产权益产生不利影响，被告既未事前告知原告，亦未给予其陈述和申辩的机会，程序明显不当。虽然被告相关工作人员在 2006 年 9 月 22 日对原告负责人弓某进行了口头询问并制作了调查笔录，但从该笔录内容看，询问时既未告知调查目的，也未告知可能因涉嫌欺骗未如实登记、行政机关拟注销涉案土地使用证等情况，不足以使该厂在 4 号决定作出前进行充分的、有针对性的陈述和申辩，显然不能满足正当程序的要求。

二、公开原则

公开原则要求行政主体及其工作人员依照法律、法规、规章的规定，通过各种媒介和手段向社会公开自己的行政职责范围、行政内容、行政标准、行政程序、行政时限和结果、奖惩办法、监督手段以及工作纪律等，自觉接受别的国家机关或者社会各界的监督，达到公正、廉洁、法治、民主的目的。

行政主体在行使行政职权时，除法定不得公开事项之外，应当向当事人及社会公开相关事项，使行政过程公开化。行政公开是法治社会的基本要求。行政过程的透明化，一方面能使当事人及时获取信息，保障当事人的知情权，为当事人参与行政活动打下基础，增强行政行为的可接受性；另一方面，能防止自由裁量权的滥用，从制度上遏制和预防腐败，避免行政行为的暗箱操作，填补权力运行机制中的漏洞，减少腐败行为发生的机会，强化社会监督，“公开原则是制止自由裁量权专横行使最有效的武器”②。

公开原则包含行政主体应当把行使行政权的依据公开、做出的行政决定应当送达给当事人、设立听证制度给当事人机会表达意见等内容。另外对一些重大事项及与民众利益直接相关的信息行政主体必须主动公开，当事人也有权从行政主体那里获得行政资讯。2008 年 5 月 1 日起施行的《中华人民共和国政府信息公开条例》就是根据公开原则制定的，根据条例，行政主体必须公开政府信息。

三、公正原则

公正原则要求行政主体在针对多个相对人行使行政权时，要在程序上平等对待当事人，排除各种可能造成不平等或偏见的因素。就是说行政主体对同样的情况必须同等地对待，不同情况区别对待，做到无偏私。

公正原则内涵非常广泛，要求行政机关在行政程序遵循以下内容。

（1）平等对待原则。

平等对待原则要求行政主体应当平等地对待各方参加人，给他们提供同等的参与机会，并且避免可能产生偏见的事情发生。行政主体要做到同等情况同等对待，不同情况区别对待。比如，《政府采购法》第 22 条规定了不得以不合理的条件对供应商实行差别待遇或者歧视待遇原

---

① 最高人民法院（2014）行提字第 21 号行政判决书。

② 王名扬 . 美国行政法 . 北京：中国法制出版社，1995：109.

则；第10条规定了除特定例外情形外，应当优先采购本国货物、工程和服务原则。在原告上海辉慈医疗器械有限公司诉被告崇明县财政局行政决定案①中，被告发布的涉案医疗器械招标文件将招标产品设定为“欧美一线品牌”，排斥了非欧美品牌产品供应商，未平等地给予所有潜在供应商公平竞争的机会，带有明显的倾向性，违反了平等对待原则。

（2）比例原则。

行政主体实施行政行为应兼顾行政目标的实现和保护相对人的权益，为实现行政目标所采用的手段或方式，应可能对减少相对人的权益造成不利影响。在不违反或减弱所追求的目的或效果的前提下，面对多数手段或方式的选择，行政主体应尽可能选择对公民权利侵犯最轻或最少不良作用的方式。

比如在行政复议中，《行政复议法》并没有规定复议机关对复议申请人能否加重处罚作出规定。复议机关究竟能否加重处罚，对此在焦志刚诉平公安分局治安管理处罚决定一案②中，法院论证道：“行政复议法确实没有‘行政处罚决定被复议机关撤销后，行政机关重新作出的裁决不得加重处罚’的规定。之所以不作这样的规定，是因为实践中存在着因原裁决处罚过轻被复议机关撤销的实际情况，重新作出的裁决当然有必要加重处罚。但根据《行政处罚法》第32条第1款的规定是：‘当事人有权进行陈述和申辩。行政机关必须充分听取当事人的意见，对当事人提出的事实、理由和证据，应当进行复核；当事人提出的事实、理由或者证据成立的，行政机关应当采纳。’第2款的规定是：‘行政机关不得因当事人申辩而加重处罚。’行政处罚决定权掌握在行政机关手中。在行政处罚程序中始终贯彻允许当事人陈述和申辩的原则，只能有利于事实的查明和法律的正确适用，不会混淆是非，更不会因此而使违法行为人逃脱应有的惩罚。法律规定不得因当事人申辩而加重处罚，就是对当事人申辩进行鼓励的手段。无论是行政处罚程序还是行政复议程序，都不得因当事人进行申辩而加重对其处罚。认为‘不得因当事人申辩而加重处罚’不适用于行政复议程序，是对法律的误解。”这里法院的论证实际上采用了比例原则，既然《行政处罚法》规定了不得因申辩而加重处罚，行政复议本身就是给当事人一个再次申辩的机会，复议机关的决定应当选择对相对人权益影响相对较轻的方式，就是申请复议不能加重处罚。

四、参与原则

参与原则是指在行政决定的作出过程中，行政主体应当设立相应机制，让相对人有机会参与并提出自己意见，与行政主体进行互动的过程。参与原则具有保障人权、强化民主的功能，同时使行政行为更具有可接受性。

对参与原则可以从以下几个方面理解：

一是义务性。对行政主体而言，行政决定往往是依职权单方面做出，体现其强制性，但这不是绝对的，为使行政决定具有民主性、科学性，行政主体有义务设立相应的机制让相对人参与，而不是把相对人置于对立的地位，相对人的通过一定途径参与行政活动，有利于相对人对行政决定的理解和接受。

有的规范性文件把通知当事人参加直接规定为行政主体的法定义务，如根据国家土地管理局《土地权属争议处理暂行办法》第19条规定：“……在实地调查时，应当通知当事人及有关

① 上海市第二中级人民法院（2013）沪二中行终字第188号行政判决书。

② 焦志刚诉平公安分局治安管理处罚决定案．最高人民法院公报，2006（10）．

人员到现场……”在儋州市白马井镇南庄村民委员会小南头村民小组等诉儋州市人民政府颁发土地使用证一案①中，二审法院指出：“本案中，颁证土地与四邻土地没有明确界线，根据现有证据，颁证土地及四邻土地的实际使用人、使用范围、使用期限等情况也不能得到充分的证实。在这种情况下，被上诉人儋州市人民政府在颁证前进行的权属调查中没有通知包括上诉人在内的所有四邻土地的使用人到现场共同指界，程序违法并导致颁证土地界线不清。虽然在颁证前被上诉人儋州市人民政府依法对颁证土地的四至范围进行了公告，上诉人没有在规定的期限内提出异议，但指界的界线与四至不是一个概念，只有在界线清楚的情况下认定的四至才是有效的。因此，被上诉人儋州市人民政府给颂鸣热当场颁发儋国用（松鸣乡）字第 06701 号《国有土地使用证》的具体行政行为，认定事实不清，证据不足，程序违法，应予撤销。”本案中，法院认为通知当事人参加指定地界是法定的程序义务，必须通知当事人到场，采用公告的方式告知不能替代专门通知当事人参与的程序，二审法院据此撤销了儋州市人民政府的行政行为。

二是自主性。行政相对人参与必须是自主和自愿的，而不能是非自愿或由他人强迫的。对行政相对人而言，参与是一种程序性权利，不能被行政主体剥夺，除法定当事人必须参与情形外，行政主体不能强制其参与，必须尊重其意愿。

三是有效性。相对人的意见必须得到尊重，这里的有效性并不是说行政决定必须按照相对人的意思办理，而是说行政主体对相对人的意见采纳与否必须说明理由和回复，即使相对人的意见没有被采纳，通过说明理由，表明行政主体已经充分考虑了相对人的意见，从而体现相对人参与的有效性。

四是互动性。参与是一个动态的过程，而不是一个单独的动作，行政主体与相对人通过协商、对话等方式进行沟通，来解决利益冲突与对峙，最后形成双方都能接受的行政决定，最终提高了行政效率。

参与原则通过行政相对人的具体程序权利体现出来，包括获得通知权、陈述权、抗辩权和听证权。比如，《行政许可法》第 47 条规定，行政许可直接涉及申请人与他人之间重大利益关系的，行政机关在作出行政许可决定前，应当告知申请人、利害关系人享有要求听证的权利。在原告夏某官等 4 人诉被告东台市环境保护局环评行政许可案②中，因被告在对第三人所建洗浴中心项目作出环保行政许可时，未保障原告参与权，最终法院以环保机关所审批的洗浴项目与相邻群众存在重大利益关系，未告知陈述、申辩和听证的权利违反法定程序为由，撤销环保机关作出的审批意见，有力地维护了相邻群众的合法权益，提醒环保机关意识到让公众参与环境行政许可行为的重要性。

第三节　行政程序的主要制度

行政程序的主要制度是行政程序基本原则的体现。目前，我国尚未制定《行政程序法》，但结合现有的法律、法规中有关行政程序的规定，主要的制度有行政告知制度、说明理由制度、行政申辩制度、行政听证制度、行政回避制度、行政时效制度、行政救济制度等。

---

① 海南省高级人民法院（2006）琼行终字第 031 号行政判决书。

② 江苏省盐城市中级人民法院（2014）盐环终字第 2 号行政判决书。

一、行政告知制度

行政告知制度是指行政主体依照公开原则，将行政行为作出过程中的相关事项采用一定的方式，使行政相对人知悉的程序。将相关事项告知是行政相对人，是行政主体的一项法定职责，如果行政主体不履行或没按法律要求履行，行政主体将承担相应的法律责任。

因此行政告知制度是行政行为不可缺少的环节，是行政行为合法有效的要素之一，未履行告知义务的行政行为对行政相对人不发生法律效力，构成程序违法。在张会修不服吉林省白城市公安局复议裁决申诉一案①中，最高人民法院认为："1991 年 4 月 15 日中午，金红军与张会修在燕舞饭店发生争执，尚未侵犯公共秩序，原白城市公安局仅依据上述事实认定金红军的行为构成寻衅滋事的主要证据不足。原白城市公安局对金红军作出的治安管理处罚裁决书，未直接送达金红军本人，两份告知金红军复议权利的笔录时间发生重叠，属于程序违法。"行政裁决书未能送达相对人本人的，属于程序违法，成为法院撤销的理由。

行政告知制度包含以下四项内容：

一是告知当事人某一事项。行政主体设定的某些事项与当事人有利害关系时，应当告知当事人相应的事实和依据。行政主体可以用新闻发布会或在报刊上刊载的方式告知，对特定的相对人还可以发出专门的文书，如《行政处罚法》就要求行政主体在做出行政处罚前送达处罚通知书，用以告知行政相对人相应的事实和法律依据。

二是告知当事人权利。在行政行为作出过程中，对当事人依法享有的权利，包括实体权利和程序权利，行政主体应当履行告知义务。在莫文昭诉佛山市顺德区行政执法局行政处罚一案②中，法院认为："陈述、申辩权对当事人来说是授权性规定，但告知和听取当事人陈述、申辩权则是行政机关的义务性规定。"

三是告知当事人期限。某些行政行为必须由行政相对人参与或行政行为涉及当事人的救济权利时，行政主体应当告知期限，以便当事人准备或行使权利。比如，行政许可具有法定期限，行政机关在作出行政许可时，应当明确告知行政许可的期限，行政相对人也有权利知道行政许可的期限。行政机关在作出行政许可时没有告知期限，事后以期限届满为由终止行政相对人行政许可权益的，属于行政程序违法。行政相对人仅以行政机关未告知期限为由，不得主张行政许可没有期限限制。在原告张某文等诉被告四川省简阳市人民政府侵犯客运人力三轮车经营权案③中，被告在 1996 年实施人力客运三轮车经营权许可之时，未告知原告人力客运三轮车存在两年的经营权有偿使用期限，导致原告并不知道其经营权有偿使用的期限，被告所做的经营权许可在程序上存在明显不当。被告事后却以期限届满为由终止原告营运，程序严重违法，但原告以此认为行政许可没有期限限制，法院不予支持。

另外期限的告知必须明确，不能含糊。在叶海国诉上海海事局吊销船长适任证书海事行政处罚决定一案④中，法院认为："被告上海海事局作为行政处罚主体应严格遵守法律规定的程序执法，根据《最高人民法院关于执行〈中华人民共和国行政诉讼法〉若干问题的解释》（以下简称《若干问题的解释》）第四十一条规定，被告应明确告之原告叶海国诉权或者起诉期限，而被

---

① 最高人民法院（2001）行提字第 2 号行政判决书。

② 广东省佛山市中级人民法院（2003）佛中法行终字第 63 号行政判决书。

③ 最高人民法院指导案例 88 号。

④ 人民法院案例选：总第 50 辑（国家赔偿专辑）. 北京：人民法院出版社，2004：360.

告在其行政处罚决定书中'可以在收到本处罚决定书之日起60日内申请行政复议，也可以直接向人民法院起诉'的表述不足以说明被告已明确地告知原告诉权或起诉期限。"

在期限的计算上，因送达过程中发生的时间不能计算在期限内。同在上述案件中，法院指出："被告上海海事局向原告送达听证会通知书应按照《中华人民共和国行政处罚法》第四十二条的规定，在听证会召开前7日之内通知原告。原告在2001年8月15日签收通知书，而被告在2001年8月12日举行听证会。送达时间的起算应以当事人收到通知书之日起算，而送达过程中的途中时间不能计算在期限内。被告上海海事局认为送达时间应以其寄出听证会通知书之日起算的观点，缺乏法律依据，本院不予采信。被告未能依法在举行听证会7日前通知原告，被告的听证会程序显然违反法律规定。"

四是文书送达。行政主体必须将涉及行政相对人的文书送达给行政相对人，行政相对人才能知晓。文书送达主要有直接送达、邮寄送达、留置送达、公告等方式。① 行政决定通过送达，才能对当事人发生效力。在大同市北方矿业有限责任公司诉山西省经济贸易委员会行政处罚一案②中，最高人民法院认为："上诉人省经贸委作出上述处罚时，未告知北方公司据以作出处罚的事实、理由和依据及其依法享有的权利，所作处罚未制作行政处罚决定书，亦未送达当事人……违反法定程序，依法应予撤销。"

文书送达自身也必须遵循一定的先后顺序。在广东省增城市国昌汽车贸易有限公司诉昆明海关没收车辆处罚一案中，针对昆明海关将行政处罚告知单和行政处罚决定同时邮寄送达给广东省增城市国昌汽车贸易有限公司的行为，法院认为："根据《行政处罚法》第三十一条、第四十一条的规定，行政机关在作出处罚决定之前，应当告知当事人作出处罚决定的事实、理由及依据，并告知当事人依法享有的权利。行政机关及其执法人员在作出处罚决定之前，不告知当事人给予行政处罚的事实、理由和依据的行政处罚不能成立。昆明海关1999年2月4日作出〔1999〕昆关违告字04号《海关行政处罚告知单》和〔1999〕昆关违字010004号处罚决定，2月5日，将该处罚决定书和行政处罚告知单同时邮送增城市国昌公司，实际上未履行《行政处罚法》规定的告知程序，处罚程序违法。"本案昆明海关在文书送达时，没有遵循文书送达的先后顺序。

二、说明理由制度

说明理由制度要求行政主体在作出对行政相对人合法权益产生不利影响的行政行为时，除法律有特别规定外，必须向行政相对人说明其作出该行政行为的证据采信理由、依据选择理由、决定裁量理由和公益等因素。行政主体对依据说明理由时，不是指引用法律依据本身，而是指对法律依据之所以能适用到该行政行为的理由进行诠释，或是在没有法律依据的情形下对行政行为适用规则的正当性所作的说明。说明理由制度的功能在于使行政行为具有可接受性，同时在行政诉讼中其说明的理由也成为其抗辩的依据。

我国已有法律把说明理由作为行政主体一项职责，如《反垄断法》第26条规定："国务院反垄断执法机构决定实施进一步审查的，应当自决定之日起九十日内审查完毕，作出是否禁止经营者集中的决定，并书面通知经营者。作出禁止经营者集中的决定，应当说明理由。"《治安管理处罚法》第78条规定："公安机关受理报案、控告、举报、投案后，认为属于违反治安管

---

① 叶必丰．行政法与行政诉讼法．北京：高等教育出版社，2007：189.

② 最高人民法院（1999）行终字第11号行政判决书。

理行为的，应当立即进行调查；认为不属于违反治安管理行为的，应当告知报案人、控告人、举报人、投案人，并说明理由。”《行政许可法》第 38 条规定：“行政机关依法作出不予行政许可的书面决定的，应当说明理由，并告知申请人享有依法申请行政复议或者提起行政诉讼的权利。”

对于法定应当说明理由应该怎么说明，如果行政主体未作说明或者说明错误效力如何，我国法律上并没有规定。在广东省药材公司诉中华人民共和国财政部撤销复议决定①一案中，因财政部撤销国资局行政复议委员会复议决定导致广东省药材公司提起诉讼，二审法院认为：“行政机关应当依照法律规定作出决定，在处理决定书上应当认定具体的事实情况，说明理由，引用具体的法律规定作出处理。本案财政部撤销原国家国资局行政复议委员会的复议决定，应当认定该复议决定违法的具体事实，按照行政复议条例等具体的法律规定作出处理。但财政部在决定书上只简单地认定复议决定‘不符合《行政复议条例》的有关规定，现决定予以撤销’。对于复议决定不符合《行政复议条例》具体条文规定的违法事实及相关证据等具体情况，以及依据什么具体法律规定作出处理，均没有记载，因此，被诉的撤销决定属认定事实不清，主要证据不足，适用法律法规错误，原审判决予以撤销是正确的。财政部在诉讼期间所称的复议决定不符合《行政复议条例》规定的三个方面表现，以及所称撤销决定适用了《行政复议条例》第四十五、四十六、四十七条规定，属于其事后的说明。事后的说明不能作为认定撤销决定合法的根据。”

审判实践中已经明确，对行政机关说明理由时，未引用具体法律条文的法律后果属于适用法律错误。例如，在宣懿成等诉浙江省衢州市国土资源局收回国有土地使用权案中，法院判决指出：“行政机关作出具体行政行为时未引用具体法律条款，且在诉讼中不能证明该具体行政行为符合法律的具体规定，应当视为该具体行政行为没有法律依据，属于适用法律错误。”② 但在说明理由时对法律条文该怎么引用，法院的判决对此认定也没有统一的认识。在兰州常德物资开发部不服兰州市人民政府收回土地使用权批复一案③中，甘肃省高级人民法院认为：“上诉人常德开发部不具有法律规定的应予收回土地使用权的情形。被上诉人市政府的兰政地字（1997）第 42 号批复中，对收回常德开发部土地使用权所适用的法律依据，只笼统提到‘根据《中华人民共和国土地管理法》和《甘肃省实施土地管理办法》的有关规定’，未引出适用的具体条文，违反了法定程序。”本案法院要求行政决定必须引用适用的具体条文，不能笼统提相关规定，否则违反法定程序应当被撤销。但在赵立新诉宁夏回族自治区国有资产管理局行政批复一案④中，最高人民法院认为：“宁夏国资局根据《国有资产产权界定和产权纠纷处理暂行规定》，依宁夏科协的申请对成套公司国有资产进行界定，不属于对产权纠纷作出处理，其所作出的宁国资发（1997）46 号批复未引用前述规定的条、款、项，不影响其行为的合法性。”该判决否定了甘肃省高级人民法院要求行政决定必须引用适用的具体条文的规则，认为未引用相关规定的条、款、项，不影响其行为的合法性。因此，对于说明理由时对法律条文该怎么引用有待有权机关的进一步明确。

---

① 广东省高级人民法院（1999）粤高法行终字第 22 号行政判决书。

② 宣懿成等诉浙江省衢州市国土资源局收回国有土地使用权案．最高人民法院公报，2004（4）.

③ 赵立新诉宁夏回族自治区国有资产管理局行政批复案．最高人民法院公报，2000（4）.

④ 最高人民法院（1999）行终字第 15 号行政判决书。

三、行政公开制度

行政公开是指行政主体在作出行政行为过程中将政府信息公开。根据《中华人民共和国政府信息公开条例》第2条规定，政府信息①是指行政机关在履行职责过程中制作或者获取的，以一定形式记录、保存的信息。“政府信息公开不同于政务公开，政务公开主要是指行政机关公开其行政事务，强调的是行政机关要公开其执法依据、执法程序和执法结果，属于办事制度层面的公开，而政府信息公开的内涵和外延都要广阔的多，不仅要求政府事务公开，而且要求政府应将其行使职权过程中获得的信息公开。”②

国务院颁布《中华人民共和国政府信息公开条例》（以下简称“条例”）自2008年5月1日起施行，成为目前我国对行政公开制度在法律上的主要依据。

（一）政府信息公开的主体。根据条例，承担公开政府信息义务的主体包括三类：一是行政机关；二是法律、法规授权的具有管理公共事务职能的组织；三是教育、供水、供电、供气、供热、环保、医疗卫生、计划生育、公共交通等与群众利益密切相关的公共企事业单位。

（二）政府信息公开的范围。政府信息公开遵循“以公开为原则，以不公开为例外。”主要有两种情形：一是政府主动公开；二是依申请公开。

行政机关应当主动公开的政府信息范围包括：涉及公民、法人或者其他组织切身利益的；需要社会公众广泛知晓或者参与的；反映本行政机关机构设置、职能、办事程序等情况的；其他依照法律、法规和国家有关规定应当主动公开的。对于县级以上各级人民政府及其部门，条例要求其在各自职责范围内确定主动公开政府信息具体内容的同时，重点公开下列政府信息：行政法规、规章和规范性文件；国民经济和社会发展规划、专项规划、区域规划及相关政策；国民经济和社会发展统计信息；财政预算、决算报告；行政事业性收费的项目、依据、标准；政府集中采购项目的目录、标准及实施情况；行政许可的事项、依据、条件、数量、程序、期限以及申请行政许可需要提交的全部材料目录及办理情况；重大建设项目的批准和实施情况；扶贫、教育、医疗、社会保障、促进就业等方面的政策、措施及其实施情况；突发公共事件的应急预案、预警信息及应对情况；环境保护、公共卫生、安全生产、食品药品、产品质量的监督检查情况。条例同时规定，设区的市级人民政府、县级人民政府及其部门重点公开的政府信息还应当包括下列内容：城乡建设和管理的重大事项；社会公益事业建设情况；征收或者征用土地、房屋拆迁及其补偿、补助费用的发放、使用情况；抢险救灾、优抚、救济、社会捐助等款物的管理、使用和分配情况。

除了条例规定的行政机关主动公开的政府信息外，公民、法人或者其他组织还可以根据自身生产、生活、科研等特殊需要，向国务院部门、地方各级人民政府及县级以上地方人民政府部门申请获取相关政府信息。申请人向行政机关申请获取政府信息的，应当采用书面形式（包括数据电文形式）；采用书面形式确有困难的，申请人可以口头提出，由受理该申请的行政机关代为填写政府信息公开申请。对申请公开的政府信息，行政机关根据下列4种情况分别作出答复：属于公开范围的，应当告知申请人获取该政府信息的方式和途径；属于不予公开范围的，

---

① 根据自2008年5月1日起施行的《中华人民共和国政府信息公开条例》（2019年4月修正），国务院令第492号，“政府信息”已经成为法律术语。

② 章剑生．政府信息公开//应松年主编．当代中国行政法．北京：中国方正出版社，2005：第三十一章，1455.

应当告知申请人并说明理由；依法不属于本行政机关公开或者该政府信息不存在的，应当告知申请人，对能够确定该政府信息的公开机关的，应当告知申请人该行政机关的名称、联系方式；申请内容不明确的，应当告知申请人作出更改、补充。条例特别规定，申请公开的政府信息中含有不应当公开的内容，但是能够作区分处理的，行政机关应当向申请人提供可以公开的信息内容。根据条例，行政机关收到政府信息公开申请，能够当场答复的，应当当场予以答复；不能当场答复的，应当自收到申请之日起15个工作日内予以答复；如需延长答复期限的，应当经政府信息公开工作机构负责人同意，并告知申请人，延长答复的期限最长不得超过15个工作日。条例规定行政机关依申请公开政府信息，应当按照申请人要求的形式予以提供；无法按照申请人要求的形式提供的，可以通过安排申请人查阅相关资料、提供复制件或者其他适当形式提供。

（三）不公开的范围。条例同时明确，行政机关认为申请公开的政府信息涉及商业秘密、个人隐私，公开后可能损害第三方合法权益的，应当书面征求第三方的意见；第三方不同意公开的，不得公开。但是，行政机关认为不公开可能对公共利益造成重大影响的，应当予以公开，并将决定公开的政府信息内容和理由书面通知第三方。另外根据国务院办公厅《关于施行中华人民共和国政府信息公开条例若干问题的意见》中第十四条规定："行政机关对申请人申请公开与本人生产、生活、科研等特殊需要无关的政府信息，可以不予提供。"

（四）政府信息公开方式和程序。行政机关应当将主动公开的政府信息，通过政府公报、政府网站、新闻发布会以及报刊、广播、电视等便于公众知晓的方式公开。同时各级人民政府应当在国家档案馆、公共图书馆设置政府信息查阅场所，并配备相应的设施、设备，为公民、法人或者其他组织获取政府信息提供便利。条例还对期限作了规定，属于主动公开范围的政府信息，应当自该政府信息形成或者变更之日起20个工作日内予以公开。法律、法规对政府信息公开的期限另有规定的，从其规定。条例还要求各级行政机关编制、公布政府信息公开指南和政府信息公开目录，并及时更新。政府信息公开指南，应当包括政府信息的分类、编排体系、获取方式，政府信息公开工作机构的名称、办公地址、办公时间、联系电话、传真号码、电子邮箱等内容。政府信息公开目录，应当包括政府信息的索引、名称、内容概述、生成日期等内容。

（五）监督和救济制度。条例对此作了以下规定：一是，规定各级人民政府应当建立健全政府信息公开工作考核制度、社会评议制度和责任追究制度，定期对政府信息公开工作进行考核、评议；二是，规定政府信息公开工作主管部门和监察机关负责对行政机关政府信息公开的实施情况进行监督检查；三是，规定各级行政机关定期公布本行政机关政府信息公开工作年度报告；四是，规定公民、法人或者其他组织认为行政机关不依法履行政府信息公开义务的，可以向上级行政机关、监察机关或者政府信息公开工作主管部门举报，收到举报的机关应当予以调查处理；五是，规定公民、法人或者其他组织认为行政机关在政府信息公开工作中的具体行政行为侵犯其合法权益的，可以依法申请行政复议或者提起行政诉讼。此外，条例还对违反本条例的规定，未建立健全政府信息发布保密审查机制、不依法履行政府信息公开义务、违反规定收取费用等行为规定了相应的法律责任。

四、行政回避制度

行政回避制度是指行政主体及其工作人员在行使职权的工程中，当其自身与待处理的行政事项有利害关系时，应当主动或依当事人申请主动退出该行政事项处理的法律制度。回避制度源于正当程序原则，自己不做自己案件的法官，当所处理的事务与行政机关与工作人员有利害关系时，应当回避，用以避免行政处理决定带有偏见。

（一）回避主体。

行政回避的主体包括行政主体和公务员。

1. 行政主体的回避。

一般情况下，回避制度只针对工作人员个人，如《行政处罚法》第 37 条规定："执法人员与当事人有直接利害关系的，应当回避。"但根据正当程序原则，行政主体自身与其职权相关事项有利害关系时，行政主体自身也应当回避。如在连云港市德和电子系统工程有限公司诉连云港质量技术监督局行政处罚案①中，原告连云港市德和电子系统工程有限公司给被告连云港质量技术监督局施工安装局域网，后被告以原告安装的线缆等材料系假冒伪劣产品为由对其进行处罚，本案被告集合同当事人的民事主体与行政执法主体于一身，违背了正当程序原则，已经符合应当回避的情形，应当将相关事项交由其他有权机关处理。

2. 公务员的回避。

我国《公务员法》对公务员的回避规定了两种情形。

一种是任职回避，《公务员法》第 68 条第一款规定："公务员之间有夫妻关系、直系血亲关系、三代以内旁系血亲关系以及近姻亲关系的，不得在同一机关担任双方直接隶属于同一领导人员的职务或者有直接上下级领导关系的职务，也不得在其中一方担任领导职务的机关从事组织、人事、纪检、监察、审计和财务工作。"

另一种是公务回避，根据《公务员法》第 70 条规定："公务员执行公务时，有下列情形之一的，应当回避：1、涉及本人利害关系的；2、涉及与本人有本法第六十八条第一款所列亲属关系人员的利害关系的；3、其他可能影响公正执行公务的。"公务回避以公务员与所执行的公务有利害关系为条件，凡是可能影响公正执行公务的，都应当回避。

（二）回避程序

从回避程序上看，主要有两种情形：自行回避和依申请回避。

自行回避是指行政主体或其工作人员在处理行政事务中构成法定的回避情形时，由行政主体自行作出回避处理的程序。对于自行回避不需要经过当事人的同意。在江西巨元医药生物工程有限公司诉国家工商行政管理总局商标评审委员会商标争议裁定一案②中，法院认为："商标评审委员会的商标评审规则中虽然没有关于重审程序的规定，但商标评审委员会为重新评审本案重新组成了合议组，是对其评审规则中有关评审回避制度的贯彻，回避制度的根本目的在于避免与本案有利害关系的人参与本案的审理，由此避免可能导致的不公平、不公正裁决的发生。巨元公司在本案审理中并未向本院指出商标评审委员会重新组成的合议组成员中存在与本案有利害关系、具备回避要求并应予回避的人，现巨元公司以商标评审委员会没有征询其回避请求为由主张程序违法，缺乏事实和法律依据，对其主张本院不予支持。"本案中商标评审委员会在重审时为避免有利害关系人参与本案，自行先重组合议组成员，属于自行回避的情形，对此商标评审委员会没有义务征求当事人意见，当事人只能对新的合议组成员申请回避。

依申请回避是指当事人认为处理案件的行政机关工作人员有法律规定的回避情形时，向行政主体提出申请，要求行政主体作出回避处理的程序。当事人必须基于法定的回避理由提出申

---

① 江苏省连云港市新浦区人民法院（2002）新行初字第 23 号行政判决书。

② 北京市第一中级人民法院（2006）一中行初字第 773 号行政判决书。

请，但也有例外情形：

一是，在没有其他机关可以代替行使职权时，当事人必须接受有偏见的行政机关的裁决。[①]如在徐金娇因诉被上诉人丽水市建设局房屋拆迁补偿安置行政争议一案[②]中，针对拆迁裁决人与拆迁人的法定代表人为同一人是否违背回避制度的问题，法院认为："现行的国务院《城市房屋拆迁管理条例》仅规定'房屋拆迁管理部门是被拆迁人的，由同级人民政府裁决'，未规定其他应当回避的事由。程序公正的原则确需要严格的回避制度来贯彻，但回避的事由亦应由法律加以明确的规定。在统一的行政程序法尚未制定，回避制度仍不完善的情况下，上诉人提出本案裁决人与拆迁人的法定代表人为同一人，故拆迁裁决程序违法的理由并不充分。"

二是，行政程序完成后不得申请回避。在卢和珍诉南康市公路运输管理所行政处罚决定一案[③]中，一审法院认为："原告提出听证已过听证期限及听证主持人系本案的调查人员应当回避而没有回避，因两次听证会原告均能按时到会，应视为对听证程序的默认，且听证主持人不是本案的调查人员，因此，对原告提出听证不合法的辩解意见，本院不予采纳。"本案当事人未能在听证期间提出回避申请，在听证结束后，法院视为其已默认听证程序的合法性，即放弃回避申请。

五、行政听证制度

行政听证是指行政主体在做成行政决定前，允许相对人将作成行政决定所涉及的问题提供证据、材料，发表意见或进行辩解、说明的一项基本行政程序。[④]

（一）行政听证的法律渊源。

我国尚未制定《行政程序法》，对行政听证制度没有统一的规定，对适用听证的事项及程序散见于其他的规范性文件中。

从法律层面上看，我国的听证制度最早设立于《行政处罚法》的行政处罚程序中，随后《价格法》《立法法》《行政许可法》《环境影响评价法》《对外贸易法》都涉及行政听证的规定，其中《行政处罚法》《行政许可法》对听证程序作了比较详细的规定。

从法规层面上看，国务院制定的《电信条例》《行政法规制定程序条例》《规章制定程序条例》《保障措施条例》《反补贴条例》《反倾销条例》《国际海运条例》《公共文化体育设施条例》《信访条例》《娱乐场所管理条例》《取水许可和水资源费征收管理条例》《大中型水利水电工程建设征地补偿和移民安置条例》《机动车交通事故责任强制保险条例》《防治海洋工程建设项目污染损害海洋环境管理条例》《风景名胜区条例》《行政复议法实施条例》《工业产品生产许可证管理条例》等行政法规中都涉及听证制度。

从地方性法规上看，各个省级人民代表大会制定的涉及行政听证制度地方性法规，一般都是对法律和行政法规的具体化。

从规章层面上看，规定行政听证的比较多，特别是在《行政处罚法》颁布之后，国务院各个部委相继制定了对应行政处罚的听证规则，如《劳动行政处罚听证程序规定》《工商行政管理机关行政处罚案件听证暂行规则》《海关行政处罚听证暂行办法》《司法行政机关行政处罚程序

---

① 章剑生．行政程序法基本制度//应松年主编．当代中国行政法．北京：中国方正出版社，2005：第二十九章，1358.

② 浙江省丽水市中级人民法院（2002）丽中行终字第19号行政判决书。

③ 江西省赣州市中级人民法院（2006）赣中行终字第33号行政判决书。

④ 叶必丰．行政法与行政诉讼法．北京：高等教育出版社，2007：186.

规定》等。另外各省也出台了相应的听证规则，其中《湖南省行政程序规定》从程序上对听证制度作了比较完整的规定。

（二）行政听证的适用情形

结合现有法律、法规、规章关于行政听证制度的规定，适用听证主要有以下四种情形：

1. 行政事项直接涉及或影响公民、法人或其他组织切身利益或公共利益的。如起草规章、行政规划、行政决策、行政许可、制定特定商品的政府指导价和政府定价等，凡是直接涉及公民、法人或其他组织切身利益或公共利益的都应当听证。

2. 直接剥夺或限制公民、法人或其他组织权益的。如行政处罚中，行政机关作出责令停产停业、吊销许可证或者执照、较大数额罚款等行政处罚决定时，当事人可以申请听证。

3. 特定事项的调查。《中华人民共和国对外贸易法》规定的对外贸易调查、商务部对产品涉及反倾销、反补贴的调查可以采用。

4. 信访工作。根据国务院《信访条例》第 31 条第 2 款的规定："对重大、复杂、疑难的信访事项，可以举行听证。"

（三）行政听证的主要类型

1. 从听证涉及的内容来看，可以分为行政立法听证、行政执法听证和行政司法听证。

行政立法听证是指行政主体在立法活动中的听证，如起草行政法规、规章可以采用听证会方式听取意见。

行政执法听证是指行政主体在处理具体行政事项过程中的听证，如行政决策、行政处罚、行政许可、行政规划等行为中适用听证。

行政司法听证是指行政主体在进行行政司法活动中的听证，如城市房屋拆迁行政裁决、反倾销和反补贴调查、信访工作等活动中举行听证和行政复议中采取听证的方式审理。

2. 从适用主体是否特定来看，可以分为行政规则类听证和行政决定类听证。

行政规则类听证是指行政主体制定适用不特定主体的规则时举行的听证，如进行行政立法、重大事项决策、行政规划、价格决策等行政行为时举行的听证活动。

行政决定类听证是指行政主体在进行具体事项处理时所举行的听证，如进行行政处罚、行政许可、信访工作、拆迁裁决等行政处理活动时举行的听证活动。

（四）行政听证的程序

除涉及国家秘密和依法受到保护的商业秘密、个人隐私外，行政听证应当公开举行。行政听证在实践中称之为听证会，听证会由听证主持人主持，听证主持人一般由行政机关负责人指定，行政机关直接参与被听证事项的人员不得担任该行政听证主持人。

听证会一般分为三个阶段①：

1. 听证的准备程序。

对于行政规则类听证，一般分三步。

第一，发布公告。告知举行听证会的时间、地点，听证的事项和公众参加听证会的报名时间、报名方式。

第二，确定听证会参加人。听证会参加人一般通过自愿报名的方式产生，报名参加听证会的公众人数较多，需要选择听证会代表的，行政机关应当随机选择公众代表参加听证会；报名参加听证会的人数不多的，行政机关应当让所有报名者参加听证会，行政机关也可以邀请有关

---

① 叶必丰．行政法与行政诉讼法．北京：高等教育出版社，2007：188.

公众代表参加听证会。

第三，听证前的告知。在听证举行前一定期限内，应当告知听证代表拟作出行政决策的内容、理由、依据和背景资料。

对于行政决定类听证，主要是告知听证事项。行政机关应当在听证会举行前一定期限内，将听证会的事项书面通知当事人、利害关系人，包括：当事人、利害关系人名称或者姓名；听证主要事项；听证会的时间、地点。如果举行涉及重大公共利益的行政执法听证会，应当有一定比例的公众代表参加，公众代表的产生可以参照适用规则类听证会的有关方法。

2. 听证的进行程序

听证会一般先由主持人宣布听证会开始；记录员查明听证会参加人是否到会，并宣布听证会的内容和纪律；行政规则制定人员或案件调查人员陈述；听证会参加人依次陈述；对涉及行政事项的事实、证据、法律依据进行辩论并陈述意见；记录员制作笔录，结束后所有参加人签字或签章。

3. 听证后的处理程序

听证会结束后，听证主持人应当根据听证笔录提出处理建议，报行政机关决定。行政机关应当根据听证笔录，作出行政执法决定。

上述三个阶段的顺序不能颠倒，也不能同时进行，否则构成程序违法。在张玉萍诉大庆市公安局交通警察支队行政处罚一案①中，一审法院认为："被告大庆市公安局交通警察支队行依据《道路交通事故处理办法》对交通肇事责任人杨海峰作出吊销机动车驾驶证、罚款 200 元的处罚裁决，应当根据《中华人民共和国行政处罚法》第 32 条、第 42 条的规定，告知当事人有陈述和申辩的权利，对吊销机动车驾驶证的处罚，还应告知当事人在 3 日内有要求听证的权利。但本案被告 2001 年 8 月 25 日告知杨海峰有陈述、申辩和 3 日内有要求听证的权利，却在告知权利的当天（2001 年 8 月 25 日）就对杨海峰作出处罚裁决，违反法定程序。"二审法院认可一审法院的观点，即听证准备程序不能与听证后的处理程序同时进行。

法律应用

1. 行政复议机关拟作出对利害关系人不利影响行政复议决定的，应当按照正当程序的要求，采取适当方式通知利害关系人参加行政复议。行政复议机关未通知利害关系人参加行政复议，直接作出对利害关系人不利影响的行政复议决定的，构成违反法定程序，依法应当撤销。（中国行政审判案例第 20 号）

2. 没收较大数额涉案财产处罚的听证

行政机关作出没收较大数额涉案财产的行政处罚决定时，未告知当事人有要求举行听证的权利或者未依法举行听证的，人民法院应当依法认定该行政处罚违反法定程序。（最高人民法院指导案例 6 号）

3. 政府信息公开流程

公民、法人或者其他组织通过政府公众网络系统向行政机关提交政府信息公开申请的，如该网络系统未作例外说明，则系统确认申请提交成功的日期应当视为行政机关收到政府信息公开申请之日。行政机关对于该申请的内部处理流程，不能成为行政机关延期处理的理由，逾期

---

① 黑龙江省大庆市中级人民法院（2002）庆行终字第 33 号行政判决书。

作出答复的，应当确认为违法。（最高人民法院指导案例 26 号）

4. 程序性行政行为

当事人认为行政机关作出的程序性行政行为侵犯其人身权、财产权等合法权益，对其权利义务产生明显的实际影响，且无法通过提起针对相关的实体性行政行为的诉讼获得救济，而对该程序性行政行为提起行政诉讼的，人民法院应当依法受理。（最高人民法院指导案例 69 号）

课后复习

1. 行政程序基本原则有哪些？

2. 怎样理解参与原则？

3. 某律师因代理安徽省四名居民向安徽省人民政府提出行政复议案，后该复议申请被安徽省人民政府以需进一步向有关机关请示为由中止。2008 年 6 月 11 日，该律师以个人名义向安徽省人民政府提出政府信息公开申请，要求公开其所称的需向有关机关请示的具体是哪些法律政策规定，并公开答复已向什么机关提出了请示，以及该机关有没有答复等信息。该申请还要求安徽省政府在法定期限内以书面形式提供上述信息。6 月 20 日，安徽省政府法制办公室工作人员电话通知该律师，称经过研究认为，该申请不属于《政府信息公开条例》的调整范围，其可以依照《行政复议法》及其《实施条例》的规定，到安徽省人民政府法制办公室查阅有关材料。根据上述材料请思考：

（1）该申请是否属于《政府信息公开条例》调整范围？

（2）根据《行政复议法》第二十三条规定："申请人、第三人可以查阅被申请人提出的书面答复、作出具体行政行为的证据、依据和其他有关材料，除涉及国家秘密、商业秘密或者个人隐私外，行政复议机关不得拒绝。"本条规定的申请人、第三人查阅内容是否属于政府信息范畴？为什么？

第十八章 行政赔偿

提　要

行政赔偿，是指行政主体在行使行政职权过程中侵犯行政相对人的合法权益并造成损害时，国家对此承担赔偿责任。行政主体、行政职权行为、侵权并造成损害、因果关系是行政赔偿的构成要件。《国家赔偿法》将损害赔偿范围仅限于侵犯人身权、财产权情形。受害人可以直接向赔偿义务机关或者通过复议、诉讼请求行政赔偿。行政赔偿以支付赔偿金为主，以返还财产、恢复原状、消除影响、恢复名誉、赔礼道歉为辅。人格损害严重时可以请求精神损害抚慰金。

重点问题

1. 行政赔偿的构成要件。
2. 行政赔偿范围。
3. 行政赔偿诉讼。
4. 行政赔偿方式与计算标准。

第一节　行政赔偿概述

一、行政赔偿的概念

行政赔偿，是指行政主体在行使行政职权过程中侵犯行政相对人的合法权益并造成损害时，国家对此承担赔偿责任。行政赔偿的起因是行政相对人遭受了损害，其损害为行政主体的职权行使所致，而该损害责任的承担主体是国家。

行政赔偿是一种国家赔偿责任。侵权行为的实施主体虽是行政主体，但该侵权行为所产生的赔偿责任并不由其承担，而是由国家承担；国家通过从国库支付赔偿金等方式来履行该赔偿责任。行政赔偿作为一种国家赔偿责任，是随着国家赔偿责任在法律中的确立而确立的。在人类社会的长时间内，根本就不存在国家赔偿责任概念。即使进入了资本主义社会，受英美法系的“国王不能为非”原则、大陆法系的公务豁免理论的深刻影响，国家赔偿责任也长期未能确立。直到 19 世纪末 20 世纪初，尤其是第二次世界大战之后，随着人权保障理念的深入，法治主义、平等思想的发展，以及人们对战争的深刻反省，国家赔偿责任才逐渐得到认可，相关法律制度也逐步建立起来。我国《宪法》第41条第3款规定："由于国家机关和国家工作人员侵犯公民权利而受到损失的人，有依照法律规定取得赔偿的权利。"1986年制定的《民法通则》将国家赔偿纳入民事赔偿之中，之后于1994年制定了单独的《国家赔偿法》，这标志着国家赔偿制度在我国完全确立，而这部法律首先规范的就是行政赔偿。《国家赔偿法》于2010年4月进行了自制定以来的首次修订。

行政赔偿不同于刑事赔偿。刑事赔偿是公安机关、检察机关、审判机关、狱政机关、监察机关在刑事案件的侦查、逮捕、公诉、审判和监狱管理，侵犯当事人合法权益并造成损失时由国家承担的赔偿责任。虽然同处于《国家赔偿法》之中，但正如该法所规范的那样，两者存在许多差异。行政赔偿不同于行政补偿，行政赔偿也不同于民事赔偿，民事赔偿是一种民事侵权责任或违约责任，两者在责任主体、前提条件、归责原则、赔偿范围、赔偿途径等方面存在很多不同。

行政赔偿彰显了人权保障理念和法治主义精神，在为行政相对人提供权利救济的同时，促进行政机关及其工作人员依法行使职权。现阶段我国的行政赔偿制度还存在许多不足，主要表现为：行政赔偿范围有限，赔偿程序不够简练，赔偿金额不足等。随着社会的发展和法治水平的提高，这些不足将会逐步改善。

二、行政赔偿的构成要件

行政赔偿的构成要件是指国家承担赔偿责任的必备条件。一般认为，行政主体、行政职权行为、侵权并造成损害、因果关系是行政赔偿的构成要件。

1. 行政主体

行政赔偿的构成首先要求侵权行为人必须是行政主体。在我国，行政主体有国家行政机关和法律、法规授权的组织，如公安机关、税务机关、高等院校等。法院、检察院、监察委、（私营）企业、私人等不是行政主体，其行为不会导致行政赔偿；法院、检察院的行为可能导致刑事赔偿，而（私营）企业、私人的行为可能产生民事赔偿。

判断一组织是否是行政主体，最重要的是看其是否具有行政权。若有行政权且在行使，那么该组织就是行政主体。如公安机关具有行政处罚权这一行政权，其向公民作行政处罚时是行政主体。行政机关都具有行政权，而实践中其绝大部分时间也都在对外行使其行政权，故是行政主体。正因如此，行政机关在具体法律中成为行政主体的代名词，如《国家赔偿法》第3条规定，"行政机关及其工作人员在行使行政职权时……"我国法院的"判例"认为学位授予权是行政权，故高等院校在授予学位时是行政主体。

行政机关的行为往往由行政机关的工作人员来完成，如警察扣留违反交通规则的车辆。工作人员执行公务时，代表的是其所属的行政机关，其名义是行政机关，故其行为视为行政机关所作行为。但是，工作人员也具有个人性质，有时处理个人事务，或者假借公务名义处理个人事务，此时纯属个人行为，与行政主体没有关系。相反，现实中也存在行政机关将公务行为辩称为个人行为，从而规避其法律责任的现象。

2. 行政职权行为

行政赔偿的构成要求行政机关必须实施了行政职权行为。行政机关不但要有行政职权，还必须行使行政职权，才可能导致行政赔偿。行政职权行为有两类，即具体行政行为和行政事实行为。具体行政行为是行政机关有意直接产生法律效果，如税务局向纳税人征税，就是有意从纳税人处获得税金；而行政事实行为是不产生或者不直接产生法律效果，或者（无意地）产生事实上的后果，如清除路障、送达、通知、殴打、侮辱等行为。但是，作具体行政行为和行政事实行为的整个过程是运用行政职权的过程，都是行政职权行为。

值得注意的是，这里的行政职权行为与合法性没有关系，即不管是合法的行政职权行为，还是违法的行政职权行为，都可成为行政赔偿的构成要件。这是《国家赔偿法》2010 年修订的重要内容之一（第 2 条）。换言之，修订前的《国家赔偿法》将本要件限定在违法行政职权行为，合法行政职权行为不会导致行政赔偿。所以，2010 年修订应该说扩大了行政赔偿的范围，但从第 3 条、第 4 条的规定来看，这种扩大似乎又不存在。

3. 侵权并造成损害

行政赔偿的构成要求行政机关侵害行政相对人的合法权益并造成损害。行政相对人有人身权、财产权、劳动权、受教育权等各种权利，但并不是所有权利受侵害都会导致行政赔偿。《国家赔偿法》第 3 条、第 4 条将其限定于人身权和财产权。损害是指利益实实在在地减少，该减少是直接的、客观的，如在拘留所被拘留 10 天、缴纳罚款 100 元等；这里的利益不止是物质利益，还包括精神利益，如心里遭受到很大压力、忧郁、痛苦等，这是精神损害。精神损害赔偿历来难为法律所认可，更何况是以国家为责任承担主体的国家赔偿法，但是，《国家赔偿法》2010 年的修订实现了突破，在第 35 条明确确立了精神损害赔偿。侵权并不一定会造成损害，而损害往往是侵权的后果，损害的存在是行政赔偿的前提。

4. 因果关系

行政赔偿的构成要求行政职权行为与损害之间存在因果关系，要求行政职权行为导致损害的发生。如税务局的征税行为使纳税人缴纳 1 万元税款。应该说，实践中绝大部分因果关系是简单、清晰的，但有时也出现一果多因、一因多果的情形，此时的处理就变得复杂。对此，我们认为行政职权行为与损害之间存在逻辑上的直接关系即可，不要求行为是损害的必然原因、根本原因，这需要法官在具体案件中进行公正的判断。

第二节　行政赔偿范围

行政赔偿范围是指国家对哪些行政职权行为及其损害承担赔偿责任。《国家赔偿法》第 2 条规定“……有本法规定的侵犯公民、法人和其他组织合法权益的情形……”也就是说，《国家赔偿法》对行政赔偿“情形”有着具体的规定，如第 3 条、第 4 条、第 5 条的规定，这些规定可以说是对第 2 条的限定，即将行政赔偿的范围限定在有限的情形中。人权保障观念、经济实力、政治体制、法学理论等都是立法中制约行政赔偿范围的因素。《国家赔偿法》规定了承担赔偿责任的情形和不承担赔偿责任的情形。

一、承担赔偿责任的情形

《国家赔偿法》第 3 条、第 4 条规定，行政机关及其工作人员在行使行政职权过程中有侵犯人身权、财产权情形时，受害人有取得赔偿的权利。

1. 侵犯人身权情形。《国家赔偿法》第 3 条规定的情形是，“（一）违法拘留或者违法采取限制公民人身自由的行政强制措施的；（二）非法拘禁或者以其他方法非法剥夺公民人身自由的；

（三）以殴打、虐待等行为或者唆使、放纵他人以殴打、虐待等行为造成公民身体伤害或者死亡的；（四）违法使用武器、警械造成公民身体伤害或者死亡的；（五）造成公民身体伤害或者死亡的其他违法行为”。

这些都是有关人身权的规定。所谓人身权是指人作为自然人存在所具有的、与人的身体紧密关联的权利，包括人格权和身份权，而人格权包括生命健康权、人身自由权、姓名权、肖像权、名誉权等，身份权包括亲权、监护权、荣誉权、著作权等。《国家赔偿法》第 3 条只规定了人身权中的生命健康权和人身自由权，也就是说侵犯其他人身权的损害赔偿无法可依。

第 1、第 2 项规定的都是人身自由权，其中，第 1 项规定的是与行政处罚和行政强制措施有关的人身自由权，第 2 项规定的是与行政事实行为有关的人身自由权。第 3 项至第 5 项规定的都是与行政事实行为有关的生命健康权。另外，该条规定的情形都是违法行为，侵犯人身权的合法行为不在此列。

2. 侵犯财产权情形。《国家赔偿法》第 4 条规定的情形是，“（一）违法实施罚款、吊销许可证和执照、责令停产停业、没收财物等行政处罚的；（二）违法对财产采取查封、扣押、冻结等行政强制措施的；（三）违法征收、征用财产的；（四）造成财产损害的其他违法行为”。

这些都是关于财产权的规定。所谓财产权是指以经济利益为内容的权利，如物权、债权、继承权、经营自主权等。关于财产权的外延，如劳动权、受教育权，一定情形下能否视为这里的财产权等，法学理论观点不一，司法实践的判断也不尽相同。前条规定的情形都是违法行为，侵犯财产权的合法行为不在此列。

二、不承担赔偿责任的情形

《国家赔偿法》第 5 条规定：“属于下列情形之一的，国家不承担赔偿责任：（一）行政机关工作人员与行使职权无关的个人行为；（二）因公民、法人和其他组织自己的行为致使损害发生的；（三）法律规定的其他情形。”

1. 个人行为

行政机关的工作人员具有双重身份：公务员与公民。在行使职权以外的场合是公民，作为公民时的工作人员实施行为是出于私人目的，属于个人行为，与行使职权无关，此时所产生的损害不会导致行政赔偿。

2. 自己致害行为“谁致害，谁赔偿”，这是常理。基于此，受害人自己致害当然不能由国家来赔偿。行政过程中相对人自己致害行为多数情况下简单明了，多表现为行政职权行为与损害没有因果关系。但也存在一些特殊情形，值得注意。例如，原告建起违法建筑，行政机关用违法行为将其拆除，该过程中原告的损失该如何处理？有些法院在判决中认为，这属于自己致害行为，国家不承担赔偿责任。[1]

3. 其他情形

《国家赔偿法》第 5 条第 3 项规定了“法律规定的其他情形”。这里的“法律”是指全国人民代表大会及其常务委员会制定的法律。学理认为，其他情形有不可抗力、第三人致害行为、受害人通过其他途径获得补偿等。但是，这些情形只有写进“法律”中才具有效力。

---

① 最高人民法院中国应用法学研究所编．人民法院案例选：行政卷·上：861.

第三节　行政赔偿请求人和赔偿义务机关

行政赔偿请求人是指依法有权请求行政赔偿的公民、法人和其他组织。赔偿义务机关是指代表国家处理行政赔偿请求、参加行政赔偿诉讼等的行政机关。

一、行政赔偿请求人

《国家赔偿法》第 6 条规定："受害的公民、法人和其他组织有权要求赔偿。受害的公民死亡，其继承人和其他有扶养关系的亲属有权要求赔偿。受害的法人或者其他组织终止的，其权利承受人有权要求赔偿。"

1. 公民。受害的公民可以是行政赔偿请求人。这是实践中最常见的情形。因违法行政处罚而缴纳了罚款的公民可以请求行政赔偿。

受害的公民死亡时继承人和有抚养关系的亲属可以是行政赔偿请求人。此时的"继承人和有抚养关系的亲属"参照民法相关理论确定，如遗嘱继承人与法定继承人问题、第一顺序与第二顺序问题、抚养关系问题等。

受害的法人或其他组织终止时承受其权利的公民可以是行政赔偿请求人。法人或其他组织终止时，多数情况是仍然由法人或组织来承受其权利，但也有公民承受其权利的情况。

2. 法人和其他组织。受害的法人和其他组织可以是行政赔偿请求人。受害的法人或其他组织终止时承受其权利的法人和其他组织可以是行政赔偿请求人。

二、赔偿义务机关

行政赔偿义务机关与行政主体是两个不同的概念，但它们相互联系，行政主体是行政赔偿义务机关的一种，除此之外，还有委托行政机关、行使被撤销机关之职权的行政机关、撤销赔偿义务机关的行政机关、复议机关。

1. 行政主体。行政机关及其工作人员行使行政职权侵犯公民、法人和其他组织的合法权益，造成损害的，该行政机关为赔偿义务机关。

两个以上行政机关共同行使行政职权时侵犯公民、法人和其他组织的合法权益，造成损害的，共同行使行政职权的行政机关为共同赔偿义务机关。

法律、法规授权的组织在行使授予的行政权力时侵犯公民、法人和其他组织的合法权益，造成损害的，被授权的组织为赔偿义务机关。

2. 委托行政机关。受行政机关委托的组织或者个人在行使受委托的行政权力时侵犯公民、法人和其他组织的合法权益，造成损害的，委托的行政机关为赔偿义务机关。相反，若受委托组织或个人的致害行为与受委托的职权无关，则国家不承担赔偿责任，受害人只能追究受委托组织或个人的民事侵权责任，进而也就不存在赔偿义务机关的问题。

3. 行使被撤销机关之职权的行政机关。赔偿义务机关被撤销的，继续行使其职权的行政机关为赔偿义务机关。

4. 撤销赔偿义务机关的行政机关。赔偿义务机关被撤销后，没有继续行使其职权的行政机关的，撤销该赔偿义务机关的行政机关为赔偿义务机关。

5. 复议机关。经复议机关复议的，最初作出侵权行为的行政机关为赔偿义务机关，但复议机关的复议决定加重损害的，复议机关对加重的部分履行赔偿义务。从损害角度看，复议决定可分为三类：减轻损害、维持损害和加重损害。只在第三类，即加重损害中，复议机关才就加重部分成为赔偿义务机关。因复议程序违法给公民、法人和其他组织造成损失的，由复议机关就该部分损失承担赔偿责任。

第四节　行政赔偿程序

行政赔偿程序是指行政赔偿请求人和行政赔偿义务机关处理行政赔偿事务时应当遵守的方式、步骤、顺序、时限等。《国家赔偿法》第 9 条规定："赔偿义务机关有本法第三条、第四条规定情形之一的，应当给予赔偿。赔偿请求人要求赔偿，应当先向赔偿义务机关提出，也可以在申请行政复议或者提起行政诉讼时一并提出。"基于此，当行政相对人（行政赔偿请求人）对具体行政行为（行政职权行为）提起行政复议或行政诉讼时，可以一并提出赔偿请求。此外，行政赔偿请求人可以向赔偿义务机关直接提出赔偿请求，而当赔偿义务机关对此不作为，或者赔偿请求人对赔偿决定有异议时，可以提起行政赔偿诉讼（第 14 条）。

一、直接向赔偿义务机关请求赔偿的程序

根据《国家赔偿法》第 9 条的规定，在"一并提出"情形之外，直接向赔偿义务机关请求赔偿是必经程序，不能超越该程序就赔偿单独提起行政复议或诉讼。在本程序中一般有两大步骤：行政职权行为的违法确认和行政赔偿请求及其处理。

1. 行政职权行为的违法确认。通过直接请求赔偿义务机关来获得赔偿有个前提条件，即行政职权行为被确定为违法。该违法确认的主体有很多，不限于赔偿义务机关，如赔偿义务机关的上级机关、法院等，但实践中常见的还是赔偿义务机关的确认。值得注意的是，赔偿义务机关的确认既可以是赔偿义务机关的主动确认，也可以是赔偿请求人的请求确认。

从实践运行来看，赔偿义务机关对行政职权行为的违法确认效果不佳。设定该制度的本意是给行政机关以自行解决纠纷的机会，同时，赔偿请求人也能快速、有效地获得赔偿。但实践中常出现确定违法比例低、增加赔偿请求权人诉累、影响赔偿请求权人诉权的情况。

2. 行政赔偿请求及其处理。在行政职权行为的违法性得到确认后，才进行行政赔偿请求及其处理。

（1）时效。赔偿请求人请求国家赔偿的时效为 2 年，自其知道或者应当知道国家机关及其工作人员行使职权时的行为侵犯其人身权、财产权之日起计算，但被羁押等限制人身自由期间不计算在内。赔偿请求人在赔偿请求时效的最后 6 个月内，因不可抗力或者其他障碍不能行使请求权的，时效中止。从中止时效的原因消除之日起，赔偿请求时效期间继续计算。

（2）请求。现实中多数情况是一个行政机关侵害相对人，此时相对人向该行政机关请求，但也有多个行政机关共同侵害的情形，即有共同赔偿义务机关的情形，此时，赔偿请求人可以向共同赔偿义务机关中的任何一个赔偿义务机关要求赔偿，该赔偿义务机关应当先予赔偿。赔偿请求人根据受到的不同损害，可以同时提出数项赔偿要求。请求赔偿应当递交申请书，申请书应当载明的事项有：受害人的姓名、性别、年龄、工作单位和住所，法人或者其他组织的名称、住所和法定代表人或者主要负责人的姓名、职务；具体的要求、事实根据和理由；申请的

年、月、日。赔偿请求人书写申请书确有困难的，可以委托他人代书；也可以口头申请，由赔偿义务机关记入笔录。赔偿请求人不是受害人本人的，应当说明与受害人的关系，并提供相应证明。

（3）处理。赔偿请求人当面递交申请书的，赔偿义务机关应当当场出具加盖本行政机关专用印章并注明收讫日期的书面凭证。申请材料不齐时，赔偿义务机关应当当场或者在5日内一次性告知赔偿请求人需要补正的全部内容。赔偿义务机关应当自收到申请之日起2个月内作出是否赔偿的决定。作决定的过程中应当充分听取赔偿请求人的意见，可以与赔偿请求人就赔偿方式、赔偿项目、赔偿数额等进行协商。赔偿义务机关决定赔偿的，应当制作赔偿决定书，并自作出决定之日起10日内送达赔偿请求人；决定不赔偿的，应当自决定之日起10日内书面通知赔偿请求人，并说明不予赔偿的理由。

二、行政赔偿的复议与诉讼

行政赔偿请求人可以通过复议和诉讼获得行政赔偿。

1. 行政赔偿的复议。行政赔偿的复议存在两种情形：一种是“一并提出”，《行政复议法》第29条规定：“申请人在申请行政复议时可以一并提出行政赔偿请求，行政复议机关对符合国家赔偿法的有关规定应当给予赔偿的，在决定撤销、变更具体行政行为或者确认具体行政行为违法时，应当同时决定被申请人依法给予赔偿。”另一种是“单独提出”，即对赔偿义务机关的赔偿决定（包括不作为）不服，向复议机关提起复议。这种情形没有法律的规定，在现实中也极少出现，但依一般法理，它是可以存在的。值得注意的是，《行政复议法》第29条还规定：“申请人在申请行政复议时没有提出行政赔偿请求的，行政复议机关在依法决定撤销或者变更罚款，撤销违法集资、没收财物、征收财物、摊派费用以及对财产的查封、扣押、冻结等具体行政行为时，应当同时责令被申请人返还财产，解除对财产的查封、扣押、冻结措施，或者赔偿相应的价款。”也就是说，在上述法律规定的情形下，申请人即使没有一并提出赔偿请求，复议机关也可以作出一些行政赔偿的决定。

2. 行政赔偿的诉讼。行政赔偿的诉讼存在两种情形：一种是“一并提出”。《国家赔偿法》第9条规定，“赔偿请求人要求赔偿……也可以在……提起行政诉讼时一并提出”。另一种是“单独提出”。《国家赔偿法》第14条第2款规定，“……赔偿请求人可以自赔偿义务机关作出赔偿或者不予赔偿决定之日起三个月内，向人民法院提起诉讼”。除《国家赔偿法》的一些特别规定外，总体上可以按照《行政诉讼法》的规定处理行政赔偿诉讼。

（1）时效。在“一并提出”情形中，与行政诉讼的时效一致。《行政诉讼法》第46条规定：“公民、法人或者其他组织直接向人民法院提起诉讼的，应当自知道或者应当知道作出行政行为之日起六个月内提出。法律另有规定的除外。”第45条规定：“公民、法人或者其他组织不服复议决定的，可以在收到复议决定书之日起十五日内向人民法院提起诉讼。复议机关逾期不作决定的，申请人可以在复议期满之日起十五日内向人民法院提起诉讼。法律另有规定的除外。”在“单独提出”情形中，若赔偿义务机关不作决定，时效是作出决定期限届满之日起6个月内；若作决定，时效是作出决定之日起6个月内。另外，还有一个时效值得特别注意，《国家赔偿法》第39条规定：“赔偿请求人请求国家赔偿的时效为两年，自其知道或者应当知道国家机关及其工作人员行使职权时的行为侵犯其人身权、财产权之日起计算……”

(2) 受案范围。因行政诉讼的受案范围与行政赔偿的范围在广度上有差别，故“一并提出”情形的受案范围与“单独提出”情形的受案范围不同，总体上说是前者窄于后者：前者只限于具体行政行为所致损害的赔偿，后者不但包括具体行政行为所致损害的赔偿，还包括一些行政事实行为所致损害的赔偿，如《国家赔偿法》第 3 条规定的殴打行为致害就不适用“一并提出”，而应该单独向赔偿义务机关请求赔偿，若赔偿不成，可“单独提出”行政赔偿诉讼。

(3) 举证责任。行政诉讼中被告（行政机关）负举证责任，与此不同，《国家赔偿法》总体上是“谁主张，谁举证”。《国家赔偿法》第 15 条规定：“人民法院审理行政赔偿案件，赔偿请求人和赔偿义务机关对自己提出的主张，应当提供证据。”但值得注意的是，同条还规定了一种例外：“赔偿义务机关采取行政拘留或者限制人身自由的强制措施期间，被限制人身自由的人死亡或者丧失行为能力的，赔偿义务机关的行为与被限制人身自由的人的死亡或者丧失行为能力是否存在因果关系，赔偿义务机关应当提供证据”。这一条，尤其是例外规定，是《国家赔偿法》2010 年修订的重要内容之一。另外，《行政诉讼法》在修改之后，在其第 38 条第 2 款规定，行政赔偿的案件中原告应当对行政行为造成的损害提供证据，但因被告的原因导致原告无法举证的，由被告承担举证责任。对于各方主张损失的价值无法认定的，应当由负有举证责任的一方当事人申请鉴定，但法律、法规、规章规定行政机关在作出行政行为时依法应当评估或者鉴定的除外；负有举证责任的当事人拒绝申请鉴定的，由其承担不利的法律后果。

(4) 起诉、受理、审理和判决。《行政诉讼法》及其司法解释对起诉、受理、审理和判决有较详细的规定。行政诉讼的原告可以在提起行政诉讼后至人民法院一审庭审结束前，提出行政赔偿请求。当事人先后被采取限制人身自由的行政强制措施和刑事拘留等强制措施，因强制措施被确认为违法而请求赔偿的，法院按行为性质分别适用行政赔偿程序和刑事赔偿程序立案受理。法院审理行政赔偿案件时，在坚持合法、自愿的前提下可以就赔偿范围、赔偿方式和赔偿数额进行调解，调解成立的，应当制作行政赔偿调解书。被告在一审判决前同原告达成赔偿协议，原告申请撤诉时，法院应当依法予以审查并裁定是否准许。被告的具体行政行为违法，但尚未对原告的合法权益造成损害的，或者原告的请求没有事实根据或法律根据的，法院应当判决驳回原告的赔偿请求。法院对赔偿请求人因赔偿义务机关不作为而直接提起行政赔偿诉讼的案件，在判决时应当对赔偿义务机关的致害行为是否违法予以确认。法院对单独提起的行政赔偿案件作出判决的法律文书的名称为行政赔偿判决书、行政赔偿裁定书或者行政赔偿调解书。

第五节 行政赔偿方式和计算标准

行政赔偿方式是指国家承担行政赔偿责任的方式，它是行政赔偿责任的外在表现，是受害人直接感受国家在承担责任的客观形式。行政赔偿计算标准是指行政赔偿的数额基准与计算方法，它是行政赔偿责任具体量化的方法，多以数字表现最终结果。行政赔偿方式和计算标准相结合能客观、有效地表达出行政赔偿责任。

一、行政赔偿方式

《国家赔偿法》第 32 条规定：“国家赔偿以支付赔偿金为主要方式。能够返还财产或者恢复原状的，予以返还财产或者恢复原状。”第 35 条规定：“……致人精神损害的，应当在侵权行为影响的范围内，为受害人消除影响，恢复名誉，赔礼道歉……”可见，《国家赔偿法》在赔偿方式上采取了“以支付赔偿金为主，以返还财产、恢复原状、消除影响、恢复名誉、赔礼道歉为辅”的原则。

1. 支付赔偿金。将支付赔偿金作为主要赔偿方式是许多国家的立法例。这种方式有适用面广、简便易行的特点。《国家赔偿法》在赔偿方式章节的全部 6 条条文中都规定了“赔偿金”。支付赔偿金方式能够高效率地处理行政赔偿问题，有利于受害人迅速获得赔偿，也让赔偿义务机关免于烦琐赔偿之累。

2. 返还财产、恢复原状。返还财产是指国家将从受害人处取得的财产返还给受害人。《国家赔偿法》第 36 条第 1 项规定“处罚款、罚金、追缴、没收财产或者违法征收、征用财产的，返还财产”。返还财产时一般是返还原物，而当原物灭失时，若受害人同意，也可以返还种类物；若不同意，则支付赔偿金。返还财产也是一种效率高、易被双方接受的方式，尤其是受害人的原物还存在时。

恢复原状是指国家将行政相对人受侵害的财产恢复到受侵害前的状态。《国家赔偿法》第 36 条第 2 项规定，“查封、扣押、冻结财产的，解除对财产的查封、扣押、冻结……”“应当返还的财产损坏的，能够恢复原状的，恢复原状，不能恢复原状的，按照损害程度给付相应的赔偿金”。

3. 消除影响、恢复名誉、赔礼道歉。消除影响和恢复名誉常常合并适用，消除影响主要是消除受害人名誉方面的影响，最终实现名誉的恢复。赔礼道歉是向受害人承认过错，表达歉意；有书面形式，也有口头形式。这三种方式都是针对精神损害的赔偿方式。

二、行政赔偿计算标准

《国家赔偿法》规定了人身权损害赔偿时和财产权损害赔偿时支付赔偿金方式的计算标准。

1. 人身权损害赔偿。人身权的损害包括侵犯人身自由权和生命健康权两类，具体包括限制和剥夺人身自由，损害人格，损害健康致伤、致残、致死亡等。

（1）于侵犯人身自由情形。《国家赔偿法》第 33 条规定：“侵犯公民人身自由的，每日赔偿金按照国家上年度职工日平均工资计算。”例如，某人被非法拘禁 10 天，则他应得的赔偿金数额是日平均工资数额乘以 10 所得的数额。

（2）于损害人格情形。人格受损时一般适用消除影响、恢复名誉、赔礼道歉等方式，但后果严重的应当支付精神损害抚慰金。该抚慰金数额如何计算，《国家赔偿法》没有规定，可以参照民法。

（3）于损害健康致伤、致残、致死亡情形。造成身体伤害的，应当支付医疗费、护理费，赔偿因误工减少的收入，减少的收入每日的赔偿金按照国家上年度职工日平均工资计算，最高额为国家上年度职工年平均工资的 5 倍。

造成部分或者全部丧失劳动能力的，应当支付医疗费、护理费、残疾生活辅助具费、康复费等因残疾而增加的必要支出和继续治疗所必需的费用，以及残疾赔偿金，残疾赔偿金根据丧失劳动能力的程度，按照国家规定的伤残等级确定，最高不超过国家上年度职工年平均工资的 20 倍。造成全部丧失劳动能力的，对其扶养的无劳动能力的人，还应当支付生活费。

造成死亡的，应当支付死亡赔偿金、丧葬费，总额为国家上年度职工年平均工资的 20 倍。对死者生前扶养的无劳动能力的人，还应当支付生活费。

上述“生活费”的发放标准参照当地最低生活保障标准执行。被扶养的人是未成年人的，生活费给付至18周岁止；被扶养人是其他无劳动能力的人，生活费给付至死亡时止。

2. 财产权损害赔偿。在财产权损害赔偿中，财产能返还的，适用返还财产方式；财产能恢复原状的，适用恢复原状方式。此外，适用支付赔偿金方式。

（1）解除查封、扣押、冻结的财产，返还财产时。解除查封、扣押、冻结的财产，返还财产时，财产损失或者灭失的，按照损害程度给付相应的赔偿金。“相应的赔偿金”中的“相应”是指赔偿数额以财产的价值为参照。

（2）财产被拍卖或变卖时。财产已经拍卖或者变卖的，给付拍卖或者变卖所得的价款；变卖的价款明显低于财产价值的，应当支付相应的赔偿金。

（3）停产停业时。吊销许可证和执照、责令停产停业的，赔偿停产停业期间必要的经常性费用开支。

（4）有利息时。返还执行的罚款或者罚金、追缴或者没收的金钱、解除冻结的存款或者汇款的，应当支付银行同期存款利息。

（5）其他。对财产权造成其他损害的，按照直接损失给予赔偿。

法律应用

1. 房屋强制拆除引发的损失举证

在房屋强制拆除引发的行政赔偿案件中，原告提供了初步证据，但因行政机关的原因导致原告无法对房屋内物品损失举证，行政机关亦因未依法进行财产登记、公证等措施无法对房屋内物品损失举证的，人民法院对原告未超出市场价值的符合生活常理的房屋内物品的赔偿请求，应当予以支持。（最高人民法院指导案例91号）

2. 行政赔偿中的法律溯及力问题

行政赔偿申请的受理在《国家赔偿法》修正前，而赔偿决定的作出在该法修正之后，其法律适用应根据《立法法》予以确定。《立法法》第84条①规定：法律不溯及既往，但为了更好地保护公民、法人和其他组织的权利和利益而作的特别规定除外。修正后的《国家赔偿法》对赔偿请求人的权益保护力度更大，最高人民法院关于适用《国家赔偿法》的司法解释亦明确规定，2010年12月1日前受理赔偿请求至12月1日尚未作出生效赔偿决定的，适用修正的《国家赔偿法》，因此，这类情形应适用修正后的《国家赔偿法》。[“麦某申请国家赔偿案”，载《最高人民法院公报》2014（1）]

3. 合法权益

获得国家赔偿的前提是合法权益受到侵害，如果公民法人或其他组织受到的损害是不法利益，即使是具体行政行为违法，国家也不承担赔偿责任。新修订的《国家赔偿法》在修改本条时仍然坚持了违法利益不属于国家赔偿范围的原则。[“祁县华誉纤维厂诉祁县人民政府行政赔偿案”，载《最高人民法院公报》，2011（4）]

4. 直接损失

根据《国家赔偿法》第28条第七项规定，行政机关的违法行政行为对行政相对人的财产权造成损害的，应按照直接损失给予赔偿，但未经证实的不确定利益不能作为直接损失。[“上海汇兴实业有限公司诉上海浦江海关行政赔偿案”，载《最高人民法院公报》，2004（1）]

---

① 该条在2015年3月《立法法》修订后，现为该法第93条。

5. 未尽到必要注意义务应承担相应赔偿责任

国家行政机关在履行行政登记职责时，未尽到必要的注意义务，致使行政管理相对人遭受财产损失的，应根据国家赔偿法的有关规定，承担相应的赔偿责任。[“中国银行江西分行诉南昌市房管局违法办理抵押登记案”，载《最高人民法院公报》，2004（2）]

6. 视为提起行政诉讼时一并提出赔偿请求的情形

根据《国家赔偿法》第 9 条第 2 款规定，赔偿请求人要求赔偿，应当先向赔偿义务机关提出，也可以在行政复议或提起行政诉讼时一并提出。对于上述规定中设置的两种求偿途径，赔偿请求人可以自行选择，赔偿请求人先提起行政诉讼，之后又提起行政赔偿诉讼，这表明其没有选择向行政机关直接提出赔偿请求的求偿途径，而是选择由人民法院解决其行政赔偿问题。在此种情形下，如果要求赔偿请求人再向赔偿义务机关提出赔偿请求方可提起行政赔偿诉讼，实际上取消了赔偿请求人在行政赔偿程序上的选择权，增加了赔偿程序的复杂性，不利于畅通赔偿渠道，也不符合制定和修改国家赔偿法的立法目的。因此，对于已通过行政诉讼程序确认行政行为违法，后续提起的行政赔偿诉讼案件，可以视为提起行政诉讼时一并提出赔偿请求的情形予以处理。[最高人民法院（2016）行申 4758 号行政裁定书]

课后复习

1. 简述行政赔偿的构成要件。
2. 简述行政赔偿的范围。
3. 简述行政赔偿的复议与诉讼。
4. 简述行政赔偿方式与计算标准。

第十九章
行政复议

提　要

行政复议是行政复议机关基于复议申请人的申请，依法定程序，对被申请人作出的具体行政行为进行审查的活动。行政复议是行政主体内部自我解决行政纠纷、自我纠正错误的救济和监督机制，是带有一定司法性的行政行为，也是一种依申请的行政行为。行政复议机关审理行政复议案件，应遵循合法、公正、公开、及时和便民原则。我国《行政复议法》规定，行政复议程序主要包括申请、受理、审查、决定以及决定的执行等阶段。行政复议机关审理行政复议案件以被申请人作出的具体行政行为为审查对象，并附带审查部分抽象行政行为；主要采用书面审查的方式，对被申请的具体行政行为的合法性、适当性作全面审查，并作出维持、撤销、变更、确认或责令履行等决定。行政复议对于保护公民、法人或其他组织的合法权益，保障和监督行政主体依法行政，都具有重要意义。

重点问题

1. 行政复议的性质和特征。
2. 行政复议的受案范围。
3. 行政复议的基本原则。
4. 行政复议程序。

第一节　行政复议概述

一、行政复议的含义和性质

1. 行政复议的含义。行政复议是指相对人认为行政主体的具体行政行为侵犯其合法权益，依法向该行政主体的上一级机关或法律规定的其他行政主体提出复查该具体行政行为的申请，受理申请的行政主体依照法定程序对被申请的具体行政行为进行审查，并作出相应决定的法律活动。对行政复议这一概念，我们可作如下理解：

（1）行政复议是一种依申请的行政行为。行政复议机关作出行政复议行为，必须基于相对人的申请。如果没有这种申请，行政复议程序就不能启动，行政复议机关就不能实施行政复议行为。尽管行政复议机关作为上级机关，在发现下级行政主体所作的具体行政行为违法或不当时，可依职权主动予以撤销或变更，但这不是行政复议行为，而只是上级对下级的行政监督。因此，行政复议机关对申请人所作的行政复议行为，实质上是一种具体行政行为，正因如此，行政复议决定才具有可诉性，《行政复议法》第19条和《行政诉讼法》第26条对此作出了明文规定。

（2）行政复议是由有行政复议权的行政主体主持的活动。享有行政复议权的机关，一般为作出原具体行政行为的行政机关的上一级机关。因为行政复议权实质上体现了行政主体对所属行政主体的领导和监督权。在特殊情况下，法律规定的作出原具体行政行为的行政主体，也可成为行政复议机关。在行政复议法律关系中，行政复议机关居于主导地位，作为申请人的相对人和作为被申请人的行政主体之间不再是一般行政法律关系中那种支配与被支配的关系，而是平等的关系。

（3）行政复议以具体行政行为为审查对象，并附带审查部分抽象行政行为。行政主体作出的行政行为可分为具体行政行为和抽象行政行为。抽象行政行为又可分为行政立法行为和制定行政规范性文件的行为。《行政复议法》规定，行政复议以具体行政行为为审查对象，同时附带审查该具体行政行为所依据的行政规范性文件。也就是说，对抽象行政行为提出审查要求，必须以对具体行政行为申请行政复议为前提，而且被要求审查的抽象行政行为只能是行政规范性文件，不包括行政法规和规章。

（4）行政复议是解决行政纠纷的法律救济机制。公民、法人和其他组织认为行政主体作出的具体行政行为侵犯了其合法权益，这就产生了行政纠纷。行政复议机关基于相对人的申请，对该有争议的具体行政行为进行合法性和合理性审查，如认为其合法就应作出维持或驳回决定，认为其违法的应予以撤销，认为其不当的应予以变更。对行政主体依自由裁量权作出的行政行为和行政赔偿、行政补偿决定，行政复议当事人还可在复议机关主持下进行调解。行政复议的这些制度能有效解决行政纠纷，定纷止争，实现行政复议法的立法目的。

2. 行政复议的性质。行政复议是通过相对人的申请，使行政复议机关得以通过审查被申请人的具体行政行为，及时发现和纠正下级行政主体违法或不当的具体行政行为。尽管存在相对人的参与，但是，行政复议机关对被申请人的具体行政行为作出审查处理的权力，仍然是基于行政主体之间的层级隶属关系，在本质上属于行使内部监督权。因此，行政复议是一种对行政行为的事后层级监督制度。当然，行政复议必须体现对相对人的合法权益进行保护的需要，复议程序借鉴了一些司法程序，比一般的具体行政行为程序更为严格。正因为行政复议的这种行政属性，所以，行政复议制度更多地体现出效率和便民的特点。

二、行政复议的基本原则

行政复议的基本原则，是指由法律所规定的，对行政复议具有普遍指导意义的，行政复议机关和所有行政复议参加人在行政复议过程中必须遵循的基本准则。依照《行政复议法》的规定，它主要包括合法原则、公正原则、公开原则、及时原则和便民原则。

1. 合法原则。这是指行政复议机关及其他复议参加人在行政复议过程中都必须遵守有关行政复议的法律、法规和规章。这一原则要求：第一，主体合法。行政复议机关及申请人和被申请人的主体资格合法是行政复议内容合法的基础和前提。根据这一要求，行政复议机关必须是享有行政复议权的行政主体；复议申请人必须是被申请的具体行政行为所指向的相对人；被申请人必须是作出被申请的具体行政行为的行政主体。第二，依据合法。行政复议机关在审理行政复议案件时所依据的法律、法规和规章以及其他规范性文件都必须是现实有效的。行政复议机关和复议申请人认为依据不合法的，应依照一定的程序处理。第三，程序合法。行政复议过程本身就是一种行政程序行为，为保证行政复议的公正，行政复议机关在受理行政复议申请、审查具体行政行为以及作出行政复议决定等各个环节，都应按照法律规定的程序和期限进行。

2. 公正原则。这是指行政复议机关在审理行政复议案件过程中，应公正、平等地对待申请人和被申请人，不能偏听偏信、偏袒一方。具体要求有：第一，行政复议机关尤其要维护申请人的合法权益，应告知申请人依法享有的权利。因为在行政活动中，相对人处于被支配的地位，在复议过程中，应突出对弱者权利的保护。第二，要给申请人和被申请人同等的陈述理由和质证的机会。第三，行政复议机关作出的复议决定不仅应合法，还应合理。

3. 公开原则。这是指行政复议机关在审理行政复议案件过程中，除依法涉及国家秘密、商业秘密和个人隐私外，整个过程都应当向行政复议参加人和社会公开。它要求：行政复议案件的材料应公开，行政复议的过程应公开，行政复议的决定应公开。

4. 及时原则。这是指行政复议机关要按照行政复议法规定的期限，尽快完成对行政复议案件的审查，并作出相应的决定。行政复议机关在法定期限内不能作出行政复议决定的，应当依法定程序延长审理期限。同时，为保证行政复议的及时性，行政复议机关应督促行政复议当事人遵守法定的期限。被申请人违反法定时限的，应承担相应的法律责任。如《行政复议法》第28条规定，被申请人不依法定期限提出书面答复，提交当初作出具体行政行为的证据、依据和其他有关材料的，视为该具体行政行为没有证据和依据，行政复议机关可撤销该具体行政行为。

5. 便民原则。这是指行政复议机关在行政复议程序中，应尽量为行政复议参加人特别是申请人提供便利，使其不因行政复议活动而承受过大的负担，最大限度地节省他们所耗费的时间、精力和费用。《行政复议法》规定，申请人可以口头申请行政复议；申请人在不知道向谁申请行政复议时，可先向具体行政行为发生地的县级地方人民政府申请，再由其转送给有权受理机关。行政复议机关应当为申请人、第三人查阅有关材料提供必要条件。这些规定都体现了便民原则。

三、行政复议的基本制度

行政复议的基本制度是行政复议基本原则在行政复议程序的某一阶段、某一方面的具体化，并由法律加以确认的制度。

1. 一级复议制度。这是指行政复议案件经行政复议机关一次审理并作出决定之后，行政复议程序即告终结，申请人即使不服，也不得再次向有关行政复议机关申请复议的一种法律制度。在设有行政复议制度的一些国家中，有的实行一级复议制，有的实行两级复议制。所谓两级复议制，是指申请人在向行政复议机关申请行政复议后，对行政复议决定不服的，可以继续向该行政复议机关的上一级机关再申请行政复议，而不是只能向法院提起诉讼。我国《行政复议法》确立的是一级复议制。这是因为，一方面，一级复议制可以提高解决行政纠纷的效率；另一方面，我国的行政复议绝大部分都不是终局的，当事人还可提起行政诉讼，寻求司法救济。因此，在制度设计上，没有必要将行政复议作为唯一的、最终的救济手段。当然，一级复议制也有例外情况，例如，根据《行政复议法》的规定，对国务院部门或省级人民政府的具体行政行为不服的，可向作出该具体行政行为的原机关申请复议，对行政复议决定不服的，可以向国务院申请裁决。这里的“裁决”，实际上就是行政复议。

2. 书面审理制度。这是指行政复议机关一般无须召集申请人和被申请人组成复议庭进行审查，而只是对申请人提出的申请和被申请人提交的书面答复以及证据材料进行审理后即可作出行政复议决定。书面审理制度的特点是，行政复议机关审理复议案件，一般不需要通知当事人、证人，不需要经过辩论和质证。行政复议采用书面审理制度，是由行政复议的“行政”性所决定的。它不仅可以提高行政复议的效率，减少成本，也有利于避免行政复议申请人和被申请人当面质证产生的对抗情绪，有利于行政争议在行政程序中得到及时解决。《行政复议法》第22条规定，行政复议原则上采取书面审查的办法，但是申请人提出要求或行政复议机关负责法制工作的机构认为必要时，可以向有关组织和人员调查情况，听取申请人、被申请人和第三人的意见。

3. 被申请人负主要举证责任制度。这是指在行政复议过程中，被申请人应向行政复议机关提交当初所作具体行政行为具有合法性和合理性的证明，否则，其行为将处于被撤销或变更的不利地位。按照行政法治的要求，行政主体作出具体行政行为，必须有明确的法律依据和充分的事实证据。这是保证具体行政行为合法、合理的基本要求。并且，法律一般都赋予行政主体收集证据的能力。被申请人负举证责任，就是要求被申请人在行政复议机关和申请人面前把当初实施该具体行政行为的证明过程再重新证明一次，由行政复议机关来判断被申请人的证明过程是否合乎逻辑，法律根据和事实根据是否充分。如果被申请人无法证明或证明错误，其所作具体行政行为自然不能成立，理应予以撤销或变更。因此，由被申请人负举证责任是完全必要和可能的。当然，由被申请人负举证责任，是要求被申请人承担不能举证的风险，并不是说申请人没有提供证据的义务，申请人仍应向复议机关提供证据，并对行政不作为行为负举证责任。

第二节　行政复议机关和参加人

一、行政复议机关

行政复议机关是指依法受理行政复议申请，有权对具体行政行为进行审查并作出决定的行政机关。行政复议机关是国家行政机关，其他组织，如司法机关、政党组织、企事业单位等，都不能成为行政复议机关。行政复议机关是享有行政复议权的行政机关。一些最基层的行政主体由于没有被监督的下级主体，因而不享有行政复议权，不是行政复议机关。行政复议机关是能以自己的名义行使行政复议权，并独立承担其法律后果的行政机关。

《行政复议法》规定，行政复议机关负责法制工作的机构是行政复议机构。也就是说，行政复议机构是在行政复议机关内部设立的，负责办理有关行政复议事项的工作机构。行政复议机构不是行政主体，对外不能以自己的名义行使职权，它具体办理行政复议事项，并对行政复议机关负责。根据《行政复议法》的规定，行政复议机构的职责有：受理行政复议申请；向有关组织和人员调查取证，查阅文件和资料；审查申请行政复议的具体行政行为是否合法与适当，拟订行政复议决定；处理或转送规章以下其他规范性文件的审查申请；对行政主体违反《行政复议法》的行为依法提出处理建议；办理因不服行政复议决定或者组织办理未经行政复议而提起行政诉讼的应诉事项；办理《行政复议法》第29条规定的行政赔偿等事项；按照职责权限，督促行政复议申请的受理和行政复议决定的履行；办理行政复议、行政应诉案件统计和重大行政复议决定备案事项；研究行政复议工作中发现的问题，及时向有关机关提出改进建议，重大问题及时向行政复议机关报告；法律、法规规定的其他职责。

二、行政复议参加人

行政复议参加人是指与被申请的具体行政行为有利害关系而参加行政复议的当事人以及与当事人地位相似的人，包括申请人、被申请人、第三人等。

1. 申请人。行政复议申请人是指认为行政主体作出的具体行政行为侵犯了其合法权益，依照《行政复议法》的规定，以自己的名义向行政复议机关提出申请，要求对该具体行政行为进行复查并作出决定的公民、法人或其他组织。申请人具有如下法律特征：第一，申请人应是作为相对人的公民、法人或其他组织。行政机关只有作为机关法人时才能成为申请人；根据《行政复议法》的规定，有权申请行政复议的公民死亡的，其近亲属可以申请行政复议，成为申请人；有权申请行政复议的公民为无民事行为能力人或者限制民事行为能力人的，其法定代理人可以代为申请行政复议；合伙企业申请行政复议的，应当以核准登记的企业为申请人，由执行合伙事务的合伙人代表该企业参加行政复议；其他合伙组织申请行政复议的，由合伙人共同申请行政复议；股份制企业的股东大会、股东代表大会、董事会认为行政机关作出的具体行政行为侵犯企业合法权益的，可以以企业的名义申请行政复议；有权申请行政复议的法人或其他组织终止的，承受其权利的法人或其他组织可以申请行政复议，成为申请人。第二，申请人应当是认为其合法权益被具体行政行为直接侵害的相对人。申请人必须是受直接侵害的人，必须是自己的合法权益受到了损害，而不能是他人的合法权益受到了损害。第三，申请人必须以自己的名义向行政复议机关提出行政复议申请。

2. 被申请人。公民、法人或其他组织对具体行政行为不服，申请行政复议的，作出该具体行政行为的行政主体是被申请人。被申请人还有以下几种特殊情形：第一，法律、法规授权的行政主体作出的具体行政行为引起行政复议的，该被授权行政主体为被申请人；行政机关与法律、法规授权的组织以共同的名义作出的具体行政行为引起行政复议的，行政机关和法律、法规授权的组织为共同被申请人。第二，行政主体委托的组织所作具体行政行为引起行政复议的，委托的行政主体为被申请人。第三，两个或两个以上行政主体以共同名义作出同一具体行政行为，引起行政复议的，共同作出该具体行政行为的主体是被申请人；行政机关与其他组织以共同名义作出具体行政行为，引起行政复议的，行政机关为被申请人。第四，作出具体行政行为的行政主体被撤销的，继续行使其职权的行政主体是被申请人。第五，下级行政机关依照法律、法规、规章规定，经上级行政机关批准作出具体行政行为，引起行政复议的，批准机关为被申请人。第六，行政机关设立的派出机构、内设机构或者其他组织，未经法律、法规授权，对外以自己名义作出具体行政行为，引起行政复议的，该行政机关为被申请人。另外，依照《行政复议法》第 14 条的规定申请原级行政复议的案件，由原承办具体行政行为有关事项的部门或者机构提出书面答复，并提交作出具体行政行为的证据、依据和其他有关材料。

3. 第三人。行政复议的第三人是指与申请复议的具体行政行为有利害关系，经申请或由行政复议机关通知参加复议活动的申请人和被申请人以外的公民、法人或其他组织。第三人在行政复议中具有独立的法律地位。第三人不参加行政复议，不影响行政复议案件的审理。第三人具备下列特征：第一，第三人同被复议的具体行政行为有利害关系，如果不参加到复议活动中去，有可能影响到其合法权益。第二，第三人参加的行政复议是由其他公民、法人或组织的申请行为引起的。第三，第三人是在行政复议活动开始后、终结前，经自己申请并经行政复议机关同意或由行政复议机关通知而参加到行政复议活动中的。

行政复议决定可能对第三人产生不利影响的，行政复议机关应当通知第三人参加行政复议。彭某华诉宁波市北仑区人民政府工商行政复议案裁判要旨指出："行政复议机关拟作出对利害关系人产生不利影响行政复议决定的，应当按照正当程序原则的要求，采取适当方式通知利害关系人参加行政复议。行政复议机关未通知利害关系人参加行政复议，直接作出对利害关系人不利影响的行政复议决定的，构成违反法定程序，依法应当撤销。"①

第三节　行政复议的范围和管辖

一、行政复议的范围

行政复议的范围又称行政复议的受案范围，对相对人而言，行政复议范围是公民、法人或其他组织可以申请行政复议的行政争议范围；对行政复议机关而言，行政复议范围是其受理行政争议案件的主管权限。行政复议范围决定了哪些具体行政行为可以成为行政复议的对象，关系到行政监督和救济的深度与广度，是行政复议制度的一个关键问题。《行政复议法》规定了可以申请行政复议的行政行为和不可申请行政复议的事项。

1. 可申请行政复议的行政行为。具体包括：第一，行政处罚行为。这是行政复议范围内最重要的一种具体行政行为，包括警告、罚款、没收、责令停产停业、暂扣或吊销许可证照、行政拘留等。第二，行政强制措施。它包括限制人身自由的行政强制措施，如强制戒毒、强制遣送等，以及对财产的强制措施，如查封、扣押、冻结等。第三，有关证书的变更、中止或撤销。相对人对行政主体作出的变更、中止或撤销有关许可证、执照、资质证、资格证等证书的行政行为不服的，可依法申请行政复议。第四，行政确权行为。相对人对行政主体作出的关于确认土地、矿藏、水流、森林、山岭、草原、荒地、滩涂、海域等自然资源的所有权或使用权的决定不服的，可申请行政复议。第五，侵犯企业经营自主权的行为。我国企业法等法律、法规赋予企业等经济组织一系列经营自主权，由企业自主行使，而不受包括行政主体在内的机关、组织等的非法干涉。行政主体非法干涉企业经营活动，必然会侵犯其合法权益，对此，企业等经济组织可以申请行政复议。第六，变更或废止农业承包合同的行为。农业承包合同是农村集体经济组织与其成员之间签订的有关农业生产方面的合同，是农村的一项基本经济制度。合同双方各自依法享有一定的权利和义务，行政主体不得侵犯。如果行政主体非经农户同意而随意变更或废止原承包合同，侵犯农户合法权益的，农户可依法申请行政复议。第七，违法要求履行义务的行为。行政主体作出对相对人课以义务的具体行政行为必须合法，否则，相对人可以拒绝履行，并可申请行政复议。如对违法集资、乱征收、滥摊派等行为，可按此规定申请复议。第八，不予行政许可的行为。相对人认为符合法定条件，申请行政主体颁发许可证、执照、资质证、资格证等证书，或者申请行政主体审批、登记有关事项，行政主体拒绝办理或不予答复的，可申请行政复议。第九，行政不作为。行政主体的一项重要职责，就是依法保护公民、法人和其他组织的人身权、财产权不受非法侵犯。行政主体必须积极、忠实地履行这一职责，否则，就是一种失职行为，相对人可就此申请行政复议。常见的行政主体的不作为有以下两种：一是不履行保护人身权利、财产权利、受教育权利的法定职责，二是不依法发放抚恤金、社会

① 最高人民法院行政审判庭编．中国行政审判指导案例：第1卷．北京：中国法制出版社，2010：99.

保险金、最低生活保障费等。第十，其他具体行政行为。这是一项概括性条款。凡不属于上述列举的具体行政行为，只要相对人认为侵犯了其合法权益，都可申请行政复议。

此外，《行政诉讼法》第 12 条第 1 款第 11 项的规定将政府特许经营协议、土地房屋征收补偿协议等协议纳入了行政诉讼的受案范围，该类协议是行政机关为实现公共利益或行政管理目标，在法定职责范围内与相对人协商签订的具有行政法上权利义务内容的协议，也应属于行政复议的受案范围。

《行政复议法》还规定，相对人认为具体行政行为所依据的规章以下的其他规范性文件即行政规范性文件不合法的，在对具体行政行为申请复议时，也可以一并向行政复议机关提出对该行政规范性文件的审查申请。

2. 不能申请行政复议的事项。根据《行政复议法》的规定，以下几种行为不能申请行政复议：第一，内部行政行为。行政主体对其工作人员作出的警告、记过、撤职、开除等行政处分和其他人事处理决定均属内部行政行为，相对人不能申请行政复议，但可根据《行政监察法》和《公务员法》等法律、法规的规定，提出行政申诉，维护自己的合法权益。第二，居间裁决行为。行政主体居间对公民、法人或其他组织之间的民事纠纷依法作出的调解、仲裁行为，相对人不能申请行政复议，但可以依法向仲裁机构申请仲裁，也可向人民法院提起诉讼。

二、行政复议的管辖

行政复议的管辖是指行政复议机关受理行政复议申请的权限和分工。行政复议是基于行政复议机关对下属行政主体的领导权和监督权而建立起来的一种行政层级监督制度。我国行政组织体系权属关系复杂，行政主体之间既存在纵向领导关系，又存在横向领导关系，因此，明确行政复议的管辖关系对于方便相对人申请行政复议具有重大意义。行政复议管辖的确定，应符合行政主体内部各层级之间的职能划分和权属关系，并应便利相对人申请行政复议。

1. 一般管辖。在大多数情况下，不服行政主体的具体行政行为而申请复议的，通常由该行政主体的上一级行政主体管辖。具体有以下几种情况：第一，本级人民政府或上一级主管部门管辖。这是对县级以上地方人民政府工作部门的具体行政行为引起的行政复议案件确立的基本管辖方式。对申请人来讲，这是一种选择复议，可以选择就近的行政机关或自己认为公正的行政机关管辖。它体现了行政复议的便民原则。第二，上级主管部门管辖。申请人对海关、金融、税务、外汇管理等实行垂直领导的行政主体和国家安全机关的具体行政行为不服的，向上一级主管部门申请行政复议。第三，上级人民政府管辖。申请人对地方各级人民政府的具体行政行为不服的，向上一级地方人民政府申请行政复议，但省、自治区、直辖市人民政府的具体行政行为除外。第四，原行政主体管辖。这种管理适用于两种情况：一是对国务院各部门的具体行政行为不服而申请的行政复议案件，二是对省、自治区、直辖市人民政府的具体行政行为不服而申请的行政复议案件。对这两类行政复议案件所作的行政复议决定不服的，可以向人民法院提起行政诉讼，也可以向国务院申请裁决，国务院的裁决为最终裁决。

2. 特殊管辖。行政复议的管辖还有以下几种特殊情形：第一，设立派出机关的行政主体管辖。派出机关是根据法律的授权而设立的行政机关。申请人对县级以上地方人民政府依法设立的派出机关的具体行政行为不服的，向设立该派出机关的人民政府申请行政复议。第二，设立派出机构的行政部门或该部门的本级地方人民政府管辖。派出机构是指政府工作部门依法设立的，并依照法律、法规或规章的规定，以自己的名义作出具体行政行为的行政主体。申请人对派出机构作出的具体行政行为不服的，向设立该派出机构的行政部门或者该部门的本级地方人民政府申请行政复议。第三，主管被授权组织的行政主体管辖。申请人对法律、法规授权组织的具体行政行为不服的，向直接管理该组织的行政主体申请行政复议。第四，共同上一级行政主体管辖。申请人对两个或两个以上行政主体以共同的名义作出的具体行政行为不服的，向其共同的上一级行政主体申请行政复议。第五，承继行政职权的行政主体的上一级行政主体管辖。申请人对撤销的行政主体在撤销前所作的具体行政行为不服的，向继续行使其职权的行政主体的上一级行政主体申请行政复议。

3. 转送管辖。为了方便相对人申请行政复议，《行政复议法》规定，对派出机关、派出机构、授权行政主体所作具体行政行为不服的，或者对共同具体行政行为不服的，或者对被撤销行政主体在撤销前所作具体行政行为不服的，申请人可以向具体行政行为发生地的县级地方人民政府提出行政复议申请，该县级地方人民政府对不属于自己受理的行政复议申请，应在 7 日内按法律规定的程序转送到其他行政复议机关，并告知申请人。接受转送的行政复议机关应当依法决定受理或不予受理。决定受理的，收到转送之日即为受理之日。

4. 管辖权的转移。这是指经上级行政复议机关决定或同意，把对行政复议案件的管辖权由下级复议机关转移到上级复议机关。《行政复议法》第 20 条规定，行政复议机关无正当理由不受理行政复议申请的，该复议机关的上级行政机关在必要时可以直接受理。管辖权的转移不同于转送管辖：管辖权的转移是指将复议案件从有管辖权的复议机关转移给无管辖权的复议机关复议，转送管辖是无管辖权的行政机关将复议案件转送给有管辖权的复议机关管辖；管辖权的转移是复议案件从下级复议机关转移到上级复议机关，转送管辖中转送机关与复议机关没有必然的隶属关系；管辖权转移的原因是复议案件案情重大、复杂或下级复议机关不愿受理，转送管辖的原因是受理复议案件的复议机关对本案无管辖权。

第四节　行政复议程序

行政复议程序是指行政复议机关审理行政复议案件所遵循的方式、步骤、时限和顺序。按照《行政复议法》的规定，行政复议程序分为申请、受理、审理、决定以及决定的执行等几个阶段。

一、申请

行政复议的申请是指相对人不服行政主体的具体行政行为而请求行政复议机关予以撤销或变更的行为。行政复议是应申请的行政行为，没有申请人的申请，就不能启动行政复议程序，因此，申请是行政复议程序的第一个环节。

1. 申请复议的条件。相对人申请行政复议，应符合下列条件：第一，申请人具备资格。申请人必须是认为具体行政行为直接侵犯其合法权益的公民、法人或其他组织。第二，有明确的被申请人。申请人在复议请求中应明确指出侵害其合法权益的是哪个行政主体，被申请人一般是作出具体行政行为的行政主体。第三，有具体的复议请求和事实根据。具体的复议请求包括：责令被申请人履行职责，撤销、变更原具体行政行为，责令被申请人重新作出具体行政行为和赔偿损失等。事实根据主要是指具体行政行为存在的事实和证据，如行政处罚决定、罚没款收据等。第四，属于行政复议范围。申请人申请复议的事项，应符合《行政复议法》第 6 条规定的情形。第五，法律、法规规定的其他条件，主要包括复议在法定期限之内，未向人民法院提起行政诉讼等。

2. 复议申请的期限。为了促使相对人及时维护其合法权益，尽快稳定行政法律关系，《行政复议法》规定了申请复议的期限：公民、法人或其他组织向行政复议机关申请行政复议的，可以在知道作出具体行政行为之日起 60 日内提出。

申请期限的起算方式如下：第一，当场作出具体行政行为的，自具体行政行为作出之日起计算。第二，载明具体行政行为的法律文书直接送达的，自受送达人签收之日起计算。第三，载明具体行政行为的法律文书邮寄送达的，自受送达人在邮件签收单上签收之日起计算；没有邮件签收单的，自受送达人在送达回执上签名之日起计算。第四，具体行政行为依法通过公告形式告知受送达人的，自公告规定的期限届满之日起计算。第五，行政机关作出具体行政行为时未告知公民、法人或者其他组织，事后补充告知的，自该公民、法人或者其他组织收到行政机关补充告知的通知之日起计算。第六，被申请人能够证明公民、法人或者其他组织知道具体行政行为的，自证据材料证明其知道具体行政行为之日起计算。此外，如果行政机关作出具体行政行为，依法应当向有关公民、法人或者其他组织送达法律文书而未送达的，视为该公民、法人或者其他组织不知道该具体行政行为。

公民、法人或者其他组织依照《行政复议法》第 6 条第 1 款第 8 项、第 9 项、第 10 项的规定申请行政机关履行法定职责，行政机关未履行的，行政复议申请期限依照下列规定计算：第一，有履行期限规定的，自履行期限届满之日起计算；第二，没有履行期限规定的，自行政机关收到申请满 60 日起计算。公民、法人或者其他组织在紧急情况下请求行政机关履行保护人身权、财产权的法定职责，行政机关不履行的，行政复议申请期限不受前述规定的限制。

如果法律规定申请期限在 60 日以上的，则从其规定；如果法律规定少于 60 日的，则一律按《行政复议法》规定的 60 日执行。申请人没有正当理由，逾期不申请复议的，丧失复议请求权。因不可抗力或者其他正当理由耽误法定申请期限的，申请期限自障碍消除之日起继续计算。

行政机关作出具体行政行为应当告知相对人申请行政复议的权利、行政复议机关和行政复议申请期限。

3. 申请复议的方式。申请人书面申请行政复议的，可以采取当面递交、邮寄或者传真等方式提出行政复议申请。有条件的行政复议机构可以接受以电子邮件形式提出的行政复议申请。申请人书面申请行政复议的，应当在行政复议申请书中载明下列事项：第一，申请人的基本情况，包括：公民的姓名、性别、身份证号码、通信地址、邮政编码，法人或者其他组织的名称、住所、邮政编码和法定代表人或者主要负责人的姓名、职务；第二，被申请人的名称等；第三，行政复议请求的主要事实和理由；第四，申请人的签名或者盖章；第五，申请行政复议的日期。

申请人也可以到行政复议机关口头申请复议。申请人口头申请行政复议的，行政复议机构应当依照书面行政复议申请书的事项，当场制作行政复议申请笔录，交申请人核对或者向申请人宣读，并由申请人签字确认。

有下列情形之一的，申请人应当提供证明材料：（1）认为被申请人不履行法定职责的，提供曾经要求被申请人履行法定职责而被申请人未履行的证明材料；（2）申请行政复议时一并提出行政赔偿请求的，提供受具体行政行为侵害而造成损害的证明材料；（3）法律、法规规定需要申请人提供证据材料的其他情形。

申请人提出行政复议申请时错列被申请人的，行政复议机关应当告知申请人变更被申请人。

二、受理

公民、法人或者其他组织认为行政机关的具体行政行为侵犯其合法权益，提出行政复议申请，除不符合《行政复议法》和《行政复议法实施条例》规定的申请条件的，行政复议机关必须受理。行政复议机关在收到复议申请后，应当及时予以审查，并在一定期限内决定是否予以受理。只有申请人的申请行为和复议机关的受理行为相结合，才标志着复议程序的开始。根据《行政复议法》的规定，行政复议机关收到复议申请后，应当在5日内审查，分别就不同情况作出如下处理：

1. 直接受理。对符合复议申请条件的，即推定为已经受理，受理之日即为复议机构收到申请之日。行政复议机关无须作出受理决定，申请人亦无须关注有无受理的决定。行政复议申请符合下列规定的，应当予以受理：（1）有明确的申请人和符合规定的被申请人；（2）申请人与具体行政行为有利害关系；（3）有具体的行政复议请求和理由；（4）在法定申请期限内提出；（5）属于《行政复议法》规定的行政复议范围；（6）属于收到行政复议申请的行政复议机构的职责范围；（7）其他行政复议机关尚未受理同一行政复议申请，人民法院尚未受理同一主体就同一事实提起的行政诉讼。行政复议申请材料不齐全或者表述不清楚的，行政复议机构可以自收到该行政复议申请之日起5日内书面通知申请人补正。补正通知应当载明需要补正的事项和合理的补正期限。无正当理由逾期不补正的，视为申请人放弃行政复议申请。补正申请材料所用时间不计入行政复议审理期限。

2. 告知或转送。对符合申请条件，但不属于本机关受理的行政复议申请，应当告知申请人向有关行政复议机关提出，或转送有复议权的行政复议机关。申请人就同一事项向两个或者两个以上有权受理的行政机关申请行政复议的，由最先收到行政复议申请的行政机关受理。同时收到行政复议申请的，由收到行政复议申请的行政机关在10日内协商确定；协商不成的，由其共同上一级行政机关在10日内指定受理机关。协商确定或者指定受理机关所用时间不计入行政复议审理期限。

3. 决定不予受理。对不符合复议申请条件的，复议机关应决定不予受理，并制作不予受理决定书，载明不予受理的理由，告知申请人。依照《行政复议法实施条例》第31条的规定，上级行政机关认为行政复议机关不予受理行政复议申请的理由不成立的，可以先行督促其受理；经督促仍不受理的，应当责令其受理，必要时也可以直接受理；认为行政复议申请不符合法定受理条件的，应当告知申请人。

三、审理

行政复议的审理是指行政复议机关对具体行政行为的合法性、合理性进行全面审查的过程。它是行政复议程序的关键阶段。

1. 审理前的准备。行政复议机关审理行政复议案件，应当由2名以上行政复议人员参加。为了保证审理工作合法、顺利地进行，复议机关在受理案件后、开始审理前，应做好下列准备工作：第一，向被申请人送达复议申请书副本或复议申请笔录复印件，并限期作出答复。《行政复议法》第23条规定：复议机关应自受理之日起7日内将复议申请书副本或复议申请笔录复印件发送给被申请人。被申请人应自收到复议申请书副本或申请笔录复印件之日起10日内，向复议机关提出书面答复，并提交当初作出具体行政行为的证据、依据和其他有关材料。答复书一般应载明被申请人的名称及地址、答辩事由、当初作出具体行政行为的事实和法律依据、答辩的日期等。第二，通知复议参加人。复议机关发现符合第三人条件的相对人或行政主体未参加复议的，则应通知其参加复议。第三，决定原具体行政行为是否应停止执行。根据《行政复议法》的规定，行政复议期间具体行政行为不停止执行，但有下列情形之一的，可以停止执行：被申请人认为需要停止执行的；复议机关认为需要停止执行的；申请人申请停止执行，行政复议机关认为其要求合理，决定停止执行的；法律规定停止执行的。

2. 审理的方法。行政复议原则上采取书面审理的方式，但是，申请人提出要求或行政复议机关认为有必要时，可以向有关组织和人员调查情况，听取申请人、被申请人和第三人的意见。对重大、复杂的案件，申请人提出要求或者行政复议机关认为必要时，可以采取听证的方式审理。

3. 审理的依据。复议机关审理行政复议案件，以法律、行政法规、地方性法规、规章及其他规范性文件即行政规范性文件为依据。根据《行政复议法》的规定，行政复议机关在申请人对具体行政行为所依据的规章以下的规范性文件提出复查申请，或在审查具体行政行为时，发现其依据不合法，本机关有权处理的，应在 30 日内依法处理；如果本机关无权处理的，应当在 7 日内依法定程序转送有权处理的国家机关依法处理。处理期间，中止对具体行政行为的审查。

4. 审理步骤。行政复议机关工作人员审理复议案件，应认真阅读案卷材料，核对证据，审查案件事实是否清楚、证据是否确凿、适用的依据是否正确、程序是否合法、内容是否适当。经评议后，拟订行政复议决定并说明理由，送行政复议机关负责人或集体讨论审核。

5. 证据调查。行政复议机关认为必要时，可以实地调查核实证据。行政复议人员向有关组织和人员调查取证时，可以查阅、复制、调取有关文件和资料，向有关人员进行询问。调查取证时，行政复议人员不得少于 2 人，并应当向当事人或者有关人员出示证件。被调查单位和人员应当配合行政复议人员的工作，不得拒绝或者阻挠。需要现场勘验的，现场勘验所用时间不计入行政复议审理期限。行政复议期间，涉及专门事项，需要鉴定的，当事人可以自行委托鉴定机构进行鉴定，也可以申请行政复议机关委托鉴定机构进行鉴定，鉴定费用由当事人承担，鉴定所用时间不计入行政复议审理期限。

6. 复议申请的撤回。申请人在行政复议决定作出前自愿撤回行政复议申请的，经行政复议机关同意，可以撤回。撤回行政复议申请，应当具备以下三个条件：第一，申请人自愿撤回申请，不能是被胁迫或被欺诈；第二，在复议决定作出前要求撤回复议申请；第三，须经复议机关同意并记录在案。《行政复议法》第 25 条规定，撤回申请须说明理由。撤回复议申请并经复议机关同意的，复议程序即告终止。申请人撤回行政复议申请的，不得再以同一事实和理由提出行政复议申请，但是，申请人能够证明撤回行政复议申请违背其真实意思表示的除外。行政复议期间被申请人改变原具体行政行为的，不影响行政复议案件的审理，但是，申请人依法撤回行政复议申请的除外。

7. 复议和解。《行政复议法实施条例》第 40 条规定，公民、法人或者其他组织对行政机关行使法律、法规规定的自由裁量权而作出的具体行政行为不服，申请行政复议，申请人与被申请人在行政复议决定作出前自愿达成和解的，应当向行政复议机关提交书面和解协议；和解内容不损害社会公共利益和他人合法权益的，行政复议机关应当准许。

8. 复议调解。《行政复议法实施条例》第 50 条规定，有下列情形之一的，行政复议机关可以按照自愿、合法的原则进行调解：公民、法人或者其他组织对行政机关行使法律、法规规定的自由裁量权而作出的具体行政行为不服，申请行政复议的；当事人之间的行政赔偿或者行政补偿纠纷。当事人经调解达成协议的，行政复议机关应当制作行政复议调解书，调解书应当载明行政复议请求、事实、理由和调解结果，并加盖行政复议机关印章。行政复议调解书经双方当事人签字，即具有法律效力。调解未达成协议或者调解书生效前一方反悔的，行政复议机关应当及时作出行政复议决定。

9. 复议中止。行政复议期间有下列情形之一，影响行政复议案件审理的，行政复议中止：作为申请人的自然人死亡，其近亲属尚未确定是否参加行政复议的；作为申请人的自然人丧失参加行政复议的能力，尚未确定法定代理人参加行政复议的；作为申请人的法人或者其他组织终止，尚未确定权利、义务承受人的；作为申请人的自然人下落不明或者被宣告失踪的；申请人、被申请人因不可抗力，不能参加行政复议的；案件涉及法律适用问题，需要有权机关作出解释或者确认的；案件审理需要以其他案件的审理结果为依据，而其他案件尚未审结的；其他需要中止行政复议的情形。行政复议中止的原因消除后，应当及时恢复行政复议案件的审理。行政复议机关中止、恢复行政复议案件的审理，应当告知有关当事人。

10. 复议终止。行政复议期间有下列情形之一的，行政复议终止：申请人要求撤回行政复议申请，行政复议机关准予撤回的；作为申请人的自然人死亡，没有近亲属或者其近亲属放弃行政复议权利的；作为申请人的法人或者其他组织终止，其权利、义务的承受人放弃行政复议权利的；申请人与被申请人经行政复议机关准许达成和解或调解的；申请人对行政拘留或者限制人身自由的行政强制措施不服，申请行政复议后，因申请人同一违法行为涉嫌犯罪，该行政拘留或者限制人身自由的行政强制措施变更为刑事拘留的。

四、决定

行政复议决定是指行政复议机关对被申请人的具体行政行为进行合法性、适当性审查后作出的具有法律效力的决定。决定程序是行政复议程序的核心阶段。

1. 复议决定的种类。根据《行政复议法》和《行政复议法实施条例》的规定，行政复议机关对复议案件的审查意见经复议机关负责人同意或集体讨论通过后，按规定作出以下复议决定：第一，维持决定。具体行政行为认定事实清楚，证据确凿，适用依据正确，程序合法，内容适当的，决定维持。第二，履行决定。被申请人不履行法定职责的，决定其在一定期限内履行。第三，撤销和责令重作决定。具体行政行为有如下情形之一的，决定予以撤销，并可责令被申请人在一定期限内重新作出具体行政行为：主要事实不清，证据不足的；适用依据错误的；违反法定程序的；超越或者滥用职权的；具体行政行为明显不当的。具体行政行为应予撤销，复议机关认为被申请人仍有必要作出相应具体行政行为的，应同时责令被申请人重新作出具体行政行为。被申请人不得以同一的事实和理由作出与被撤销行政行为相同或基本相同的具体行政行为。但是，以违反法定程序为由撤销后责令被申请人重新作出具体行政行为的，不受同一事实和理由的限制。第四，变更决定。具体行政行为有下列情形之一的，行政复议机关可以决定变更：认定事实清楚，证据确凿，程序合法，但是明显不当或者适用依据错误的；认定事实不清、证据不足，但是经行政复议机关审理查明事实清楚、证据确凿的。被变更的具体行政行为在内容上往往具有可分性，其中部分内容违法且不影响其他内容或整体内容的合法性。第五，确认决定。它主要适用于既无法维持又无法撤销、变更的一些行政行为，具体包括：效力已经灭失的行政行为；无效的行政行为，如越权或滥用职权作出的行政行为；行政主体的侵权行为，如行政主体在执法过程中致人伤害或损坏物品的行为。第六，赔偿决定。申请人在申请行政复议时一并提出行政赔偿请求的，行政复议机关对符合《国家赔偿法》的有关规定、应当给予赔偿的，在决定撤销、变更具体行政行为或者确认具体行政行为违法时，应当同时决定被申请人依法给予赔偿。申请人在申请行政复议时没有提出行政赔偿请求的，行政复议机关在依法决定撤销或者变更罚款，撤销违法集资、没收财物、征收财物、摊派费用以及对财产的查封、扣押、冻结等具体行政行为时，应当同时责令被申请人返还财产，解除对财产的查封、扣押、冻结措施，或者作出赔偿相应价款的决定。第七，驳回决定。有下列情形之一的，行政复议机关应当决定驳回行政复议申请：申请人认为行政机关不履行法定职责申请行政复议，行政复议机关受理后发现该行政机关没有相应法定职责或者在受理前已经履行法定职责的；受理行政复议申请后，发现该行政复议申请不符合《行政复议法》和《行政复议法实施条例》规定的受理条件的。具有维持决定情形的，也可适用驳回复议申请决定。

《行政复议法实施条例》第 51 条规定，行政复议机关在申请人的行政复议请求范围内，不得作出对申请人更为不利的行政复议决定。

2. 行政复议决定书。行政复议机关作出复议决定，应当制作行政复议决定书，行政复议决定书应当载明下列事项：申请人的姓名等基本情况；被申请人的名称、地址等；申请复议的请求及主要理由；复议机关认定的事实、理由，适用的法律依据；复议结论，是维持、撤销、变更具体行政行为，还是责令履行法定职责等，都应作出明确的判断；告知诉权和履行期限，应载明申请人不服复议决定而向法院起诉的期限，除法律另有规定外，一般是 15 日，如果是终局的复议决定，应载明申请人不得起诉和履行期限；作出复议决定的年、月、日。复议决定书应加盖行政复议机关的印章。

3. 作出复议决定的期限。为了防止复议机关拖延作出复议决定，提高行政复议的效率，《行政复议法》规定，行政复议机关应当自受理申请之日起 60 日内作出行政复议决定，但是法律规定的行政复议期限少于 60 日的，从其规定。如《集会游行示威法》第 13 条规定，人民政府应当自接到申请复议书之日起 3 日内作出决定。《行政复议法》还规定了期限的延长，即情况复杂，不能在规定期限内作出复议决定的，经行政复议机关负责人批准，可以适当延长，并告知申请人和被申请人，但是延长期限最多不超过 30 日。

4. 复议决定的效力。行政复议机关作出复议决定后，应当依法送达当事人。复议决定一经送达，即发生法律效力。复议决定书产生法律效力，分两种情况：一是终局的复议决定，该复议决定一经送达即发生法律效力。二是非终局复议决定，申请人不服，可在 15 日内依法向法院提起行政诉讼。诉讼期满而没有起诉的，该复议决定即具强制执行的效力。对于发生法律效力的行政复议决定，当事人双方都必须履行。如果被申请人不履行或者无正当理由拖延履行行政复议决定的，行政复议机关或者有关上级行政机关应当责令其限期履行，并对直接负责的主管人员和其他直接责任人员依法给予行政处分。如果申请人逾期不起诉，又不履行行政复议决定的，按照下列规定分别处理：第一，维持具体行政行为的行政复议决定，由作出具体行政行为的行政主体依法强制执行，或者申请人民法院强制执行；第二，变更具体行政行为的行政复议决定，由行政复议机关依法强制执行，或者申请人民法院强制执行。

法律应用

1. 行政复议决定应说明理由

国务院《全面推进依法行政实施纲要》规定，行政机关行使自由裁量权的，应当在行政决定中说明理由。行政复议决定是复议机关居中行使准司法权进行的裁决，且行使着上级行政机关的专业判断权，人民法院对行政复议决定判断与裁量及理由说明，应当给予充分尊重。与此相对应，行政复议决定和复议卷宗也应当依法说明理由，以此表明复议机关已经全面、客观地查清了事实，综合衡量了与案情相关的全部因素，而非轻率或者武断地作出决定。因为只有借助书面决定和卷宗记载的理由说明，人民法院才能知晓决定考虑了哪些相关因素以及是否考虑了不相关因素，才能有效地审查和评价决定的合法性。不说明裁量过程和没有充分说明理由的决定，既不能说服行政相对人，也难以有效控制行政裁量权，还会给嗣后司法审查带来障碍。[最高人民法院（2018）行再6号行政判决书]

2. 不服“不予受理行政复议申请”的救济

如果复议机关受理行政复议申请后驳回复议申请或者复议请求，属于一种实体处理决定，在性质上与维持原行政行为并无不同；而以复议申请不符合受理条件为由驳回，在性质上属于对行政复议申请的程序性驳回，既不属于维持原行政行为，也不属于改变原行政行为。在复议机关不予受理复议申请的情况下，当事人有两种法律救济手段可以选择：一种是直接起诉原行政行为，另一种是起诉复议机关不作为。虽然法律规定了上述两种救济手段，但却不可以同时进行，而应当选择其一。如果同时起诉原行政行为和复议机关不作为，就会违反一事不再理原则，造成人民法院和复议机关的重复劳动。更为重要的是，这样做还违反了司法最终原则。[最高人民法院行政裁定书（2017）行申358号]

3. 行政复议中的“利害关系”

根据《行政复议法实施条例》第27、28条的规定，行政复议中的利害关系，是申请人的合法权益可能受到行政行为的侵害所产生的法律关系，这里只要求行政行为客观上具有影响申请人权益的可能性就足够，至于是否受到侵害则是在审查中需要解决的问题。对申请人合法权益的影响，通常情况下应当是一种不利的影响，而是否产生不利的影响则要结合具体的行政行为及该行为的具体效果进行综合分析与判断。行政行为导致申请人的权益受到减损，可以认为申请人的权益受到不利影响。这种减损应当是一种综合考量的标准，既包括当事人实际权益的直接减少或消除，也包括当事人实际权益的相对减少。[最高人民法院（2017）行再94号行政判决书]

4. 不履行复议决定的救济

对被申请人不履行或者无正当理由拖延履行行政复议决定的救济，法律只规定了行政系统内部的监督渠道。结合《行政复议法》第38条的规定来看，这一监督程序的实现，是通过“行政复议机关负责法制工作的机构发现”，进而“向有关行政机关提出建议”，最终由“有关行政机关”作出处理的。固然，行政复议申请人的举报和反映可以成为行政复议机关负责法制工作的机构“发现”不履行复议决定线索的渠道，但法律并没有赋予行政复议申请人要求启动这一内部监督程序的权利，更没有赋予行政复议申请人针对行政复议机关负责法制工作的机构的答复行为向更高一级的行政机关再次申请行政复议的权利。[最高人民法院（2018）行申3316号行政裁定书]

5. 举报人的复议申请人资格

举报人是否具有行政复议申请人资格，取决于举报人是否“为维护自身合法权益而举报相关违法行为人”。通常来讲，这里所说的“相关违法行为人”，一般指的是行政管理对象，而非行政机关。如果“相关违法行为人”是行政机关，举报人认为该行政机关的“相关违法行为”侵犯其合法权益，完全可以直接针对该行政机关申请行政复议或者提起行政诉讼，并无先行举报的必要。此外，举报人是否“为维护自身合法权益而举报相关违法行为人”，在行政复议受理条件中，只是一项必要条件，而非充分条件。即使是“为维护自身合法权益”，但复议事项不属于法定复议范围的，行政复议机关同样不予受理。[最高人民法院（2018）行申3316号行政裁定书]

课后复习

1. 不能申请行政复议的事项有哪些？
2. 如何确定行政复议案件的管辖？
3. 行政复议决定的种类及适用条件有哪些？
4. 行政复议的基本原则有哪些？

第二十章
行政诉讼概述

提　要

行政诉讼是指公民、法人或者其他组织认为行政机关的行政行为违法，侵犯其合法权益时，依法向人民法院提起诉讼，由人民法院进行审理并作出裁判的活动。行政诉讼具有不同于民事诉讼和刑事诉讼的特征。行政诉讼法，是指规定人民法院、当事人、其他诉讼参与人以及法律监督机关进行行政诉讼活动，调整他们在诉讼过程中相互间关系的一整套法律规范。我国《行政诉讼法》的宗旨是，保证人民法院公正、及时审理行政案件，解决行政争议，保护公民、法人和其他组织的合法权益，监督行政机关依法行使行政职权。在行政诉讼中，应坚持依法独立审判原则，以事实为根据、以法律为准绳原则，合法性审查原则，合议原则，回避原则，公开审判原则，两审终审原则，当事人法律地位平等原则，民族语言文字原则，辩论原则和人民检察院对行政诉讼实行法律监督原则。

重点问题

1. 行政诉讼的概念与特征。
2. 行政诉讼法的立法宗旨。
3. 对行政行为实施合法审查原则。

第一节　行政诉讼的概念与特征

一、行政诉讼的概念

关于行政诉讼的含义，基于不同的法律观念和法律实践，有不同的表述。① 在我国，一般认为，行政诉讼是指公民、法人或者其他组织认为行政机关的行政行为违法，侵犯其合法权益时，依法向人民法院提起诉讼，由人民法院进行审理并作出裁判的活动。

行政诉讼与行政复议都以行政争议为处理对象，都是法律为相对人提供的救济手段，两者

① 王名扬主编．外国行政诉讼制度．北京：人民法院出版社，1991：10，152.

之间存在着密切关系：第一，法律、法规规定必须先向行政机关申请复议，对复议决定不服才能向人民法院起诉的，公民、法人或者其他组织在起诉前必须先经过复议程序，否则法院不予受理。第二，除上述情况外，凡属于人民法院受案范围内的行政案件，公民、法人或者其他组织既可先向复议机关申请复议，对复议决定不服再向人民法院起诉，也可直接向人民法院起诉。第三，法律规定复议终局的，不得再提起行政诉讼。但是，行政诉讼与行政复议作为两种不同的救济手段，其区别主要表现如下：第一，性质不同。行政复议属行政活动，适用行政程序；行政诉讼属司法活动，适用司法程序。第二，审理机关不同。行政复议机关为作出行政行为的行政机关的上级行政机关或法律、法规规定的其他行政机关，行政诉讼的主持审理机关则为人民法院。第三，对行政行为审查的范围不同。行政复议对行政行为是否合法和适当进行全面审查；行政诉讼只对行政行为是否合法进行审查，一般不审查其适当性。第四，审理方式不同。行政复议一般实行书面审查方式，行政诉讼一般采用开庭审理方式（一审必须开庭审理）。第五，审级不同。行政复议一般实行一级复议制，行政诉讼则实行两审终审制。第六，法律效力不同。行政复议决定一般不具有最终的法律效力，公民、法人或者其他组织对复议决定不服的，仍可以向人民法院提起行政诉讼；而人民法院依法对案件所作的判决具有最终的法律效力。此外，行政诉讼与行政复议在当事人称谓、法定期限、受案范围等方面也有所不同。

行政诉讼与民事诉讼也有许多相同之处，我国在《行政诉讼法》实施以前，对行政案件的审理就适用民事诉讼程序。但是，行政诉讼与民事诉讼存在许多区别：第一，审理案件的性质不同。行政诉讼审理的是行政案件，即行政相对人不服行政机关的行政行为而向人民法院起诉的案件；民事诉讼审理的是民事案件，它所要解决的是平等民事主体之间发生的民事争议。第二，审判依据不同。行政诉讼的审判依据是行政诉讼法、行政实体法和行政程序法规范，民事诉讼的审判依据则是民事诉讼法和民事实体法规范。第三，诉讼当事人及其诉权不同。行政诉讼中原、被告具有恒定性，原告只能是作为行政相对人的公民、法人或其他组织①，被告只能是行使国家行政权的行政机关，两者的位置不能互换；在民事诉讼中，公民、法人和其他组织既可以当原告，也可以当被告。行政诉讼的被告没有起诉权，也没有反诉权；而民事诉讼当事人的诉权是相对应的，原告有起诉权，被告有反诉权。第四，提起诉讼的诉前程序不同。行政诉讼中有的案件要求行政复议作为必经的诉前程序，而民事诉讼没有这样的要求。第五，举证责任不同。民事诉讼中举证责任由双方当事人承担，哪一方提出主张、哪一方就要对自己的主张负举证责任，即谁主张、谁举证；在行政诉讼中，法律规定由被告行政机关对其作出的行政行为的合法性负举证责任。第六，结案方式不同。在行政诉讼中，原则上以判决或裁定的方式结案，不以调解的方式结案（行政赔偿、补偿以及行政机关行使法律、法规规定的自由裁量权的案件除外）；在民事诉讼中，除以判决或裁定的方式结案外，还可以以调解的方式结案。

二、行政诉讼的特征

行政诉讼与刑事诉讼、民事诉讼一起，构成我国三大基本诉讼制度。行政诉讼作为一项独立的诉讼制度，与刑事诉讼、民事诉讼相比较，有其特殊性。

1. 解决行政争议的有限性。行政诉讼是解决行政争议的诉讼，行政争议是行政机关在行使行政职权的过程中与作为相对人的公民、法人或者其他组织发生的权利义务纠纷。但是，行政

---

① 行政公益诉讼由人民检察院以公益诉讼起诉人的身份提起。

诉讼并不解决所有行政争议，只解决一定范围内的行政争议。对此，《行政诉讼法》第 2 条以及“受案范围”一章作了明文规定。

2. 审查行政行为的合法性。在行政诉讼中，直接审查的对象是部分行政行为，且只审查行政行为的合法性问题，一般不审查行政行为的合理性或适当性问题。行政诉讼之所以以审查行政行为的合法性为核心，是因为行政诉讼制度的根本作用在于督促行政机关依法行政，并且这一问题的确认和裁判是解决其他问题（如赔偿损失等）的前提。此外，司法权与行政权的关系也使得行政诉讼主要是审查行政行为的合法性问题。

3. 目的的双重性。行政诉讼的根本目的是通过处理、解决行政争议案件来监督行政机关依法行使职权和履行职责，以保护公民、法人和其他组织的合法权益不受行政机关违法行政行为的侵害。行政诉讼的双重目的，使其与其他诉讼相区别，并决定了它具有司法监督性质，是国家审判机关通过审判程序对国家行政机关的行政活动实行监督，是以国家审判机关的司法权来督促国家行政机关行政权的合法、正确行使。

4. 原告、被告具有恒定性。行政诉讼是公民、法人及其他组织认为行政机关的行政行为违法，侵犯了自己的合法权益而提起的，旨在通过人民法院对行政行为的审查、裁判来保护自己的合法权益。为此，行政诉讼中能够成为原告的，只能是作为相对人的公民、法人或其他组织，作出行政行为的行政机关没有起诉权，也没有反诉权，只能作为被告应诉。原告和被告的这种身份、位置是恒定而不能变换的。之所以如此，是因为行政机关拥有行政职权，无须通过向人民法院对公民、法人和其他组织提起诉讼的方式来实现行政行为的效力。公民、法人和其他组织则不同，他们处于被管理者的地位，缺乏要求行政机关服从自己意愿的能力。当他们认为行政行为违法，侵犯自己的合法权益时，没有自行抗拒的能力，只能作为原告向人民法院提起行政诉讼，请求人民法院行使审判权来保护自己的合法权益。

第二节　行政诉讼法

一、行政诉讼法的概念

所谓行政诉讼法，是指规定人民法院、当事人、其他诉讼参与人以及法律监督机关进行行政诉讼活动，调整他们在诉讼过程中相互间关系的一整套法律规范。其中，狭义的行政诉讼法也称形式意义的行政诉讼法，是指具有专门、完整法律形式的行政诉讼法典，在我国特指 1989 年 4 月 4 日由全国人大通过、自 1990 年 10 月 1 日起施行且根据 2014 年 11 月 1 日全国人大常委会《关于修改〈中华人民共和国行政诉讼法〉的决定》、2017 年 6 月 27 日全国人大常务委员会《关于修改〈中华人民共和国民事诉讼法〉和〈中华人民共和国行政诉讼法〉的决定》两次修正，自 2017 年 7 月 1 日起施行的《行政诉讼法》。广义的行政诉讼法也称实质意义的行政诉讼法，指一切有关行政诉讼问题的法律规范，这些法律规范包括：宪法中有关行政诉讼的法律规范，行政诉讼法典，人民法院组织法和人民检察院组织法中关于法院审理案件、从事诉讼活动的一般性原则及审判制度的规定及关于检察院行使审判监督权的规定，民事诉讼法中能适用于行政诉讼活动的部分法律规范，各种法律、法规、规章中有关行政诉讼问题的条文规定，有权国家机关对行政诉讼问题所作的法律解释，以及有关行政诉讼的国际条约。

二、行政诉讼法的立法宗旨

所谓立法宗旨，就是指立法的根本目的、立法的指导思想。行政诉讼法的立法宗旨是指制定行政诉讼法所要达到的根本目的或者指导思想。我国《行政诉讼法》第1条开宗明义地指出："为保证人民法院公正、及时审理行政案件，解决行政争议，保护公民、法人和其他组织的合法权益，监督行政机关依法行使行政职权，根据宪法，制定本法。"该规定十分明确地提出了我国制定行政诉讼法的立法宗旨。具体地说，行政诉讼法的立法宗旨有以下四个方面：

1. 保证人民法院公正、及时地审理行政案件。行政诉讼是人民法院主持解决行政争议的一种诉讼活动。为了保证人民法院能够公正、及时地审理解决行政案件，必须有一套诉讼规则和程序。行政诉讼法的制定正是为了提供一套能作为法定依据的诉讼规则和程序。通观整个《行政诉讼法》，其许多条文都是为了保障人民法院能够公正、及时地审理行政案件。具体表现为：《行政诉讼法》既明确规定了人民法院在行政诉讼中的各项职权及其行使的规程，规定了一系列保证人民法院公正审理行政案件的制度和要求，又具体规定了保证行政案件能够得到及时处理的各种期限，以及人民法院和诉讼参加人必须严格按期限进行诉讼活动的要求。除此之外，在行政诉讼的监督方面，《行政诉讼法》明确规定了人民检察院对行政诉讼进行法律监督，有权对法院的违法裁判提起抗诉；行政诉讼当事人对已经发生法律效力的判决、裁定，认为确有错误的，有权提出申诉；《行政诉讼法》同时还明确规定了人民法院内部的审判监督制度。

2. 解决行政争议。把"解决行政争议"作为行政诉讼法的立法宗旨是对行政诉讼性质、功能正确认识的结果，即行政诉讼具有监督、救济和解纷的功能，有助于进一步强化通过行政诉讼化解行政纠纷的作用，以法治方式解决行政争议，增强公民、法人和其他组织的法治观念，形成遇事找法，化解矛盾靠法，依法维权，避免出现"信访不信法"的现象。《行政诉讼法》在一些具体规定上也体现了行政诉讼着力解决行政争议的立法目的。如规定在涉及行政许可、登记、征收、征用和行政机关对民事争议所作的裁决的行政诉讼中，当事人申请一并解决相关民事争议的，人民法院可以一并审理；在坚持行政诉讼不适用调解这一原则的前提下，对涉及行政赔偿、补偿以及行政机关行使法律、法规规定的自由裁量权的案件作了例外处理，明确人民法院在审理这些案件时可以适用调解。又如规定行政处罚明显不当，或者其他行政行为涉及对款额的确定、认定确有错误的，人民法院可以判决变更，以及对简易程序的规定，等等。这些规定，从诉讼制度上进一步保障了通过行政诉讼这一渠道有效化解行政争议，避免程序空转，实现定分止争、案结事了。①

3. 保护公民、法人和其他组织的合法权益。这是我国建立行政诉讼制度最根本的目的，也是我国制定行政诉讼法最根本的宗旨。无论是保证人民法院公正、及时地审理行政案件，还是监督行政机关依法行使职权，最终目的都在于使公民、法人或者其他组织的合法权益不受非法侵犯，并使受到侵犯的权益得到恢复和补救。经验证明，在现代社会，由于行政活动的普遍性、复杂性和多样性以及行政主体等方面的原因，行政侵权现象难以避免。为此，就必须从法律上为公民、法人和其他组织设定相应救济途径，使其合法权益得到保护。我国行政诉讼法的许多具体规定，如受案范围、案件管辖、起诉和受理、当事人的诉讼权利以及侵权赔偿责任等内容，都比较充分地体现了行政诉讼法保护公民、法人和其他组织的合法权益的立法宗旨。

---

① 袁杰主编．中华人民共和国行政诉讼法解读．北京：中国法制出版社，2014：4-5.

4. 监督行政机关依法行使行政职权。依法行政是现代民主政治的一个重要特征，其核心是行政机关要依法行使职权和履行职责。制定《行政诉讼法》的一个基本目的，就是要监督行政机关依法行使行政职权，促进行政机关依法行政。监督是对法院在行政诉讼中的地位的根本性规定。法院监督的主要方式是对行政行为的合法性进行审查，对主要证据不足、适用法律法规错误、违反法定程序、超越职权、滥用职权和明显不当的行政行为判决撤销或部分撤销，并可以判决行政机关重新作出行政行为；对行政机关不履行法定职责的，要判决限期履行法定职责；对行政处罚明显不当的，可以判决变更；对行政机关因违法行政行为侵犯公民等相对一方合法权益造成实际损害的，要判决行政赔偿，以促使行政机关及其工作人员严格地依法行使职权，认真地履行法定职责，提高行政管理的效率和质量，减少和克服官僚主义，有效地保护公民、法人和其他组织的合法权益。

第三节 行政诉讼的基本原则

行政诉讼的基本原则，是指行政诉讼法规定的，反映行政诉讼的基本特点，贯穿于行政诉讼的整个过程或者主要过程，对行政诉讼活动具有普遍指导意义的基本行为准则。《行政诉讼法》第 4 条至第 11 条明确规定了行政诉讼的各项基本原则，并体现在相关条文中。

一、依法独立审判原则

人民法院依法独立行使审判权，是我国宪法规定的一项司法原则。这一原则同样适用于行政诉讼。《行政诉讼法》第 4 条第 1 款规定：“人民法院依法对行政案件独立行使审判权，不受行政机关、社会团体和个人的干涉。”这一原则包括下列内容：

1. 行政审判权只属于法院。审判权是国家权力的重要组成部分，是国家通过诉讼形式，审理各类案件，并对案件作出裁判的权力。我国宪法规定人民法院依照法律规定独立行使审判权，说明审判权只能由人民法院行使，无论是中国公民、组织还是外国公民、无国籍人和外国组织，只要他们在我国进行行政诉讼活动，都必须由人民法院审理，都必须服从人民法院的审判，执行人民法院作出的发生法律效力的行政判决和裁定。

2. 人民法院必须依法独立审判。人民法院审理行政案件的全部过程，从最初对起诉的审查与受理，到对行政行为的实质性审查，以及到裁判的作出与判决执行，都要严格依法进行。同时，这一原则要求人民法院作为一个整体独立行使行政审判权，而不是指审判人员个人的独立，也不是指合议庭的独立。

3. 各法院独立审判。人民法院依法独立审判行政案件，是指每一个人民法院在审理行政案件时是独立的。按照宪法和人民法院组织法的规定，我国上、下级人民法院之间的关系是监督关系而不是领导关系。这就意味着，就具体案件的审判而言，各个人民法院的审判权是独立的、不受干预的。各个人民法院对自己所作的判决和裁定负责。上级人民法院不能就某一具体案件要求下级人民法院按照自己的意见进行审理和裁判。即使下级人民法院的裁判有错误，也只能通过法定程序予以改正。

4. 独立审判与依法监督。人民法院依法独立行使行政审判权与接受权力机关和法律监督机关的监督并不矛盾。我国宪法规定，各级人民法院受同级人民代表大会及其常委会的监督，向其负责并报告工作。根据《行政诉讼法》第 11 条的规定，人民法院的行政审判活动还要受人民检察院的法律监督。所以，人民法院依法独立行使行政审判权，是不受行政机关、社会团体和个人的干涉，而不是不受任何机关的监督。但值得注意的是，任何监督都不能代替人民法院独立行使行政审判权，最终的裁判必须由人民法院作出。

二、以事实为根据、以法律为准绳原则

以事实为根据、以法律为准绳原则适用于三大诉讼。《行政诉讼法》第 5 条规定：“人民法院审理行政案件，以事实为根据，以法律为准绳。”所谓以事实为根据，是指人民法院依照法定程序认定行政机关据以作出行政行为的事实是否符合客观情况，证据是否确实、充分。所谓以法律为准绳，是指人民法院以法律、法规为根据，查明行政行为适用法律是否正确，判断行政行为是否违法，并依法作出裁判。

以事实为根据、以法律为准绳，是人民法院审理各类案件都必须遵循的原则。但行政诉讼有其自身的特点：行政诉讼的标的是行政机关的行政行为，行政行为也是根据事实和适用法律作出的，作出行政行为是行政机关的职权。因此，人民法院对行政行为的审查，实际上是对行政机关认定的事实和适用的法律的审查，是第二次审查，而不是审查相对人的有关事实，或者说最原始的事实。正确理解和把握这一特点，有助于我们了解行政诉讼审理和判决中的许多特殊性。还应该注意的是，以事实为根据、以法律为准绳的原则，从法律上肯定了行政审判既是事实审，也是法律审。人民法院只有在查明事实的基础上，才能正确适用法律，辨明是非，作出裁判。

以事实为根据、以法律为准绳，是一个原则不可分割的两个方面。事实是适用法律的基础，只有在查清事实的基础上，才能正确适用法律。因此，对这两方面都不能偏废。

三、合法性审查原则

合法性审查原则是指人民法院审理行政案件，对行政行为是否合法进行审查并作出裁判。《行政诉讼法》第 6 条规定：“人民法院审理行政案件，对行政行为是否合法进行审查。”这构成行政诉讼中极为重要的一个原则，也是行政诉讼的一个特有原则，对行政诉讼的每个环节、各个方面都起指导作用。该原则包含下列内容：

1. 人民法院依法审理行政案件，有权对被诉的行政行为是否合法进行审理并作出裁判。行政行为合法性的标准，包括两个方面：一是实体合法。实体合法是指行政机关作出的行政行为是否有法律依据，是否在其法定职权范围内作出，适用的法律、法规是否正确等。二是程序合法。程序合法是实体合法的保障，是依法行政的重要组成部分。如果一个行政行为在程序方面存在违法，即使其在实体方面没有问题，该行政行为依然是违法的。

2. 人民法院只对行政行为是否合法进行审查，一般不对行政行为是否合理进行审查。即人民法院原则上只审查行政行为的合法性问题，而不过多介入合理性问题。《行政诉讼法》之所以作出如此规定，主要是基于司法权和行政权的相对分立以及人民法院和行政机关在对待合法性问题与合理性问题上的相对优势。具体理由为：第一，判定行政行为是否合法的争议属于审判权范围，确定行政行为在法律范围内如何进行更为适当、更为合理，是行政权的范围。行政机关不能越权替代人民法院对行政行为的合法性作终局评价，人民法院亦不能越权替代行政机关对行政行为如何实施方为适当作出评价。第二，法院对适用法律更有经验，对法律问题更能作

出正确评价。相比之下，行政机关对行政管理更为熟悉，更具专门知识，对在法律范围内如何合理、适当地作出行政行为更有经验。① 总之，行政行为是否合理，属于行政机关自由裁量权范围内的事，行政机关更有条件判断。对此，人民法院应予以尊重。司法权可以监督行政权的行使，但不能代替行政权的行使，而应在两者之间保持必要的张力、维持适度的平衡。

然而，合法性审查原则并不是绝对的，将其确立为一项基本原则与其说是为了排除合理性审查，倒不如说旨在尽可能限制人民法院对行政行为的合理性进行审查和作出裁判的权力。由于《行政诉讼法》第70条明确规定了人民法院对滥用职权和明显不当的行政行为可以判决撤销，第77条明确规定了对明显不当的行政处罚可以直接判决变更，所以人民法院在有限的范围内依然可以进行合理性审查，并享有有限的司法变更权。

四、行政诉讼的其他原则

1. 合议原则。这是指人民法院审理行政案件，由审判员或者由审判员与陪审员依照法定人数组成合议庭进行审理。这一原则是宪法规定的民主集中制原则在行政审判中的具体体现。《行政诉讼法》第7条规定了此原则，并于第68条明确规定了第一审程序中合议庭的组成："人民法院审理行政案件，由审判员组成合议庭，或者由审判员、陪审员组成合议庭。合议庭的成员，应当是3人以上的单数。"行政审判实行合议制是原则，独任审是例外。之所以规定这一原则，是因为行政案件的专业性、技术性较强，审理难度较大，一般不宜独任审判；采用合议制，组成合议庭审理行政案件，能集思广益，保证办案质量。

2. 回避原则。这是指承办行政案件的审判人员和其他有关人员遇有法律规定应当回避的情形时，应当经过法定程序退出行政诉讼活动。回避是诉讼公正的内在要求，规定在《行政诉讼法》第7条和第55条中。回避分为自行回避和申请回避两种。所谓自行回避，是指审判人员、书记员、勘验人、鉴定人和翻译人员在审理案件或执行有关任务时，遇有法律规定的情况，应自行不参加该案的审理或免除相关任务。所谓申请回避，是指诉讼当事人认为上述人员是本案当事人或当事人的近亲属，或与本案有利害关系或者与本案当事人有其他关系，可能影响案件的公正审理的，可以申请他们回避。当事人申请回避，应在案件开始审理时提出；回避事由在案件开始审理后知道的，也可以在法庭辩论终结前提出。当事人申请回避，可以口头提出，也可以以书面形式提出。被申请回避的人员在人民法院作出是否回避的决定前，应当暂停参与本案的工作，但案件需要采取紧急措施的除外。对当事人提出的回避申请，人民法院应当在3日内以口头或者书面形式作出决定。申请人对驳回回避申请决定不服的，可以向作出复议决定的人民法院申请复议一次。复议期间，被申请回避的人员不停止参加本案的工作。对申请人的复议申请，人民法院应当在3日内作出复议决定，并通知复议申请人。

3. 公开审判原则。这是指人民法院审理行政案件，除法律规定的特殊情况外，一律公开进行。这一原则规定在《行政诉讼法》第7条和第54条中。《行政诉讼法》第54条规定："人民法院公开审理行政案件，但涉及国家秘密、个人隐私和法律另有规定的除外。涉及商业秘密的案件，当事人申请不公开审理的，可以不公开审理。"公开审判既包括审判过程的公开，也包括审判结果的公开。它要求人民法院的审判活动对社会公开，允许群众旁听，允许新闻记者采访报道。这一原则的意义在于将人民法院的审判活动置于诉讼当事人及广大社会公众的监督之下，

① 姜明安．行政诉讼法学．北京：北京大学出版社，1993：71.

以保证审判的公正。

4. 两审终审原则。这是指行政案件经过两级人民法院的审理即告终结。《行政诉讼法》第7条对此作了规定。按照这一原则，当事人对第一审行政判决、裁定不服的，可以向上一级人民法院提起上诉，启动第二审程序。第二审人民法院的判决、裁定是终局判决、裁定，对此，当事人不得再提起上诉。另外，最高人民法院是国家最高审判机关，最高人民法院作出的一审判决、裁定，当事人不得上诉。至于审判监督程序，不是每个行政案件的必经程序，与两审终审原则并不冲突。

5. 当事人法律地位平等原则。这是指在行政诉讼中，双方当事人平等地行使诉讼权利，其合法权利平等地受人民法院的保护。该原则规定在《行政诉讼法》第8条中，并在行政诉讼的具体制度中得到充分的体现。它包含下列内容：第一，双方当事人在行政诉讼中没有高低之分，亦无贵贱之别，而是处于相同的法律地位，共同受人民法院裁判的约束。第二，当事人法律地位平等，并不意味着当事人的诉讼权利和诉讼义务完全相同。行政诉讼中当事人的法律地位平等意味着当事人平等地享有法律规定的权利和承担法律规定的义务，不允许任何一方享有法律规定之外的特权，也不允许任何一方不履行法律规定的义务。第三，这一原则要求人民法院平等地对待双方当事人，在适用法律上应当平等，不能因人而异。

6. 民族语言文字原则。《行政诉讼法》第9条第1款规定，各民族公民都有用本民族语言、文字进行行政诉讼的权利。这是各民族平等的具体表现和宪法上民族平等原则的体现，也是各民族平等的重要的法律保证。人民法院在少数民族聚居地或者多民族共同居住地审理行政案件和发布法律文书时，应当以当地民族通用的语言文字进行审理，并用通用文字发布判决、裁定等法律文书。人民法院应当为不通晓当地民族通用的语言文字的诉讼参与人提供翻译，以保护他们的诉讼权利，保证他们顺利地进行各种诉讼活动。

7. 辩论原则。这是指在人民法院的主持下，当事人有权就行政案件的事实和法律问题，陈述各自的主张和意见，互相进行反驳和答辩。《行政诉讼法》第10条规定："当事人在行政诉讼中有权进行辩论。"辩论原则既是双方当事人诉讼地位平等的体现，也是社会主义民主在行政诉讼中的体现，还是诉讼公正的要求。

8. 人民检察院对行政诉讼实行法律监督原则。《行政诉讼法》第11条规定，人民检察院有权对行政诉讼实行法律监督。人民检察院对行政诉讼实行法律监督，对于保障行政审判权的正确行使，保护公民、法人和其他组织的合法权益，监督行政机关依法行使职权，保障社会主义法制的统一有着重大的意义。人民检察院对行政诉讼实行法律监督的范围十分广泛，既可对人民法院的行政审判活动实施法律监督，也可对各方当事人的诉讼活动实施法律监督。人民检察院实行法律监督的主要方式是抗诉。

法律应用

司法最终原则

司法最终原则是法治原则的根本体现，也是法治精神的最重要的支柱，行政行为的司法救济越来越广泛，有利于更好地维护公民、法人或者其他组织的合法权益。但是，司法最终原则也与法律制度中的其他原则一样，都有例外作为其必要的组成部分。行政终局裁决权就是其中一种例外。[最高人民法院（2018）行申539号行政裁定书]

课后复习

1. 简述行政诉讼的概念与特征。
2. 简述行政诉讼与行政复议、民事诉讼的区别。
3. 简述人民法院依法独立行使审判权原则。
4. 简述当事人在行政诉讼中法律地位平等原则。
5. 试述行政诉讼法的立法宗旨。
6. 试述对行政行为实施合法性审查原则。

第二十一章
行政诉讼受案范围与管辖

提　要

行政诉讼受案范围或主管，是指人民法院受理行政案件的范围。它包括不服行政处罚的案件，不服行政强制的案件，不服行政许可的案件，对行政机关确认自然资源的所有权或者使用权决定不服的案件，对征收、征用决定及其补偿决定不服的案件，认为行政机关不履行保护人身权、财产权法定职责的案件，认为行政机关侵犯其经营自主权或者农村土地承包经营权、农村土地经营权的案件，认为行政机关滥用行政权力排除或者限制竞争的案件，认为行政机关违法集资、摊派费用或者违法要求履行其他义务的案件，认为行政机关没有依法支付抚恤金、最低生活保障待遇或者社会保险待遇的案件，认为行政机关不依法履行、未按约定履行或者违法变更、解除政府特许经营协议、土地房屋征收补偿协议等协议的案件，认为行政机关侵犯其他人身权、财产权等合法权益的案件，以及法律、法规规定可以提起诉讼的其他行政案件。但是，人民法院不受理有关国家行为、抽象行政行为、行政机关对其工作人员的奖惩任免等决定、最终裁决的行政行为、依照刑事诉讼法的明确授权实施的行为、行政调解行为、行政仲裁行为、行政指导行为、重复处理行为、对权利/义务不产生实际影响的行为的起诉。行政诉讼的管辖，是指人民法院之间受理第一审行政案件的分工和权限。其中，级别管辖是上、下级人民法院之间受理第一审行政案件的分工和权限；地域管辖是在级别管辖的基础上确定同级人民法院之间受理第一审行政案件的权限分工；裁定管辖是指由人民法院作出裁定或决定来确定行政案件的管辖。

重点问题

1. 人民法院应予受理的行政案件范围。
2. 人民法院不予受理的事项。
3. 中级人民法院管辖的第一审行政案件。
4. 特殊地域管辖的类型。

第一节　行政诉讼受案范围

行政诉讼受案范围，又称人民法院的主管，是指人民法院受理行政案件的范围。它要解决的是人民法院依法受理哪些行政案件，或者说，公民、法人或者其他组织依法对哪些行政争议可以向人民法院提起诉讼。

一、人民法院受理的行政案件

我国《行政诉讼法》第 12 条具体列出了人民法院受理的各种行政案件。

1. 不服行政处罚的案件。《行政诉讼法》第 12 条第 1 款第 1 项规定：人民法院受理公民、法人和其他组织对行政拘留、暂扣或者吊销许可证和执照、责令停产停业、没收违法所得、没收非法财物、罚款、警告等行政处罚不服而提起的诉讼。关于此类案件，需要注意的是：该项中的“等”是“等外等”而非“等内等”。也就是说，只要相对人认为行政处罚侵犯其合法权益，都有权提起行政诉讼。法院可以受理由所有行政处罚引起诉讼的行政案件，而不仅仅限于法律列举的几种行政处罚案件。另外，《行政处罚法》第 6 条明确规定，对行政处罚不服的，公民、法人和其他组织有权依法申请复议或者提起行政诉讼。而且，这样理解也符合行政诉讼法保护行政相对人合法权益的立法宗旨。

2. 不服行政强制的案件。《行政诉讼法》第 12 条第 1 款第 2 项规定：人民法院受理公民、法人和其他组织对限制人身自由或者对财产的查封、扣押、冻结等行政强制措施和行政强制执行不服而提起的诉讼。根据我国《行政强制法》的规定，行政强制包括行政强制措施和行政强制执行。《行政诉讼法》第 12 条第 1 款第 2 项只列举了行政强制措施的种类，没有列举行政强制执行的方式。在制定行政强制法的过程中，有人提出，行政强制执行是执行已生效的行政决定，没有给行政相对人增加新的义务，因此，不能对行政强制执行提起诉讼。考虑到行政强制执行决定是一个独立的行政行为，有独立的程序要求，执行中可能影响到相对人的人身权、财产权，因此，《行政强制法》第 8 条明确行政相对人可以对行政强制执行提起诉讼。《行政诉讼法》也规定了相对人对行政强制执行不服的，可以提起行政诉讼。

3. 不服行政许可的案件。《行政诉讼法》第 12 条第 1 款第 3 项规定：人民法院受理公民、法人或者其他组织申请行政许可，行政机关拒绝或者在法定期限内不予答复，或者对行政机关作出的有关行政许可的其他决定不服而提起的诉讼。拒绝是行政机关对公民等一方的申请明示不予同意或不予办理，不予答复是行政机关对公民等一方的申请不理睬，予以推诿或无故拖延不办等。公民、法人或者其他组织对行政机关有这两种行为之一的，都可以提起行政诉讼。此外，人民法院还受理公民、法人或者其他组织对行政机关作出的有关行政许可的其他决定不服而提起的诉讼。这里的“其他决定”主要是指行政机关就行政许可的变更、延续、撤回、注销、撤销等事项作出的有关行政行为及其相应的不作为，公民、法人或者其他组织如果认为这类行为侵犯了自己的合法权益，依法可以向人民法院提起行政诉讼。

4. 对行政机关确认自然资源的所有权或者使用权决定不服的案件。《行政诉讼法》第 12 条第 1 款第 4 项规定：人民法院受理公民、法人或者其他组织对行政机关作出的关于确认土地、矿藏、水流、森林、山岭、草原、荒地、滩涂、海域等自然资源的所有权或者使用权的决定不服而提起的诉讼。根据《土地管理法》《矿产资源法》《水法》《森林法》《草原法》《渔业法》《海域使用管理法》等法律的规定，县级以上各级政府对土地、矿藏、水流、森林、山岭、草原、荒地、滩涂、海域等自然资源的所有权或者使用权予以确认和核发相关证书。行政机关对自然资源的所有权或者使用权的确认决定，直接影响公民、法人或者其他组织享有和使用自然资源的合法权益。因此，公民、法人或者其他组织认为行政机关作出的有关确认决定因超越职权、滥用职权、违反法定程序等侵犯其合法权益的，可以依法向人民法院提起行政诉讼。需要注意的是，《行政复议法》第30条规定：公民、法人或者其他组织认为行政机关的具体行政行为侵犯其已经依法取得的土地、矿藏、水流、森林、山岭、草原、荒地、滩涂、海域等自然资源的所有权或者使用权的，应当先申请行政复议；对行政复议决定不服的，可以依法向人民法院提起行政诉讼。根据国务院或者省、自治区、直辖市人民政府对行政区划的勘定、调整或者征用土地的决定，省、自治区、直辖市人民政府确认土地、矿藏、水流、森林、山岭、草原、荒地、滩涂、海域等自然资源的所有权或者使用权的行政复议决定为最终裁决。

5. 对行政机关征收、征用决定及其补偿决定不服的案件。行政征收与征用直接渊源于我国《宪法》的规定。《宪法》规定："国家为了公共利益的需要，可以依照法律规定对土地实行征收或者征用并给予补偿。""国家为了公共利益的需要，可以依照法律规定对公民的私有财产实行征收或者征用并给予补偿。"我国目前尚没有统一的行政征收法，现行的行政征收活动主要是通过各种单行的行政征收法律、法规加以推行和实现的。从有关法律、法规规定的征收内容来看，行政征收主要有行政征税、行政收费、土地征收、房屋征收及其他不动产征收等。除了税收征收、行政收费是无偿征收以外，其他性质征收都是有偿征收。与行政征收不同的是，行政征用完全是有偿的，必须坚持补偿原则。如《物权法》第44条规定："单位、个人的不动产或者动产被征用或者征用后毁损、灭失的，应当给予补偿。"当前我国行政征用主要包括对交通工具与通讯设备的征用、对房屋、场地与设施的征用、对劳力的征用以及对其他财产的征用等。公民、法人或者其他组织认为行政机关有关征收、征用决定及其补偿决定侵犯了自己合法权益的，可以依法向人民法院提起行政诉讼。

6. 认为行政机关不履行保护人身权、财产权等合法权益的法定职责的案件。我国法律、法规将保护公民的人身权、财产权以及其他一些基本权利明确为行政机关的法定职责，公民的人身权、财产权等合法权益受到侵害时，如果行政机关不依法履行保护职责，属于行政不作为，公民就可以向人民法院提起诉讼，要求人民法院责令行政机关履行职责。《行政诉讼法》第12条第1款第6项规定：人民法院受理公民、法人或者其他组织申请行政机关履行保护人身权、财产权等合法权益的法定职责，行政机关拒绝履行或者不予答复而提起的诉讼。

7. 认为行政机关侵犯其经营自主权或者农村土地承包经营权、农村土地经营权的案件。经营自主权是指各种企业和经济组织依照宪法、法律、法规和规章的规定，对自身的机构、人员、财产、原材料供应、生产、销售等各方面事务自主管理经营的权利。这些企业和经济组织包括国有企业、集体企业、合资企业、外资企业、私营企业和各种个体经营户等等。经营自主权有着广泛的内容，仅就国有企业的经营自主权来看，就具体包括：生产经营决策权；产品、劳务定价权；产品销售权；物资采购权；进出口权；投资决策权；留用资金支配权；资产处置权；联营、兼并权；劳动用工权；内部人事管理权；工资、奖金分配权；内部机构设置权；拒绝摊派权等14项。其他非国有企业因所有制方面的原因，其经营自主权的范围更为广泛，如私营企业对其财产就有完全的处分权和收益权。农村土地承包经营权和农村土地经营权特指对农村土地承包和经营方面的合法权益。农村土地承包经营权是农村土地承包人在法律规定和承包合同约定的范围内，对于集体所有的土地或国家所有但由集体长期使用的土地所享有的土地承包资格及其经营土地并获得收益的权利。土地承包经营权的内容包括：承包权、承包期内享有的占有权、使用权、收益权、出租权、转让权、转包权、入股权、互换权、抵押权和物上请求权等。农村土地经营权是农村土地承包经营权中的一部分，主要指农村土地承包经营人将农村土地承包经营权中的土地经营权依法转让他人后，由被转让人根据法律或合同经营土地并取得收益的权利。《行政诉讼法》第 12 条第 1 款第 7 项规定：人民法院受理公民、法人或者其他组织认为行政机关侵犯其经营自主权或者农村土地承包经营权、农村土地经营权提起的诉讼。

8. 认为行政机关滥用行政权力排除或者限制竞争的案件。行政机关滥用行政权力排除或者限制竞争，是指行政机关对依法应由社会和市场公平竞争决定的事项，违反法律的目的和限度，以行政权力来排除竞争或者限制竞争的行为。排除竞争一般表现为，行政机关运用行政权力不通过公平竞争方式或否定公平竞争的结果而强行作出决定；限制竞争则通常是行政机关运用行政权力干预、制约竞争活动的正常、公正开展，导致发生不公平的结果。行政机关滥用行政权力排除或者限制竞争是违法破坏市场公平竞争秩序的行政垄断行为，会侵害公民、法人或者其他组织的公平竞争权及相关合法权益。《行政诉讼法》第 12 条第 1 款第 8 项规定：人民法院受理公民、法人或者其他组织认为行政机关滥用行政权力排除或者限制竞争而提起的诉讼。

9. 认为行政机关违法集资、摊派费用或者违法要求履行其他义务的案件。行政机关在行政管理活动中依法有权要求公民、法人或者其他组织履行义务，但必须严格依法进行，即必须是法律、法规规定的义务，且必须按法律、法规规定的程序进行，否则就是违法要求履行义务。行政机关违法要求履行义务主要有下列情形：（1）违法集资。这是指行政机关违反法律、法规规定强制当事人以各种形式投入资金或实物等参与兴建某种工程或开展某种活动。如违法强制要求公民投资修建道路、学校等。（2）违法摊派费用。这是指行政机关违反法律、法规规定强制当事人无偿承担有关费用。如违法要求公民分摊行政活动的费用开支等。（3）违法要求履行其他义务，是指行政机关违反法律、法规规定强制当事人履行除上述财产义务以外的其他行为义务，包括作出或不作出一定的行为。要求作出一定的行为如要求服劳役、服兵役等；要求不作出一定的行为如不得进入某地域或不得进行某种活动等。对于行政机关违法集资、摊派费用或者违法要求履行其他义务的行为，公民、法人或者其他组织有权依法向人民法院提起行政诉讼。

10. 认为行政机关没有依法支付抚恤金、最低生活保障待遇或者社会保险待遇的案件。抚恤金是公民因公或因病致残、死亡时，由国家发给本人或者其家属用以维持生活的费用。主要有两种：一种是伤残抚恤金，发放对象是革命残废军人、因公致残的职工及其他人员；另一种是遗属抚恤金，发放对象是革命烈士、牺牲人员或其他死亡人员的遗属。最低生活保障待遇是指国家保障城镇居民享有维持其基本生活需要的各种社会救济待遇，如最低生活保障费。社会保险待遇是公民在失业、年老、疾病、生育、工伤等情况发生时，有权获得社会保障机构发放的各种社会救济待遇，如社会保险金。我国有些行政机关依法具有支付抚恤金、最低生活保障待遇或者社会保险待遇的专项职责，如果行政机关没有依法支付、违法扣减数额或无故拖欠等，是失职行为，会侵犯公民的合法权益。《行政诉讼法》第 12 条第 1 款第 10 项规定：人民法院受理公民认为行政机关没有依法支付抚恤金、最低生活保障待遇或者社会保险待遇而提起的诉讼。

11. 认为行政机关不依法履行、未按照约定履行或者违法变更、解除政府特许经营协议、土地房屋征收补偿协议等协议的案件。政府特许经营协议，是指行政机关与行政相对人就行政特许经营关系的建立、实施和监管等内容，经协商一致而达成的双方权利义务的协议。政府特许经营协议具有特定的适用范围，即法律规定的公共公用事业领域，如供电、供气、供水、供热、公共交通、垃圾处理、污水处理等。土地房屋征收补偿协议，是指房屋征收部门与被征收人依照相关法律法规的规定，就补偿方式、补偿金额和支付期限、用于产权调换房屋的地点和面积、搬迁费、临时安置费或者周转用房、停产停业损失、搬迁期限、过渡方式和过渡期限等事项经协商一致订立双方权利义务的协议。除政府特许经营协议、土地房屋征收补偿协议外，行政协议还有如城镇国有土地使用权出让协议、节能减排自愿协议、科研管理协议、计划生育协议等等。行政协议在内容中确立了行政机关一方的权利义务，如果行政机关不依法履行义务、未按照约定履行义务，或者未经对方当事人同意违法变更协议内容、任意解除协议，就会侵害对方当事人的合法权益。《行政诉讼法》第12条第1款第11项规定：人民法院受理公民、法人或者其他组织认为行政机关不依法履行、未按照约定履行或者违法变更、解除政府特许经营协议、土地房屋征收补偿协议等协议而提起的诉讼。

12. 认为行政机关侵犯其他人身权、财产权等合法权益的案件。这类案件是除上述案件之外，对涉及人身权、财产权等合法权益的行政案件的总概括，是为了防止上述案件列举不足而作出的补充。为了能将涉及公民、法人或其他组织合法权益的其他行政案件也都归入行政诉讼的受案范围，《行政诉讼法》在列举了上述11种案件的基础上又概括性地规定：人民法院受理公民、法人或者其他组织认为行政机关侵犯其他人身权、财产权等合法权益而提起的诉讼。

13. 法律、法规规定可以起诉的其他行政案件。《行政诉讼法》第12条第1款对属于人民法院受案范围的各类案件作了列举，但并不等于我国行政诉讼受案范围就只限于行政诉讼法自身以及现在所规定的范围，《行政诉讼法》第12条第2款规定："除前款规定外，人民法院受理法律、法规规定可以提起诉讼的其他行政案件。"这就是说，对于其他《行政诉讼法》规定之外的行政案件，只要其他法律、法规规定可以起诉的，也都属于人民法院的受案范围。这是对我国行政诉讼受案范围所进行的有益补充，以使我国行政诉讼的受案范围尽可能全面、完整。

二、人民法院不予受理的事项

《行政诉讼法》除了明确规定属于行政诉讼受案范围的各种行政案件外，在第13条和"最高法院行政诉讼法2018年解释"第1条第2款还专门规定了人民法院不予受理的几类事项，即规定了行政诉讼的排除范围。对此，公民、法人或其他组织不能提起行政诉讼。即使起诉，法院也不会予以受理。即使法院受理了，事后发现不属于受案范围的，也会予以驳回。

1. 国防、外交等国家行为。《行政诉讼法》第13条第1项规定，国防、外交等国家行为不属于行政诉讼的受案范围。此处所称的国家行为，根据"最高法院行政诉讼法2018年解释"第2条的规定，是指国务院、中央军事委员会、国防部、外交部等根据宪法和法律的授权，以国家的名义实施的有关国防和外交事务的行为，以及经宪法和法律授权的国家机关宣布紧急状态等行为。国家行为不能被提起行政诉讼，既是各国行政诉讼制度的通例，更是因为它不是行政行为。

2. 抽象行政行为。《行政诉讼法》第13条第2项规定，行政法规、规章或者行政机关制定、发布的具有普遍约束力的决定、命令不属于行政诉讼的受案范围。这里所称的"具有普遍约束力的决定、命令"，根据"最高法院行政诉讼法2018年解释"第2条的规定，是指行政机关针对不特定对象发布的能反复适用的规范性文件。在我国，抽象行政行为目前不能被提起诉讼的理由在于：第一，我国宪法和组织法把对抽象行政行为的审查监督权，交由权力机关和行政机关行使；第二，抽象行政行为涉及政策问题，政策问题不宜由法院判断；第三，抽象行政行为涉及不特定相对人，有时甚至涉及一个或几个地区乃至全国的公民，其争议不适于通过诉讼途径解决。① 但根据《行政诉讼法》第53条的规定，公民、法人或者其他组织认为行政行为所依据

---

① 姜明安．行政诉讼法学：70.

的国务院部门和地方人民政府及其部门制定的规范性文件不合法，在对行政行为提起诉讼时，可以一并请求对该规范性文件进行审查。前款规定的规范性文件不含规章。据此规定，公民、法人或者其他组织对规章以外的规范性文件有权申请人民法院进行附带性审查。

3. 行政机关对其工作人员的奖惩、任免等决定。《行政诉讼法》第 13 条第 3 项规定，行政机关对行政机关工作人员的奖惩、任免等决定不属于行政诉讼受案范围。这里所称的“对行政机关工作人员的奖惩、任免等决定”，根据“最高法院行政诉讼法 2018 年解释”第 2 条的规定，是指行政机关作出的涉及行政机关工作人员公务员权利义务的决定，如公务员工资的升降、福利待遇、住房分配等决定。这些决定涉及的是行政机关的内部人事行政关系，属于内部人事行政活动，由此导致的行政纠纷可由行政机关自己处理解决，人民法院不予干预。但是，对此类案件不应作扩展解释，只是涉及国家公务员权利、义务的决定不能通过行政诉讼的方式解决，如果所涉及的权利、义务是行政机关工作人员作为普通公民所具有的权利、义务，则仍可以通过行政诉讼的方式解决。

4. 法律规定由行政机关最终裁决的行政行为。《行政诉讼法》第 13 条第 4 项规定，法律规定由行政机关最终裁决的行政行为不属于行政诉讼的受案范围。这里所称的“法律”，根据“最高法院行政诉讼法 2018 年解释”第 2 条的规定，仅指全国人民代表大会及其常务委员会制定、通过的规范性文件。我国目前只有极少的几部法律作了最终裁决的规定。① 对于这些由法律授予行政机关最终裁决权的行政案件，人民法院不予受理。

5. 公安、国家安全等机关依照刑事诉讼法的明确授权实施的行为。根据《行政诉讼法》的规定，我国行政诉讼目前只针对行政行为，因而公安、国家安全等机关的刑事司法行为尚不在行政诉讼受案范围之内。这就存在一个要明确划分行政行为和刑事司法行为界限的问题。对此，“最高法院行政诉讼法 2018 年解释”第 1 条第 2 款第 1 项专门规定，“公安、国家安全等机关依照刑事诉讼法的明确授权实施的行为”不属于行政诉讼的受案范围。这一规定限定了公安、国家安全等机关的刑事司法行为只能是依照刑事诉讼法明确授权实施的行为。

6. 行政机关的调解行为以及法律规定的仲裁行为。行政机关的调解行为，是指行政机关居间对平等主体之间的民事争议，经说服、教育和劝导后，由当事人双方自愿达成协议的一种行为。调解行为是否产生法律效力不取决于行政机关的意志，而取决于当事人双方的意愿。当事人如对调解行为持有异议，完全可以拒绝在调解协议上签字，因此没有必要通过行政诉讼程序解决。但如果行政机关及其工作人员借调解之名，违背当事人的意志作出具有强制性的决定，则当事人可以对其提起行政诉讼。仲裁，是法定机构以中立者的身份对平等主体之间的民事纠纷，依照一定的程序作出具有法律拘束力的处理行为。“最高法院行政诉讼法 2018 年解释”第 1 条第 2 款第 2 项规定，法律规定的仲裁行为不属于行政诉讼的受案范围。这里所称的“法律规定的仲裁行为”，仅指全国人民代表大会及其常务委员会制定的法律所规定的仲裁，目前主要是劳动争议仲裁。对仲裁结果不服问题，我国民事诉讼法已将其纳入了民事诉讼的范围并形成了固定的解决仲裁纠纷的制度。但是，对于法规、规章所规定的仲裁，当事人对仲裁决定不服的，仍可以向人民法院提起行政诉讼。②

7. 不具有强制力的行政指导行为。行政指导行为对相对人不具有强制约束力，相对人有选

① 《行政复议法》规定，对国务院部门或省级人民政府就自身具体行政行为作出的行政复议决定不服的，可以向人民法院提起行政诉讼，也可以向国务院申请裁决，国务院的裁决是最终裁决；省级人民政府确认土地、矿藏等自然资源所有权或者使用权的行政复议决定为最终决定。

② 姜明安．行政诉讼法学：70－71.

择是否接受指导的自由，没有必要通过行政诉讼的途径来解决。需要说明的是，如果名为行政指导行为，实质上却是以强制方式迫使相对人服从的行为，那么这种行为就不再是行政指导行为。相对人对这种行为不服，可以向人民法院提起行政诉讼。

8. 驳回当事人对行政行为提起申诉的重复处理行为。所谓重复处理行为，是指行政机关作出的没有改变原有行政法律关系，没有对相对人的权利、义务产生新的影响的第二次行为。对这类行为不能提起行政诉讼，主要基于两点考虑：第一，重复处理行为没有对相对人的权利、义务产生新的影响，没有形成新的行政法律关系。第二，如果对这类重复处理行为可以提起诉讼，就是在事实上取消提起诉讼的期限，就意味着任何相对人在任何时候都可以通过申诉的方式重新将任何一个行政行为提交法院进行重新审查，这就会使法律规定的诉讼期限失去意义。

9. 依据“最高法院行政诉讼法 2018 年解释”的规定，下列行为也不属于人民法院行政诉讼的受案范围：第一，行政机关作出的不产生外部法律效力的行为。第二，行政机关为作出行政行为而实施的准备、论证、研究、层报、咨询等过程性行为。第三，行政机关根据人民法院的生效裁判、协助执行通知书作出的执行行为，但行政机关扩大执行范围或者采取违法方式实施的除外。第四，上级行政机关基于内部层级监督关系对下级行政机关作出的听取报告、执法检查、督促履责等行为。第五，行政机关针对信访事项作出的登记、受理、交办、转送、复查、复核意见等行为。第六，对公民、法人或者其他组织权利义务不产生实际影响的行为。将这类行为排除在行政诉讼受案范围之外，是因为这类行为并没有构成一个行政行为，也不存在需要行政诉讼予以保护的权利、义务。

第二节　行政诉讼管辖

行政诉讼的管辖，是指人民法院之间受理第一审行政案件的分工和权限。也就是说，管辖解决的是各级人民法院或同级人民法院受理第一审行政案件的职权范围的划分，明确它们相互之间审理案件的具体分工，方便公民、法人和其他组织起诉及行政机关应诉。[①]

一、级别管辖

级别管辖是上、下级人民法院之间受理第一审行政案件的分工和权限。

1. 基层人民法院的管辖。

《行政诉讼法》第 14 条规定：“基层人民法院管辖第一审行政案件。”这一规定表明，基层人民法院管辖第一审行政案件是级别管辖的一般原则。除上级人民法院管辖的第一审行政案件外，一般行政案件均由基层人民法院作为一审法院。《最高人民法院、最高人民检察院关于检察公益诉讼案件适用法律若干问题的解释》（以下简称为《检察公益诉讼案件适用法律的解释》）第 5 条第 2 款规定：“基层人民检察院提起的第一审行政公益诉讼案件，由被诉行政机关所在地基层人民法院管辖。”这一规定表明，基层人民检察院提起的第一审行政公益诉讼案件，由被诉行政机关所在地的基层人民法院管辖。

2. 中级人民法院的管辖。依照《行政诉讼法》第 15 条的规定，中级人民法院管辖的第一审

---

① 专门人民法院、人民法庭不审理行政案件，也不审查和执行行政机关申请执行其行政行为的案件。铁路运输法院等专门人民法院审理行政案件，应当执行《行政诉讼法》第 18 条第 2 款的规定。

行政案件有：

（1）对国务院各部门或县级以上地方人民政府所作的行政行为提起诉讼的案件。这类案件又可分为两种：一是对国务院各部门或者县级以上地方人民政府所作的行政行为直接作出的行政行为不服而提起诉讼的案件，二是对国务院各部门或者县级以上地方人民政府所作的行政行为改变原行政行为的复议决定不服而提起诉讼的案件。

（2）海关处理的案件。海关处理的案件主要是指由海关处理的纳税案件、有关因违反海关法被海关处罚的行政案件。之所以把海关处理的案件划归中级人民法院专属管辖，是因为从海关的业务来看，种类繁多，专业技术性较强，同时也涉及对外贸易和科技文化的交流；从海关的设置来看，只有部分地方设置了海关，且多设在大中城市。把海关处理的案件，规定由中级人民法院管辖，符合方便当事人进行诉讼的原则，也便于人民法院审理。

（3）本辖区内重大、复杂的案件。“最高法院行政诉讼法 2018 年解释”第 5 条规定：“有下列情形之一的，属于行政诉讼法第十五条第三项规定的‘本辖区内重大、复杂的案件’：（一）社会影响重大的共同诉讼案件；（二）涉外或者涉及香港特别行政区、澳门特别行政区、台湾地区的案件；（三）其他重大、复杂案件。”

（4）其他法律规定由中级人民法院管辖的案件。这是指《行政诉讼法》以外的其他法律规定可以由中级人民法院管辖的，也属于中级人民法院的管辖范围。

3. 高级人民法院的管辖。《行政诉讼法》第 16 条规定：“高级人民法院管辖本辖区内重大、复杂的第一审行政案件。”高级人民法院的主要任务是对本辖区内的基层人民法院和中级人民法院的审判工作进行监督、指导，并负责审理不服中级人民法院裁判的上诉案件，一般不管辖第一审行政案件，除非是本辖区内涉及面广、影响重大的案件，以及案情复杂、难度较大的案件，认为由中级人民法院审理有困难的，才由高级人民法院作为第一审法院。

4. 最高人民法院的管辖。《行政诉讼法》第 17 条规定：“最高人民法院管辖全国范围内重大、复杂的第一审行政案件。”最高人民法院是我国最高审判机关，其主要任务是对全国各级人民法院的审判工作进行指导和监督，并对审判中的法律适用问题进行司法解释，以及审理不服高级人民法院裁判而提起的上诉案件。只有在全国范围内有重大影响的第一审行政案件，才由最高人民法院管辖。

二、地域管辖

地域管辖是在级别管辖的基础上确定同级人民法院之间受理第一审行政案件的权限分工。针对某一具体的行政案件，在确定级别管辖的基础上确定了地域管辖，才能具体落实该行政案件的管辖权归属问题。根据《行政诉讼法》的规定，地域管辖分为一般地域管辖、特殊地域管辖和共同地域管辖。

1. 一般地域管辖，也称普通地域管辖，它主要是根据诉讼当事人的住所地来划分管辖法院。行政诉讼以被告所在地来确定一般地域管辖。根据《行政诉讼法》第 18 条第 1 款的规定，行政案件由最初作出行政行为的行政机关所在地人民法院管辖。经复议的案件，也可以由复议机关所在地人民法院管辖。该规定包含以下两层意思：（1）行政案件由最初作出行政行为的行政机关所在地人民法院管辖。这是一般地域管辖的原则规定。在行政诉讼中，被告是行政机关，其所在地也是行政行为发生地和行政争议发生地，因此，由最初作出行政行为的行政机关所在地的法院管辖较为理想。这不仅方便双方当事人进行诉讼，同时也便于法院通知、调查取证与执行。(2) 经复议的案件，也可以由复议机关所在地人民法院管辖。这是一般地域管辖的补充规定。经复议的案件，存在着复议机关维持或改变原行政行为两种情况。针对这两种情况，《行政诉讼法》规定，均可以由复议机关所在地人民法院管辖，即既可以由作出原行政行为的行政机关所在地的法院管辖，也可以由复议机关所在地的法院管辖，原告可以选择其中的一个法院提起行政诉讼。这种管辖实质上已成了选择管辖。此外，为了进一步推动行政审判体制改革，保障人民法院独立公正地行使审判权，《行政诉讼法》第 18 条第 2 款还规定，经最高人民法院批准，高级人民法院可以根据审判工作的实际情况，确定若干人民法院跨行政区域管辖行政案件。

2. 特殊地域管辖。这是指根据特定的行政法律关系来确定管辖的法院。特殊地域管辖是相对于一般地域管辖而言的，其目的在于弥补一般地域管辖的不足。

(1) 对限制人身自由的行政强制措施不服而提起的诉讼，由被告所在地或者原告所在地人民法院管辖。被告所在地，是指作出行政行为的行政机关的主要办事机构所在地。原告所在地包括原告户籍所在地、经常居住地和被限制人身自由地，其中，经常居住地是指公民离开其户籍所在地起至诉讼时已连续居住满 1 年以上的地方，但公民住院就医的地方除外。对行政机关基于同一事实，既采取限制公民人身自由的行政强制措施，又采取其他行政强制措施或者行政处罚不服的，由被告所在地或者原告所在地的人民法院管辖。

(2) 因不动产提起的行政诉讼，由不动产所在地人民法院管辖。所谓不动产是指形体不能移动，或者在移动以后会引起性质、状态、价值改变的财产，如土地、滩涂、山岭、荒地、草原及房屋、林木、水流等。不动产已登记的，以不动产登记簿记载的所在地为不动产所在地；不动产未登记的，以不动产实际所在地为不动产所在地。依据“最高法院行政诉讼法 2018 年解释”第 6 条的规定，“因不动产提起的行政诉讼”是指因行政行为导致不动产物权变动而提起的诉讼。这类行政案件适用特殊地域管辖的规定，由不动产所在地人民法院专属管辖，以便于受诉人民法院调查、勘验、收集证据和对案件作出公正、及时的处理，也便于生效的判决、裁定的执行。

3. 共同地域管辖，又称共同管辖，是指两个或两个以上的人民法院对同一行政案件都有管辖权。共同管辖不是几个人民法院可以同时受理同一行政案件，而是指几个人民法院对同一行政案件都有管辖权。它是由一般地域管辖和特殊地域管辖派生的一种管辖方式，是对上述两种管辖的补充。根据《行政诉讼法》的规定，共同管辖的情形有：第一，经过复议的案件，既可以由最初作出行政行为的行政机关所在地人民法院管辖，也可以由复议机关所在地人民法院管辖。第二，对限制人身自由行政强制措施不服而提起的诉讼，既可以由被告所在地人民法院管辖，也可以由原告所在地人民法院管辖。第三，因不动产提起的诉讼，如果不动产所在地分散或跨连两个以上人民法院辖区，则两个以上人民法院都有管辖权。出现共同管辖，即两个以上人民法院对同一行政案件都有管辖权的情况下，究竟由哪个人民法院管辖，主要取决于原告向何地人民法院提起诉讼。《行政诉讼法》第 21 条规定：“两个以上人民法院都有管辖权的案件，原告可以选择其中一个人民法院提起诉讼。原告向两个以上有管辖权的人民法院提起诉讼的，由最先立案的人民法院管辖。”

三、裁定管辖

对于级别管辖和地域管辖，法律都作了明确规定，所以它们又被称为法定管辖。但管辖的情况较为复杂，仅有法定管辖仍不能适应复杂多变的实际情况，因此需要裁定管辖作为法定管辖的补充。所谓裁定管辖，是指由人民法院作出裁定或决定来确定行政案件的管辖。裁定管辖包括移送管辖、指定管辖和管辖权的转移三种。

1. 移送管辖。这是指法院已经受理了行政案件以后，发现所受理的案件不属于自己管辖而应由其他法院管辖，将案件移送给有管辖权的法院审理的一种管辖形式。《行政诉讼法》第22条规定：人民法院发现受理的案件不属于本院管辖的，应当移送有管辖权的人民法院，受移送的人民法院应当受理。受移送的人民法院认为受移送的案件按照规定不属于本院管辖的，应当报请上级人民法院指定管辖，不得再自行移送。移送管辖应当具备以下三个条件：（1）移送案件的人民法院已经受理了案件。如果人民法院对某一行政案件尚未受理，则谈不上有关该案移送管辖的问题。（2）移送案件的人民法院发现自己对该案件没有管辖权。（3）接受移送的人民法院对该案件有管辖权。移送管辖的目的是纠正管辖中出现的错误，避免没有管辖权的人民法院对行政案件审理造成损失。移送管辖一般发生在同级人民法院之间，是人民法院之间对已受理的案件进行的移送，而不是管辖权的转移。移送管辖的程序主要是：由受理案件的法院合议庭提出意见，经过院长批准后，以该法院的名义致函移送给有管辖权的人民法院。

2. 指定管辖。这是指由于特殊原因或因两个人民法院对同一行政案件的管辖权发生争议，由上级人民法院以裁定的方式，决定案件由哪个人民法院管辖的制度。根据《行政诉讼法》第23条的规定，行政诉讼的指定管辖有下列两种情形：（1）由于特殊原因，有管辖权的人民法院不能行使管辖权的，由上级人民法院指定管辖。所谓特殊原因主要有两个方面：①事实原因，这是指有管辖权的人民法院遇到不可抗力的原因，客观上无法行使管辖权，如发生地震、水灾、火灾等自然灾害或事故；②法定原因，这是指法律明确规定有管辖权的人民法院遇到当事人申请全体审判人员回避而无法组成合议庭，不能行使管辖权。当出现由于特殊原因不能行使管辖权的，则由上级人民法院指定管辖。（2）因人民法院之间对管辖权发生争议引起的指定管辖。《行政诉讼法》第23条第2款规定：人民法院对管辖权发生争议，由争议双方协商解决。协商不成的，报它们的共同上级人民法院指定管辖。管辖权发生争议有两种情况：①都认为自己有管辖权，双方对案件争管辖权；②都认为不属于自己管辖，双方对案件相互推诿。在上述管辖权发生争议的情况下，首先应当协商，协商不成的，应报请双方共同上级人民法院来指定由哪一个人民法院受理该案件。

此外，为了进一步改善行政审判司法环境，保障人民法院依法独立公正行使行政审判职能，依据“最高法院行政诉讼法2018年解释”第6条的规定，当事人以案件重大复杂为由，认为有管辖权的基层人民法院不宜行使管辖权或者根据《行政诉讼法》第52条的规定，向中级人民法院起诉，中级人民法院应当根据不同情况在7日内分别作出以下处理：（1）决定自行审理；（2）指定本辖区其他基层人民法院管辖；（3）书面告知当事人向有管辖权的基层人民法院起诉。依据“最高法院行政诉讼法2018年解释”第7条的规定，基层人民法院对其管辖的第一审行政案件，认为需要由中级人民法院审理或者指定管辖的，可以报请中级人民法院决定。中级人民法院应当根据不同情况在7日内分别作出以下处理：（1）决定自行审理；（2）指定本辖区其他基层人民法院管辖；（3）决定由报请的人民法院审理。

3. 管辖权的转移。又称移转管辖。它是指经上级人民法院决定或同意，对第一审行政案件有管辖权的下级人民法院将该案件移交给上级人民法院审理，或者由上级人民法院指定本辖区其他人民法院管辖。《行政诉讼法》第24条规定：上级人民法院有权审理下级人民法院管辖的第一审行政案件。下级人民法院对其管辖的第一审行政案件，认为需要由上级人民法院审理或者指定管辖的，可以报请上级人民法院决定。

管辖权的转移与移送管辖的区别主要有：(1) 移送管辖一般是在同级人民法院之间进行的，它是地域管辖的一种补充形式，其目的是将没有管辖权的法院已受理的行政案件，移送给有管辖权的人民法院；管辖权移转是发生在上、下级法院之间，它是级别管辖的一种变通形式，其目的是为了调整不同级法院对具体案件的管辖权。(2) 移送管辖是受案法院认为自己对某一行政案件没有管辖权而移送给有权管辖的法院；管辖权移转是有管辖权的法院经上级法院决定或同意，将其受理的行政案件移交给无管辖权的法院，从而使无权管辖的法院取得了管辖权。由于管辖权移转重新确定管辖权，因此，必须经由上级人民法院的决定或同意才能移转，否则不得移转。

此外，行政诉讼的当事人如对已经受理案件的法院提出管辖异议，人民法院应当进行审议，不能置之不理。根据“最高法院行政诉讼法 2018 年解释”第 10 条的规定，当事人提出管辖异议，应当在接到人民法院应诉通知之日起 15 日内提出。对当事人提出的管辖异议，人民法院应当进行审查。异议成立的，裁定将案件移送有管辖权的人民法院。人民法院对管辖异议审查后确定有管辖权的，不因当事人增加或者变更诉讼请求等改变管辖，但违反级别管辖、专属管辖规定的除外；异议不成立的，裁定驳回。对裁定驳回管辖异议不服的，可以在法定期限内提出上诉。逾期不提出上诉和二审人民法院裁定驳回上诉，维持原裁定的，原审人民法院应当继续本案的审理。当事人就原审人民法院有无管辖权问题提出再审的，不影响原审人民法院对案件的继续审理。需要强调指出的是，对于指定管辖裁定有异议的，不适用管辖异议的规定。

法律应用

1. 关于行政协议是否属于受案范围

对于新修改的《行政诉讼法》施行之前形成的类似行政协议，根据当时的法律规定和人民法院处理此类纠纷的通常做法，一般不纳入行政诉讼受案范围，主要通过当事人提起民事诉讼方式寻求司法救济。[最高人民法院 (2016) 行申 1785 号行政裁定书]

2. 关于内部行政行为

作为内部行政行为的批复不可诉，但内部行政行为通过行政机关的职权行为外化后，则可以纳入行政诉讼的受案范围。(中国行政审判案例第 1 号)

3. 关于行政调查行为

事故调查结论不同于处理决定，因其不属最终处理而不具有可诉性；但行政机关依法具有对该类事故进行查处的法定职责时，如该调查结论依据不足或没有明确结论，则可能对行政相对人的权利义务产生影响，此时该调查结论具有可诉性。(中国行政审判案例第 43 号)

4. 中级人民法院管辖的一审行政案件

所谓级别管辖，是指上下级人民法院之间受理第一审案件的分工。按照《行政诉讼法》第 14 条的规定，第一审行政案件一般由基层人民法院管辖。确立这一原则，主要是为了便于当事人就近诉讼、便于人民法院审判执行，并且均衡上下级法院之间的工作负担。除此之外，级别管辖还具有保障人民法院公正行使审判权的实体价值。正因如此，《行政诉讼法》在修改时适度增加了中级人民法院管辖的第一审行政案件的范围，将被告级别由“省、自治区、直辖市人民政府”扩大到“县级以上地方人民政府”。但这里所说的“地方人民政府”，不包括地方人民政府的工作部门，按照《行政诉讼法》第 15 条第 1 项的规定，只有对“国务院部门”所作的行政

行为提起诉讼的案件，才由中级人民法院管辖。[最高人民法院（2018）行申2031号行政裁定书]

5. 管辖权恒定原则与移送管辖

管辖恒定原则一般是指确定管辖权以起诉时为标准，起诉时对案件享有管辖权的人民法院，不因确定管辖的事实在诉讼过程中发生变化而影响其管辖权。适用管辖恒定原则的基本前提条件是受诉人民法院具有管辖权。若在起诉时受诉人民法院根本就没有管辖权，则不发生管辖恒定的效力。

提起诉讼属于受诉人民法院管辖是法定起诉条件之一。不符合该条件，已经立案的，应当裁定驳回起诉。应当注意的是，属于受诉人民法院管辖主要是立案阶段的审查内容。若已经立案受理，则依照《行政诉讼法》第22条的规定，发现受理的案件不属于本院管辖的，应当移送有管辖权的人民法院。还应当注意的是，移送管辖须在一定时限内完成。允许在诉讼的任何阶段均可移送管辖有违诉讼经济原则。依照《最高人民法院关于适用〈中华人民共和国民事诉讼法〉的解释》第35条的规定，移送管辖应当在一审开庭前作出。若已开庭审理，再以没有管辖权为由移送，则明显会导致诉讼程序的空转，徒增当事人行使诉权的负担，浪费司法资源，积压争议。[最高人民法院（2017）行再63号行政裁定书]

课后复习

1. 试述行政诉讼的受案范围。
2. 简述中级人民法院管辖第一审行政案件的范围。
3. 简述特殊地域管辖与共同地域管辖的类型。
4. 简述移送管辖的条件。
5. 简述移送管辖与管辖权转移的区别。

| 第二十二章 |

行政诉讼参加人

提　要

行政诉讼参加人，是指起诉、应诉以及参加到行政诉讼活动中来的人，包括原告、被告、第三人和诉讼代理人。其中，原告、被告和第三人构成广义上的当事人，他们因行政行为发生争议，以自己的名义起诉、应诉和参加诉讼，并受人民法院裁判的拘束。原告和被告一方或双方为两人以上的诉讼，称为共同诉讼。它有必要共同诉讼和普通共同诉讼之分。必要共同诉讼，是指当事人一方或双方为两人以上，诉讼标的是同一行政行为的诉讼。普通共同诉讼，是指一方或双方是两人以上，因同类行政行为发生行政争议，人民法院认为可以合并审理的诉讼。行政诉讼代理人，是指在代理权限内，以当事人的名义进行行政诉讼活动的人，包括法定代理人、指定代理人和委托代理人。

重点问题

1. 行政诉讼当事人的概念和特征。
2. 行政诉讼原告的资格与类型。
3. 行政诉讼被告的类型。
4. 共同诉讼人的类型。
5. 行政诉讼第三人的概念与特征。

第一节　行政诉讼参加人概述

行政诉讼参加人，是指起诉、应诉以及参加到行政诉讼活动中来的人。简言之就是指当事人和类似当事人地位的诉讼代理人，具体包括原告、被告、第三人和诉讼代理人 4 种。

行政诉讼参加人与行政诉讼的参与人是不同的，应注意区别。

一、行政诉讼当事人

1. 行政诉讼当事人的概念。行政诉讼当事人，是指因行政行为发生争议，以自己的名义起诉、应诉和参加诉讼，并受人民法院裁判拘束的人，有狭义与广义之分。狭义的当事人仅指原告与被告，包括共同原告和共同被告。广义的当事人除原告和被告外，还包括第三人。我们采用广义的概念。在行政诉讼的不同阶段，当事人的称谓不同：第一审程序中当事人的称谓是原告、被告和第三人；在第二审程序中，当事人被称为上诉人和被上诉人；在执行程序中，当事人则被称为申请人和被申请人；当事人在审判监督程序中的称谓与在第一审程序及第二审程序的称谓相同。第二审程序、执行程序以及审判监督程序不是行政诉讼的必经程序，因此人们通常用第一审程序中的原告、被告、第三人来概括当事人的范围。行政诉讼当事人具有下列特征：第一，行政诉讼当事人是发生争议的行政法律关系主体。其中，相对人认为行政行为违法，侵犯其合法权益，因而作为原告向人民法院起诉；而作出行政行为的行政主体则作为被告应诉；第三人是与提起诉讼的行政行为有利害关系的原告、被告以外的公民、法人或者其他组织。第二，当事人以自己的名义进行诉讼。原告、被告和第三人通过诉讼所要解决的是自己的而不是他人的权利、义务争议，并由自己来承担诉讼裁判的法律后果，因而应以自己的名义进行诉讼。凡不以自己的名义，而以他人的名义进行诉讼活动的，就不是行政诉讼的当事人。第三，当事人与案件有直接利害关系。对相对人来说，利害关系是指其权利、义务的得失、变更。相对人无论是作为原告还是作为第三人参加诉讼，都是为了保护自己的合法权益。对被告行政机关来说，利害关系则是指其权力行使的合法、正当与否。第四，当事人是受人民法院裁判拘束的人。当事人是发生争议的行政法律关系的主体，而法院的裁判是针对行政争议作出的，所以当事人是受到法院裁判拘束的人。其他人，如证人、鉴定人等，由于与案件无利害关系，自然不会受到裁判拘束。

2. 当事人的行政诉讼权利能力和行为能力。行政诉讼权利能力是指当事人拥有的能够以自己的名义进行行政诉讼活动，并享有相应的诉讼权利、承担诉讼义务的资格和能力。对公民而言，其行政诉讼权利能力始于出生、终于死亡；对法人和其他组织（包括行政机关）而言，其行政诉讼权利能力始于成立之时，终于解散、被合法撤销之时。行政诉讼行为能力是指当事人能够亲自进行行政诉讼活动，独立行使诉讼权利和履行诉讼义务的能力。对公民而言，18 周岁以上或 16 周岁以上不满 18 周岁、以自己的劳动收入为主要生活来源且智力正常者，具有诉讼行为能力。未成年人、精神病人不具有诉讼行为能力，为切实保障其合法权益，法律禁止他们亲自参加诉讼，而需由其法定代理人代理诉讼。至于法人和其他组织（包括行政机关）的行政诉讼行为能力，与其诉讼权利能力相一致，自成立时产生，至解散或被合法撤销时终止。

二、行政诉讼代理人

1. 行政诉讼代理人的概念与特征。行政诉讼代理人，是指在代理权限内，以当事人的名义进行行政诉讼活动的人。其具有以下特征：第一，只能以被代理人的名义进行诉讼活动。这就意味着代理人不能以自己的名义参加诉讼，只能代理一方当事人而不能同时代理双方当事人，因为双方当事人的利益是矛盾和冲突的。这一特征是由诉讼代理人参加诉讼的目的所决定的。第二，只能在代理权限范围内活动。代理人的代理权限或者取决于法律的规定，如法定代理人的代理权；或者由当事人授予，如委托代理人的代理权。诉讼代理人无论通过何种方式取得代理权，都必须认真地行使权利，履行职责，既不能随意放弃权利，也不能超越权限。第三，不承担诉讼行为的法律后果。代理行为是帮助他人所实施的行为，不是为了代理人自己的利益，因而代理行为的法律后果要由被代理人承担，而不是由代理人自己承担。当然，如果代理行为越权，代理人要承担相应的责任。第四，必须具有诉讼行为能力。这是能够成为诉讼代理人，为被代理人提供帮助的首要条件。不具有诉讼行为能力的人，不能成为诉讼代理人。如果诉讼代理人在诉讼过程中丧失诉讼行为能力，就不能继续担当代理人。

2. 行政诉讼代理人的种类。根据《行政诉讼法》第30、31条的规定，依照代理人代理权限的不同来源，可将行政诉讼代理人分为下列三类：

（1）法定代理人。这是指根据法律的直接规定而享有代理权，代替无诉讼行为能力人进行行政诉讼的人。《行政诉讼法》第30条规定："没有诉讼行为能力的公民，由其法定代理人代为诉讼。"法定代理人的构成条件是：第一，被代理人是没有诉讼行为能力的公民，具体包括未成年人和精神病人。第二，被代理人的监护人就是其法定代理人。法定代理权的取得、消灭与监护权的取得、消灭同步。在诉讼存续期间，监护权的丧失必然导致法定代理权的消灭。法定代理权一旦消灭，法定代理人就应当退出诉讼。法定代理为全权代理。法定代理人具有和当事人基本相同的地位，可以处分实体权利和诉讼权利，所实施的一切诉讼行为视同当事人的行为。当然，法定代理人不等同于当事人，其诉讼地位也有所区别。例如，法院确定管辖时是以当事人的住所地为准，而不考虑法定代理人的住所地等。

（2）指定代理人。这是指基于法院指定而享有代理权，代替无诉讼行为能力人进行行政诉讼的人。指定代理人制度同样是为无诉讼行为能力人设定的，是对法定代理人制度的补充。《行政诉讼法》第30条规定："法定代理人互相推诿代理责任的，由人民法院指定其中一人代为诉讼。"此外，法定代理人不能行使代理权的，也可由法院指定代理。代理人一旦被法院指定即发生法律效力，而不论被代理人是否同意。指定代理人代理权限的大小，依其与被代理人的关系而定：如果指定代理人属于法定代理人的范畴，则指定代理人可以行使被代理人的所有权利，即全权代理；如果指定代理人不属于法定代理人的范畴，则指定代理人的代理权限由法院确定。

（3）委托代理人。这是指受当事人、法定代理人的委托，代理其进行行政诉讼活动的人。《行政诉讼法》第31条第1款规定："当事人、法定代理人，可以委托一至二人作为诉讼代理人。"当事人委托诉讼代理人，应当向人民法院提交由委托人签名或者盖章的授权委托书，委托书应载明委托事项和具体权限。公民在特殊情况下无法书面委托的，也可以口头委托。口头委托的，人民法院应当核实并记录在卷；被诉行政机关或者其他有义务协助的机关拒绝人民法院向被限制人身自由的公民核实的，视为委托成立。当事人解除委托或者变更委托的，应当书面报告人民法院，由人民法院通知其他当事人。在行政诉讼中，委托代理人的范围有：1）律师、基层法律服务工作者。2）当事人的近亲属或者工作人员。当事人是自然人的，其近亲属可以作为委托代理人；当事人为法人或者其他组织的，其工作人员可以作为委托代理人。3）当事人所在社区、单位以及有关社会团体推荐的公民。有关社会团体推荐公民担任诉讼代理人的，应当符合下列条件：①社会团体属于依法登记设立或者依法免予登记设立的非营利性法人组织；②被代理人属于该社会团体的成员，或者当事人一方住所地位于该社会团体的活动地域；③代理事务属于该社会团体章程载明的业务范围；④被推荐的公民是该社会团体的负责人或者与该社会团体有合法劳动人事关系的工作人员。根据《行政诉讼法》第32条的规定，代理诉讼的律师，有权按照规定查阅、复制本案有关材料，有权向有关组织和公民调查、收集与本案有关的证据。对涉及国家秘密、商业秘密和个人隐私的材料，应当依照法律规定保密。当事人和其他诉讼代理人有权按照规定查阅、复制本案庭审材料，但涉及国家秘密、商业秘密和个人隐私的内容除外。

第二节 行政诉讼的原告和被告

一、行政诉讼的原告

1. 行政诉讼原告的概念和类型。《行政诉讼法》第 25 条第 1 款规定：行政行为的相对人以及其他与行政行为有利害关系的公民、法人或者其他组织，有权提起诉讼。根据这一规定，行政诉讼的原告是指认为自己的合法权益受到行政机关及其工作人员的行政行为的不法侵害或不利影响，依法以自己的名义向人民法院提起诉讼，引起行政诉讼程序发生的公民、法人或其他组织。

原告有下列类型：第一，公民。我国公民是指具有中华人民共和国国籍的人。对公民来说，从出生到死亡都有行政诉讼权利能力，可依法提起行政诉讼。此外，外国人、无国籍人以及外国组织可根据对等原则，在我国提起行政诉讼。第二，法人。这是指具有民事权利能力和民事行为能力，依法独立享有民事权利和承担民事义务的组织，包括机关、企业、事业和社团法人。法人的诉讼行为由其法定代表人代表。第三，其他组织。这是指依法成立，有一定的组织机构和财产，但又不具备法人资格的组织。

2. 原告资格。这是指某一公民或组织充当行政诉讼原告所应具备的条件。按照《行政诉讼法》第 2、25、49 条的规定，行政诉讼原告资格的认定可归为三项：（1）主观上，原告必须是认为其合法权益受到行政行为侵害的人。《行政诉讼法》第 2 条规定了原告资格认定的主观标准，即“公民、法人或者其他组织认为行政机关和行政机关工作人员的行政行为侵犯其合法权益，有权依照本法向人民法院提起诉讼。”（2）客观上，原告必须是行政相对人和其他利害关系人。《行政诉讼法》第 25 条对原告资格规定了客观标准，即“行政行为的相对人以及其他与行政行为有利害关系的公民、法人或者其他组织，有权提起诉讼。”采用“利害关系”作为标准，有助于司法实践根据实际需要，将应当纳入受案范围的行政争议纳入受案范围。（3）因果关系上，原告必须是与行政行为有利害关系的人。换言之，原告所受权益的侵害和行政行为存在因果关系。行政行为是因，所受侵害是果。在现实生活中，因果关系通常较为复杂，相对人所受侵害只有与行政行为的关系达到相当的因果关系程度时，才可诉之法院。依据“最高法院行政诉讼法 2018 年解释”第 12 条的规定，有下列情形之一的，属于《行政诉讼法》第 25 条第 1 款规定的“与行政行为有利害关系”：（1）被诉的行政行为涉及其相邻权或者公平竞争权的；（2）在行政复议等行政程序中被追加为第三人的；（3）要求行政机关依法追究加害人法律责任的；（4）撤销或者变更行政行为涉及其合法权益的；（5）为维护自身合法权益向行政机关投诉，具有处理投诉职责的行政机关作出或者未作出处理的；（6）其他与行政行为有利害关系的情形。

3. 原告资格的转移。原告资格通常不能转移，但在特定情况下，法律规定原告资格可以转移。依照《行政诉讼法》第 25 条第 2 款和第 3 款的规定，原告资格转移有两种情况：第一，有权提起诉讼的公民死亡，其近亲属可以提起诉讼。死亡包括自然死亡和按法定程序宣告死亡。近亲属的范围，包括配偶、父母、子女、兄弟姐妹、祖父母、外祖父母、孙子女、外孙子女和其他具有扶养、赡养关系的亲属。第二，有权提起诉讼的法人或者其他组织终止，承受其权利的法人或者其他组织可以提起诉讼。法人或者其他组织终止有两种情况：一种是自行终止，另一种是因行政决定终止。自行终止的，原告资格转移到承受其权利的法人或者其他组织；因“行政决定终止的”，则原法人或其他组织仍具有原告资格，但原法人或其他组织对终止决定没有异议的，原告资格转移到承受其权利的法人或者其他组织。

4. 几种特殊情况下的原告。在实践中，以下几种原告资格比较特殊：第一，受害人的原告资格。这里所说的受害人，是指受到加害人实施的违法行为侵害的人。在行政机关对加害人不予处理，或者行政机关处罚了加害人但受害人仍然不服的情况下，受害人具有原告资格。第二，民事争议的双方当事人如对行政机关作出的行政裁决不服的，均具有原告资格。第三，相邻权人的原告资格问题。相邻关系是民事关系。若民事主体的行为是经行政机关批准、许可后实施的，拥有相邻权的一方认为行政机关的批准、许可行为侵犯其合法权益的，具有行政诉讼原告资格。第四，公平竞争权人的原告资格。"最高法院行政诉讼法 2018 年解释"规定，被诉的行政行为涉及其公平竞争权的属于《行政诉讼法》第 25 条第 1 款规定的"与行政行为有利害关系"，也就是说，认为公平竞争权受到侵害的人是具有原告资格的。第五，企业投资者的原告资格。在有两个以上投资者组成的各式各样的企业中，投资各方的权益与所投资组成的企业的权益，一般情况下都是混同的、一致的，但在个别情况下，二者的权益也可能不一致，为此，"最高法院行政诉讼法 2018 年解释"规定：联营企业、中外合资企业、中外合作企业的联营、合营、合作各方，认为联营、合资、合作企业权益或者自己一方合法权益受到行政行为侵害的，均可以自己的名义提起诉讼；股份制企业的股东大会、股东代表大会、董事会等认为行政机关作出的行政行为侵犯企业经营自主权的，可以以企业名义提起诉讼。第六，企业被强制终止或改变形态与隶属关系情况下的原告资格问题。"最高法院行政诉讼法 2018 年解释"第 16 条第 3 款规定："非国有企业被行政机关注销、撤销、合并、强令兼并、出售、分立或者改变企业隶属关系的，该企业或者其法定代表人可以提起诉讼。""最高法院行政诉讼法 2018 年解释"没有规定国有企业被行政机关强制终止或改变形态与隶属关系时，其是否具有原告资格。

二、行政诉讼的被告

1. 被告的概念。行政诉讼的被告是指被原告指控其行政行为侵犯原告的合法权益而向人民法院起诉，并由人民法院通知其应诉的行政机关和法律、法规、规章授权的组织。它具有下列特征：第一，被告必须是行政主体。不是行政主体就不能成为行政诉讼的被告。第二，被告必须是作出被诉行政行为的行政主体。如果行政机关和法律、法规、规章授权的组织仅具有行政主体资格，未作出行政行为，则不会与相对人发生行政争议，也不可能成为行政诉讼的被告。第三，被告是被原告指控并由人民法院通知应诉的人。被告必须是被原告指控的人，而且是由人民法院审查确定后，通知应诉的人。这是程序上的一个重要的标准与特征。没有原告的指控，人民法院不能确定被告；仅有原告指控，没有人民法院的审查确定，也不能构成行政诉讼，被告也不会产生。

2. 被告的法定类型。《行政诉讼法》第 26 条，"最高法院行政诉讼法 2018 年解释"第 19 条至第 25 条及第 133 条，以及《最高人民法院关于审理行政许可案件若干问题的规定》第 4 条、第 5 条等，对被告类型问题作了具体规定。

第一，对行政机关的行政行为，法律、法规没有明确规定实行复议前置的，如相对人直接向人民法院起诉，作出行政行为的行政机关是被告。

第二，经过复议的案件，复议机关决定维持原行政行为的，作出原行政行为的行政机关和复议机关是共同被告；复议机关改变原行政行为的，复议机关是被告。"复议机关决定维持原行政行为"，包括复议机关驳回复议申请或者复议请求的情形，但以复议申请不符合受理条件为由驳回的除外。“复议机关改变原行政行为”，是指复议机关改变原行政行为的处理结果。[①] 在复议机关决定维持原行政行为的情况下，原告只起诉作出原行政行为的行政机关或者复议机关的，人民法院应当告知原告追加被告。原告不同意追加的，人民法院应当将另一机关列为共同被告。此外，作出原行政行为的行政机关和复议机关为共同被告的，应以作出原行政行为的行政机关确定案件的级别管辖。

第三，复议机关在法定期间内未作出复议决定，公民、法人或者其他组织起诉原行政行为的，作出原行政行为的行政机关为被告；起诉复议机关不作为的，复议机关为被告。

第四，两个以上行政机关作出同一行政行为的，共同作出行政行为的行政机关是共同被告。

第五，行政机关委托的组织所作的行政行为，委托的行政机关是被告。相关情形下被告的确定：（1）市、县级人民政府确定的房屋征收部门组织实施房屋征收与补偿工作过程中作出行政行为，被征收人不服提起诉讼的，以房屋征收部门为被告。征收实施单位受房屋征收部门委托，在委托范围内从事的行为，被征收人不服提起诉讼的，应当以房屋征收部门为被告。（2）当事人对村民委员会或者居民委员会依据法律、法规、规章的授权履行行政管理职责的行为不服提起诉讼的，以村民委员会或者居民委员会为被告。当事人对村民委员会、居民委员会受行政机关委托作出的行为不服提起诉讼的，以委托的行政机关为被告。（3）当事人对高等学校等事业单位以及律师协会、注册会计师协会等行业协会依据法律、法规、规章的授权实施的行政行为不服提起诉讼的，以该事业单位、行业协会为被告。当事人对高等学校等事业单位以及律师协会、注册会计师协会等行业协会受行政机关委托作出的行为不服提起诉讼的，以委托的行政机关为被告。

第六，行政机关被撤销或者职权变更的，继续行使其职权的行政机关是被告；没有继续行使其职权的行政机关的，以其所属的人民政府为被告；实行垂直领导的，以垂直领导的上一级行政机关为被告。

第七，派出机关具有行政主体资格，相对人对派出机关作出的行政行为不服的，以该派出机关为被告。

第八，行政机关组建并赋予行政管理职能，但不具有独立承担法律责任能力的机构，以自己的名义作出行政行为，当事人不服而提起诉讼的，应当以组建该机构的行政机关为被告；行政机关的内设机构或者派出机构在没有法律、法规或者规章授权的情况下，以自己的名义作出行政行为，当事人不服而提起诉讼的，应当以该行政机关为被告；法律、法规或者规章授权行使行政职权的行政机关内设机构、派出机构或者其他组织，超出法定授权范围实施行政行为，当事人不服而提起诉讼的，应当以实施该行为的机构或者组织为被告。

第九，根据“最高法院行政诉讼法 2018 年解释”第 19 条的规定，当事人不服经上级行政机关批准的行政行为，向人民法院提起诉讼的，应当以在对外发生法律效力的文书上署名的机关为被告。在行政许可领域，上、下级行政机关分工实施行政许可的情形非常普遍，相关司法解释对如何确立被告作了进一步的细化。行政许可依法须经上级行政机关批准，当事人对批准或者不批准行为不服并提起诉讼的，以上级行政机关为共同被告。行政许可依法须经下级行政机关或者管理公共事务的组织初步审查并上报，当事人对不予审查或者不予上报不服而提起诉讼的，以下级行政机关或者管理公共事务的组织为被告。

第十，当事人对由国务院、省级人民政府批准设立的开发区管理机构作出的行政行为不服

① 复议机关确认原行政行为无效或确认原行政行为违法，属于改变原行政行为，但以违反法定程序为由确认原行政行为违法的除外。

提起诉讼的，以该开发区管理机构为被告；对由国务院、省级人民政府批准设立的开发区管理机构所属职能部门作出的行政行为不服提起诉讼的，以该职能部门为被告；对其他开发区管理机构所属职能部门作出的行政行为不服提起诉讼的，以开发区管理机构为被告；开发区管理机构没有行政主体资格的，以设立该机构的地方人民政府为被告。

第十一，业主委员会对于行政机关作出的涉及业主共有利益的行政行为，可以自己的名义提起诉讼。业主委员会不起诉的，专有部分占建筑物总面积过半数或者占总户数过半数的业主可以提起诉讼。

第十二，根据《行政许可法》第26条第2款的规定，行政许可依法由地方人民政府两个以上部门分别实施的，本级人民政府可以确定一个部门受理行政许可申请并转告有关部门分别提出意见后统一办理。在这种情况下，当事人如果对行政许可行为不服而提起诉讼，以对当事人作出具有实质影响的不利行为的机关为被告。

第三节　共同诉讼人和第三人

一、共同诉讼人

在行政诉讼中，共同诉讼人是指共同诉讼的当事人，包括共同原告和共同被告。其构成条件如下：第一，当事人一方或双方为二人以上；第二，诉讼标的共同，包括标的同一和标的同类两种类型；第三，属同一人民法院管辖并由人民法院合并审理。共同诉讼是诉讼主体的合并。按照《行政诉讼法》的规定，共同诉讼分为必要共同诉讼和普通共同诉讼，因而共同诉讼人也可分为必要的共同诉讼人和普通的共同诉讼人。

1. 必要的共同诉讼人。必要共同诉讼，是指当事人一方或双方为两人以上，诉讼标的是同一行政行为的诉讼。必要共同诉讼中的共同原告和共同被告统称为必要的共同诉讼人。必要共同诉讼是当事人因同一行政行为发生争议而引起的，不可分离，因而必须实行诉讼主体的合并。在实践中，必要的共同诉讼人主要有以下几种情形：第一，共同被处罚人，即两个以上的当事人因共同违法而被一个行政机关在一个处罚决定书中分别予以处罚。第二，侵权案件中的加害人和受害人都对行政处罚不服，均提起行政诉讼。第三，共同受害人，即两个或两个以上的受害人不服一个行政机关对加害人作出的行政处罚而提起行政诉讼的，他们成为共同原告。第四，两个以上的行政机关以一个共同行政决定的形式，处理或处罚了一个或若干个当事人。第五，行政机关在一个行政决定中同时对法人或其他组织以及其主要负责人或直接责任人员进行处理，相对人不服而提起行政诉讼的，成为必要的共同诉讼人。值得注意的是，对于必要共同原告，法院有义务通知那些没有起诉的共同原告起诉；但如果他们不愿起诉，则法院不得强行追加，可以通知他们作为第三人参加诉讼。对于原告在起诉中遗漏的必要共同被告，法院有权在征得原告同意后进行追加，此时被追加的被告不得拒绝参加诉讼；如果原告不同意追加的，则法院应该通知他们作为第三人参加诉讼。

2. 普通的共同诉讼人。这是指一方或双方是二人以上，因同类行政行为发生行政争议，人民法院认为可以合并审理并经当事人同意的诉讼当事人。其构成要件是：第一，诉讼标的是同类行政行为。第二，人民法院认为可以合并审理并经当事人同意。第三，适用同一诉讼程序和属于同一人民法院管辖。由此可见，普通共同诉讼人之间没有必然的联系，每个共同诉讼人之诉讼行为的效力，仅及于自己的权利、义务，对他人没有约束力。法院也要分别查明、认定和在裁判文书中分别陈述有关事实，分别确定当事人的权利、义务。法院的裁判文书分别作出和发布，以便于当事人行使上诉权，也便于执行。①

此外，为了解决人数众多的共同诉讼，可以采用诉讼代表人制度。所谓诉讼代表人制度是指在原告方或被告方人数众多的情况下，由一人或数人作为代表参加诉讼，其他当事人可不参加诉讼，但法院的判决及于全体当事人的诉讼制度。《行政诉讼法》第 28 条规定：当事人一方人数众多的共同诉讼，可以由当事人推选代表进行诉讼。代表人的诉讼行为对其所代表的当事人发生效力，但代表人变更、放弃诉讼请求或者承认对方当事人的诉讼请求，应当经被代表的当事人同意。根据“最高法院行政诉讼法 2018 年解释”第 29 条的规定，同案原告为 10 人以上，应当推选 2—5 名诉讼代表人参加诉讼，代表人可以委托一至二人作为诉讼代理人。

二、行政诉讼第三人

1. 第三人的概念。行政诉讼第三人，是指同被诉行政行为有利害关系或者同案件处理结果有利害关系，申请参加或者由人民法院通知其参加到行政诉讼中来的其他公民、法人或者其他组织。设定第三人制度，主要是为了实现诉的合并，减少不必要的诉讼；同时也是为了查清案件事实，有利于人民法院公正审判。其具有以下特征：第一，第三人是原告、被告以外的人。第三人既不是原告，也不是被告，而是原告、被告以外的人。当然，不排除有些具有原告资格的人放弃诉权而成为第三人。在具体的行政案件中，无论是相对人还是行政机关，都可能成为第三人。第二，第三人必须同被诉行政行为有利害关系或者同案件处理结果有利害关系。利害关系是指法律上的权利义务关系，即被诉行政行为或案件的处理结果在客观上已影响到第三人的权利义务。行政行为的变动和案件的处理结果必将导致第三人法律地位和相关权利义务的变化。因此，将第三人纳入行政诉讼程序有利于保护其合法权益。无论是同被诉行政行为有利害关系，还是同案件处理结果有利害关系，只要法院判决第三人承担义务或者减损第三人权益的，第三人均有权依法提起上诉。第三，第三人参加的是已经开始、尚未结束的诉讼。第三人参加诉讼必须以原告、被告之间的诉讼正在进行为前提。如果原告、被告之间的诉讼尚未开始，或者原告、被告之间的诉讼已经审结，都不可能存在第三人。第四，第三人参加诉讼的方式有两种，即申请参加诉讼和由人民法院通知参加诉讼。

2. 第三人的几种情形。从行政诉讼的实践来看，行政诉讼第三人主要有以下几种情形：第一，行政处罚案件中的受害人或被处罚人。被处罚人对行政处罚不服而起诉的，受害人可作为第三人参加诉讼；受害人对行政处罚不服而起诉的，被处罚人可作为第三人参加诉讼。第二，行政处罚案件中的共同被处罚人。在同一行政处罚案件中，行政机关处罚了两个以上的违法行为人，其中，一部分被处罚人向人民法院起诉，而另一部分被处罚人没有起诉的，可作为第三人参加诉讼。第三，行政裁决案件中存在民事争议的当事人。行政裁决的结果通常对一方有利、对另一方不利，其中，受不利影响一方当事人不服行政裁决而提起行政诉讼的，另一方当事人可作为第三人参加诉讼。第四，受行政行为影响的第三人。这里的第三人是指除上述情形外，受行政行为影响的直接相对人以外的人即行政第三人（参见本书第三章第三节）。第五，作出相互矛盾的行政行为的行政机关。当两个以上行政机关作出相互矛盾的行政行为时，其中一部分行政机关成为被告，另外的行政机关可以作为第三人。第六，与行政机关共同署名作出行政行

① 于安，江必新，郑淑娜编著．行政诉讼法学．北京：法律出版社，1997：137.

为的非行政机关。在实践中，有些行政行为由行政机关和非行政机关共同署名作出。非行政机关在没有得到法律、法规、规章授权的情况下不能成为行政诉讼的被告，但因其与诉讼结果有法律上的利害关系而可作为第三人参加诉讼。

法律应用

1.“利害关系”的判断

通常情况下，行政行为的相对人总是有诉权的，因为一个不利行政行为给他造成的权利侵害之可能显而易见。因而，有人把行政相对人称为“明显的当事人”。但是，可能受到行政行为侵害的绝不仅仅限于直接相对人。为了保证直接相对人以外的公民、法人或者其他组织的诉权，而又不使这种诉权的行使“失控”，法律才限定了一个“利害关系”的标准。所谓“利害关系”，也就是有可能受到行政行为的不利影响。具体要考虑以下三个要素：是否存在一项权利；该权利是否属于原告的主观权利；该权利是否可能受到了被诉行政行为的侵害。［最高人民法院（2016）行申2560号行政裁定书］

2. 行政机关间的委托

行政权力可以委托，如果没有法律、法规的禁止性规定，也没有专业性方面的特殊要求，行政机关可以将某一事项的一部或全部委托给其他行政机关、下级行政机关乃至私人组织具体实施。涉及国家重大利益以及涉及公民重要权利的领域以外的具有给付、服务性质的行政行为，尤其是以协商协议方式实施的行为，更是如此。虽然一般认为，受托主体接受委托后仍应以委托主体的名义实施行为，但只要委托主体不是转嫁责任，对委托予以认可，并能承担法律责任，人民法院可以认定委托关系成立。“行政机关委托的组织所作的行政行为，委托的行政机关是被告”，但如果行政机关委托的组织参加诉讼更便于查清案件事实，人民法院可以允许其以共同被告或者第三人的身份参加诉讼。［最高人民法院（2017）行申2289号行政裁定书］

3. 行政复议机关作共同被告

《行政诉讼法》第26条第2款确立了作出原行政行为的行政机关和复议机关作共同被告的制度。但共同被告的前提是，“复议机关决定维持原行政行为”。所谓“维持”，既包括明确表示的“维持”，也包括“复议机关驳回复议申请或者复议请求”、但实质效果是对原行政行为予以“维持”的情形。分辨驳回复议申请或者复议请求是否属于对原行政行为“维持”，关键是要看复议决定是否对原行政行为的合法性进行了实质审查判断。如果复议机关仅仅是以“复议申请不符合受理条件”为由驳回，则无论是驳回复议申请，还是驳回复议请求，均因没有对原行政行为的合法性进行实质审查判断，而不能定性为“维持”，进而也就不符合共同被告的条件。行政复议和行政诉讼一样，都是对于行政机关作出的行政行为侵犯公民、法人或者其他组织合法权益的法律救济，因此，行政行为存在，不仅是受理行政诉讼，同样也是受理行政复议申请的首要条件。如果复议机关以被申请的行政行为不存在为由驳回复议申请或者驳回复议请求，就不属于对原行政行为的“维持”，因为一个并不存在的行政行为无从维持。［最高人民法院（2018）行申2965号行政裁定书］

4. 行政诉讼当事人能力及认定

行政诉讼的当事人应当有参与行政诉讼的能力。这种参与能力，又称当事人能力或者诉讼权利能力，是指当事人在诉讼案件中取得作为原告或者被告法律地位的能力，与诉讼行为能力和当事人适格不同，这是一种对所有当事人普遍适用的抽象的资格要求。当事人能力又分为原告当事人能力与被告当事人能力。根据《行政诉讼法》第 25 条以及第 49 条第 1 项的规定，有当事人能力的原告为公民、法人以及其他组织三大类。当事人能力取决于权利能力，虽然行政诉讼与民事诉讼分属不同的诉讼制度，但作为行政相对一方的公民、法人或者其他组织，其权利能力与其作为民事主体的权利能力并无不同，因此在认定标准上完全可以适用民事法律规范。

当事人具备参与能力是行政诉讼的法定起诉条件之一，人民法院可以在诉讼程序的任何阶段依职权进行审查。如果原告无参与能力，则起诉就属不符合法定条件，人民法院可以径行裁定驳回起诉，而无须进一步审查其他起诉条件，也无须通知被告答辩。只有在当事人是否具有参与能力情况不明需要调查时，人民法院才有必要调查、询问乃至开庭审理予以查明。[最高人民法院（2017）行申 6546 号行政裁定书]

课后复习

1. 简述行政诉讼原告资格及原告资格的转移。
2. 简述行政诉讼原告的特殊类型。
3. 简述行政诉讼第三人的概念、特征与类型。
4. 简述行政必要共同诉讼人的类型。
5. 简述行政诉讼代理人的概念与特征。
6. 试述行政诉讼被告及其法定类型。

第二十三章

行政诉讼的证据

提 要

行政诉讼证据，是指一切用来证明案件事实情况的材料。可定案证据是指能够证明案件真实情况，由人民法院依法认定的证据。成为可定案证据必须具备合法性和可采用性、客观真实性、相关性等条件。从立法上看，行政诉讼证据包括书证、物证、视听资料、电子数据、证人证言、当事人的陈述、鉴定结论、勘验笔录和现场笔录八个种类。在行政诉讼中，被告对作出的行政行为负有举证责任。当然，原告对行政行为合法性以外的问题也有相应举证责任。当事人有主动、及时向人民法院提供证据的权利和义务；人民法院有权要求当事人提供或者补充证据，也有权向有关行政机关以及其他组织、公民调取证据。人民法院对接受和收集的各种证据，应当按法定程序进行审查认定，找到可定案证据。在证据可能灭失或者以后难以取得的情况下，诉讼参加人可以向人民法院申请保全证据，人民法院也可以主动采取保全措施。

重点问题

1. 可定案证据的条件。
2. 证据的种类。
3. 行政诉讼举证责任的分配。
4. 人民法院审查证据的规则。
5. 证据保全。

第一节 行政诉讼证据概述

所谓行政诉讼证据，是指一切用来证明案件事实情况的材料。

一、可定案证据

可定案证据是指能够证明案件真实情况，由人民法院依法认定的证据。

1. 可定案证据的条件。当事人将证据提交给法院，但这些证据都必须经法院审查属实，才能作为定案的根据。能够被法院认定，最终作为立案根据的证据必须具备以下条件。

（1）合法性和可采用性。可定案证据必须是经合法程序、运用合法手段取得的，而且符合法定形式。如果证据取得的方式违法或其本身不符合法定形式，则其不得作为定案证据。如行政机关认定公民、法人或其他组织违法并予以处罚的证据是通过逼供或者诱骗的方式取得的，或行政机关向法院提交的证据是在诉讼过程中向原告和证人取得的等，均没有证明效力。所谓可采用性，是指证据只有在按规定可以采用的情况下，才能作为定案的依据。如不能表达正确意思的儿童以及不具备辨认和控制能力的精神病人，不能作为证人，其证言就不具有可采用性。可定案证据的合法性，要求审判人员不仅审查证据是否客观、真实，与案件是否有关联，还应当注意审查证据取得的途径是否合法、形式是否合法，切不可将违法证据作为定案证据。可定案证据的可采用性要求人民法院审判人员在审理行政案件时，对证人资格要进行严格审查，必要时应对证人资格进行鉴定，对不具证人资格的人所提供的证言，不得采用作为定案证据。

（2）客观、真实性。这是指作为定案证据，其存在形式及对案件事实的反映和联系，都是独立于人们主观意识之外的客观存在。人们只能发现、收集、认识和反映它们，而不能凭主观臆测和想象来创造或恶意捏造和伪造。这里的客观和真实，是从证据材料与案件本身情况的关系上讲的，即证据材料是对案件真实情况的客观反映。案件事实是在过去时间里，在一定的空间和一定的条件下发生的，不可避免地会留下痕迹、印象或引起变动。这些痕迹可能依附于人们的记忆、物质材料等。人们进行诉讼要证明过去发生的事实，就要借助所能搜集的各种证据材料。这些证据材料必须具有客观真实性，才能达到认识和证明案件真实情况的目的。

（3）相关性。所谓相关，是指作为可定案证据的材料必须同案件事实之间存在着客观联系。相关性是客观性的一种表现形式和证明方法。只有与案件事实有客观联系，才能说明证据材料具有客观属性。与案件事实有客观联系表现在两个方面：一是与有争议的行政行为有客观联系，二是同作出行政行为所依据的事实有客观联系。联系的形式是多方面的，如可以是与结果、时间、条件、方法、手段的联系，等等。与案件事实没有任何客观联系的证据，即使再真实、合法，也不得作为定案证据。

2. 不能作为定案证据的各种情形。第一，下列证据材料不能作为定案依据：严重违反法定程序收集的证据材料；以偷拍、偷录、窃听等非法手段获取的侵害他人合法权益的证据材料；以利诱、欺诈、胁迫、暴力等不正当手段获取的证据材料；当事人无正当事由超出举证期限提供的证据材料；在中华人民共和国领域以外或者在中华人民共和国香港特别行政区、澳门特别行政区和台湾地区形成的，未办理法定证明手续的证据材料；当事人无正当理由拒不提供原件、原物，又无其他证据印证，且对方当事人不予认可的证据的复制件或者复制品；被当事人或者他人进行技术处理而无法辨明真伪的证据材料；不能正确表达意志的证人提供的证言；不具备合法性和真实性的其他证据材料。第二，以违反法律禁止性规定或者侵犯他人合法权益的方法取得的证据，不能作为认定案件事实的依据。第三，下列证据不能作为认定被诉行政行为合法的依据：被告及其诉讼代理人在作出行政行为后或者在诉讼程序中自行收集的证据；被告在行政程序中非法剥夺公民、法人或者其他组织依法享有的陈述、申辩或者听证权利所采用的证据；原告或者第三人在诉讼程序中提供的、被告在行政程序中未作为行政行为依据的证据。第四，复议机关在复议程序中收集和补充的证据，或者作出原行政行为的行政机关在复议程序中未向复议机关提交的证据，不能作为人民法院认定原行政行为合法的依据。第五，对被告在行政程序中采纳的鉴定结论，原告或者第三人提出证据证明有下列情形之一的，人民法院不予采纳：鉴定人不具备鉴定资格；鉴定程序严重违法；鉴定结论错误、不明确或者内容不完整。第六，下列证据不能单独作为定案依据：未成年人所作的与其年龄和智力状况不相适应的证言；与一方当事人有亲属关系或者其他密切关系的证人所作的对该当事人有利的证言，或者与一方当事人有不利关系的证人所作的对该当事人不利的证言；应当出庭作证而无正当理由不出庭作证的证人证言；难以识别是否经过修改的视听资料；无法与原件、原物核对的复制件或者复制品；经一方当事人或者他人改动，对方当事人不予认可的证据材料；其他不能单独作为定案依据的证据材料。

二、行政诉讼证据的种类

根据《行政诉讼法》第33条的规定，行政诉讼的证据可以分为以下8类：

1. 书证。这是指公民个人、国家机关、社会团体、企事业单位制作的，用文字、符号、图案等载于纸上、布上、木料上、塑料上、金属上、石块上或者其他物品上，表达一定的思想，以其内容来证明案件事实的一部或全部的一种证据形式。书证应当提交原件，提交原件有困难的，可以提交复印件、照片、副本、节录本等。

2. 物证。这是指以外形、特征、质量等来证明案件事实的物品或痕迹。物证可以是生物，也可以是非生物；可以是物品本身，也可以是物品上遗留的痕迹。物证往往需要经过技术鉴别手段，才能被确认，从而发挥其证明作用。物证区别于书证之处在于：第一，书证具有一定的思想内容，并以此来证明案件事实；而物证本身并不具有任何思想内容，而是以其存在、外形、质量、特征等来证明案件事实。第二，书证一般是当事人的主观意识对客观事实的反映，是当事人意志的体现，如文件、书信等；而物证不具有任何主观内容，是以其客观存在来证明案件事实的。第三，法律对某些书证有特殊要求，特殊书证缺乏法定形式就无效；而对物证没有这种特殊要求。第四，书证可以用副本、抄本、影印本等代替原本；而物证一般应当提交原物，只有在物证变质、灭失等情况下，提交原物确有困难的，可以提交复制品和照片。

3. 视听资料。这是指利用录音、录像、计算机存储等手段所反映出的音响、影像或其他信息证明案件事实的资料。由于技术的进步，视听资料可以用剪接、拼凑的方法进行伪造或加工，因而应注意对其应用专门技术进行审查。

4. 电子数据。电子数据是指以数字化形式存储、处理、传输的数据。将电子数据作为行政诉讼的证据种类，主要是出于以下考虑：一是，随着电子技术特别是计算机和互联网技术的发展，电子数据在数量上越来越多，在审判活动中作用也越来越大。电子数据本身就有很大的复杂性和特殊性，将其简单地划入某一现有的证据种类，难以解决电子数据所带来的诸多法律难题，也无法充分发挥电子数据的证明价值。着眼于现实和未来发展的需要，应当把电子数据作为一种新类型证据来对待。二是，民事诉讼法已将电子数据作为证据种类之一。①

5. 证人证言，即证人所陈述的证言，是指了解案件情况的人根据人民法院的要求，在他人之间进行的诉讼活动中作出的证明案件事实的陈述。所谓证人，是指知道案件情况，并根据人民法院的要求作证的人。证人一般是自然人。单位作为证人，应符合法律规定。不能正确表达自己意志的人和当事人、诉讼代理人不能作为证人，以保证证人证言的真实性和可靠性。但其他人，包括与当事人具有特殊关系的人，如当事人的父母、子女、配偶，都可以作为证人。精神病人不能作为证人，间歇性精神病人在见证时和作证时发病的，不能作为证人。年满10周岁的儿童在其对客观事实的理解和表达能力范围内，可以向法院提供书面证言，但在实践中不宜

---

① 袁杰主编．中华人民共和国行政诉讼法解读．北京：中国法制出版社，2014：90－91.

出庭作证。证人在作证时，享有以下的权利：证人有用本民族语言文字陈述的权利；证人对询问笔录有权要求查阅、宣读或修改；证人有要求偿付差旅费及因作证所受到的工资损失等权利。证人还负有出庭作证、据实陈述的义务。

6. 当事人的陈述。这是指行政诉讼当事人就案件事实情况向人民法院所作的叙述。当事人对案件的发生、发展和变化，了解得最清楚，知道得最全面，有可能从不同的侧面说明案件的真实情况。但当事人与案件有直接利害关系，往往从个人的利害得失出发，因而在陈述中会有意无意地夹杂着夸大或缩小的成分，甚至可能歪曲事实真相，故意作虚伪陈述。

7. 鉴定结论。这是指由具有专门知识的人对某些专门性问题进行分析、鉴别和判断，从而得出用来证明案件事实的书面结论。它通常是对书证、物证等实物证据的深入化、固定化的反映形式，具有科学性，可信度高，不易推翻，也往往是主要证据，因而在整个证据体系中有十分重要的作用。

8. 勘验笔录、现场笔录。勘验笔录是指行政机关工作人员或人民法院审判人员以及其他人员对能够证明案件事实的场所或者对不能、不便拿到人民法院的物证，就地进行分析、检验、测量、勘查后作出的记录。现场笔录是指行政机关工作人员在行政执法过程中，对有关行为现场情况所作的书面记录。勘验笔录是间接证据，现场笔录是直接证据。现场笔录是行政诉讼中特有的法定证据，是为了适应行政审判的特殊性而规定的。行政机关在制作、运用现场笔录时应遵循相应规则。①

第二节 举证责任

行政诉讼举证责任，是指当事人对法律规定的事项或者当事人自己提出的主张，应当举出证据加以证明，否则，将承担败诉的风险及不利法律后果的制度。

一、举证责任的分配

根据《行政诉讼法》的规定，在行政诉讼中，对行政行为的合法性，由被告承担举证责任；对行政行为合法性以外的问题，实行“谁主张、谁举证”。

1. 行政行为合法性的举证责任。《行政诉讼法》第 34 条规定：“被告对作出的行政行为负有举证责任，应当提供作出该行政行为的证据和所依据的规范性文件。”第 37 条规定：“原告可以提供证明行政行为违法的证据。原告提供的证据不成立的，不免除被告的举证责任。”被告承担举证责任意味着：在行政诉讼中，被告必须举出事实根据和法律依据来证明行政行为合法，如果不能证明，则无须原告证明行政行为违法，被告就承担败诉的法律后果。之所以规定由被告对行政行为的合法性承担举证责任，是因为：第一，行政诉讼的核心问题是审查行政行为的合法性。行政行为是由行政机关作出的。根据依法行政的要求，行政机关在实施行政行为时，应当遵循“先取证、后裁决”的基本规则，即行政机关应在全面调查有关事实、获取充分证据的基础上，根据法律作出行为。因此，当行政机关作出的行政行为被诉至法院时，行政机关应当能够提供事实根据和法律依据来证明其行政行为的合法性，否则，其行为就是违法的。第二，在行政法律关系中，行政机关处于主导和支配的地位，实施行政行为一般无须征得公民、法人

① 方世荣主编．行政法与行政诉讼法．北京：北京大学出版社，2005：392.

或其他组织的同意。这样，被告行政机关的举证能力就比原告强。在诉讼中让举证能力强的一方负举证责任，有利于实现当事人双方诉讼地位真正的平等，同时也体现了负担公平原则。更重要的是，能够在案件事实难以查清的情况下，迫使被告行政机关提供证据，否则要承担败诉的后果。第三，有利于保护原告一方的诉权。行政诉讼是由作为原告的相对人认为行政机关的行政行为违法，侵犯其合法权益而提起的。但相对人难以了解行政行为的具体依据和有关的专业知识。如果要原告承担举证责任，让其证明行政行为的违法性，显然无法胜任，从而无法胜诉，原告在行政诉讼中的诉权就得不到实质性的保护。①

2. 行政行为合法性以外的“谁主张、谁举证”。在行政诉讼中，被告行政机关对被诉的行政行为是否合法负有举证责任，但在行政诉讼的其他方面却实行“谁主张、谁举证”的原则。这意味着原告在某些情况下也要承担举证责任。根据《行政诉讼法》第 38 条、“最高法院行政诉讼法 2018 年解释”第 35 条和《最高人民法院关于行政诉讼证据若干问题的规定》第 3 条、第 4 条、第 5 条的规定，原告对下列事项承担举证责任：第一，向人民法院提起行政诉讼时，应提供其符合起诉条件的相应的证据材料。但如果被告认为原告起诉超过起诉期限的，应当由被告承担举证责任。第二，在起诉被告不履行法定职责的案件中，应当提供其向被告提出申请的证据。但有下列情形的除外：被告应当依职权主动履行法定职责的；原告因正当理由不能提供证据的。第三，在行政赔偿、补偿的案件中，应当对行政行为造成的损害提供证据。因被告的原因导致原告无法举证的，由被告承担举证责任。第四，其他应当由原告承担举证责任的事项。

二、举证规则

《行政诉讼法》以及相关司法解释在规定被告对行政行为承担举证责任的同时，规定了被告的举证规则。人民法院向被告送达应诉通知书时，应当告知其举证范围、举证期限和逾期提供证据的法律后果，并告知因正当事由不能按期提供证据时应当提出延期提供证据的申请。在行政诉讼中，被告的举证责任范围包括作出行政行为的事实证据和法律依据。根据《行政诉讼法》第 67 条的规定，被告应当在收到起诉状副本之日起 15 日内向人民法院提交作出行政行为的证据和所依据的规范性文件，并提出答辩状。被告不提供或者无正当理由逾期提供证据的，视为被诉行政行为没有相应证据。根据《最高人民法院关于行政诉讼证据若干问题的规定》第 1 条第 2 款的规定，被告因不可抗力或者客观上不能控制的其他正当事由，不能在规定的期限内提供证据的，应当在收到起诉状副本之日起 10 日内向人民法院提出延期提供证据的书面申请。人民法院准许延期提供的，被告应当在正当事由消除后 10 日内提供证据，逾期提供的，视为被诉行政行为没有相应的证据。另外，根据“最高法院行政诉讼法 2018 年解释”第 135 条的规定，复议机关决定维持原行政行为的，人民法院应当在审查原行政行为合法性的同时，一并审查复议程序的合法性。作出原行政行为的行政机关和复议机关对原行政行为合法性共同承担举证责任，可以由其中一个机关实施举证行为。复议机关对复议决定的合法性承担举证责任。复议机关作共同被告的案件，复议机关在复议程序中依法收集和补充的证据，可以作为人民法院认定复议决定和原行政行为合法的依据。被告及其诉讼代理人在诉讼过程中不得自行向原告和证人收集证据。也就是说，被告在诉讼阶段自行收集证据是一种违法行为，所获得的证据即使能够

① 姜明安主编．行政法与行政诉讼法：347－348.

证明案件真实情况，也因该证据不具有合法性被排除在采用范围之外。这是督促行政机关切实遵循“先取证、后裁决”的程序，严格依法行政的需要；也是确保行政诉讼证据真实性和合法性的需要。但是，在经过人民法院允许的情况下，被告可以延期提供和补充有关证据。《行政诉讼法》第36条规定：“被告在作出行政行为时已经收集了证据，但因不可抗力等正当事由不能提供的，经人民法院准许，可以延期提供。原告或者第三人提出了其在行政处理程序中没有提出的理由或者证据的，经人民法院准许，被告可以补充证据。”被告申请延期提供证据的，应当在收到起诉状副本之日起15日内以书面方式向人民法院提出。人民法院准许延期提供的，被告应当在正当事由消除后15日内提供证据。逾期提供的，视为被诉行政行为没有相应的证据。

需要指出的是，被告在法定期限内怠于举证将承担不利后果的规则，在被诉行为属于负担行政行为时有着十分积极的效果，但对于授益行政行为而言，这一规则却可能对相对人的利益甚至是公共利益造成不利影响，因为授益行为一旦被撤销或确认违法，获得利益的相对人乃至于公共利益也要承受相应的不利后果。为此，《最高人民法院关于审理行政许可案件若干问题的规定》第8条明确规定：“被告不提供或者无正当理由逾期提供证据的，与被诉行政许可行为有利害关系的第三人可以向人民法院提供；第三人对无法提供的证据，可以申请人民法院调取；人民法院在当事人无争议，但涉及国家利益、公共利益或者他人合法权益的情况下，也可以依职权调取证据。”“第三人提供或者人民法院调取的证据能够证明行政许可行为合法的，人民法院应当判决驳回原告的诉讼请求。”

第三节　证据的提供、收集、审查与保全

一、证据的提供

向人民法院提供证据，既是行政诉讼当事人的权利，又是其义务。证据的提供具有相应的规则：第一，当事人提供书证的，应当符合下列要求：提供书证的原件，原本、正本和副本均属于书证的原件，提供原件确有困难的，可以提供与原件核对无误的复印件、照片、节录本；提供由有关部门保管的书证原件的复制件、影印件或者抄录件的，应当注明出处，经该部门核对无异后加盖其印章；提供报表、图纸、会计账册、专业技术资料、科技文献等书证的，应当附有说明材料；被告提供的被诉行政行为所依据的询问、陈述、谈话类笔录，应当有行政执法人员、被询问人、陈述人、谈话人签名或者盖章；法律、法规、司法解释和规章对书证的制作形式另有规定的，从其规定。第二，当事人提供物证的，应当符合下列要求：提供原物，提供原物确有困难的，可以提供与原物核对无误的复制件或者证明该物证的照片、录像等其他证据；原物为数量较多的种类物的，提供其中的一部分。第三，当事人向人民法院提供视听资料的，应当符合下列要求：提供有关资料的原始载体，提供原始载体确有困难的，可以提供复制件；注明制作方法、制作时间、制作人和证明对象等；声音资料应当附有该声音内容的文字记录。第四，当事人向人民法院提供证人证言的，应当符合下列要求：写明证人的姓名、年龄、性别、职业、住址等基本情况；有证人的签名，不能签名的，应当以盖章等方式证明；注明出具日期；附有居民身份证复印件等证明证人身份的文件。第五，被告提供的在行政程序采用的鉴定结论，应当载明委托人和委托鉴定的事项、向鉴定部门提交的相关材料、鉴定的依据和使用的科学技术手段、鉴定部门和鉴定人鉴定资格的说明，并应有鉴定人的签名和鉴定部门的盖章。通过分析获得的鉴定结论，应当说明分析过程。第六，被告提供的现场笔录，应当载

明时间、地点和事件等内容，并由执法人员和当事人签名。当事人拒绝签名或者不能签名的，应当注明原因，有其他人在现场的，可由其他人签名。法律、法规和规章对现场笔录的制作形式另有规定的，从其规定。第七，当事人提供的在我国领域外形成的证据，应当说明来源，经所在国公证机关证明，并经我国驻该国使领馆认证，或者履行我国与证据所在国订立的有关条约中规定的证明手续。当事人提供的在我国香港特别行政区、澳门特别行政区和台湾地区内形成的证据，应当具有按照有关规定办理的证明手续。第八，当事人提供外文书证或者外国语视听资料的，应当附有由具有翻译资质的机构翻译的或者其他翻译准确的中文译本，由翻译机构盖章或者翻译人员签名。第九，证据涉及国家秘密、商业秘密或者个人隐私的，提供人应当作出明确标注，并向法庭说明，法庭予以审查确认。第十，当事人应当对其提交的证据材料分类编号，对证据材料的来源、证明对象和内容作简要说明，签名或者盖章，注明提交日期。人民法院收到当事人提交的证据材料，应当出具收据，注明证据的名称、份数、页数、件数、种类等以及收到的时间，由经办人员签名或者盖章。对于案情比较复杂或者证据数量较多的案件，人民法院可以组织当事人在开庭前向对方出示或者交换证据，并将交换证据的情况记录在卷。

二、人民法院对证据的收集

人民法院收集证据有利于其全面、客观地了解案件事实真相，从而准确地适用法律，对有争议的行政行为的合法性作出准确的评判，以有效地解决行政争议。人民法院收集证据的职能活动体现在三个方面：

1. 要求当事人提供或者补充证据。《行政诉讼法》第39条规定：“人民法院有权要求当事人提供或者补充证据。”在诉讼中，当事人由于所处地位不同，对证据的收集、占有总是带有一定的局限性。如果法院只依据当事人提供的证据来审理案件，往往不能全面、客观地查清事实真相。同时，诉讼活动往往千变万化，随时会出现新的情况、新的主张，因而人民法院也有必要要求当事人提供或补充证据。一般而言，在下列情况下，人民法院应当要求当事人提供或补充证据：第一，当事人提供的证据不足以充分证明其提出的主张。第二，人民法院发现当事人只提供对自己有利的证据，而没有提供对自己不利的证据。第三，当事人虽然掌握了证据，但出于种种原因未向法院提供或全部提供。第四，当事人提供的证据有瑕疵，如证言含混不清、物证不够完整、视听音像资料不清晰等。第五，当事人追加诉讼请求。第六，某项证据的成立，要有其他证据佐证，而当事人并未提供这类证据。

2. 向有关行政机关以及其他组织、公民调取证据。《行政诉讼法》第40条规定：“人民法院有权向有关行政机关以及其他组织、公民调取证据。但是，不得为证明行政行为的合法性调取被告作出行政行为时未收集的证据。”《最高人民法院关于行政诉讼证据若干问题的规定》第22条规定，有下列情形之一的，人民法院有权向有关行政机关以及其他组织、公民调取证据：第一，涉及国家利益、公共利益或者他人合法权益的事实认定的；第二，涉及依职权追加当事人、中止诉讼、终结诉讼、回避等程序性事项的。

原告或者第三人不能自行收集，但能够提供确切线索的，可以申请人民法院调取下列证据：第一，由国家有关部门保存而须由人民法院调取的证据；第二，涉及国家秘密、商业秘密、个人隐私的证据；第三，确因客观原因不能自行收集的其他证据。人民法院不得为证明被诉行政行为的合法性，调取被告在作出行政行为时未收集的证据。

当事人申请人民法院调取证据的，应当在举证期限内提交调取证据的申请书。人民法院对当事人调取证据的申请，经审查符合调取证据条件的，应当及时决定调取；不符合调取证据条件的，应当向当事人或者其诉讼代理人送达通知书，说明不准许调取的理由。当事人及其诉讼代理人可以在收到通知书之日起 3 日内向受理申请的人民法院书面申请复议一次。人民法院应当在收到复议申请之日起 5 日内作出答复。人民法院根据当事人申请，经调取未能取得相应证据的，应当告知申请人并说明原因。

人民法院需要调取的证据在异地的，可以书面委托证据所在地人民法院调取。受托人民法院应当在收到委托书后，按照委托要求及时完成调取证据工作，送交委托人民法院。受托人民法院不能完成委托内容的，应当告知委托人民法院并说明原因。

三、人民法院对证据的审查

根据《行政诉讼法》的规定，各类证据都要经过审查属实，才能作为定案的根据。人民法院审查证据是在法官的主持和当事人及诉讼参与人的参加下，依法对各种证据进行分析判断，确定证据材料与案件事实之间的证明关系，排除不具有关联性的证据材料，找到可定案证据的活动。能否准确找到这些可定案证据是人民法院正确地进行裁判的关键所在。法院应当根据案件的具体情况，从以下方面审查证据的合法性：证据是否符合法定形式；证据的取得是否符合法律、法规、司法解释和规章的要求；是否有影响证据效力的其他违法情形。法院应当根据案件的具体情况，从以下方面审查证据的真实性：证据形成的原因；发现证据时的客观环境；证据是否为原件、原物，复制件、复制品与原件、原物是否相符；提供证据的人或者证人与当事人是否具有利害关系；影响证据真实性的其他因素。

人民法院应当按照法定程序审查各种证据。证据应当在法庭上出示，并经庭审质证。未经庭审质证的证据，不能作为定案的依据。法庭是人民法院和诉讼当事人比较集中地行使各项职权和程序权利的正式场合，是诉讼中各项民主制度得以充分体现的枢纽。将证据的审查与法庭活动相结合，就为证据的审查和采用达到最大限度的公正提供了良好的程序保障。人民法院对接受和收集的各种证据应当在法庭上出示，并由当事人围绕证据的关联性、合法性和真实性，针对证据有无证明效力以及证明效力大小，进行质证。经法庭准许，当事人及其代理人可以就证据问题相互发问，也可以向证人、鉴定人或者勘验人发问。法庭在质证过程中，对与案件没有关联的证据材料，应当排除并说明理由。法庭在质证过程中，准许当事人补充证据的，对补充的证据仍应进行质证。法庭对经过庭审质证的证据，除确有必要外，一般不再进行质证。对涉及国家秘密、商业秘密和个人隐私或者法律规定的其他应当保密的证据，不得在开庭时公开质证。庭审中经过质证的证据，能够当庭认定的，应当当庭认定；不能当庭认定的，应当在合议时认定。人民法院应当在裁判文书中阐明证据是否采纳的理由。

四、证据保全

证据保全是指在证据可能灭失或以后难以取得的情况下，人民法院根据诉讼参加人的申请或依职权采取必要的措施，将证据材料加以固定和保存的制度。

1. 证据保全的条件。根据《行政诉讼法》第 42 条的规定，需要采取证据保全的情形有两种：第一，证据可能灭失。证据可能灭失又包括两种情况：一是证据材料的载体本身可能不复存在。如证人因年老、患病即将死亡，作为物证的建筑物可能倒塌或被拆除等。二是证据材料的载体本身仍然存在，但可能失去它所具有的证明作用。例如，作为证据材料的物品由于自然因素将会发生形变或质变而失去证明作用，案件现场可能因人为因素或自然力的作用而失去原状、原貌，无法正确反映案情等。因此，遇到这些情况，应及时采取相应的保全措施。第二，证据在以后难以取得。所谓难以取得，并非指今后绝对无法取得，而是指错过了一定的时机，就不易取得。如证人将要出国留学或定居，证人属于长期外出、行踪不定的人员等。在此情况下，也应采取保全措施。

2. 证据保全的程序。对证据实施保全有两个途径：第一，诉讼参加人申请保全证据。原告、被告、共同诉讼人、第三人及其诉讼代理人，都可以向人民法院提出保全证据的申请，但必须由人民法院决定是否采取保全措施。当事人向人民法院申请保全证据的，应当在举证期限届满前以书面形式提出，并说明证据的名称和地点、保全的内容和范围、申请保全的理由等事项。当事人申请保全证据的，人民法院可以要求其提供相应的担保。第二，人民法院主动采取保全证据措施。人民法院审判人员如果发现证据可能灭失或者以后难以取得的，可依职权主动地对证据采取保全措施。人民法院保全证据时，可以要求当事人或者其诉讼代理人到场。

法律应用

1. 举证责任倒置的运用

行政机关在强制拆除过程中，本应依法妥善处置并保全证据，以证明其在强制拆除过程中已尽慎重、妥善之注意义务，对行政相对人所建违法建筑物中的合法财产已予清空并妥善处理。但行政机关未能提供任何相关证据，未尽到举证责任，由于行政机关的违法强制拆除，行政相对人仅能提供相关现场照片及财产损失清单，业已穷尽举证手段以证明动产损失的存在，虽然其对于动产损失的具体数额无法举证，基于公平原则，对于案涉动产损失及赔偿数额的确定，应适用法律所规定的举证责任倒置，即由行政机关承担举证不能的不利后果并负相应的赔偿责任。[最高人民法院（2017）行再66号行政判决书]

2. 关于被告不提供或者无正当理由逾期提供证据条款的适用

《行政诉讼法》第34条第2款规定的“被告不提供或者无正当理由逾期提供证据，视为没有相应证据”，主要适用于行政机关针对行政相对人作出的损益性行政行为，因为按照先取证后裁决的原则，行政机关在作出一个损益性行政行为时，必须已经搜集到充足确凿的证据，行政机关在诉讼中不提供或者无正当理由逾期提供证据，则人民法院对该不利行政行为难以支持。但在行政行为涉及第三人合法权益的情况下，简单适用这一规则，则是将不利后果转嫁到第三人的头上。正因如此，《行政诉讼法》第34条第2款特别规定：“但是，被诉行政行为涉及第三人合法权益，第三人提供证据的除外。”这一特别规定还表明，行政诉讼的证据并非只应由行政机关提供，凡是能够证明案件事实的合法证据，都能成为行政诉讼的定案依据。[最高人民法院（2017）行申5835号行政裁定书]

课后复习

1. 试述可定案证据及其条件。

2. 简述证据保全的条件与程序。
3. 为什么由被告对行政行为的合法性负举证责任?
4. 简述被告举证的规则。
5. 试述行政诉讼举证责任的分配及其根据。
6. 试述人民法院审查证据的规则。

| 第二十四章 |

行政诉讼程序

提　要

第一审程序，是人民法院对行政案件进行初次审理时必须遵循的时限、步骤、方式等要素所构成的一个连续过程。它包括起诉、受理、审理和判决四大环节。起诉应遵循法定条件和期限，并处理好与复议之间的关系。第二审程序，是指上一级人民法院根据当事人的上诉，对下一级人民法院未发生法律效力的行政判决、裁定进行审理并作出裁判的程序。审判监督程序是指人民法院自行发现已经发生法律效力的判决和裁定违反法律、法规的规定，或者根据人民检察院的抗诉，依法对案件再次进行审理的程序。行政诉讼执行是指对发生法律效力的行政判决书、裁定书和调解书负有义务的一方当事人逾期拒不履行的，人民法院和有权的行政机关依法采用强制手段，强制义务人履行义务或达到与履行义务相同状态的活动。

重点问题

1. 起诉的条件与期限。
2. 起诉与复议的关系。
3. 一审案件审理中的主要制度。
4. 第一审程序与第二审程序的区别。
5. 提起审判监督程序的条件。
6. 执行的条件与措施。

第一节　第一审程序

第一审程序，是人民法院对行政案件进行初次审理时必须遵循的时限、步骤、方式等要素所构成的一个连续过程。它包括起诉、受理、审理和判决四大环节。其中，判决将在本书第二十五章予以介绍。

一、起诉

行政诉讼的起诉，是指公民、法人或其他组织认为行政机关的行政行为侵犯了自己的合法权益，向人民法院提出诉讼请求，要求人民法院对行政行为进行审查，以保护自己合法权益的一种法律行为。

1. 起诉的条件。根据《行政诉讼法》第 49 条的规定，起诉应当符合下列条件：第一，原告是符合本法第 25 条规定的公民、法人或者其他组织，即原告必须是行政行为的相对人以及其他与行政行为有利害关系的公民、法人或者其他组织。第二，有明确的被告，即原告在起诉书中必须明确指出被告是谁。第三，有具体的诉讼请求和事实根据。具体的诉讼请求是指原告请求人民法院通过审判程序保护自己合法权益的具体内容，如请求撤销、变更违法行政行为，确认行政行为违法，责令被告履行法定职责，判令被告赔偿损失等。这里的事实根据，主要是指证明行政行为存在的事实，证明自己的合法权益遭受侵害的事实。第四，属于人民法院的受案范围和受诉人民法院管辖。另外，根据《行政诉讼法》第 45、46、47 条的规定，起诉还应符合起诉期限的规定。

2. 起诉的期限。这是指不服行政行为的当事人有权请求人民法院保护其合法权益的法定期限。根据《行政诉讼法》与“最高法院行政诉讼法 2018 年解释”等的规定，起诉的期限有下列几种情况：第一，不服行政行为而直接向人民法院提起行政诉讼的，应当自知道或者应当知道作出行政行为之日起 6 个月内提出。法律另有规定的除外。第二，不服行政行为而向复议机关申请行政复议的，对复议决定不服的，可以自收到复议决定书之日起 15 日内向人民法院提起行政诉讼。复议机关逾期不作决定的，公民、法人或者其他组织可以自复议期满之日起 15 日内向人民法院提起诉讼。法律另有规定的除外。第三，申请行政机关履行法定职责，行政机关在接到申请之日起两个月内不履行的，公民、法人或者其他组织可以向人民法院提起诉讼；法律、法规对行政机关履行职责的期限另有规定的，从其规定。但公民、法人或者其他组织在紧急情况下请求行政机关履行保护其人身权、财产权等合法权益的法定职责，行政机关不履行的，起诉期限不受两个月的限制。对行政机关不履行法定职责提起诉讼的，应当在行政机关履行法定职责期限届满之日起六个月内提出。第四，公民、法人或者其他组织对行政机关不依法履行、未按照约定履行协议提起诉讼的，参照民事法律规范关于诉讼时效的规定；对行政机关单方变更、解除协议等行为提起诉讼的，适用行政诉讼法及其司法解释关于起诉期限的规定。第五，行政机关作出行政行为包括复议行为时，未告知公民、法人或者其他组织起诉期限的，起诉期限从公民、法人或者其他组织知道起诉期限之日起计算，但从知道或者应当知道行政行为内容之日起最长不得超过 1 年。第六，公民、法人或者其他组织不知道行政机关作出的行政行为内容的，其起诉期限从知道或者应当知道该行政行为内容之日起计算。对涉及不动产的行政行为，从作出之日起超过 20 年；对其他行政行为，从作出之日起超过 5 年提起诉讼的，人民法院不予受理。另，《行政诉讼法》第 48 条规定：“公民、法人或者其他组织因不可抗力或者其他不属于其自身的原因耽误起诉期限的，被耽误的时间不计算在起诉期限内。公民、法人或者其他组织因前款规定以外的其他特殊情况耽误起诉期限的，在障碍消除后 10 日内，可以申请延长期限，是否准许由人民法院决定。”

3. 起诉与申请行政复议的衔接。《行政诉讼法》第 44 条规定：“对属于人民法院受案范围的行政案件，公民、法人或者其他组织可以先向行政机关申请复议，对复议决定不服的，再向人民法院提起诉讼；也可以直接向人民法院提起诉讼。法律、法规规定应当先向行政机关申请复议，对复议决定不服再向人民法院提起诉讼的，依照法律、法规的规定。”据此规定，在行政诉讼和行政复议的衔接问题上，我国采用由行政相对人选择救济手段和行政复议前置相结合的立法模式。在由行政相对人选择救济手段的情况下，如果相对人选择了向行政复议机关申请复议，复议机关已经受理的，在法定复议期限内不得向人民法院提起行政诉讼；如果相对人选择了向人民法院提起行政诉讼，人民法院已经依法受理的，不得申请行政复议；如果相对人既提起诉讼又申请行政复议的，由先受理的机关管辖，同时受理的，由相对人选择。如果相对人先向行政复议机关申请复议，又经复议机关同意撤回复议申请，在法定起诉期限内对原行政行为提起诉讼的，人民法院应当依法受理。在行政复议前置的情况下，相对人依法向行政复议机关申请了行政复议，行政复议机关决定不予受理复议申请或者受理后在法定期限内不作出复议决定，相对人可以自收到不予受理决定书之日起或者自行政复议期满之日起15日内，依法向人民法院提起行政诉讼。

根据《行政诉讼法》第50条的规定，起诉应当向人民法院递交起诉状，并按照被告人数提出副本。书写起诉状确有困难的，可以口头起诉，由人民法院记入笔录，出具注明日期的书面凭证，并告知对方当事人。

二、受理

受理，是指人民法院对公民、法人或其他组织的起诉进行审查，认为符合法律规定的起诉条件而决定立案并予审理的诉讼行为。

1. 对起诉的审查。人民法院接到行政相对人的起诉状后，应审查起诉是否符合条件，起诉是否符合行政复议与行政诉讼关系的规定；有复议前置要求的，是否经过了复议程序；是否在法定起诉期限内提起诉讼，若起诉超过了法定起诉期限，是否有延长期限的正当理由；是否属于重复诉讼，撤诉后再起诉的，是否有正当理由，以及起诉状内容是否明确、完整等。

2. 对起诉的处理。根据《行政诉讼法》第51条和"最高法院行政诉讼法2018年解释"第53条、第55条的规定，人民法院在接到起诉状时对符合本法规定的起诉条件的，应当登记立案。对当场不能判定是否符合本法规定的起诉条件的，应当接收起诉状，出具注明收到日期的书面凭证，并在七日内决定是否立案。不符合起诉条件的，作出不予立案的裁定。裁定书应当载明不予立案的理由。原告对裁定不服的，可以提起上诉。七日内仍不能作出判断的，应当先予立案。起诉状内容欠缺或者有其他错误的，应当给予指导和释明，并一次性告知当事人需要补正的内容。不得未经指导和释明即以起诉不符合条件为由不接收起诉状。对于不接收起诉状、接收起诉状后不出具书面凭证，以及不一次性告知当事人需要补正的起诉状内容的，当事人可以向上级人民法院投诉，上级人民法院应当责令改正，并对直接负责的主管人员和其他直接责任人员依法给予处分。《行政诉讼法》第52条规定："人民法院既不立案，又不作出不予立案裁定的，当事人可以向上一级人民法院起诉。上一级人民法院认为符合起诉条件的，应当立案、审理，也可以指定其他下级人民法院立案、审理。"

3. 受理的法律效果。对人民法院来说，起诉的受理意味着人民法院享有对该行政案件的审判权，并负有依法定程序按法定期限审结案件的义务，在人民法院与当事人双方之间形成了行政诉讼上的法律关系。对当事人来说，受理行为意味着其行政争议已经属于法院处理范围，双方当事人由此取得原告与被告资格，各自享有法律赋予的诉讼权利、履行法律规定的诉讼义务。此外，受理还意味着禁止原告重复诉讼，同时也排斥了其他国家机关，包括其他人民法院，对该案的管辖权。即使以后发生原告的住所变更，被告行政机关被撤销、合并等情况，该案管辖权不变。

三、审理

1. 审理前的准备。审理前的准备是指人民法院受理行政案件后、开庭审理前，为保证开庭审理的顺利进行，审判人员所做的一系列准备工作。

人民法院审理一审行政案件，必须根据《行政诉讼法》第 68 条的规定，由审判员或审判员、陪审员组成合议庭。合议庭成员应当是 3 人以上的单数。根据《行政诉讼法》第 67 条的规定，人民法院应当在立案之日起 5 日内，将起诉状副本发送被告；被告应当在收到起诉状副本之日起 15 日内向人民法院提交作出行政行为的证据和所依据的规范性文件，并提出答辩状。人民法院应当在收到答辩状之日起 5 日内，将答辩状副本发送原告。被告不提出答辩的，不影响人民法院审理。人民法院开庭审理人民检察院提起的公益诉讼案件，应当在开庭 3 日前向人民检察院送达出庭通知书，人民检察院应当自收到人民法院出庭通知书之日起 3 日内向人民法院提交派员出庭通知书。根据《行政诉讼法》第 54 条的规定，人民法院公开审理行政案件，但涉及国家秘密、个人隐私和法律另有规定的除外。涉及商业秘密的案件，当事人申请不公开审理的，可以不公开审理。

审判人员应当通过审阅诉讼材料、核实诉讼证据来全面了解案件的事实真相，找出双方争议的焦点和疑点，为开庭审理做好准备。在审核诉讼材料时，应当着重审查被诉行政行为作出的事实根据和规范性文件依据，并要求被告提供作出行政行为的事实根据和所依据的规范性文件。人民法院应公民、法人或者其他组织的请求对规范性文件进行一并审查的，应当要求其在第一审开庭审理前提出。有正当理由的，也可以在法庭调查中提出。对被告所提供的证据，还应当查明是否是在诉讼期间向原告和证人收集获得的，以排除被告违法所取得的证据。审判人员在认真审核诉讼材料的基础上，对需要由人民法院进一步核实查明的案件事实和需要收集的证据，应当有针对性地主动调查收集。

“最高法院行政诉讼法 2018 年解释”第 26 条规定：“原告所起诉的被告不适格，人民法院应当告知原告变更被告；原告不同意变更的，裁定驳回起诉。应当追加被告而原告不同意追加的，人民法院应当通知其以第三人的身份参加诉讼，但行政复议机关作共同被告的除外。”合格的诉讼当事人是保证行政诉讼顺利进行的前提。人民法院在审理前的准备工作中，如果发现存在着不合格的诉讼当事人，应当依法加以更换和追加。

如有财产保全和先予执行问题，也应予以处理。财产保全是指人民法院在因当事人一方的行为或者其他原因，使今后的判决不能或者难以执行的情况下，根据对方当事人的申请或依职权先行采取强制措施以保证判决能实现的制度。财产保全的范围仅限于诉讼请求的范围或者与本案有关的财物。一般来说，采取保全措施的财物价值与当事人一方诉讼请求的数额应大致相等。财产保全的措施有查封、扣押、冻结或者法律规定的其他方法。行政诉讼中的先予执行是指人民法院根据行政案件的需要，在判决作出前，裁定一方当事人先行支付他方当事人一定款项的制度。先予执行是在特殊的行政案件中及时解决一方当事人生活急需，克服审判周期长的局限性，保护当事人合法权益的一项有力措施。先予执行的案件应当具有给付内容。适用先予执行应当符合两个条件：一是当事人之间的权利义务关系明确，义务人没有依法履行义务；二是不先予执行将严重影响到权利人的生活。根据《行政诉讼法》第 57 条的规定，人民法院对起诉行政机关没有依法支付抚恤金、最低生活保障金和工伤、医疗社会保险金的案件，权利义务关系明确、不先予执行将严重影响原告生活的，可以根据原告的申请，裁定先予执行。当事人对先予执行裁定不服的，可以申请复议一次。复议期间不停止裁定的执行。

另外，人民法院应当在开庭前3天内将开庭时间、地点通知当事人和其他诉讼参与人；如果是公开审理的行政案件，应当公告当事人姓名、案由和开庭的时间、地点等。对于不通晓当地语言、文字的当事人，还要为其提供翻译。

2. 开庭审理。这主要有宣布开庭、法庭调查、法庭辩论和合议庭评议程序环节。

书记员应查清当事人和其他参加人是否到庭，并宣布法庭纪律。审判长正式宣布开庭，核对当事人及其他诉讼代理人的身份，然后宣布案由和合议庭组成人员、书记员名单，告知当事人有关的诉讼权利和义务，询问当事人对审判人员、书记员是否申请回避。如果当事人提出回避申请，法院应当根据法律的有关规定作出处理。

法庭调查的内容有当事人陈述，证人出庭作证，出示书证、物证、视听资料和电子数据，宣读鉴定结论、勘验笔录、现场笔录。根据法律规定，所有与案件有关的证据都必须在庭审过程中予以核实，否则不能作为定案的依据。如果审判人员认为案件的事实已经清楚，当事人也没有提出新的证据，即可结束法庭调查，转入法庭辩论。

法庭辩论是在审判人员的主持下，当事人及其诉讼代理人对案件的事实认定和法律适用提出自己的看法，并对对方当事人的主张进行反驳的一种诉讼活动。法庭辩论是当事人行使辩论权的集中体现，通过辩论可以使审判人员全面、充分地听取当事人各方的主张和意见，为正确认定事实、适用法律奠定基础。

合议庭评议是指合议庭成员通过对案件情况的分析研究，在确认案件事实和适用的法律的基础上，对被诉的行政行为是否合法作出最终判断的一种诉讼活动。合议庭评议采用不公开的形式进行，并实行少数服从多数的原则。合议庭评议应当制成笔录，评议中的不同意见应当记录在案，所有合议庭成员都应当在笔录上签名。对复杂的行政诉讼案件如合议庭成员不能形成统一的意见，应当提交审判委员会讨论决定，合议庭必须执行。

最后是作出判决，并予以宣告。

3. 审理中的各项制度。在审理中，针对不同情况设有以下制度。

（1）合并审理。根据“最高法院行政诉讼法2018年解释”第73条的规定，有下列情形之一的，人民法院可以决定合并审理：第一，两个以上行政机关分别对同一事实作出行政行为，公民、法人或者其他组织不服，向同一人民法院起诉的；第二，行政机关就同一事实对若干公民、法人或者其他组织分别作出行政行为，公民、法人或者其他组织不服，分别向同一人民法院起诉的。第三，在诉讼过程中，被告对原告作出新的行政行为，原告不服，向同一人民法院起诉的。第四，人民法院认为可以合并审理的其他情形。

（2）撤回起诉。这是指在人民法院受理行政案件后、作出判决之前，原告请求撤回自己的诉讼，经法院准许的行为。撤诉有两种：第一，申请撤诉。这是指原告提起行政诉讼，法院依法受理后，在法院宣告判决或者裁定前，原告主动向人民法院提出撤回起诉，经法院准许的一种诉讼活动。原告可因认识到被诉行为正确而撤诉，也可因被告改变被诉行为、达到诉讼目的而撤诉，但都应经法院准许。根据《最高人民法院关于行政诉讼撤诉若干问题的规定》，法院在裁定是否准予撤诉时，应对如下条件进行审查：申请撤诉是当事人真实意思表示；被告改变被诉行政行为，不违反法律、法规的禁止性规定，不超越或者放弃职权，不损害公共利益和他人合法权益；被告已经改变或者决定改变被诉行政行为，并书面告知人民法院；第三人无异议。第二，视为申请撤诉，即在行政诉讼过程中，原告没有履行法定诉讼义务，人民法院据此推定原告有撤诉的意思表示，并裁定准予撤诉或不准撤诉的制度。原告经人民法院两次合法传唤，无正当理由拒不到庭，或未经法庭许可中途退庭的；原告在法定期限内未交纳诉讼费用且又未提出缓交诉讼费用的申请，或者提出申请未获批准的，都可以视为申请撤诉。原告撤诉后，即终结审理程序，不得以同一事实和理由就同一标的再行起诉。撤诉制度也适用于二审程序。

（3）缺席判决。这是指人民法院在开庭审理时，在部分当事人不到庭的情况下，人民法院合议庭直接经过审理并作出判决的制度。缺席判决是法律为不正当诉讼行为所设定的一种法律后果，它对于保证人民法院及时、有效地行使审判权，维护当事人的合法权益具有重要作用。根据《行政诉讼法》第58条的规定，缺席判决原则上适用于被告。对被告适用缺席判决的条件是“被告无正当理由拒不到庭，或者未经法庭许可中途退庭的”。缺席判决只能在案件事实已经全部查清的情况下才能依法作出。

（4）诉讼中止。这是指在诉讼进行过程中，诉讼程序因特殊情况的发生而暂行停止的制度。根据“最高法院行政诉讼法2018年解释”第87条的规定，有下列情形之一的，中止诉讼：原告死亡，须等待其近亲属表明是否参加诉讼的；原告丧失诉讼行为能力，尚未确定法定代理人的；作为一方当事人的行政机关、法人或者其他组织终止，尚未确定权利、义务的承受人的；一方当事人因不可抗力的事由不能参加诉讼的；案件涉及法律适用问题，需要送请有权机关作出解释或者确认的；案件的审判须以相关民事、刑事或者其他行政案件的审理结果为依据，而相关案件尚未审结的；其他应当中止诉讼的情形。中止诉讼的原因消除后，恢复诉讼。

（5）诉讼终结。这是指在诉讼进行过程中，因特殊情况的发生使诉讼活动不能继续进行下去或者继续进行下去无任何意义，法院结束诉讼程序的法律制度。根据“最高法院行政诉讼法2018年解释”第87条、第88条的规定，有下列情形之一的，终结诉讼：作为原告的自然人死亡，没有近亲属或者近亲属放弃诉讼权利，或者诉讼中止满90日，其近亲属仍不表明是否参加诉讼的态度的；作为原告的自然人丧失诉讼行为能力，尚未确定法定代理人，中止诉讼满90日，仍无人继续诉讼的；作为原告的法人或者其他组织终止后，其权利、义务的承受人放弃诉讼权利，或尚未确定权利、义务的承受人，诉讼中止满90日，仍无人继续诉讼的。终结诉讼，由人民法院作出诉讼终结的裁定。诉讼终结裁定书送达当事人之日起，即发生法律效力。

（6）决定是否停止行政行为的执行。《行政诉讼法》第56条规定：“诉讼期间，不停止行政行为的执行。但有下列情形之一的，裁定停止行政行为的执行：被告认为需要停止执行的；原告或者利害关系人申请停止执行，人民法院认为该行政行为的执行会造成难以弥补的损失，并且停止执行不损害国家利益、社会公共利益的；人民法院认为该行政行为的执行会给国家利益、社会公共利益造成重大损害的；法律、法规规定停止执行的。”应该注意的是，停止行政行为的执行只是暂缓其效力。如果经判决撤销了该行政行为，原行政行为就不用执行。人民法院也不用再以裁定或判决的形式撤销原停止行政行为执行的裁定。

上述介绍的是第一审普通程序，修改后的《行政诉讼法》增加规定了简易程序。所谓简易程序是指人民法院在审理事实清楚、权利义务关系明确、争议不大的行政案件时适用的一种简便易行的诉讼程序。它是相对于普通程序而言的，在起诉手续、传唤当事人方式、审理程序及审理期限等方面都作了简化。增设简易程序是为了节约司法资源、降低当事人的诉讼成本，提高行政诉讼的效率，保护当事人的合法权益。《行政诉讼法》第82条规定：“人民法院审理下列第一审行政案件，认为事实清楚、权利义务关系明确、争议不大的，可以适用简易程序：（1）被诉行政行为是依法当场作出的；（2）案件涉及款额2000元以下的；（3）属于政府信息公开案件的。除前款规定以外的第一审行政案件，当事人各方同意适用简易程序的，可以适用简易程序。发回重审、按照审判监督程序再审的案件不适用简易程序。”适用简易程序审理的行政案件，由审判员1人独任审理，并应当在立案之日起45日内审结。人民法院在审理过程中，发现案件不宜适用简易程序的，裁定转为普通程序。

第二节 第二审程序

一、第二审程序的概念

第二审程序，又称为上诉审程序或终审程序，是指上一级人民法院根据当事人的上诉，对下一级人民法院未发生法律效力的行政判决、裁定进行审理并作出裁判的程序。它与一审程序是审判程序中两个既相互独立又紧密联系的不同阶段，是一审程序的继续，体现了上级法院对下级法院的审判监督。但两者之间存在明显区别：第一，引起一审程序的主体是在行政法律关系中作为相对人的公民、法人或者其他组织，行使行政职权的行政主体只能充当被告；而引起二审程序发生的主体既可以是一审程序中的原告、第三人，也可以是被告。第二，一审程序发生的原因是原告认为行政主体所作出的行政行为违法，侵犯了自己的合法权益；而二审程序发生的原因是一审程序中的当事人不服一审人民法院作出的判决、裁定。第三，一审中行政诉讼案件的管辖法院是根据《行政诉讼法》的级别管辖和地域管辖的有关规定来确定的，大多数案件都由基层人民法院管辖；而在二审中管辖上诉行政案件的只能是一审人民法院的上一级人民法院，基层人民法院不可能成为二审法院。第四，一审中人民法院审理的对象是被诉的行政行为，所要解决的问题是被诉的行政行为的合法性问题；而二审中人民法院审理的对象是一审人民法院所作出的判决、裁定，所要解决的问题是一审判决、裁定的合法性问题。第五，一审案件应当在立案之日起6个月内审结，二审案件应当在收到上诉状之日起3个月内作出终审判决。

二、上诉的提起和受理

1. 上诉的提起。上诉，是指行政诉讼的当事人因不服第一审人民法院作出的未生效的判决、裁定，请求第一审人民法院的上一级人民法院对行政案件进行重新审理并作出裁判的诉讼活动。

当事人提起上诉必须具备下列条件：第一，上诉必须针对未发生法律效力的第一审判决、裁定。第二，上诉人和被上诉人必须是一审程序中的当事人。第三，必须在法定上诉期限内提起上诉。根据《行政诉讼法》第85条的规定，当事人不服人民法院第一审判决的，有权在判决书送达之日起15日内向上一级人民法院提起上诉。当事人不服人民法院第一审裁定的，有权在裁定书送达之日起10内向上一级人民法院提起上诉。逾期不提起上诉的，人民法院的第一审判决或者裁定发生法律效力。第四，上诉的方式必须合法。当事人必须以书面形式提起上诉，即必须递交上诉状。

上诉既可以通过一审人民法院提起，也可以直接向第二审人民法院提起。当事人提起上诉，应当按照对方当事人的人数提交上诉状副本。当事人直接向第二审人民法院提起上诉的，第二审人民法院应当在5日内将上诉状发送一审人民法院。一审人民法院收到上诉状后，应当在5日内将上诉状副本送达其他当事人。对方当事人应当在收到上诉状副本之日起10日内提交答辩状。被上诉人不提交答辩状的，不影响人民法院对上诉案件的审理。一审人民法院在收到上诉状、答辩状后，应当在5日内连同全部案卷和证据材料报送第二审人民法院；已经预收诉讼费用的，一并报送。

2. 上诉的受理。二审法院对上诉进行审查后，可以作出下列处理：对于符合法定条件的上诉，且上诉状的内容完整的，应当决定受理；对于符合法定条件的上诉，但上诉状的内容有欠缺的，应当告知上诉人限期补正，否则，可以裁定不予受理；对于不符合法定条件的上诉，应当裁定不予受理。

三、上诉案件的审理

人民法院审理上诉案件，是在一审程序已经结束的基础上进行的，是针对一审法院所作出的判决、裁定是否合法而展开的司法审查。因此，在审理过程中，二审法院应当贯彻全面审查的原则，不受上诉人上诉范围的限制。也就是说，二审法院既要对一审判决、裁定认定的事实是否清楚、适用的法律是否正确、是否违反了法定程序进行审查，还要对被诉行政行为是否合法进行审查。《行政诉讼法》第87条规定："人民法院审理上诉案件，应当对原审人民法院的判决、裁定和被诉行政行为进行全面审查。"

根据《行政诉讼法》第86条规定，人民法院对上诉案件，应当组成合议庭，开庭审理。经过阅卷、调查和询问当事人，对没有提出新的事实、证据或者理由，合议庭认为不需要开庭审理的，也可以不开庭审理。

人民法院审理上诉案件，应当在收到上诉状之日起3个月内作出终审判决。有特殊情况需要延长的，由高级人民法院批准，高级人民法院审理上诉案件需要延长的，由最高人民法院批准。

第三节　审判监督程序

一、审判监督程序的概念

审判监督程序，又称为再审程序，是指人民法院自行发现已经发生法律效力的判决和裁定违反法律、法规的规定，或者根据人民检察院的抗诉，依法对案件再次进行审理的程序。这里所指的"已经发生法律效力的判决和裁定"包括：已经超过法定期间，当事人没有上诉的判决、裁定；人民法院终审的判决、裁定；最高人民法院的一审判决、裁定。

审判监督程序和二审程序都是对行政案件再次进行审理的一种程序，目的是纠正人民法院已作出的判决和裁定中可能存在的错误，维护正确的判决和裁定，保护当事人的合法权益。但它们之间也存在着差异，主要表现在：第一，审判监督程序是对已经发生法律效力的判决、裁定进行审查，而二审程序则是对一审法院作出的尚未发生法律效力的判决、裁定进行审查。第二，审判监督程序是由上级人民法院、人民检察院及原审人民法院院长提交审判委员会决定后提起，而二审程序是由当事人及其法定代理人提起。第三，审判监督程序的启动必须以已经生效的判决、裁定违反法律、法规的规定为前提；而二审程序是因当事人认为一审判决、裁定在认定事实或者适用法律方面有错误而提起，不论其理由是否正确，二审法院必须对此案重新进行审理并作出裁判。第四，在审判监督程序中：如果是当事人申请再审的，应当在判决、裁定或者调解书生效后六个月内提起；如果属于人民法院决定再审，或是因人民检察院抗诉而再审的，则没有提起期限上的限制，有权提起的机关对于已生效的判决、裁定发现其确有错误的，随时可以提起审判监督程序。而在二审程序中，当事人必须在法定的期限内提起上诉，判决的上诉期限为 15 天，裁定的上诉期限为 10 天。第五，按审判监督程序对行政案件再次进行审理的法院既可以是原一审人民法院、二审人民法院，也可以是它们的上级人民法院；按二审程序对行政案件再次进行审理的法院只能是一审人民法院的上一级人民法院。

二、提起审判监督程序的材料来源

提起审判监督程序的主要材料来源有：第一，当事人申请再审。这是提起审判监督程序的主要材料来源。《行政诉讼法》第 90 条规定："当事人对已经发生法律效力的判决、裁定，认为确有错误的，可以向上一级人民法院申请再审，但判决、裁定不停止执行。"第二，机关、团体、企事业单位和新闻媒介及各界人民群众的来信来访。这种来信来访的方式反映了社会各界对人民法院已生效的判决、裁定的意见和看法，既是提起审判监督程序的材料来源，也是人民群众对人民法院的审判工作进行监督的重要方式之一。第三，各级人民代表大会提出的议案。各级人民代表大会的代表在视察工作或调查研究的过程中，发现人民法院已生效的判决、裁定可能有错误而提出的议案或质询意见，是提起审判监督程序的重要材料来源。第四，人民法院自行发现和人民检察院发现的有关错案的材料。人民法院和人民检察院如果发现已生效判决、裁定违反法律、法规的规定的，应该提出纠正意见。这也是提起审判监督程序的材料来源之一。

通过不同的来源取得提起审判监督程序的材料，是提起审判监督程序的前提。值得注意的是，有了提起审判监督程序的材料，并不一定就有了提起审判监督程序的理由。审判监督程序是否能够发生，取决于提起审判监督程序的理由是否充分。人民法院和人民检察院在对材料进行认真审查后，如果认为它们作为提起审判监督程序的理由不正确或不充分，不符合再审条件的，应当以书面形式向提供材料的人说明情况；如果根据现有材料可以证明已生效的判决、裁定确有错误，符合再审条件的，应当依照审判监督程序进行再审。在材料审查过程中，原判决、裁定不停止执行，但依照审判监督程序决定再审的案件，人民法院应当裁定中止原判决的执行。

三、提起审判监督程序的条件

提起审判监督程序应具备下列条件：第一，必须由法定的机关和人员提起。能够提起审判监督程序的机关和人员有：对本院已经发生法律效力的判决和裁定，发现有《行政诉讼法》第 91 条规定情形之一，或者发现调解违反自愿原则或者调解书内容违法，认为需要再审的，由各级人民法院院长提交审判委员会讨论决定；最高人民法院对地方各级人民法院、上级人民法院对下级人民法院已经发生法律效力的判决和裁定，发现有《行政诉讼法》第 91 条规定情形之一，或者发现调解违反自愿原则或者调解书内容违法的，有权提审或者指令下级人民法院再审；最高人民检察院对各级人民法院已经发生法律效力的判决、裁定，上级人民检察院对下级人民法院已经发生法律效力的判决、裁定，发现有《行政诉讼法》第 91 条规定情形之一，或者发现调解书损害国家利益、社会公共利益的，应当提出抗诉；地方各级人民检察院对同级人民法院已经发生法律效力的判决、裁定，发现有《行政诉讼法》第 91 条规定情形之一，或者发现调解书损害国家利益、社会公共利益的，可以向同级人民法院提出检察建议，并报上级人民检察院备案，也可以提请上级人民检察院向同级人民法院提出抗诉。对人民检察院按照审判监督程序提出抗诉的案件，人民法院应当再审。第二，必须是对已经发生法律效力的判决、裁定提出。第三，必须具有法定理由。提起审判监督程序的理由是发现已经生效的判决、裁定有《行政诉讼法》第91条规定情形之一，即（1）不予立案或者驳回起诉确有错误的；（2）有新的证据，足以推翻原判决、裁定的；（3）原判决、裁定认定事实的主要证据不足、未经质证或者系伪造的；（4）原判决、裁定适用法律、法规确有错误的；（5）违反法律规定的诉讼程序，可能影响公正审判的；（6）原判决、裁定遗漏诉讼请求的；（7）据以作出原判决、裁定的法律文书被撤销或者变更的；（8）审判人员在审理该案件时有贪污受贿、徇私舞弊、枉法裁判行为的。

四、再审案件的审理

凡按审判监督程序决定再审的案件，均应裁定中止原判决的执行，裁定由院长署名，加盖人民法院的印章。人民法院审理再审案件，应当另行组成合议庭，以防止原审判人员的主观偏见。发生法律效力的判决、裁定如果原来是由第一审法院作出的，则按照第一审程序审理，由此作出的判决、裁定，当事人不服的，可以提起上诉；生效的判决、裁定如果原来是由第二审法院作出的，或者再审时是由上级人民法院按照审判监督程序提审的，均按照第二审程序审理，由此作出的判决、裁定是终审裁判，当事人不得提起上诉。此外，人民法院审理抗诉案件时，应当通知人民检察院派员出庭。

第四节　执行程序

一、执行的概念

行政诉讼执行是指对发生法律效力的判决书、裁定书和调解书，负有义务的一方当事人逾期拒不履行的，人民法院和有权的行政机关依法采用强制手段，强制义务人履行义务或达到与履行义务相同状态的活动。它具有下列特征：第一，行政诉讼执行以生效的行政判决书、裁定书和调解书具有执行的内容，且义务人逾期拒不履行义务为前提。第二，行政诉讼的执行主体包括人民法院和有强制执行权的行政机关。因此，行政诉讼执行与民事诉讼执行在执行组织上有很大不同。第三，行政诉讼执行程序中申请执行人或被执行人必有一方是行政机关，且执行措施因被执行人不同而不同。其一，行政诉讼的标的是行政机关作出的行政行为，这就决定了执行程序中当事人一方——申请执行人或被执行人必然是作为被告的行政机关。但如果是行政机关依法自行强制执行的，行政机关是作为执行组织，而不是执行当事人。其二，由于行政诉讼的特殊性，执行措施因被执行人而不同。当被执行人是公民、法人或其他组织时，其执行措施根据《民事诉讼法》的规定或其他单行法律、法规的规定而采取；当被执行人是行政机关时，《行政诉讼法》规定了特别的执行措施，如划拨、罚款、司法建议、对该行政机关直接负责的主管人员和其他直接责任人员予以拘留和依法追究刑事责任等。第四，行政诉讼执行的法律后果是发生法律效力的判决书、裁定书和调解书所确定的义务得以实现。在执行过程中，不能对被执行人设定任何新的义务，不能改变生效法律文书所确定的义务。从根本上讲，它不过是以强制的方法去迫使被执行人去履行义务。因此，所有的强制执行措施都应以达到这个目的为限度，而不允许超出这个范围。

二、执行条件

执行条件就是法律设定的执行程序发生的条件，具体包括：第一，须有执行根据。执行根据就是据以执行的法律文书，包括生效的判决书、裁定书和调解书。第二，须有可供执行的内容。并非所有的裁判文书都有执行的可能，只有裁判文书确定了义务人的作为义务时才有执行的可能。一般来讲，作为可供执行内容的义务有：给付义务，如赔偿；实施特定行为的义务，如拆除违章建筑、重新作出行政行为；恢复原状等。第三，被执行人有能力履行而拒不履行义务。第四，申请人在法定期限内提出了执行申请。当事人有依法申请执行的权利，但这种权利是要受到保护期限的限制的。申请人是公民的，申请执行的期限为 1 年；申请人是行政机关、法人或者其他组织的，申请执行的期限为 180 天。申请执行的期限从法律文书规定的履行期间最后一日起计算；法律文书中没有规定履行期限的，从该法律文书送达当事人之日起计算。逾期申请的，除有正当理由外，人民法院不予受理。

三、执行措施

执行措施是指执行机关所采用的具体执行手段与方法。

1. 对行政机关的执行措施。根据《行政诉讼法》第 96 条的规定，行政机关拒绝履行判决、裁定、调解书的，第一审人民法院可以采取以下措施：第一，对应当归还的罚款或者应当给付的款额，通知银行从该行政机关的账户内划拨。第二，在规定期限内不履行的，从期满之日起，对该行政机关负责人按日处 50 元至 100 元的罚款。第三，将行政机关拒绝履行的情况予以公告。第四，向监察机关或者该行政机关的上一级行政机关提出司法建议。接受司法建议的机关，根据有关规定进行处理，并将处理情况告知人民法院。第五，拒不履行判决、裁定、调解书，社会影响恶劣的，可以对该行政机关直接负责的主管人员和其他直接责任人员予以拘留；情节严重，构成犯罪的，依法追究刑事责任。

2. 对公民、法人和其他组织的执行措施。这主要有：第一，冻结、划拨被执行人的存款；第二，扣留、提取被执行人的劳动收入；第三，查封、扣押、冻结、拍卖、变卖被执行人的财产；第四，强制被执行人迁出房屋，拆除违章建筑，退出土地；第五，强制销毁；第六，强制被执行人支付利息或者支付迟延履行金。

四、执行的具体程序

1. 执行的提起。一般有三种情况：申请执行、移交执行和委托执行。

（1）申请执行。申请人既可以是原告，也可以是被告或者第三人，但必须是行政裁判文书的权利人而非义务人。申请执行应符合执行的条件。申请人民法院执行的，申请人须向第一审人民法院提出执行申请，并应当提交申请执行书；书写申请书有困难的，也可以口头申请，由执行人员记入笔录。提出书面执行申请或者口头申请执行的，应当说明申请执行的事项和理由，并提交作为执行根据的法律文书。根据“最高法院行政诉讼法 2018 年解释”第 154 条第 2 款的规定，第一审人民法院认为情况特殊，需要由第二审人民法院执行的，可以报请第二审人民法院执行；第二审人民法院可以决定由其执行，也可以决定由第一审人民法院执行。

（2）移交执行。这是指由案件审判人员直接将生效的裁判文书移交执行员执行，是依职权执行的形式。移交执行无须等待权利人申请，而是由法院依据职权主动采取，引起执行程序。

（3）委托执行。这是指负责执行的法院在不便异地执行时，委托当地法院并由受委托法院代为执行的制度，是引起执行程序的又一种形式。作出执行决定的法院须向受委托法院发出委托执行函、生效法律文书等。受委托法院在接到委托执行函后的15日内开始执行，并将执行结果函复委托法院。如果在委托执行中，受委托法院认为委托法院委托执行的法律文书确有错误，应当函请委托法院进行审查，在委托法院作出审查处理的答复后如仍有意见，可向委托法院的上一级法院反映，但对委托执行的文书，应立即予以协助执行。如果受委托法院发现有应当中止执行的情形的，应及时函请委托法院裁定中止执行，但不宜自行裁定中止执行。

2. 执行审查。这是执行组织在接到执行申请或移交执行书后，在法定期限以内，对有关文书、材料进行审查，对案情进行了解，并决定是否立案执行的过程。执行员在接到申请书或移交执行书后，应当在10日以内了解案情，审查下列事项：申请人是否具备申请资格，执行的文书、材料是否齐备，执行根据是否生效，执行申请的提出是否在法定期限内，执行文书的内容是否正确、合法，以及其他需要审查的事项。如果经审查认为符合条件，应当立案的，要通知申请人、被申请人和移交机构；如果经审查认为不符合条件，则不予立案、不予执行，并将有关文书、材料退回。如果审查发现材料不足，则通知申请人和移交机构补充材料；如属执行事项不清、不准确或文书制作错误，则应当通知有关机构予以裁定补正后，立案执行。

3. 执行实施。经决定立案执行的，执行机构在实施执行以前，应做好一系列准备工作，尤其是要了解被执行人拒不履行义务的原因、是否有履行能力及财产状况等；还要制定强制执行的方案，决定所要采取的执行措施，确定执行的时间、地点，划分执行范围、明确执行对象，并办理好有关执行措施批准手续，通知执行参与人以及有关人员到场，然后予以实施。

4. 执行中止。在执行过程中，有下列法定事由之一的，执行中止：第一，申请人表示可以延期执行。第二，案外人对执行标的提出确有理由的异议。第三，作为一方当事人的公民死亡，需要等待继承人继承权利或承担义务。第四，作为一方当事人的法人、其他组织终止，尚未确定权利、义务承受者。第五，法院认为应当中止执行的其他情形。当上述法定事由消失后，人民法院执行机构应主动恢复执行，也可以由申请人提出恢复执行的申请，经法院批准后恢复执行。中止以前所进行的执行活动，仍然有效。

5. 执行终结。这是指在执行过程中，因法定事由出现，使执行已无必要或不可能继续进行下去，从而结束执行程序。它与执行中止不同，执行中止是指执行暂时中断；而执行终结则是执行被结束。执行终结的法定事由有：申请人撤销执行申请；作为执行根据的法律文书被撤销；作为被执行的公民死亡，无遗产可供执行，又无义务承担人；享受赡养费、抚养费、抚育费以及抚恤金的权利人死亡；法院认为应当终结执行的其他情形。终结执行的，法院制作终结执行裁定书，并送达当事人。当事人对于终结执行的裁定不得上诉。

6. 执行完毕。这是执行案在内容和程序上的终结，当事人的权利得以实现，执行结束。执行完毕与执行终结在结束执行程序这一点上是相同的，但执行完毕是通过采取执行措施，实现了执行根据所确定的义务，完成了执行目的与任务；而执行终结并未完成原执行任务。

法律应用

1. 关于撤诉

准予撤诉的裁定确有错误，原告申请再审的，人民法院应当通过审判监督程序撤销准予撤诉的裁定，重新对案件进行审理；如果原告因在法定期间内未预交诉讼费，又不提出缓交诉讼费用申请，或提出申请未获批准，按自动撤回起诉处理的，原告在起诉期间内再次起诉，并依法解决诉讼费预交问题的，人民法院应予受理。原告申请撤诉获得人民法院裁定准许后，案件受理费由原告承担；但原告因被告改变了行政行为而申请撤诉的，案件受理费应当由被告承担。

2. 关于延期审理

对于延期审理，《行政诉讼法》未作具体规定，可参照《民事诉讼法》的规定执行。结合行政审判的实践，有下列情形之一的，由人民法院决定延期审理：必须到庭的当事人或其他诉讼参与人有正当理由没有到庭的；当事人临时提出回避申请的；需要通知新的证人到庭，调取新的证据，重新鉴定、勘验，或者需要补充调查的；其他需要延期审理的情况。

3. 关于上诉后共同诉讼人的地位

在一审判决、裁定作出后，共同诉讼人中部分当事人提起上诉，确定被上诉人应当区别对待。在必要的共同诉讼中，由于被诉的行政行为是“同一的”，因而实质上是一种不可分之诉，不论哪一方的哪一部分当事人提起上诉，必然会涉及其他共同诉讼人的权利和义务，所以，未提起上诉的当事人均应当列为被上诉人。在普通的共同诉讼中，由于被诉的行政行为是“同类的”，因而实质上是一种可分之诉，部分当事人提起上诉，所涉及的只是属于该上诉的其他当事人的权益，而不会涉及不属于该上诉的其他诉的当事人的权益。因此，未上诉的当事人可以不列入有关的法律文书中。

4. 诉的滥用

“无诉则无判”，诉乃发动审判权的前提。然而，是不是只要诉具备了法定形式并符合法定程序，人民法院就必须进行实体审理？现有法律虽然未作出明确规定，但根据审判权的应有之义，结合立法精神以及司法实践可知，答案并非绝对的。诉最终能否获得审理判决还要取决于诉的内容，即当事人的请求是否足以具有利用国家审判制度加以解决的实际价值和必要性。如果当事人采取多人多次重复申请公开相同、同类政府信息，继而申请行政复议、提起行政诉讼的方式，是为了达到扩大影响、反映信访诉求的目的，则不具有依法应予救济的诉讼利益，与《行政诉讼法》第 1 条的立法本意相悖，浪费了行政资源和司法资源，已构成诉讼权利的滥用。[最高人民法院（2016）行申 5034 号行政裁定书]

5. “一案一诉”原则

“一案一诉”是人民法院受理行政案件的基本原则，对于当事人的诉讼请求涉及多个不同行政行为的，人民法院应当进行充分释明及指导，如经过充分释明当事人仍拒绝明确其诉讼请求的，应当裁定不予受理或者驳回起诉。[最高人民法院（2017）行申 8368 号行政裁定书]

课后复习

1. 起诉的条件和期限怎样？与复议的关系怎样？
2. 简述撤诉的条件与法律后果。
3. 简述二审程序与一审程序的区别。
4. 简述第二审程序与审判监督程序的区别。
5. 简述提起审判监督程序的条件。
6. 简述执行的条件与措施。

第二十五章
行政诉讼的法律适用

提　　要

行政诉讼的法律适用，是人民法院在审理行政案件的过程中，按照法定程序具体运用行政法规范审查行政行为的合法性并作出相应裁判的活动。人民法院审理行政案件，以法律、行政法规和地方性法规为依据，审理民族自治地方的行政案件并以该民族自治地方的自治条例和单行条例为依据。人民法院审理行政案件，参照规章。参照规章，实际上是赋予了人民法院对规章的选择适用权。

行政审判中的法律规范冲突，是指人民法院在审理行政案件的过程中，发现对同一法律事实或关系，有两个或两个以上的法律规范作出了不同的规定，法院适用不同的法律规范将会产生不同的裁判结果。行政审判中的法律规范冲突主要表现为层级冲突、同级冲突、时际冲突、区际冲突、区域冲突和特别冲突等几种情形。法律冲突的情形不同，其处理规则也就不同。

重点问题

1. 行政诉讼法律适用的概念和特征。
2. 法律、行政法规、地方性法规、自治条例和单行条例以及行政规章等各种规范性文件在法律适用中的地位。
3. 行政诉讼法律适用中的“参照规章”。
4. 行政诉讼法律规范冲突的表现形式及处理规则。

第一节　行政诉讼法律适用概述

一、行政诉讼法律适用的含义

行政诉讼法律适用，是指人民法院在审理行政案件的过程中，按照法定程序具体运用法律、法规或规章中的行政法规范审查行政行为的合法性，并作出相应裁判的活动。

行政诉讼法律适用有广义和狭义之分。广义的行政诉讼法律适用既包括人民法院运用行政法规范审查行政行为的合法性并作出相应裁判的活动，也包括人民法院依法进行执行的活动。

狭义的行政诉讼法律适用则仅指人民法院运用行政法规范审查行政行为的合法性并作出相应裁判的活动。

二、行政诉讼法律适用的特征

行政诉讼的法律适用既不同于行政执法活动中的法律适用，也不同于法院在刑事诉讼、民事诉讼活动中的法律适用。它具有以下几个特征：

1. 主体特定性。行政诉讼法律适用的主体是具有行政案件审判权的人民法院，具有特定性。也就是说，行政诉讼法律适用的主体只能是具有行政案件审判权的人民法院。这一特点，使行政诉讼的法律适用与行政主体在行政执法程序中的法律适用区别开来。在行政执法程序中，是由行政主体根据实际情况，运用行政法规范对行政事务作出具体处理的，行政主体是法律适用的主体；而在行政诉讼中，是由人民法院运用行政法规范对行政案件作出裁判，所以只有人民法院才能成为行政诉讼法律适用的主体，而行政主体则不能成为行政诉讼法律适用的主体。此外，这一特点也使行政诉讼法律适用与民事诉讼、刑事诉讼法律适用区别开来。行政诉讼法律适用的主体只能是具有行政案件审判权的人民法院，没有行政案件审判权的专门人民法院不能成为行政诉讼法律适用的主体；而民事诉讼、刑事诉讼法律适用的主体既可以是普通人民法院，也可以是专门人民法院。

2. 司法监督性。行政诉讼法律适用的性质是对行政法规范的再次适用，具有司法监督性。行政诉讼的法律适用是人民法院对行政主体在作出行政行为过程中适用行政法规范是否合法的审查适用，是对同一行政事项的再次法律适用，也是对行政主体第一次法律适用的监督。行政诉讼法律适用的这一特点，使其与民事诉讼、刑事诉讼法律适用区别开来，民事诉讼、刑事诉讼法律适用基本上是人民法院对法律规范的初次适用。

3. 适用的多样性。行政诉讼法律适用的形式既有“依据”，又有“参照”，具有复杂多样性。《行政诉讼法》第 63 条规定：“人民法院审理行政案件，以法律和行政法规、地方性法规为依据。地方性法规适用于本行政区域内发生的行政案件。人民法院审理民族自治地方的行政案件，并以该民族自治地方的自治条例和单行条例为依据。人民法院审理行政案件，参照规章。”由此可见，我国行政诉讼法律适用的形式表现为既有“依据”，又有“参照”。“依据”是指人民法院审理行政案件，以法律、行政法规、地方性法规、自治条例和单行条例为依据。“参照”是指人民法院审理行政案件，参照行政规章。此外，人民法院审理行政案件，还可以参照《民事诉讼法》的有关规定。

4. 效力终局性。行政诉讼法律适用的目的是评判行政行为是否合法，其效力具有终局性。行政诉讼法律适用的直接目的是人民法院运用司法审查权对行政行为是否合法进行裁判，是对行政主体适用法律规范作出行政行为的再次审查。根据司法最终解决的原则，行政诉讼法律适用是对法律规范的最终适用，具有最终的法律效力，其法律效力不仅高于行政主体在行政执法中的法律适用，而且高于行政复议机关在审理行政复议案件中的法律适用。

第二节　行政审判的“依据”

一、行政审判依据的含义

行政审判的依据，是指人民法院在审理行政案件时，确认被诉行政行为是否合法的法律标准和尺度。在行政审判中，人民法院适用法律依据的过程，实际上也是对各种规范性文件的合法性与有效性予以审查和确认的过程。因为，大量行政行为的作出都是依据行政机关的规范性文件，行政审判通过法律适用活动，可以从司法的角度加强对行政机关规范性文件的监督，并引导行政机关选择正确、合法的行政规范性文件作出行政行为，切实保证行政机关规范性文件的合法。行政审判的法律依据问题是行政诉讼制度的一个基本问题，它的顺利解决，将会促进我国行政诉讼制度的完善。同时，行政诉讼制度自身的完善，行政审判法律依据的解决，又有利于行政诉讼与行政复议在法律适用上的协调一致，从而有利于保障国家法制的统一。

二、行政审判依据的范围

行政审判是对行政行为的合法性进行审查的司法活动，人民法院在查明行政诉讼案件事实之后，必须明确应以什么样的标准和尺度来判断行政行为的合法性。为此，《行政诉讼法》第63条规定："人民法院审理行政案件，以法律和行政法规、地方性法规为依据。地方性法规适用于本行政区域内发生的行政案件。人民法院审理民族自治地方的行政案件，并以该民族自治地方的自治条例和单行条例为依据。"其他任何机关制定、发布的规范性文件，都不能作为审理行政案件的依据。

根据《行政诉讼法》的规定，规章不是依据而只是"参照"（见本章第三节）。根据《行政诉讼法》等的规定，行政规范性文件（除国务院对行政法规的解释和规章制定主体对规章的解释外，下同）既不是行政审判法律适用的"依据"，也不是行政审判法律适用的"参照"，在法律适用上没有一席之地，可以不加以考虑。但是，由于我国行政法治的程度尚低，在目前和相当长的一段时期内，行政规范性文件在行政活动中将继续发挥重要的作用。基于这一客观现实，人民法院在审查行政行为的合法性时，对行政规范性文件完全不加考虑也是行不通的。所以，人民法院在行政审判中对行政规范性文件亦要予以参照或参考。也就是说，只要它们不与法律、法规、规章相抵触，就应认定其合法性，对依据此种行政规范性文件作出的行政行为亦应予以维护。只有这样，才能正确地处理行政权和审判权的相互关系，保障行政机关依法和有效地行使行政权。

行政审判实践中，经常涉及有关部门为指导法律执行或者实施行政措施而作出的具体应用解释和制定的其他规范性文件，主要是：国务院部门以及省、市、自治区和较大的市的人民政府或其主管部门对于具体应用法律、法规或规章作出的解释；县级以上人民政府及其主管部门制定发布的具有普遍约束力的决定、命令或其他规范性文件。行政机关往往将这些具体应用解释和其他规范性文件作为行政行为的直接依据，但这些具体应用解释和规范性文件不是正式的法律渊源，对人民法院不具有法律规范意义上的约束力，但是，人民法院经审查，认为被诉行政行为依据的具体应用解释和其他规范性文件合法、有效并合理、适当的，在认定被诉行政行为合法性时应承认其效力；规范性文件不合法的，人民法院不作为认定行政行为合法的依据，并应在裁判理由中予以阐明。作出生效裁判的人民法院应当向规范性文件的制定机关提出处理建议，并可以抄送制定机关的同级人民政府或者上一级行政机关。

三、行政审判依据的种类

1. 法律。根据《行政诉讼法》第63条的规定，法律是行政审判法律适用的重要依据之一。

作为行政审判法律适用依据的法律，是指由全国人民代表大会及其常务委员会根据宪法和立法程序制定的国家基本法律及一般法律。基本法律和一般法律在行政审判中均具有完全的适用力。在我国国家机关中，权力机关是至高无上的，行政机关和司法机关从属于权力机关，行政权和司法权的行使都必须服从权力机关制定的基本法律及一般法律。法律具有仅次于宪法的法律效力，凡与法律抵触的下级行政规范性文件归于无效。因此，毫无疑问，全国各地的人民法院在审理行政案件、对行政行为是否合法进行裁判时，必须直接依据基本法律和一般法律。需要指出的是，宪法应是人民法院法律适用的最高和最终标准，行政审判的法律适用必须合宪即符合宪法的序言和正文中所体现的基本精神和所有条款。至于宪法能否直接作为行政审判的依据，需要进一步明确。从学理上说，宪法作为行政审判法律适用的依据应该是没有疑义的。此外，全国人大常委会所作的法律解释与法律具有同等的效力，也是行政审判法律适用的依据。

2. 行政法规。根据《行政诉讼法》第 63 条的规定，行政法规也是行政审判法律适用的依据之一。行政法规是宪法和法律的直接具体化。国务院是全国人民代表大会的执行机关，是最高国家行政机关，负责全国的行政工作，因此，国务院所制定的行政法规，在全国范围内具有普遍的约束力，其效力低于宪法和法律，但高于地方性法规。人民法院审判行政案件，应以行政法规为直接适用的依据。考虑新中国成立后我国立法程序的沿革情况，现行有效的行政法规有以下三种类型：一是国务院制定并公布的行政法规。二是《立法法》施行以前，按照当时有效的行政法规制定程序，经国务院批准、由国务院部门公布的行政法规。但在《立法法》施行以后，经国务院批准、由国务院部门公布的规范性文件，不再属于行政法规。三是在清理行政法规时由国务院确认的其他行政法规。应当注意的是，作为行政审判法律适用依据的行政法规，不得与宪法和法律相抵触。此外，国务院对行政法规所作的解释与行政法规具有同等的效力，也应作为行政审判法律适用的依据。

3. 地方性法规。根据《行政诉讼法》第 63 条的规定，地方性法规是行政审判法律适用的又一重要依据。地方性法规是指由省、自治区、直辖市以及设区的市的人民代表大会及其常务委员会，根据法律、行政法规的规定和本行政区域的具体情况与实际需要，按照法定程序制定的各种行政规范性文件。地方人大及其常委会是地方的国家权力机关，地方行政机关必须对其负责、受其监督，所以，行政机关在处理行政事务时，必须遵守地方性法规，人民法院在审理行政案件时也应遵守依法制定的地方性法规。地方性法规的法律效力低于宪法、法律和行政法规，且只能在制定主体所辖行政区域内发生法律效力。

4. 自治条例、单行条例。根据《行政诉讼法》第 63 条的规定，自治条例和单行条例是人民法院审理涉及民族区域自治地方的行政案件时法律适用的重要依据之一。自治条例和单行条例是民族自治地方的人民代表大会依照当地民族的政治、经济和文化特点，对法律和行政法规所作的变通性规定，包括自治区的自治条例、单行条例和自治州、自治县的自治条例、单行条例。自治条例和单行条例从制定机关来看也属于地方性法规，但它只适用于实行民族区域自治的地方。依照宪法和有关法律的规定，自治区、自治州、自治县比普通行政区域享有更多的自治权。民族自治地方除了必须遵守宪法外，经全国人大常委会和省、自治区人大常委会批准，在必要时可以变通法律和行政法规的某些规定，故人民法院审判民族自治地方行政机关根据自治条例和单行条例实施的行政行为引起的行政案件时，应根据特别法优于一般法的原则适用自治条例和单行条例进行审理和裁判。当然，自治条例和单行条例也不能违背法律或者行政法规所确立的基本原则。

人民法院在行政审判法律适用中必须遵守法律、行政法规、地方性法规、自治条例和单行条例，对它们不能直接进行司法审查，但当发现其存在合宪性或合法性问题时，可以向有权机关提出自己的观点，在有权机关确认和解决合宪、合法性问题之前，必须遵守相应的法律、行政法规、地方性法规、自治条例和单行条例，无权对其拒绝适用。

第三节　行政审判的“参照规章”

一、行政审判“参照规章”的含义

规章分为部门规章和地方政府规章。《行政诉讼法》第 63 条规定：“人民法院审理行政案件，参照规章。”可见，人民法院在审理行政案件时，除了以法律、行政法规、地方性法规、自治条例和单行条例为依据外，还可以参照规章。“参照规章”即参考、依照规章的有关规定之意。《关于中华人民共和国行政诉讼法（草案）的说明》指出：“……对符合法律、行政法规规定的规章，法院要参照审理，对不符合或不完全符合法律、行政法规原则精神的规章，法院可以有灵活处理的余地。”据此，可以认为“参照”的立法本意是指人民法院在审理行政案件时可以参考、依照规章的有关规定。也就是说，“参照”与“依据”不同：“依据”是指人民法院审理行政案件时，必须直接适用作为依据的法律、行政法规、地方性法规、自治条例或单行条例，对其不能拒绝适用；“参照”则是指人民法院可以根据具体情况决定是否适用规章。参照规章，实际上是赋予了人民法院对规章的选择适用权。换句话说，人民法院不能把规章作为依据一律予以适用，而只能作为参考有选择地适用：在某些情况下适用规章，在某些情况下则不适用规章。所以，《行政诉讼法》规定的参照规章，既不能理解为无条件地适用规章，也不能理解为一律拒绝适用规章，正确的理解应是人民法院对规章具有“选择适用权”，即如果行政机关的行政行为是根据符合法律和行政法规的规章作出的，人民法院就应适用该规章；如果行政机关的行政行为是根据不符合法律、行政法规的规章作出的，人民法院就可以不适用该规章。

二、行政审判“参照规章”的原因

《行政诉讼法》之所以规定规章只作为参照而不作为人民法院审判行政案件的依据，是因为：第一，规章都是由行政机关制定的，而执行规章的又是行政机关自己。如果规章是行政审判法律适用的依据，人民法院必须以规章作为评判行政行为合法性的标准，实际上是以行政机关的规范性文件去判断行政机关的行政行为是否正确、合法，就等于相应的行政机关为自己的行为制定司法审查标准。如此则《行政诉讼法》保护公民、法人或其他组织的合法权益的立法目的就难以实现，也无法监督行政机关依法行使行政职权。第二，因制定主体的行政性、多层次性，制定程序的简易性和立法技术的欠缺性，规章在性质、内容、法律地位和效力等级等方面与法律、法规存在着明显的差距。在现实社会生活中尚存在着借规章进行行业或地方保护，与法律、法规等高层次法律规范不一致以及规章之间相互矛盾等现象。在这种情况下，如果《行政诉讼法》规定规章作为人民法院行政审判法律适用的依据，将不利于人民法院公正、合理地审理行政案件，也可能在一定程度上破坏我国法制的统一。第三，规章虽然存在这样那样的问题，其效力也低于法律、法规，但它们毕竟是法定的国家行政机关依法制定的，是我国法律体系的组成部分。更为重要的是，现实生活中很多的行政行为都是依据规章作出的。在这种情况下，如果人民法院在审判行政案件时完全置规章而不顾，是不太现实的。所以，在目前的情况下，既不宜赋予规章完全的适用力，也不能完全否定规章的适用力，而只能实事求是地给予其“参照”地位。

三、行政审判“参照规章”的具体规则

人民法院在行政审判中参照适用规章的具体规则是：第一，人民法院在审理行政案件时对规章具有选择适用权。也就是说，人民法院在审理行政案件时，规章对人民法院不具有绝对的拘束力，对于不合法的规章人民法院有权拒绝适用。第二，人民法院参照规章的前提是审查规章，通过审查确定规章的合法性，从而决定参照与否、是否适用。人民法院通过审查，认定规章不合法的，可拒绝适用，但不能宣布相应规章无效和予以撤销。第三，人民法院经审查，认定相应规章合法，该规章即与法律、法规一样具有法律效力，法院在审理行政案件时应该适用，只不过适用的形式存在一定的差别。“最高法院行政诉讼法 2018 年解释”第 100 条第 2 款明确规定：“人民法院审理行政案件，可以在裁判文书中引用合法有效的规章及其他规范性文件。”规章制定机关作出的与规章具有同等效力的规章解释，人民法院审理行政案件时也可参照适用。

四、规章在行政复议和审判中的地位差异

行政复议所适用的法律依据范围比行政审判中所适用的法律依据范围要广泛一些。在行政复议中，适用的法律依据范围除了完全覆盖行政审判中可适用的法律依据范围之外，还包括行政规章和行政规范性文件。换句话说，法律、行政法规、地方性法规、自治条例和单行条例既是行政复议中可适用的法律依据，也是行政审判中可适用的法律依据，这是行政复议与行政审判在法律适用依据方面所具有的共同点，它们的不同点是：在行政审判中，规章处于“参照”地位；在行政复议中，规章则处于依据地位。行政规范性文件在行政复议中处于参照地位，而在行政审判中既不能作为依据，也不能作为参照。在行政复议中，行政规章作为依据，表明行政复议机关可以直接以行政规章为标准，来衡量和判断某一行政行为是否合法和适当。在行政审判中，行政规章不能作为人民法院审理行政案件的依据，而只是人民法院审理行政案件的参照。依据和参照的法律地位是不同的。从总体上说，行政规章对人民法院不具有拘束力。对不符合或者不完全符合法律、法规的行政规章，人民法院有灵活处理、拒绝适用的权力。既然有此区别，那么同一个行政案件在先经过行政复议，再进入行政审判时，人民法院若承认规章的效力，则有悖规章在行政审判中的参照地位；若否认规章的效力，则又使行政复议机关在审理复议案件时无所适从。所以，规章作为行政复议的依据只能是有条件的，不能不加分析地一律予以适用。如果行政复议机关适用了与法律、法规相抵触的规章，则可能在行政审判中败诉。若行政复议机关适用的规章合法、有效，而人民法院却拒不接受，行政复议机关可以寻求权力机关、检察机关、上级人民法院予以解决。

规章在行政复议中是依据，而在行政审判中只能作为“参照”，是因为行政复议和行政诉讼的性质和目的不同。行政复议和行政审判虽然都是解决行政争议的途径和方法，但从性质上来说，行政复议既是对行政相对人进行行政救济的重要方式，又是行政机关内部的一种行政层级监督行为，因此，行政复议只有通过对行政规章的适用，才能实现对下级行政机关的规范性文件的监督，否则，行政复议的立法目的就无法实现。行政审判则是人民法院对行政行为的合法性进行司法审查的制度。人民法院进行司法审查如果直接适用行政机关制定的规章和行政规范

性文件，行政审判监督行政机关依法行使职权的立法目的就无法实现。

第四节　行政审判处理法律规范冲突的规则

行政法规范之间的冲突是不可避免的，为了维护国家法制的统一，正确适用法律规范解决行政争议，完善行政审判中处理法律规范冲突的选择适用规则就显得特别重要。行政审判中的法律规范冲突，是指人民法院在审理行政案件的过程中，发现对同一法律事实或关系，有两个或两个以上的法律规范作出了不同的规定，法院适用不同的法律规范将会产生不同的裁判结果。行政审判中处理法律规范冲突的选择适用规则，是指人民法院在审理行政案件的过程中发现行政法规范冲突的情况下，为正确判断行政行为的合法性而选择应该适用的行政法规范解决行政争议所应遵守的法律规则。法律规范冲突的选择适用规则是人民法院在行政审判中为解决法律规范冲突而必须遵守的规则，其最终目的是通过选择适用规则的引导，选择应当适用的规范，对行政案件作出合法、正确的裁判。选择适用规则不是一种实体规则，并不直接确定当事人的权利、义务，而是通过它的引导，适用某一规范来确定当事人的权利、义务，因此，它主要是一个程序规则。行政审判中的法律规范冲突的情形不同，其处理规则也就不同。

一、层级冲突及其处理规则

层级冲突又称为纵向冲突，是指不同效力等级的行政法规范之间因规定的不一致而产生的法律适用冲突，即下位法的规定不符合上位法，如法律与宪法之间的冲突，行政法规与法律之间的冲突，自治条例、单行条例与法律之间的冲突，规章与法律之间的冲突，地方性法规与行政法规之间的冲突，规章与行政法规之间的冲突，地方规章与地方性法规之间的冲突，法律解释与法律、法规或规章之间的冲突，不处于同一效力层级的地方性法规之间或规章之间的冲突等。

行政审判中处理层级冲突时，应选择适用效力等级较高的行政法规范。根据《宪法》和《立法法》的规定，在行政法规范体系中，宪法、法律、行政法规、地方性法规、地方规章的法律效力是依次递减的。效力等级高的行政法规范优于效力等级低的行政法规范，效力等级低的行政法规范不得与效力等级高的行政法规范相抵触。下位法的规定不符合上位法时，人民法院原则上应当适用上位法。当前许多行政行为是依据下位法作出的，并未援引和适用上位法。在这种情况下，为维护法制统一，人民法院审查行政行为的合法性时，应当对下位法是否符合上位法一并进行判断，经判断下位法与上位法相抵触的，应当依据上位法认定被诉行政行为的合法性。从审判实践看，下位法不符合上位法的常见情形有：下位法缩小上位法规定的权利主体范围，或者违反上位法立法目的扩大上位法规定的权利主体范围；下位法限制或者剥夺上位法规定的权利，或者违反上位法立法目的扩大上位法规定的权利范围；下位法扩大行政主体或其职权范围；下位法延长上位法规定的履行法定职责期限；下位法以参照、准用等方式扩大或者限缩上位法规定的义务或者义务主体的范围、性质或者条件；下位法增设或者限缩违反上位法规定的适用条件；下位法扩大或者限缩上位法规定的给予行政处罚的行为、种类和幅度的范围；下位法改变上位法已规定的违法行为的性质；下位法超出上位法规定的强制措施的适用范围、种类和方式，以及增设或者限缩其适用条件；法规、规章或者其他规范文件设定不符合《行政许可法》规定的行政许可，或者增设违反上位法的行政许可条件；其他相抵触的情形。

法律、行政法规或者地方性法规修改后，其实施性规定未被明文废止的，人民法院在适用时应当区分下列情形：实施性规定与修改后的法律、行政法规或者地方性法规相抵触的，不予适用；因法律、行政法规或者地方性法规的修改，相应的实施性规定丧失依据而不能单独施行的，不予适用；实施性规定与修改后的法律、行政法规或者地方性法规不相抵触的，可以适用。

应特别注意的是，根据自 2002 年 10 月 1 日起施行的《最高人民法院关于审理国际贸易行政案件若干问题的规定》第 9 条的规定，人民法院审理国际贸易行政案件所适用的法律、行政法规的具体条文存在两种以上的合理解释，其中有一种解释与我国缔结或者参加的国际条约有关规定相一致的，应当选择与国际条约的有关规定相一致的解释，但我国声明保留的条款除外。

二、同级冲突及其处理规则

同级冲突又称为横向冲突，是指效力等级相同的行政法规范之间因对同一事项的规定不一致而产生的法律适用冲突，如处于同一效力层级的法律之间、行政法规之间、地方性法规之间、部门规章之间、地方规章之间的行政法规范冲突。同级冲突既可以是同一地区的效力等级相同的行政法规范之间的冲突，也可以是不同地区的效力等级相同的行政法规范之间的冲突。

法律之间、行政法规之间或者地方性法规之间对同一事项的新的一般规定与旧的特别规定不一致的，人民法院原则上应按照下列情形适用：新的一般规定允许旧的特别规定继续适用的，适用旧的特别规定；新的一般规定废止旧的特别规定的，适用新的一般规定。不能确定新的一般规定是否允许旧的规定继续适用的，人民法院应当中止行政案件的审理，属于法律的，逐级上报最高人民法院送请全国人大常委会裁决；属于行政法规的，逐级上报最高人民法院送请国务院裁决；属于地方性法规的，由高级人民法院送请制定机关裁决。

三、时际冲突、特别冲突及其处理规则

1. 时际冲突及其处理规则。时际冲突又称为新旧冲突，是指不同时期发布的行政法规范之间就同一事项因规定不一致而产生的法律适用冲突，即新法与旧法之间的冲突。在行政审判中，新的行政法规范与旧的行政法规范不一致，即发生时际冲突时，人民法院应优先适用新的行政法规范，但新的行政法规范一般不得溯及既往。根据行政审判中的普遍认识和做法，行政相对人的行为发生在新法施行以前，行政行为作出在新法施行以后，人民法院审查行政行为的合法性时，实体问题适用旧法规定，程序问题适用新法规定，但下列情形除外：（1）法律、法规、规章或司法解释另有规定的；（2）适用新法对保护行政相对人的合法权益更为有利的；（3）按照行政行为的性质应当适用新法的实体规定的。例如，最高人民法院在《关于审理行政许可案件若干问题的规定》中指出，人民法院审理行政许可案件，应当以申请人提出行政许可申请后实施的新的法律规范为依据。但是，行政机关在旧的法律规范实施期间无正当理由拖延审查行政许可申请至新的法律规范实施，适用新的法律规范不利于申请人的，以旧的法律规范为依据。

2. 特别冲突及其处理规则。特别冲突是指特别法与普通法之间因规定不一致而产生的法律适用冲突。同一法律、行政法规、地方性法规、自治条例和单行条例、规章内的不同条文对相同事项有一般规定和特别规定的，优先适用特别规定。如《行政处罚法》规定的对行政相对人的违法行为进行行政处罚的一般时效期限为 2 年，而《治安管理处罚法》规定的对行政相对人违反治安管理行为进行行政处罚的时效期限为 6 个月。行政审判中发生特别冲突时，应优先选

择适用特别法。

四、区际冲突、区域冲突及其处理规则

1. 区际冲突及其处理规则。区际冲突是指一个主权国家不同法域的行政法规范之间因规定不一致而产生的法律适用冲突，如我国的香港、澳门和台湾地区与大陆的行政法规范之间的冲突。行政审判中发生区际冲突时，应如何选择适用行政法规范？目前尚无明确的统一规定。《香港特别行政区基本法》第 95 条规定："香港特别行政区可与全国其他地区的司法机关通过协商依法进行司法方面的联系和相互提供协助。"这可以看成是解决大陆法域与香港、澳门等法域的行政法规范之间的冲突的一种指导思想。从学理上看，可选择适用作出行政行为的行政主体所在地法，或者选择适用法院所在地法。

2. 区域冲突及其处理规则。① 区域冲突是主权国家内没有隶属关系的行政区域间的行政法规范因对同一事项规定不一致而产生的法律适用冲突。对于行政审判中发生的区域冲突，目前还没有统一的选择适用规则。从学理上说，可供选择的处理规则主要有：第一，选择适用本行政区域的行政法规范。对直接涉及本地区社会、经济秩序，市政规划、市政建设、市容环境、卫生管理等方面的社会关系的，适用本地区的行政法规范。这种规则是由地域管辖规则决定的。不论是否属于本行政区域的人，只要与本行政区域的行政机关发生这方面的行政法律关系，就应适用本行政区域的行政法规范，而排除其他行政区域的行政法规范的域外适用效力。第二，选择适用公民、法人或其他组织的行为地法。对公民、法人或其他组织的行为有不同规定的，适用公民、法人或其他组织的行为地法。公民、法人或其他组织的行为涉及多个行政区域的，适用与其行为最密切相关的地方的行政法规范。第三，选择适用行为人户籍所在地法、居所地法或法人成立地法。关于公民、法人或其他组织的身份、能力、资格、权利/义务的确认及承担，应当适用行为人户籍所在地、长期居住的居所地或法人成立登记注册地的行政法规范。如对于法人，当其在域外进行经营活动时，应适用行为所在地法，但其资格、人员组成、权利能力和行为能力的确定，则应适用注册登记地的行政法规范。第四，选择适用不动产所在地法。因不动产行政案件发生的法律适用冲突，适用不动产所在地的行政法规范。如关于土地使用的有偿转让，各地有不同的规定，在法律适用上就应当适用该地区关于土地使用有偿转让的规定。第五，选择适用执法机关所在地法。在执法或法律适用程序方面发生冲突的，适用执法机关所在地的行政程序法规范。

五、地方性法规与部门规章冲突的选择适用

按照《立法法》第 95 条第 1 款第 2 项的规定，地方性法规与部门规章之间对同一事项的规定不一致时，由国务院提出意见，国务院认为应当适用地方性法规的，应当决定在该地方适用地方性法规的规定；认为应当适用部门规章的，应当提请全国人民代表大会裁决。因此，人民法院在不能确定如何适用时，应先中止案件的审理，逐级上报最高人民法院送请国务院决定或者全国人大常委会裁决，待国务院决定或者全国人大常委会裁决后再恢复案件的审理。

---

① 杨解君主编．行政诉讼法学．北京：中国方正出版社，2002：283；方世荣主编．行政法与行政诉讼法：436.

六、规章冲突的选择适用

按照《立法法》第 95 条第 1 款第 3 项的规定，部门规章之间、部门规章与地方政府规章之间对同一事项的规定不一致时，由国务院裁决。因此，人民法院在不能确定如何适用时，应当中止行政案件的审理，逐级上报最高人民法院送请国务院裁决，待国务院裁决后再恢复案件的审理。

国务院部门或者省、直辖市、自治区人民政府制定的其他规范性文件对相同事项的规定不一致的，参照上列精神处理。

法律应用

1. 关于法律适用问题的处理

在行政诉讼中，对事实的认定问题，法院一般都有权处理。但对法律的适用问题，应根据具体情况加以处理。如果行政法律规范的含义明确，则法院可根据《立法法》的规定选择适用[最高人民法院指导案例 5 号："博坦公司与厦门海关行政处罚决定纠纷案"，载《最高人民法院公报》，2006 (6)]。如果行政法规范本身的含义不明确导致冲突，根据《立法法》、《行政法规制定程序条例》和《规章制定程序条例》的规定，则应由制定机关通过法律解释予以解决，法院不能直接处理。如果存在冲突的行政法规范本身的含义是明确的，则法院可按有关法律原则予以处理。在司法适用中应当注意的是，特别法优先于普通法应当以普通法不限制特别法的优先适用为前提，并且特别法只能优先适用于法定的特殊事项；层级冲突及其处理规则，必须与特别法规则相结合。

2. 关于其他规范性文件的适用

根据《行政诉讼法》第 63 条的规定，法院审理行政案件的依据是法律和法规，可参照规章。"最高人民法院行政诉讼法 2018 年解释"第 100 条第 2 款规定："人民法院审理行政案件，可以在裁判文书中引用合法有效的规章及其他规范性文件。"我们认为，"其他规范性文件"即行政规范性文件，只是连接事实与法律的依据。例如，法院已认定事实甲，而有关的法律规范有 A、B、C 和 D。在这种情况下，到底应当适用何项法律规范，应当引用合法、有效的行政规范性文件来确定。除授益性行政规范性文件和法定解释性行政规范性文件外，其他的行政规范性文件一般不能直接作为确定权利、义务的法律依据。

课后复习

1. 什么是行政诉讼的法律适用？它有哪些特点？
2. 我国行政审判的法律依据有哪些？
3. 我国行政诉讼为什么只能参照规章？应如何正确理解参照规章的内涵？
4. 行政诉讼中，应如何看待和处理行政法规、行政规范性文件的地位？
5. 行政诉讼中法律规范冲突的表现形式有哪些？对不同的法律规范冲突应如何处理？

| 第二十六章 |

行政诉讼的判决、裁定与决定

提　要

行政诉讼判决是指人民法院代表国家，在审理行政案件终结时，根据事实和法律，对被诉行政行为是否合法所作出的具有法律约束力的判定，以及对被诉行政行为的效力作出的权威性处理。它可以分为一审判决、二审判决和再审判决。一审判决包括驳回诉讼请求判决、撤销判决、履行判决、一般给付判决、确认判决、变更判决和行政协议（合同）判决，其中撤销判决的适用条件是行政行为主要证据不足，适用法律、法规错误，违反法定程序，超越职权，滥用职权或明显不当。二审判决则包括驳回上诉，维持原判决或裁定，依法改判、撤销或者变更，发回原审人民法院重审或者查清事实后改判，裁定撤销原判决，发回原审人民法院重审等。

行政诉讼裁定，是人民法院在审理行政案件过程中，为解决本案的程序问题所作出的对诉讼参与人发生法律效果的司法决定（意思表示），适用于不予受理或驳回起诉、管辖异议、终结诉讼、中止诉讼、关于行政行为是否停止执行、补正裁判文书中的笔误、中止或者终结执行、准许或者不准许执行行政机关的行政行为、移送或者指定管辖、财产保全、先予执行、准许或者不准许撤诉、提审、指令再审或者发回重审等场合。

行政诉讼决定，是指人民法院为了保证行政诉讼的顺利进行，对诉讼中发生的某些特殊事项所作的处理决定。它适用于不属于判决或者裁定解决的问题，如回避决定、采取强制措施决定等。

重点问题

1. 一审行政判决的种类及适用条件。
2. 行政诉讼裁定的概念及与行政诉讼判决的区别。
3. 行政诉讼裁定的适用事项。
4. 行政诉讼决定的概念及特点。
5. 行政诉讼决定的适用事项。

第一节　行政诉讼判决

行政诉讼判决（以下简称行政判决），是指人民法院代表国家，在审理行政案件终结时，根据事实和法律，对被诉行政行为是否合法所作出的具有法律约束力的判定，以及对被诉行政行为的效力作出的权威性处理。它适用于法院对涉及当事人权利、义务等实体问题的处理。

一、一审行政判决及其适用

一审行政判决，又称为初审行政判决，是指受理第一审行政案件的人民法院对审理终结的第一审行政案件所作的判决。一审行政判决并非终审判决，当事人不服，可以在法定期限内上诉，但当事人或人民法院不得随意改变。超过法定期限当事人仍没有提起上诉的，一审行政判决即成为生效判决，当事人必须受其约束。

1. 驳回诉讼请求判决及其适用条件。驳回诉讼请求判决是指人民法院经过审理，在查明事实的基础上所作的对原告的诉讼请求予以否定的判决。1989 年《行政诉讼法》本身并没有规定此种判决形式，虽然维持判决在多数情况下与驳回诉讼请求判决具有同等的效力和意义，但在行政诉讼审判实践中还是存在一些不宜适用维持判决的情形，为此，“最高法院行政诉讼法 2000 年解释”第 56 条明确规定了这一新的判决形式。2014 年新《行政诉讼法》将这一判决形式上升到法律的高度，并以此取代了维持判决。《行政诉讼法》第 69 条规定：“行政行为证据确凿，适用法律、法规正确，符合法定程序的，或者原告申请被告履行法定职责或者给付义务理由不成立的，人民法院判决驳回原告的诉讼请求”。由此可见，驳回原告诉讼请求的判决主要适用于下列情形：（1）行政行为证据确凿，适用法律、法规正确，符合法定程序的。行政行为证据确凿，即行政行为认定的事实清楚，证据确实、充分，并足以证明行政行为所依据的全部事实。“证据确凿”一方面要求所有证明行政行为正确、合法的证据必须是真实的、合法的和相关联的，另一方面要求行政行为所依据的证据必须是充分的，每一个事实都有相应的证据加以证明，全部证据能够形成一个完整的证据链，必定能得出行政行为合法、正确的结论。行政行为适用法律、法规正确，即行政行为对认定的事实定性准确，正确适用了应该适用的行政法规范，且行政行为的内容没有超越职权、滥用职权等情况。行政行为符合法定程序，即行政行为的作出遵循了法定的步骤、顺序、方式和时限等强制性的行政程序。（2）原告申请被告履行法定职责或者给付义务理由不成立的。原告申请被告履行职责或者给付义务必须有理由和事实根据，否则，不能认定被告不作为。具有下列情形之一的，可以认定为原告起诉被告不作为理由不成立：第一，被告不负有履行职责或给付的法定义务；第二，被告已经依法履行了职责或给付义务；第三，被告履行职责或给付义务的期限尚未届满；第四，被告履行职责或给付义务的条件尚未具备。驳回诉讼请求判决是对原告诉讼请求的否定，实质上是对被诉行政行为的间接肯定，具有维持判决所不能替代的功能和作用。驳回诉讼请求判决作出后，行政机关根据行政管理的需要可以对原行政行为依法进行变更。但根据一事不再理的原则，如果原告仍以相同的事实和理由再次起诉的，人民法院不予受理。适用驳回诉讼请求判决时应注意，驳回诉讼请求与驳回起诉不同。驳回起诉否定的是当事人程序上的请求权，而驳回诉讼请求则否定了当事人实体上的请求权。驳回起诉只意味着原告的起诉不符合起诉条件，而驳回诉讼请求则意味着原告的起诉虽然已经符合了法定条件但其请求不能成立，即得不到法律的支持。驳回起诉只能用裁定，而驳回诉讼请求必须用判决。

2. 撤销判决及其适用条件。撤销判决是人民法院经过审理，在查清全部案件事实的基础上确认行政行为违法或部分违法而作出的全部或部分撤销行政行为的判决。撤销判决是法院对被诉行政行为效力的全部或部分否定，是司法机关纠正违法行政行为的有效手段，是保护原告合法权益的重要方式，是司法机关监督和制约行政机关的集中体现，因而在行政诉讼中占有十分重要的地位。根据《行政诉讼法》第70条的规定，被诉行政行为具有下列情形之一的，人民法院可以判决撤销或部分撤销，并可以判决被告重新作出行政行为：

（1）主要证据不足。这意味着该行政行为所依据的事实不存在或者难以确定。“主要证据不足”这一法定撤销条件的设定，不仅仅是对证据量的要求，也包括对证据质的要求。证据不仅要充分，而且要确实。不确实的证据本身不能作为定案证据。因此，不能认为只要行政机关提供了证据材料就可以推定行政行为有了事实根据。这里的主要证据，是指行政主体赖以作出行政行为的基本事实和据以认定该事实存在所必需的证据，也就是行政主体根据法律、法规预先设置的事实要素所应当收集的证据。对主要证据不足的行政行为，就应当判决撤销或部分撤销，不能给被告补充证据的机会。只有这样，才能迫使行政主体遵循先取证后裁决的规则。

（2）适用法律、法规错误。这是指行政机关在作出行政行为时，适用了不应该适用的行政法规范。具体包括：第一，本应适用此法律、法规却适用了彼法律、法规；第二，本应适用某法律、法规中的某个条款却适用了另外的条款；第三，违反了法律规范冲突的选择适用规则，如应适用高位阶的行政法规范却适用了低位阶的行政法规范等；第四，行政机关对事实的定性错误，对法律、法规适用范围或效力的把握错误，对法律、法规的原意、本质含义或法律精神理解、解释错误，或者有意片面适用有关法律、法规等。

（3）违反法定程序。这是指行政行为不符合法律、法规、规章或行政规范性文件设定的强制性程序。通常表现为：第一，遗漏必要的步骤，如没有履行处罚前的法定告知义务；第二，颠倒法定步骤的先后顺序，如先裁决而后取证；第三，违反法定的方式，如本应采用普通处罚程序却采用了当场处罚程序；第四，形式违法，如没有依法制作行政处罚决定书，而只是口头宣布处罚决定；第五，超过法定的时限，如本应在3日内作出决定，却在3日以后才作出。对违反法定程序的行政行为，人民法院应予以撤销。但是，对于轻微违反法定程序且对原告权利不产生实际影响的行政行为，也可以不判决撤销。

（4）超越职权。这是指行政机关在实施行政行为时超越了法律、法规规定的条件、范围和幅度，行使了法律、法规没有赋予该机关的权力，对属于该机关职权范围外的人和事进行了处理，或者逾越了法律、法规所设定的必要的条件和幅度等情况。超越职权的表现形式多种多样，常见的有以下几种：第一，超越行政机关行使权力的事务范围。第二，超越行政机关行使权力的地域范围。第三，超越行政机关行使权力的幅度范围。法律、法规有时规定行政机关行使职权的一定幅度以供行政机关进行自由裁量，如果行政机关超越了法律、法规规定的幅度实施行政行为，则构成程度越权。第四，超越行政机关行使权力的级别范围。人民法院对属于超越职权的行政行为应坚决予以撤销。

（5）滥用职权。这是指行政机关实施行政行为的权力虽未超越其职权范围，但行政机关不正当地行使职权，违反了法律、法规赋予其该项职权的目的。滥用职权通常表现为以下情况：第一，行政机关行使权力不是出于公共利益，而是出于私人利益或下属团体、组织、单位的利益；第二，行政机关行使权力的目的虽符合公共利益，但不符合法律授予这种权力的特定目的；第三，不适当的考虑，指行政机关作出行政行为时，考虑了不应当考虑的因素，或者没有充分考虑应当考虑的因素；第四，采用极其粗暴的方式对待当事人；第五，故意迟延和不作为；第六，不一致的解释，即行政机关在适用法律规范时，对法律规范不经法定程序随意解释，而这些解释又相互矛盾和抵触；第七，反复无常，即行政机关在事实和其他情况没有发生变化的情况下，因其他因素的影响朝令夕改；第八，不寻常的背离，即行政机关在没有充分理由的情况下不遵循既定的先例或惯例；第九，行政决定违背一般人的理智，违背平等适用的原则，违反比例原则或者一般公平观念。

(6) 明显不当。因为我国在《行政诉讼法》总则中没有明确合理性审查原则，所以，明显不当应否作为行政诉讼撤销判决的理由之一，存在不同的观点。一种观点认为明显不当属于合理性问题而不是合法性问题，人民法院不应对行政行为的合理性进行审查和判断，否则会导致以司法权替代行政权，对行政行为的合理性进行判断，行政机关比法院更有优势。另一种观点认为合理行政一直是依法行政的重要内容，1989 年《行政诉讼法》规定人民法院对显失公正的行政处罚可以判决变更即在一定程度上体现了对明显不当行为的审查，《行政复议法》第 28 条已明确规定复议机关对“具体行政行为明显不当”可予以撤销，《行政诉讼法》与《行政复议法》的规定应保持一致，在行政裁量权不断扩展的历史背景下，如果只片面强调行政诉讼的合法性审查原则，而忽视对被诉行政行为的合理性审查，就很难做到案结事了，更无法回应人民群众对行政审判的新要求和新期待。2014 年新《行政诉讼法》采纳了后一种观点，把明显不当规定为撤销判决的理由之一。明显不当与“显失公正”的含义基本相同，它是指行政行为严重违反行政合理性原则而明显不合适、不妥当或者不具有合理性。明显不当的情形主要包括：第一，对违法行为的处罚显失公正的。同类违法行为，严重违法的处罚很轻而轻微违法的处罚很重；第二，明显违背国家基本方针政策的。如有些地方文件规定的收费项目，明显违背中央文件基本要求的；第三，为局部利益而影响全局工作的行政行为，如为建设乡镇企业行政机关违反政策强令农民解除农村土地承包合同。

撤销判决可细分为全部撤销判决、部分撤销判决和撤销并责令重作判决。全部撤销判决适用于整个行政行为全部违法或行政行为部分违法但不可分的情况；部分撤销判决适用于行政行为部分合法、部分违法且行政行为可分的情况；撤销并责令重作判决适用于行政行为因事实不清，适用法律、法规错误，违反法定程序，明显不当等被全部或部分撤销后尚需被告对行政行为所涉及的事项继续作出处理的情况，如原告的违法行为需要行政机关处罚，行政行为撤销后法律关系仍处于未定或者不稳定状态，需要借助行政行为予以恢复等。人民法院可根据具体情况，分别确定重新作出行政行为的条件或期限。一般说来，涉及事实不清的问题，宜作附条件的判决；如果事实已经清楚，只涉及定性或适用法律方面的问题，宜作附期限的判决。

全部撤销判决生效后，被撤销的行政行为对相对人自始无效，以后也不发生任何效力，相对人有权请求赔偿行政行为所造成的损害；部分撤销判决就其被撤销的部分而言，与全部撤销判决的效力相同，行政行为未被撤销的部分继续有效；撤销并责令重作判决作出后，被告不得以同一事实和理由作出与原行政行为基本相同的行政行为，如果重新作出的行政行为与原行政行为结果相同，但主要事实或者主要理由有改变的，不受此限。同时，人民法院以违反法定程序为由，判决撤销被诉行政行为的，行政机关重新作出行政行为，也不受此限。这是因为法院判决撤销并责令重作行政行为，如果行政机关能以同样的事实或理由作出与原行政行为基本相同的行政行为，则司法对行政的监督无法实现，也难以保护相对人的合法权益，但事实和理由都属于实体问题，违反法定程序固然可能影响实体处理结果，但两者之间并无必然联系，原来的事实、理由仍可能支持作出因违反法定程序而被撤销重作的行政行为，因此对仅因违反法定程序而被判决撤销的，行政机关在重作行政行为时才可以相同的事实或理由作出与原行政行为基本相同的行政行为。

另外，人民法院在按照上述六个方面对被诉行政行为进行合法性审查时，如果该行为还涉及其他相关联的行政行为，并且关联行为还是被诉行政行为赖以作出的基础，人民法院应当一并对关联行为进行合法性审查。关联行政行为在行政许可领域大量存在。比如，饭店的营业许可就需要以卫生许可和消防许可等行政行为为基础。与被诉行政行为相比，法院对关联行政行为的审查强度相对更低。例如，在行政许可领域，法院只从以下 4 个方面审查作为被诉行政许可行为基础的其他行政决定或者文书：是否明显缺乏事实根据；是否明显缺乏法律依据；是否超越职权；是否有其他重大明显违法情形。如果有上述情形之一的，法院将对关联决定或文书不予认可，这将很可能导致被诉行政行为被撤销或被确认违法。根据“最高法院行政诉讼法 2018 年解释”第 89 条的规定，复议决定改变原行政行为错误，人民法院判决撤销复议决定时，可以一并责令复议机关重新作出复议决定或者判决恢复原行政行为的法律效力。

3. 履行判决（课以义务判决）及其适用条件。履行判决是人民法院经过审理，在查明案件事实的基础上，对不履行法定职责的行政主体，责令其在一定期限内履行法定职责的判决。《行政诉讼法》第 72 条规定：“人民法院经过审理，查明被告不履行法定职责的，判决被告在一定期限内履行。”履行判决在性质上属于给付判决，即在确定当事人之间存在行政法律关系的前提下，判令负有义务的当事人履行一定义务的判决。适用履行判决必须具备以下条件：第一，被告对相对人负有履行某项义务的法定职责；第二，相对人向负有法定职责的行政机关提出了合法的申请。当然，在紧急情况下或者行政机关依其职权应主动作出行政行为的，可以不受此条件的限制；第三，被告具有逾期不履行法定职责的客观事实，不履行包括拒绝履行、拖延履行、实际未履行、不完全履行和不适当履行等。拒绝履行是指行政机关以明示的方式拒绝履行法定职责。拖延履行是指行政机关已经明示即将履行法定职责或者明知负有法定职责，但在法定期限或合理期限内没有履行或者没有履行完毕。实际未履行是指行政机关对相对人的申请不予理睬，不采取任何措施。不完全履行是指行政机关虽然履行了部分义务，但是没有履行其应该履行的全部义务。不适当履行是指行政机关虽然实施了履行法定职责的行为，但没有达到履行职责的目的；第四，被告不履行职责没有法律所规定或认可的理由；第五，判决被告履行对原告仍有意义。

履行判决除与其他判决一样具有拘束力和既判力外，还具有较强的执行力。法院判决履行法定职责，应明确指出其所应履行职责的内容和履行期限。履行判决一经生效，被诉行政机关必须按判决所确定的内容和期限履行其法定职责，否则，原告可申请人民法院或由人民法院依职权按《行政诉讼法》第 96 条的有关规定处理。

履行判决与重作判决有时较为相似，但履行判决针对的是授益行政领域的应申请行政行为，并且针对的是行政机关没有裁量权的情形，因此履行判决可以对行政机关的职责履行作出较为具体的要求，而重作判决并非如此。《最高人民法院关于审理行政许可案件若干问题的规定》第 11 条规定，“人民法院审理不予行政许可决定案件，认为原告请求准予许可的理由成立，且被告没有裁量余地的，可以在判决理由写明，并判决撤销不予许可决定，责令被告重新作出决定。”这里虽然使用的是“重新作出决定”，但不应认为是重作判决。在被告没有裁量余地的情况下，人民法院已经作出判断，认定原告应获得许可，因此这里的“重新作出决定”应理解为被告必须作出准予许可的决定。“最高法院行政诉讼法 2018 年解释”第 91 条进一步规定，原告请求被告履行法定职责的理由成立，被告违法拒绝履行或者无正当理由逾期不予答复的，人民法院可以根据《行政诉讼法》第 72 条的规定，判决被告在一定期限内依法履行原告请求的法定职责；尚需被告调查或者裁量的，应当判决被告针对原告的请求重新作出处理。

4. 一般给付判决及其适用条件。一般给付判决是指具有公法上请求权的公民、法人或者其他组织对行政机关不履行给付义务的行为不服提起行政诉讼，人民法院经过审理，查明被告依法负有给付义务的，判决被告履行给付义务的判决。《行政诉讼法》第 73 条规定："人民法院经过审理，查明被告依法负有给付义务的，判决被告履行给付义务"，这是 2014 年新《行政诉讼法》根据服务政府建设的要求增加的一种行政诉讼判决。"最高法院行政诉讼法 2018 年解释"第 92 条规定："原告申请被告依法支付抚恤金、最低生活保障待遇或者社会保险待遇等给付义务的理由成立，被告依法负有给付义务而拒绝或者拖延履行义务的，人民法院可以根据行政诉讼法第七十三条的规定，判决被告在一定期限内履行相应的给付义务。"一般给付判决的适用应同时具备以下条件：(1) 被告依法负有给付义务。这里的给付义务是法定职责以外的其他行政义务，包括财产或金钱给付，如支付抚恤金、最低生活保障待遇或者社会保险待遇等，也包括信息行为、对生存照顾和基础设施的给付、因行政合同提起的诉求等；(2) 被告未履行给付义务，包括逾期未履行、拒绝履行或者未完全履行；(3) 原告具有公法上给付的请求权；(4) 被告未履行给付义务没有法律所规定或认可的理由；(5) 判决被告履行给付义务对原告有意义。

给付判决除与其他判决一样具有拘束力和既判力外，还具有较强的执行力。人民法院判决被告履行给付义务，如果原告的给付请求完全符合条件，而且被告没有裁量余地的，人民法院可以在判决中明确规定给付内容；如果被告具有给付义务，但对给付的内容和方式有裁量余地的，人民法院可以判决被告承担相应的给付义务，但对给付的内容和方式不作具体要求；如果法院只能认定被告负有给付义务，但因案件的事实和法律适用比较复杂，难以确定给付的内容和方式的，人民法院可以判决被告承担给付义务，但不涉及给付的内容和方式。履行判决用于支持相对人请求行政机关作出行政行为，而一般给付判决用于支持相对人请求行政机关作出行政行为以外的其他给付，两者在功能上具有相互排斥、相互补充的特点。

5. 确认判决及其适用条件。确认判决是人民法院经过审理，在查明案件事实的基础上，对行政行为是否合法、有效所作的判决。它在行政诉讼判决中具有基础性地位，无论是撤销判决、履行判决，还是一般给付判决，都隐含着一个确认判决。也就是说确认判决通常是作出其他判决的先决条件。确认判决具有补充性和宣示性，补充性是指确认判决只有在其他判决不能提供有效救济时才能适用，宣示性是指确认判决只需确认当事人之间存在或者不存在法律关系、行政行为是否违法或者无效，无须判令一方当事人履行义务，也无须判令撤销或者变更行政行为。1989 年《行政诉讼法》对确认判决未作明确规定，但"最高法院行政诉讼法 2000 年解释"第 57 条、第 58 条和《关于审理行政许可案件若干问题的规定》第 10 条根据司法实践的需要，还是规定了确认判决。2014 年新《行政诉讼法》第 74 条、第 75 条和第 76 条总结司法实践的成功经验，进一步将司法解释的规定上升为法律，明确规定了确认违法判决和确认无效判决及其适用条件。

(1) 确认违法判决。确认违法判决是指人民法院经审查后认为被诉行政行为违法但不宜或不需要作出撤销或者履行判决，转而确认被诉行政行为违法的判决。确认违法判决是对被诉行政行为的一种否定性评价。根据 2014 年新《行政诉讼法》第 74 条的规定，确认违法判决分为确认违法但不宜撤销行政行为和确认违法但不需要撤销或者判决履行两类。第一，确认违法但不宜撤销行政行为。行政行为有下列情形之一的，人民法院判决确认违法，但不撤销行政行为：其一，行政行为依法应当撤销，但撤销会给国家利益、社会公共利益造成重大损害的。行政行为具有主要证据不足，适用法律、法规错误，违反法定程序，超越职权，滥用职权或者明显不当，根据《行政诉讼法》第 70 条的规定，本应判决撤销或者部分撤销，但撤销判决会给国家利益、社会公共利益造成重大损害时，则应以确认违法判决取代撤销判决。其二，行政行为程序轻微违法，但对原告权利不产生实际影响的。行政行为一般违反法定程序，根据《行政诉讼法》

第70条的规定，本应判决撤销，行政行为构成重大且明显的程序违法，根据《行政诉讼法》第75条的规定，本应判决确认无效，但行政行为程序轻微违法，如果判决撤销、被告重新作出行政行为，结果仍与原行政行为一样，对各方面而言都不经济，对原告的实体权益也无益处，因此，被诉行政行为程序轻微违法，对原告权利不产生实际影响的，人民法院可以判决确认违法，但不撤销行政行为。“最高法院行政诉讼法2018年解释”第96条规定：“有下列情形之一，且对原告依法享有的听证、陈述申辩等重要程序性权利不产生实质损害的，属于行政诉讼法第七十四条第一款第二项规定的‘程序轻微违法’：（一）处理期限轻微违法；（二）通知、送达等程序轻微违法；（三）其他程序轻微违法的情形。”第二，确认违法但不需要撤销或者判决履行。行政行为有下列情形之一，不需要撤销或者判决履行的，人民法院判决确认违法：其一，行政行为违法，但不具有可撤销内容的。行政行为违法但不具有可撤销的内容主要是行政机关作出的不创设新的行政法律关系但在实际上影响当事人利益的事实行为，如执行行为，或者与执行职务有密切联系的殴打、损毁财物行为，这些事实行为即使违法，因没有可撤销的内容，所以也不需要作出撤销判决，人民法院只需要作出确认违法判决。其二，被告改变原违法行政行为，原告仍要求确认原行政行为违法的。被告改变（包括撤销和变更）了原行政行为，原行政行为在法律上已经不存在，无法撤销，如果原告认为被告改变行政行为已经达到自己的诉讼目的，可以申请撤诉，如果原告坚持认为原行政行为已经对其造成了伤害或者基于其他原因，仍要求确认原行政行为违法，人民法院经审查认为原行政行为违法的，可以判决确认违法。原告起诉被告不作为，在诉讼中被告作出行政行为，原告不撤诉，仍要求确认不作为违法的，人民法院经审查认为不作为违法的，应作出确认不作为违法的判决，认为不作为不违法的，应作出驳回原告诉讼请求的判决。其三，被告不履行或者拖延履行法定职责，判决履行没有意义的。被告不履行或者拖延履行法定职责，根据2014年新《行政诉讼法》第72条的规定，本应判决被告在一定期限内履行。但有些情况下，因时过境迁或者原告请求的时效性很强，事后判决被告履行职责对原告已无实际意义，如公民申请行政机关履行保护人身权或者财产权的法定职责，在损害已经发生后再判决行政机关履行保护职责就没有意义，又如相对人申请在奥运会期间做广告，在奥运会结束后再判决行政机关履行许可职责也没有意义。此时，人民法院应判决确认被告不履行或拖延履行法定职责的行为违法，并可以同时判令被告采取补救措施，承担赔偿责任。被诉的准予行政许可决定违反决定时的法律规范但符合新的法律规范，可以判决确认该决定违法。这是因为被诉的准予行政许可决定已经具有一种值得法律保护的法的安定性价值，所以不宜采用撤销判决。确认行政许可违法，可以保留行政许可的效果，既能照顾到被许可人的利益，也能为原告的损害求偿保留空间。

（2）确认无效判决。确认无效判决是指人民法院经审查认为被诉行政行为具有重大且明显的违法情形而确认其无效的判决。确认无效判决是对被诉行政行为从效力方面作出的一种否定性评价，而确认违法判决是从合法性方面对被诉行政行为作出的一种否定性评价。2014年新《行政诉讼法》第75条规定：“行政行为有实施主体不具有行政主体资格或者没有依据等重大且明显违法情形，原告申请确认行政行为无效的，人民法院判决确认无效”。虽然2014年新《行政诉讼法》第75条只明确列举了行政行为的实施主体没有行政主体资格和行政行为没有依据两种无效的情形，但“等”字意味着重大且明显的违法情形并不限于这两种。“最高法院行政诉讼法2018年解释”第99条对重大且明显违法进行了解释，明确规定重大且明显违法包括行政行为实施主体不具有行政主体资格、减损权利或者增加义务的行政行为没有法律规范依据、行政行为内容客观上不可能实施和其他重大且明显违法的情形。因此，确认无效判决适用于下列情形：其一，被诉行政行为的实施主体不具有行政主体资格。行政主体是指具有行政管理职能，能够以自己的名义作出行政行为并独立承担法律后果的行政机关或者法律、法规、规章授权的组织。法律、法规、规章授权的组织只在授权范围内才具有行政主体资格，超出授权范围即不具有行政主体资格，行政机关则通常具有行政主体资格，一般超越职权范围不能视为行政机关没有行政主体资格，只有在极个别的情况下，行政机关明显超越了法律规定的专属权限范围，如工商行政机关限制了公民人身自由，民政机关吊销了企业的营业执照等，才能视为行政机关没有行政主体资格。既然行政行为的实施主体不具有行政主体资格，就意味着行政行为不能成立，因此，被诉行政行为的实施主体不具有行政主体资格的，人民法院当然可以判决确认行政行为无效。其二，减损权利或者增加义务的被诉行政行为没有法律规范依据。没有法律规范依据是指行政主体作出行政行为时没有法律、法规、规章等规范性文件的依据。包括完全没有法律规范依据和视为没有法律规范依据两种情况。完全没有法律规范依据是行政行为完全没有法律、法规、规章等规范性文件的依据，即行政行为缺乏任何法律依据。视为没有法律规范依据是指行政行为虽然有规范性文件的依据，但因该规范性文件直接、明显违反上位法的规定，如限制人身自由的行政处罚和行政强制措施，只有法律才能设定，如果法律以下的规范性文件设定了限制人身自由的行政处罚或行政强制措施，即视为行政行为没有法律规范依据。其三，被诉行政行为的内容客观上不可能实施。客观上不可能实施，主要是指行政行为的内容对任何人均属于不能实现。主要包括：1）客体不能。如行政机关命令拆除已经不存在的违法建筑。2）时限不能。如在非紧急情况下，行政机关要求相对人在1小时内拆除违法建筑。3）成本不能。如行政机关要求公民承担的义务，虽然在科技上有可能，但将耗费公民巨额的金钱。4）自身不能。行政机关针对公民作出的行政行为虽然对绝大多数人并非客观上无法实现，但是对特定个体，由于其身体状况、年龄等原因无法履行。5）其他不能。如行政机关注销从未存在过的证照等。其四，被诉行政行为具有其他重大且明显违法的情形。如被诉行政行为违背地域专属管辖，无法辨认作出行政行为的行政机关，应当通过颁发证书的方式作出但没有遵守书面形式规定，实施可能导致相对人犯罪，严重违反公共秩序或者善良风俗等，人民法院对具有此类情形的行政行为也可作出确认无效判决。行政行为的实施主体没有行政主体资格、行政行为没有法律规范依据、行政行为的内容客观上不可能实施，以及行政行为具有其他重大且明显违法情形，都意味着行政行为虽有行政行为的外形，但自始至终不产生任何法律效果，属于无效行政行为，人民法院可以判决确认行政行为无效。应当注意的是，人民法院判决确认行政行为无效，应当由原告提出确认无效的申请，而确认行政行为违法的判决却不需要原告提出申请。

根据“最高法院行政诉讼法2018年解释”第94条的规定，公民、法人或者其他组织起诉请求撤销行政行为，人民法院经审查认为行政行为无效的，应当作出确认无效的判决。公民、法人或者其他组织起诉请求确认行政行为无效，人民法院审查认为行政行为不属于无效情形，经释明，原告请求撤销行政行为的，应当继续审理并依法作出相应判决；原告请求撤销行政行为但超过法定起诉期限的，裁定驳回起诉；原告拒绝变更诉讼请求的，判决驳回诉讼请求。

2014年新《行政诉讼法》第76条规定：“人民法院判决确认违法或者无效的，可以同时判决责令被告采取补救措施；给原告造成损失的，依法判决被告承担赔偿责任。”这里的“补救措施”是一个弹性用语，赋予了人民法院便宜行事的权力，人民法院在判决时应根据案件的具体情况，尽可能明确补救措施的具体内容，使原告胜诉后获得实际的救济，当然，补救措施应在行政机关的权限或职责范围内。人民法院对责令采取补救措施的判决有一定的裁量权，但被诉行政行为被确认违法或者无效且对相对人造成了损失的，人民法院必须作出行政赔偿判决，没有自由裁量的余地。

6. 变更判决及其适用条件。变更判决是指人民法院经过审理，在查明案件事实的基础上，运用国家审判权直接改变被诉行政行为而作出的判决。2014 年新《行政诉讼法》第 77 条规定："行政处罚明显不当，或者其他行政行为涉及对款额的确定、认定确有错误的，人民法院可以判决变更。人民法院判决变更，不得加重原告的义务或者减损原告的权益。但利害关系人同为原告，且诉讼请求相反的除外。"这一规定，既赋予了人民法院司法变更权，同时也对其适用条件进行了一定的限制，变更判决适用于：（1）行政处罚明显不当的。所谓明显不当，是指行政处罚虽然表面上没有违反法律、法规的强行性规定，但违反了法律的目的和精神，以致具有一般理智的人都认为处罚不公正，客观上表现为畸轻畸重；（2）行政处罚以外的其他行政行为涉及对款额的确定或者认定确有错误的。其他行政行为主要包括行政给付、行政裁决、行政合同、行政奖励、行政补偿等。由于款额的确定或者认定，只是一个技术问题，由法院或者行政机关确定或认定，结果应当都是一样的，为了节约各方面的成本和时间，2014 年新《行政诉讼法》明确规定行政处罚以外的其他行政行为涉及对款额的确定或者认定确有错误的，人民法院可以判决变更。人民法院作出变更判决的前提是行政行为已经成立且有效。如果人民法院在审理中发现行政行为并不成立时，不能直接变更，否则违反了法院与行政机关之间的职权分工原则。人民法院判决变更，不得加重原告的义务或者减损原告的权益。但利害关系人同为原告，且诉讼请求相反的，人民法院在变更判决中可以加重对原告的处罚。人民法院对于行政机关应给予处罚而没有给予处罚的人不能适用变更判决而直接给予行政处罚，而只能向有关行政机关提出司法建议。根据 2014 年新《行政诉讼法》第 61 条的规定，被告对平等主体之间民事争议所作的裁决违法，民事争议当事人要求人民法院一并解决相关民事争议的，人民法院可以一并审理。因此，对于行政裁决行为，人民法院可以作出变更判决。

7. 行政协议（合同）判决。前述六种判决是根据原告的诉讼请求不同进行的分类，而行政协议（合同）判决是基于行政协议（合同）与行政行为的区别而进行的分类。行政协议（合同）判决是 2014 年新《行政诉讼法》第 78 条为应对行政诉讼受案范围的扩大而增加的判决种类。新《行政诉讼法》第 12 条第 1 款第 11 项规定，人民法院受理公民、法人或者其他组织认为行政机关不依法履行、未按照约定履行或者违法变更、解除政府特许经营协议、土地房屋征收补偿协议等协议而提起的诉讼，行政协议（合同）案件，法院既然能受理了，当然就要规定与其相适应的判决种类。新《行政诉讼法》第 78 条规定："被告不依法履行、未按照约定履行或者违法变更、解除本法第十二条第一款第十一项规定的政府特许经营协议、土地房屋征收补偿协议等协议的，人民法院判决被告承担继续履行、采取补救措施或者赔偿损失等责任。被告变更、解除本法第十二条第一款第十一项规定的协议合法，但未依法给予补偿的，人民法院判决给予补偿。"由此可见，对于行政协议（合同）案件，人民法院可以根据不同情况作出多种判决：（1）履行判决。被告不履行、未按照协议约定履行或者违法变更、解除行政协议（合同）的，人民法院可以判决被告承担继续履行的责任。继续履行是指协议当事人一方不履行协议义务或者履行协议义务不符合约定时，经另一方当事人请求，法律强制其按照协议的约定继续履行协议的义务。继续履行判决的适用条件包括：第一，行政机关存在不依法履行、未按照约定履行或者违法变更、解除协议等违法违约行为。不依法履行、未按照约定履行主要表现为迟延履行、不完全履行和拒绝履行。第二，行政相对人须请求法院判决行政机关继续履行协议。如果相对人不愿意行政机关继续履行协议，而是要求解除协议，法院不能判决行政机关继续履行。第三，须行政机关能继续履行。如果行政协议在事实或法律上不能履行的，人民法院不能判决行政机关继续履行。判决继续履行可以确定新的履行期限。法律规定有履行期限的，可以依照法律规定确定；法律没有规定履行期限的，当事人可以就履行期限进行协商，设定宽限期或延展期。新的履行期限应在裁判文书中载明。（2）判决采取补救措施。被告不履行、未按照协议约定履行或者违法变更、解除行政协议（合同）的，人民法院可以判决被告采取补救措施。新《行政诉讼法》没有规定补救措施的具体种类，人民法院可以根据实际情况判决被告采取补救的具体措施，但必须受行政机关职责权限范围的限制。（3）判决赔偿损失。行政机关不依法履行、未按照协议约定履行或者违法变更、解除行政协议（合同），给相对人造成财产损失的，人民法院可以判决行政机关赔偿损失。行政机关在订立或者履行行政协议过程中，有违法失职行为，致使相对人合法权益受到损害的，由行政机关承担赔偿责任。行政协议对赔偿有约定的，依其约定。如果依照国家赔偿法的赔偿数额高于协议约定的，依照国家赔偿法的规定。在行政机关违约的情况下，如果有些损失是相对人在订立协议时能够预见的，这部分损失应适当扣减。在行政机关违法违约并造成损害后，相对人必须采取合理的措施以防止损害的扩大，否则，相对人应对扩大部分的损害负责，行政机关也可以请求从损害赔偿金额中扣除本可以避免的损害。双方当事人都存在违约行为造成的损害，双方可以冲抵相应的赔偿责任，即行政机关仅就其差额部分进行赔偿。（4）补偿判决。行政机关因公共利益的需要变更、解除行政协议的行为合法，但未依法给予补偿的，人民法院判决给予补偿。此外，行政机关在行政协议（合同）的订立或者履行过程中，因行使指挥权、监督权、单方变更或者解除权、处罚权等而作出的行政行为，人民法院也可以适用撤销判决、确认违法判决、确认无效判决等。

鉴于复议机关维持原行政行为的，人民法院应当在审查原行政行为合法性的同时一并审查复议程序的合法性，因此“最高法院行政诉讼法 2018 年解释”第 136 条规定，人民法院对原行政行为作出判决的同时，应当对复议决定一并作出相应判决。人民法院依职权追加作出原行政行为行政机关或者复议机关为共同被告的，对原行政行为或者复议决定可以作出相应判决。人民法院判决撤销原行政行为和复议决定的，可以判决作出原行政行为的行政机关重新作出行政行为。人民法院判决作出原行政行为的行政机关履行法定职责或者给付义务的，应当同时判决撤销复议决定。原行政行为合法、复议决定违法的，人民法院可以判决撤销复议决定或者确认复议决定违法，同时驳回原告针对原行政行为的诉讼请求。原行政行为被撤销、确认违法或者无效，给原告造成损失的，应当由作出原行政行为的行政机关承担赔偿责任；因复议加重损害的，由复议机关对加重部分承担赔偿责任。原行政行为不符合复议或者诉讼受案范围等受理条件，复议机关作出维持决定的，人民法院应当裁定一并驳回对原行政行为和复议决定的起诉。

二、二审、再审行政判决及其适用

1. 二审行政判决及其适用。二审行政判决又称终审行政判决，是第二审人民法院运用第二审程序对行政案件所作的判决。第二审以第一审判决或裁定为审理对象，因此，第二审行政判决不仅要对行政争议所涉及的事实根据和法律依据作出结论，而且要对第一审判决或裁定的事实根据和法律依据作出结论。人民法院审理上诉案件，除了有特殊情况经高级人民法院或最高人民法院批准延长审限外，必须自收到上诉状之日起 3 个月内作出二审行政判决。二审行政判决一经宣布或送达即发生法律效力，当事人即使不服，也不能再提起上诉，而只能向原审人民法院或者其上一级人民法院提起申诉，申请实行再审。根据《行政诉讼法》的规定，二审行政判决包括：

（1）判决或者裁定驳回上诉，维持原判决或者裁定。第二审人民法院通过对上诉案件的审理，确认一审判决或者裁定认定事实清楚，适用法律、法规正确，从而作出的否定和驳回上诉人的上诉，肯定一审判决或者裁定的合法性并维持一审判决或裁定的判决。根据新《行政诉讼法》第89条第1款第1项的规定，维持原判决或者裁定必须同时具备以下条件：第一，原判决或者裁定认定事实清楚。这是指一审判决或者裁定对行政行为合法性的裁判有可靠的事实基础和确凿的证据支持，这些事实和证据不应该存在疑点，不应该相互矛盾，否则，即不能认定原判决、裁定认定事实清楚。认定事实清楚也要求认定事实正确，如果认定事实清楚但不正确，也不能维持原判决或者裁定。第二，原判决或者裁定适用法律、法规正确。这是指一审法院适用法律、法规恰如其分，没有适用不应当适用的法律规范，也没有遗漏应当适用的法律规范；不仅适用实体法是正确的，而且适用程序法也是正确的，包括参照适用规章是正确的。

（2）依法改判、撤销或者变更。第二审人民法院通过对上诉行政案件的审理，确认一审判决或者裁定认定事实错误或者适用法律、法规错误的，而以判决或者裁定的方式依法改判、撤销或者变更。根据新《行政诉讼法》第89条第1款第2项的规定，一审判决或者裁定认定事实错误、适用法律、法规错误或者认定事实和适用法律均有错误的，二审人民法院可以依法改判、撤销或者变更。根据“最高法院行政诉讼法2018年解释”第109条第1款的规定，第二审人民法院经审理认为原审人民法院不予立案或者驳回起诉的裁定确有错误且当事人的起诉符合起诉条件的，应当裁定撤销原审人民法院的裁定，指令原审人民法院依法立案或者继续审理。

（3）发回原审人民法院重审或者查清事实后改判。根据新《行政诉讼法》第89条第1款第3项的规定，第二审人民法院通过对上诉行政案件的审理，确认一审判决认定基本事实不清、证据不足的，发回原审人民法院重审，或者查清事实后改判。基本事实就是对一审判决的结果有直接影响、用以确定当事人主体资格、行政法律关系性质、具体权利义务和法律责任等主要内容所依据的事实。但是，如果原审法院由于主客观条件的限制，很难或者不可能查清该案事实，而二审法院却很容易查明，为了提高行政审判效率，二审法院就不必发回重审，可以查明事实后直接依法改判。

（4）裁定撤销原判决，发回原审人民法院重审。根据新《行政诉讼法》第89条第1款第4项的规定，原判决遗漏当事人或者违法缺席判决等严重违反法定程序的，裁定撤销原判决，发回原审人民法院重审。遗漏当事人主要是指遗漏原告、被告、第三人。违法缺席判决是指不符合缺席判决的条件或者违反缺席判决的程序而作出缺席判决。此外，承办案件的审判人员、书记员应当回避而未回避、未经开庭审理即作出判决，也属于严重违反法定程序的情形，二审法院也应裁定撤销原判，发回重审。原审人民法院对发回重审的案件作出判决后，当事人提起上诉的，第二审人民法院不得再次发回重审。人民法院审理上诉案件，需要改变原审判决的，应当同时对被诉行政行为作出判决。二审法院改变原审判决是对原审判决的否定，相应地，被诉行政行为的合法性也需要重新进行认定，否则可能使被诉行政行为合法性处于不确定的状态。

2. 再审行政判决及其适用。再审行政判决是人民法院运用审判监督程序所作的行政判决。新《行政诉讼法》第90条规定：“当事人对已经发生法律效力的判决、裁定，认为确有错误的，可以向上一级人民法院申请再审，但判决、裁定不停止执行。”根据新《行政诉讼法》第91条的规定，当事人的申请符合下列情形之一的，人民法院应当再审：第一，不予立案或者驳回起诉确有错误的；第二，有新的证据，足以推翻原判决、裁定的；第三，原判决、裁定认定事实的主要证据不足、未经质证或者系伪造的；第四，原判决、裁定适用法律、法规确有错误的；第五，违反法律规定的诉讼程序，可能影响公正审判的；第六，原判决、裁定遗漏诉讼请求的；第七，据以作出原判决、裁定的法律文书被撤销或者变更的；第八，审判人员在审理该案时有贪污受贿、徇私舞弊、枉法裁判的。根据“最高法院行政诉讼法 2018 年解释”第 110 条的规定，当事人向上一级人民法院申请再审，应当在判决、裁定或者调解书发生法律效力后 6 个月内提出。有下列情形之一的，自知道或者应当知道之日起 6 个月内提出：（1）有新的证据，足以推翻原判决、裁定的；（2）原判决、裁定认定事实的主要证据是伪造的；（3）据以作出原判决、裁定的法律文书被撤销或者变更的；（4）审判人员审理该案件时有贪污受贿、徇私舞弊、枉法裁判行为的。一般说来，如果原裁判认定事实清楚，适用法律、法规正确，则无论案件经过哪一级人民法院审结，均应裁定撤销原中止执行和决定再审的决定，执行原裁判。原裁判认定事实有错误，违反法律、法规的规定，如果是按照一审程序审结的，则按照一审裁判的形式，作出新的裁判；如果是按二审程序审结的，则可以撤销原裁判，发回一审法院重新审理。如果按第二审程序再审，发现原二审裁判事实清楚，但违反法律、法规的规定，可以依法改判。如果原一审裁判正确，二审裁判错误，可以撤销二审裁判而维持一审裁判。如果按第一审程序审理，则对再审裁判可以上诉；如果按第二审程序审理，则再审裁判为终审判决，不得对其提起上诉。

三、行政判决书

行政判决书是人民法院依法审理后对行政案件如何处理所作的一种书面意思表示。第一审行政判决书应包括以下几个部分。

1. 首部。首部应写明本案的基本情况，具体包括：第一，标题编号。行政判决书应标明作出判决的人民法院的名称，判决类别、案件的法院编号，例如，武汉市洪山区人民法院行政判决书（2001）年度洪行初字第 22 号。第二，所有诉讼参加人的基本情况。参加人是自然人的，要写明其姓名、性别、年龄、民族、籍贯、职业、住址。参加人是法人或其他组织的，应写明法人或其他组织的名称、地址，法定代表人的姓名、职务。有第三人参加诉讼的，根据第三人系自然人还是组织分别按上述要求写明。对于委托代理人的姓名、所属单位和职务也应写明。第三，案由。案由应按诉讼请求的内容和性质进行概括，如“申请颁发学位证书”“请求确认行政行为违法”等。第四，开庭审理的时间、审判组织及审判方式。

2. 正文。正文是判决书的核心内容，一般由以下内容组成：第一，争议焦点。要求简明扼要地叙述被诉行政行为的主要内容，当事人的起诉、答辩、陈述的请求、理由和事实根据。第二，合法性审查情况。要求叙述基本案情，并写明合法性审查的全过程，包括当事人举证、质证情况，以及人民法院认证的过程和根据。第三，判决理由。要求说明被诉行政行为合法或违法的根据和理由，阐明人民法院的基本态度，以及判决所适用的行政法规范。第四，主文。要求写明法院对行政案件实体问题的处理决定和诉讼费用负担的决定。判决主文必须准确、具体、完整。准确，即文字表达要确切，不能模棱两可、含糊不清。具体，即不能过于原则、抽象，要能够执行。完整，即要彻底解决当事人之间的全部争议，不能漏判。

3. 尾部。尾部要求载明上诉期限、上诉审人民法院、提交上诉状及副本件数、合议庭组成人员署名、判决时间，注明“本件与原件核对无异”和书记员署名以及加盖人民法院印章。

第二节　行政诉讼的裁定和决定

一、行政诉讼裁定

1. 行政诉讼裁定概述。行政诉讼裁定，是人民法院在审理行政案件过程中，为解决本案的程序问题所作出的对诉讼参与人发生法律效果的司法决定（意思表示）。与行政判决相比，它具有以下特点：第一，行政裁定是人民法院在审理行政案件的过程中为解决程序问题所作出的决定，而行政判决是人民法院在审理行政案件的过程中为解决实体问题所作的最终决定。行政裁定一般不涉及当事人的实体权利、义务，而行政判决必定涉及当事人的实体权利、义务。所谓程序问题，是人民法院指挥当事人和其他诉讼参与人按照法定程序进行诉讼活动过程中发生的问题，或者是人民法院按照法定程序审理行政案件过程中发生的问题。裁定即使涉及实体问题，也只是人民法院为最终解决本案实体问题而在程序上所采取的暂时性或者临时性的应急措施，并不最终确定行政案件争议的权利义务关系即实体问题。第二，行政裁定在行政诉讼进行中的任何阶段都可以作出，具有很大的灵活性和适应性，而行政判决只能在案件审理终结时作出。在一个案件的审理中，人民法院可以根据需要作出多个裁定，而行政判决却只能有一个。第三，行政裁定所适用的法律依据是程序性规范，而行政判决所适用的法律依据主要是实体性规范。第四，行政裁定在形式上既可以是书面的，也可以是口头的，而行政判决必须是书面的。行政裁定即使是书面的，法律也没有规定特定的格式。行政判决不仅要求是书面的，而且有特定的格式要求。口头裁定通常是人民法院为了指挥诉讼程序的正常进行而由审判长、承办审判员口头作出。作出口头裁定的审判长、承办审判员如认为不当，可以随时撤销或变更。口头裁定适用于较为简单而且必须立即作出决定的程序事项，如延期审理等，口头裁定应当记入笔录。书面裁定通常涉及当事人的诉讼权利，或涉及对实体权利、义务采取临时性、应急性措施的事项。裁定书应当写明裁定结果和作出该裁定的理由。裁定书由审判人员、书记员署名，加盖人民法院印章。裁定书应按照民事诉讼法的规定送达当事人，不仅当事人受其约束，作出裁定的人民法院也受其约束，非依法定程序，不得自行撤销或变更。第五，行政裁定作出后，如果当事人不服，除了对法律规定的个别一审裁定可以上诉外，一般不享有上诉权；而一审行政判决作出后，如果当事人不服，除了最高人民法院的一审行政判决外，一般都享有上诉权。

2. 行政诉讼裁定的种类及适用条件

第一，不予立案的裁定。根据立案登记制的要求，人民法院接到原告的起诉状后，应进行初步的形式审查，认为符合《行政诉讼法》第 49 条规定的起诉条件的，应当登记立案。对当场不能判定是否符合起诉条件的，应当接受起诉状，出具注明收到日期的书面凭证，并在 7 日内决定是否立案。经过形式审查，人民法院认为有下列情形之一的，应当作出不予立案的裁定：请求事项不属于行政审判权限范围的；起诉人无原告诉讼主体资格的；起诉人错列被告且拒绝变更的；法律规定必须由法定或者指定代理人、代表人为诉讼行为，未由法定或者指定代理人、代表人为诉讼行为的；由诉讼代理人代为起诉，其代理不符合法定要求的；起诉超过法定期限且无正当理由的；法律、法规规定行政复议为提起诉讼必经程序而未申请复议的；起诉人重复起诉的；已撤回起诉，无正当理由再行起诉的；诉讼标的为生效判决的效力所羁束的；起诉不具备其他法定要件的。裁定书应当载明不予立案的理由。如果原告对不予立案的裁定不服，有权在接到裁定后 7 日内提起上诉。

第二，驳回起诉的裁定。这是指人民法院对案件立案受理后，在审理过程中发现原告的起诉不符合法定的起诉条件或者具有其他特殊情形时作出的驳回原告起诉的裁定。人民法院对已经立案的案件，发现有“最高法院行政诉讼法 2018 年解释”第 69 条规定情形之一的，裁定驳回起诉：（1）不符合《行政诉讼法》第 49 条规定的；（2）超过法定起诉期限且无《行政诉讼法》第 48 条规定情形的；（3）错列被告且拒绝变更的；（4）未按照法律规定由法定代理人、指定代理人、代表人为诉讼行为的；（5）未按照法律、法规规定先向行政机关申请复议的；

(6) 重复起诉的；(7) 撤回起诉后无正当理由再行起诉的；(8) 行政行为对其合法权益明显不产生实际影响的；(9) 诉讼标的已为生效裁判或者调解书所羁束的；(10) 其他不符合起诉条件的情形。人民法院经过阅卷、调查或者询问当事人，认为不需要开庭审理的，可以径行裁定驳回起诉。如果原告对驳回起诉的裁定不服，有权在接到裁定后 7 日内提起上诉。此外，根据"最高法院行政诉讼法 2018 年解释"第 82 条的规定，当事人之间恶意串通，企图通过诉讼等方式侵害国家利益、社会公共利益或者他人合法权益的，人民法院应当裁定驳回起诉或者判决驳回其请求。根据"最高法院行政诉讼法 2018 年解释"第 93 条的规定，原告请求被告履行法定职责或者依法履行支付抚恤金、最低生活保障待遇或者社会保险待遇等给付义务，原告未先向行政机关提出申请的，人民法院裁定驳回起诉。人民法院经审理认为原告所请求履行的法定职责或者给付义务明显不属于行政机关权限范围的，可以裁定驳回起诉。

第三，管辖异议的裁定。人民法院受理案件后，被告提出管辖异议的，应当在收到起诉状副本之日起 15 日内提出。对当事人提出的管辖异议，人民法院应当进行审查。但具有下列情形之一的，人民法院不予审查：(1) 人民法院发回重审或者按第一审程序再审的案件，当事人提出管辖异议的；(2) 当事人在第一审程序中未按照法律规定的期限和形式提出管辖异议，在第二审程序中提出的。管辖异议成立的，受诉人民法院裁定将案件移送给有管辖权的人民法院；异议不成立，应当裁定驳回。当事人对受诉人民法院所作的管辖异议裁定不服的，可以依法上诉。

第四，终结诉讼的裁定。根据"最高法院行政诉讼法 2018 年解释"第 88 条的规定，在诉讼过程中，有下列情形之一的，终结诉讼：(1) 原告死亡，没有近亲属或者近亲属放弃诉讼权利的；(2) 作为原告的法人或者其他组织终止后，其权利义务承受人放弃诉讼权利的；(3) 因"最高法院行政诉讼法 2018 年解释"第 87 条第 1 款第 1—3 项中止诉讼满 90 日仍无人继续诉讼的，人民法院可作出终结诉讼的裁定，但特殊情况除外。终结诉讼的裁定一经作出即产生法律效力，当事人不能上诉，也不能申请复议。

第五，中止诉讼的裁定。根据"最高法院行政诉讼法 2018 年解释"第 87 条的规定，在行政诉讼过程中，有下列情形之一的，人民法院可作出中止诉讼的裁定：(1) 原告死亡，须等待其近亲属表明是否参加诉讼的；(2) 原告丧失诉讼行为能力，尚未确定法定代理人；(3) 作为一方当事人的行政机关、法人或者其他组织终止，尚未确定权利义务承受人的；(4) 一方当事人因不可抗力的事由不能参加诉讼的；(5) 案件涉及法律适用问题，需要送请有权机关作出解释或者确认的；(6) 案件的审判须以相关民事、刑事或者其他行政案件的审理结果为依据，而相关案件尚未审结的；(7) 其他应当中止诉讼的情形。中止诉讼的裁定一经作出即发生法律效力，当事人不得上诉，不得申请复议。中止诉讼的原因消除后，恢复诉讼。但中止诉讼达到特定条件后人民法院可裁定终结诉讼。

第六，移送或者指定管辖的裁定。根据《行政诉讼法》第 22 条和第 23 条的规定，人民法院发现受理的案件不属于本院管辖的，应当裁定移送有管辖权的人民法院。受移送的人民法院应当受理，即便其认为受移送的案件按照规定不属于本院管辖，也应当报上级人民法院裁定指定管辖。有管辖权的人民法院因特殊原因不能行使管辖权的，或者发生管辖权争议的，由上级人民法院裁定指定管辖或者报争议法院的共同上级人民法院裁定指定管辖。

第七，裁定诉讼期间停止行政行为的执行或者驳回停止执行的申请。在行政诉讼进行期间，原则上不停止行政行为的执行，但当被告认为需要停止执行、原告或者利害关系人申请停止执行或人民法院认为该行政行为的执行会造成难以弥补的损失，并且停止执行不损害社会公共利益，或者法律、法规规定可以停止执行时，人民法院都可以裁定停止执行。原告或者利害关系人申请停止执行，而人民法院认为执行并不会造成难以弥补的损失，或者人民法院认为停止执行会损害国家利益、社会公共利益，则应驳回原告或者利害关系人停止执行的申请。当事人对于人民法院停止执行、不停止执行或者驳回停止执行申请的裁定不服的，可申请复议一次。

第八，财产保全的裁定。根据“最高法院行政诉讼法 2018 年解释”第 76 条的规定，在行政诉讼过程中，因一方当事人的行为或者其他原因，可能使行政行为或者人民法院生效裁判不能执行或者难以执行的案件，人民法院可以根据对方当事人的申请或者依职权作出财产保全的裁定。当事人对保全的裁定不服的，可以申请复议一次，复议期间不停止裁定的执行。

第九，先予执行的裁定。对于原告起诉行政机关没有依法支付抚恤金、最低生活保障金和工伤、医疗社会保险金等案件，权利义务关系明确，不先予执行将严重影响原告生活的，人民法院可以根据原告的申请，参照《民事诉讼法》第 106 条、第 107 条的规定，在作出判决前，依法裁定一方当事人先行履行一定的给付义务，或者立即实施某种行为，或者立即停止某种行为。

第十，准许或者不准许撤诉的裁定。根据《行政诉讼法》第 58 条和第 62 条的规定，原告在人民法院对案件宣告判决或者裁定前，可以主动申请撤诉，被告在人民法院对案件宣告判决或者裁定前改变其所作出的被诉行政行为，原告同意此种改变可以申请撤诉，原告经人民法院传票传唤，无正当理由拒不到庭，或者未经许可中途退庭的，按撤诉处理。法院对原告的申请进行审查，可以作出准许或者不准许撤诉的裁定。当事人对此种裁定不服，不能提起上诉或者申请复议。

第十一，补正裁判文书中笔误的裁定。裁判文书中的笔误是指错字、别字、用词不当、表达错误、误算以及正本与原本个别地方不符等失误，人民法院可以裁定加以补正。当事人对此种裁定不能上诉，也不能申请复议。但如果判决书遗漏部分诉讼请求、诉讼费用以及涉及当事人实体权利等内容，则应作出补充判决，不得以裁定为之。

第十二，中止或者终结执行的裁定。行政判决作出后，在执行的过程中，如果发生法定事由，如案外人对执行标的提出确有理由的异议，作为一方当事人的公民死亡而需要等待继承人继承权利或者承担义务等，使得执行程序无法继续进行的，人民法院应当作出中止执行的裁定；如果出现特殊情况使得执行程序没有必要再进行，或者再进行下去没有意义的，如据以执行的法律文书被撤销等，此时人民法院应当作出终结执行的裁定。中止执行的原因消除后，人民法院应当恢复执行。中止或者终结执行的裁定，可以适用《民事诉讼法》第 256 条、第 257 条和第 258 条的规定。

第十三，提审、指令再审或者发回重审的裁定。提审和指令再审是最高人民法院对地方各级人民法院、上级人民法院对下级人民法院作出的已经发生法律效力的判决、裁定，发现其有违反《行政诉讼法》第 91 条规定的八种情形之一的，依照审判监督程序予以纠正的方式。提审或者指令再审的裁定适用于以下情形：（1）不予立案或者驳回起诉确有错误的；（2）有新的证据，足以推翻原判决、裁定的；（3）原判决、裁定认定事实的主要证据不足、未经质证或者系伪造的；（4）原判决、裁定适用法律、法规确有错误的；（5）违反法律规定的诉讼程序，可能影响公正审判的；（6）原判决、裁定遗漏诉讼请求的；（7）据以作出原判决、裁定的法律文书被撤销或者变更的；（8）审判人员在审理该案时有贪污受贿、徇私舞弊、枉法裁判行为的。裁定发回重审主要是指原判决在事实认定或者审判程序上存在问题，为充分保障当事人的诉讼权利，由原审法院依照一审程序重新审理。原审判决遗漏了必须参加诉讼的当事人或者诉讼请求的，二审法院应当裁定撤销原审判决，发回重审；原审判决遗漏行政赔偿请求，二审法院经审理认为依法应当予以赔偿，而且当事人就赔偿问题不能达成调解协议的，应当就行政赔偿部分发回重审。

第十四，准许或者不准许执行行政机关的行政行为的裁定。公民、法人或者其他组织不服行政机关的行政行为，在法定期限内既不起诉又不履行的，行政机关可以依法强制执行或者申请人民法院强制执行。根据“最高法院行政诉讼法 2018 年解释”第 160 条的规定，人民法院受理行政机关申请执行其行政行为的案件后，应当在 7 日内由行政审判庭对行政行为的合法性进行审查，并作出是否准予执行的裁定。人民法院在作出裁定前发现行政行为明显违法并损害被执行人合法权益的，应当听取被执行人和行政机关的意见，并自受理之日起 30 日内作出是否准予执行的裁定。裁定不准予执行的，应当说明理由。根据“最高法院行政诉讼法 2018 年解释”第 161 条的规定，被申请执行的行政行为有下列情形之一的，人民法院应当裁定不准予执行：（1）实施主体不具有行政主体资格的；（2）明显缺乏事实根据的；（3）明显缺乏法律、法规依据的；（4）其他明显违法并损害被执行人合法权益的情形。行政机关对不准予执行的裁定有异议，在 15 日内向上一级人民法院申请复议的，上一级人民法院应当在收到复议申请之日起 30 日内作出裁定。

第十五，其他裁定。这是针对上述十四项裁定以外的事项作出的裁定。如根据《行政诉讼法》第 84 条的规定，人民法院在审理过程中，如果发现案件不宜适用简易程序的，裁定转为普通程序；根据《行政诉讼法》第 89 条的规定，对于原裁定认定事实清楚，适用法律、法规正确的，二审法院裁定驳回上诉，维持原裁定；对于原裁定认定事实错误或者适用法律、法规错误的依法裁定撤销或者变更。也就是说，当事人对裁定不服上诉的，二审法院一律使用裁定作出处理。

3. 行政裁定书。行政裁定书的内容及格式一般由以下几个部分组成：第一，首部。首部应写明裁定书的标题、案件的编号以及当事人的基本情况、诉讼代理人、案由等。第二，正文。正文主要由事实、理由、裁定三部分组成。事实是案件在程序上发生的或者客观上出现的事实，也是需要加以解决的问题；理由是法律上确认需要作出一定裁定的理由；裁定是根据事实和依据法律作出的程序性司法决定，是人民法院对裁定事项的意思表示，是裁定的结论部分。第三，结尾。结尾一般由审判员、书记员署名，但对案件决定再审的裁定书须由院长署名。任何种类的裁定书，均应加盖人民法院印章。如果法律规定对该种裁定可以上诉，在裁定书尾部应当记明上诉期间及上诉审人民法院。如属不能上诉的裁定，应记明“对本裁定不得提起上诉”的字样。如果是终审裁定，应记明“本裁定为终审裁定”的字样。对任何裁定书，均应注明“本裁定文本与原本相符”。

4. 行政裁定的效力。裁定只对案件参与人发生拘束力，对社会不发生拘束力。对于不准上诉的裁定，裁定一经宣布或送达即发生法律效力。对于可以上诉的裁定，只有在法定上诉期间内当事人不上诉，裁定才发生法律效力。某些可以依法申请复议的裁定（如是否停止行政行为的执行）一经作出即发生法律效力，当事人申请复议不影响裁定的执行。裁定一般在诉讼期间具有效力，随着诉讼的结束，裁定的效力自行消失。但有的裁定具有独立性，不依附于诉讼而持续存在，即使诉讼结束，裁定的效力并不随之消失。例如，准许原告撤诉的裁定发生法律效力后，原告不能对同一被告、同一行政行为，以同一事实和理由提起新的诉讼。

二、行政诉讼决定

1. 行政诉讼决定的概念。行政诉讼决定，是指人民法院为了保证行政诉讼的顺利进行，对诉讼中发生的某些特殊事项所作的处理决定。它具有不同于判决和裁定的特点：第一，行政诉讼决定所解决的是诉讼过程中可能出现的特殊问题，而行政判决所解决的是案件争议的实体问题，裁定所解决的是诉讼过程中发生的程序问题。第二，行政诉讼决定是为了保证案件的正常审理和诉讼程序的正常进行，或者为案件审理和诉讼活动的正常进行创造必要的条件，而不是对案件的实体问题作最终的结论和处理。第三，行政诉讼决定不是对案件的审判行为，不能依上诉程序提起上诉，当事人对决定不服，只能申请复议。

2. 行政诉讼决定的种类及适用范围。人民法院在行政诉讼中，对不属于判决或者裁定解决的问题，均可以采用决定的方式解决，主要包括：

第一，回避决定。对当事人提出的回避申请，人民法院应当在 3 日内以口头或者书面形式作出决定。申请人对驳回回避申请决定不服的，可以向作出决定的人民法院申请复议一次，复议期间，被申请回避的人员不停止参与本案的工作。对申请人的复议申请，人民法院应当在 3 日内作出复议决定，并通知复议申请人。

第二，采取强制措施的决定。诉讼参与人或者其他人员有妨害诉讼的违法行为，人民法院可以根据情节轻重，予以训诫、责令具结悔过或者处以 1 万元以下的罚款、15 日以下的拘留。对于训诫、责令具结悔过的强制措施，通常由审判长当庭作出口头决定，记入笔录即可；对于罚款、拘留的强制措施，经人民法院院长批准，由合议庭作出书面决定。当事人不服的，可以向上一级人民法院申请复议一次。复议期间不停止执行。

第三，延长诉讼期限的决定。公民、法人或者其他组织因不可抗力或者其他情况耽误法定期限的，在障碍消除后的 10 日内，可以申请延长期限，由人民法院决定。此外，高级人民法院和最高人民法院亦可作出是否延长审理期限的决定。

第四，延期审理的决定。有下列情形之一的，可以决定延期审理：（1）应当到庭的当事人和其他诉讼参与人有正当理由没有到庭；（2）当事人临时提出回避申请且无法及时作出决定的；（3）需要通知新的证人到庭，调取新的证据，重新鉴定、勘验，或者需要补充调查的；（4）其他应当延期的情形。

第五，合并审理的决定。有下列情形之一的，人民法院可以决定合并审理：（1）两个以上行政机关分别对同一事实作出行政行为，公民、法人或者其他组织不服向同一人民法院起诉的；（2）行政机关就同一事实对若干公民、法人或者其他组织分别作出行政行为，公民、法人或者其他组织不服分别向同一人民法院起诉的；（3）在诉讼过程中，被告对原告作出新的行政行为，原告不服向同一人民法院起诉的；（4）人民法院认为可以合并审理的其他情形。

第六，再审的决定。合议庭已经审结的行政案件，裁判发生法律效力后，若发现违反法律、法规的规定，认为需要再审的，由院长提交审判委员会讨论决定是否再审。审判委员会决定再审的，院长应当按照审判委员会的决定作出再审的决定。

第七，对重大、疑难行政案件的处理决定。合议庭审理的重大、疑难的行政案件，经评议后，合议庭应报告院长，由院长提交审判委员会讨论决定，制作判决，向当事人宣告、送达。

第八，执行程序的决定。执行过程中，案外人对执行标的提出异议的，由执行员进行审查，认为有理由的，报院长批准中止执行，由合议庭审查或审判委员会作出决定。

此外，行政机关拒绝履行判决、裁定的，人民法院可以作出从期满之日起对该行政机关负责人按日处以 50 元至 100 元的罚款决定。

3. 行政诉讼决定的形式。行政诉讼中的决定分为口头决定和书面决定两种形式。从审判实践看，人民法院对妨害诉讼行为的人作出的罚款和拘留决定，对行政机关拒绝履行判决或裁定的罚款决定，应当采用书面形式，即决定书的形式。但人民法院对当事人申请回避作出的决定，可以采用口头或者书面的形式，实践中一般都采用口头形式。人民法院对妨害诉讼行为的人作出的训诫、责令具结悔过的决定，审判委员会对重大或疑难行政案件的处理决定，以及审判委员会对已生效的行政案件的裁判认为应当再审的决定，以及其他处理内部关系的决定，实践中通常仅制作笔录，记录在案。行政诉讼决定书由首部、正文和尾部组成。首部应依次写明人民法院的名称，决定书的种类、案号，当事人的称谓和自然状况等。正文应写明案由、作出决定所依据的事实和理由、适用的法律和决定的具体内容。尾部应写明决定的效力、救济途径并署名。是否准许回避的决定，由审判委员会决定的，署人民法院的名称；由院长或者审判长决定的，分别由院长或审判长署名。罚款和拘留，都必须经人民法院院长批准，因此应由人民法院院长署名，并加盖人民法院的印章。

4. 行政诉讼决定的效力。行政诉讼决定一经作出，即发生效力，具有执行内容的，立即付诸执行。对影响当事人权利的决定，当事人可申请复议一次，但不因当事人申请复议而停止决定的执行和影响决定的效力。决定发生效力后，如果发现认定事实或者适用法律确有错误，可由作出决定的人民法院撤销、变更，但不能依审判监督程序进行再审，也不能通过上诉程序由上一级人民法院予以纠正。

法律应用

1. 关于撤销判决中适用法律、法规错误

行政机关作出行政行为时未引用具体法律条款，且在诉讼中不能证明该行政行为符合法律的具体规定，应当视为该行政行为没有法律依据，适用法律错误。（最高人民法院指导案例 41 号）

2. 关于确认无效判决的司法实践

对确认无效的诉讼请求，在现行《行政诉讼法》刚实施时，最高法院持谨慎态度。“虽然《中华人民共和国行政诉讼法》并没有明文规定请求确认行政行为无效是否适用起诉期限的规定，但根据一般诉讼原理，请求确认行政行为无效，仍须于适当期间内提起，如果时过境迁又重提旧事，则难以维持法律秩序的安定，并不无滥用诉权之嫌疑。”［最高人民法院（2016）行申 2233 号行政裁定书］但最近的判例却认为，“当事人针对新行政诉讼法实施之后作出的行政行为提起确认无效请求的，不受起诉期限的限制。”“重大且明显违法的行政行为即无效行政行为自始、绝对无效，不因时间的推移而具有合法效力。为避免当事人滥用确认无效请求以规避起诉期限制度，原告一方应当对行政行为符合无效的情形承担举证责任，被告一方亦可提出证据否定对方主张。”“人民法院应当审查行政行为是否属于无效情形，认为行政行为属于无效情形的，则不受起诉期限的限制；认为行政行为不属于无效情形的，人民法院应当向原告一方予以释明。原告请求撤销行政行为的，应当继续审理并依法作出相应判决；原告请求撤销行政行为但超过法定起诉期限的，裁定驳回起诉；原告拒绝变更诉讼请求的，判决驳回其诉讼请求。”［最高人民法院（2018）行申 2496 号行政裁定书］

3. 关于行政协议的判决要旨

行政协议一经签订，各方当事人必须严格遵守，行政机关无正当理由不得在约定之外附加另一方当事人义务或单方变更解除。本案中，出让地块对外公布的土地用途是“开发用地为商住综合用地，冷藏车间维持现状”，出让合同中约定为“出让宗地的用途为商住综合用地，冷藏车间维持现状”，但萍乡市国土局与亚鹏公司就该约定的理解产生分歧，萍乡市规划局的解释与挂牌出让公告明确的用地性质一致，且该解释是萍乡市规划局在职权范围内作出的，符合法律和实际情况，应对萍乡市国土局关于土地使用性质的判断产生约束力。行政机关在职权范围内对行政协议约定的条款进行解释，对协议双方具有法律约束力，人民法院经过审查，根据实际情况，可作为审查行政协议的依据。（最高人民法院指导案例 76 号）

4. 关于部分撤销判决的适用条件

人民法院适用部分撤销判决需要具备一定的条件：一是被诉行政行为的内容具有可分性，其中部分内容违法。二是行政相对人有两种以上的违法行为，受到同一行政机关两个以上的行政处罚，行政相对人对这些处罚均不服并提起行政诉讼，人民法院对诉的客体进行合并，在依法审理的基础上，若发现其中有一个行政处罚符合撤销的条件即可判决撤销该行政处罚，而对其他合法的行政处罚予以维持。三是两个或两个以上的行政相对人共同违法，同一行政机关分别对其予以行政处罚，受处罚的行政相对人均不服并提起行政诉讼，人民法院对诉的主体予以合并，在依法审理的基础上，若发现对一部分行政相对人的行政处罚符合撤销条件的，即可判决撤销，而对其他合法的行政处罚予以维持；或者两个或两个以上的行政机关同时对行政相对人实施行政行为，行政相对人均不服并提起行政诉讼，人民法院经并案审理以后，发现其中一个行政主体是不合法的行为主体，则可判决撤销该机关的行为，而维持其他行政机关所作的合法的行政行为。

5. 关于认定是否无理拖延的注意点

第一，行政主体的主观状态如何不影响无理拖延的成立。第二，行政相对人必须证明行政主体所负的法定义务是其应履行的义务，不是为一般公众所规定的司法应用的义务，即这种义务必须是特定的。第三，必须准确地确定行政主体履行该职责的合理时间。合理时间没有一个固定的标准，需要根据相应事项的难易程度、行政主体的客观条件、处理此类事项的惯用时间、是否有意志以外的特殊原因等因素，进行综合判断。如果法律、法规明确规定了行政机关履行法定职责的期限，而在该期限内未履行，则应视为拖延履行；如果法律、法规未明确规定行政机关履行法定职责的期限，而只是在行政机关内部规定了办理某事务的期限，则该期限可以作为认定被告是否及时履行职责的标准；如果连内部程序中也未规定期限的，则应当以行政机关处理类似事务惯常所需的时间为标准来认定是否构成拖延履行。人民法院作出履行判决，应在判决中对被告履行职责的期限作出明确的规定。

6. 关于“同一事实和理由”的认定

如果重新作出的行政行为与原行政行为的结果相同，但主要事实或主要理由有改变的，不属于“同一的事实和理由”。人民法院以违反法定程序为由判决撤销被诉行政行为，行政机关重新作出行政行为的，不受《行政诉讼法》第 71 条规定的限制。

课后复习

1. 什么是行政诉讼的判决、裁定和决定？三者之间有何区别？

2. 一审行政判决有哪几种？各自在什么条件下适用？
3. 行政诉讼裁定和决定分别适用于哪些事项？
4. 如何理解作为撤销行政行为依据之一的“主要证据不足”？
5. 如何理解作为撤销行政行为依据的“超越职权”、“滥用职权”和“明显不当”？
6. 人民法院作出变更判决时应注意哪些问题？

第二十七章
行政附带民事诉讼

提　　要

行政附带民事诉讼所要解决的争议是一种与被诉行政行为有内在联系的民事性质的争议，因而行政附带民事诉讼是两种不同性质的诉的并案处理，是以行政诉讼为前提的民事诉讼。实行行政附带民事诉讼，有其自身的优点和必要性。提起行政附带民事诉讼应当符合特定的条件。行政附带民事诉讼所要解决的民事争议应当符合人民法院主管权限范围。按民事争议与被诉行政行为关联程度的不同，可将行政附带民事诉讼分为几种。行政附带民事诉讼程序包括附带民事诉讼的提起、审理方式、审理规则及判决适用。

重点问题

1. 行政附带民事诉讼的概念与特点。
2. 行政附带民事诉讼的必要性。
3. 行政附带民事诉讼的条件与范围。
4. 行政附带民事诉讼的规则。

第一节　行政附带民事诉讼概述

一、行政附带民事诉讼的概念

所谓行政附带民事诉讼，是指行政诉讼当事人在行政诉讼过程中，提出了与行政争议具有一定关联性的民事争议诉讼请求，由人民法院在解决行政争议的同时并案解决民事争议的诉讼活动。它具有下列特点：第一，一个或者数个当事人提出了两个不同性质而又具有关联性的诉讼请求，即一个诉讼请求属于行政法律关系范畴，另一个诉讼请求属于民事法律关系范畴。第二，附带民事诉讼的原、被告是行政诉讼当事人，包括行政诉讼原告和第三人，但不包括行政机关。一方面，行政机关在行政案件中只能是行政法律关系中的行政主体，因而只会是行政诉讼被告，而不会同时为民事法律关系中的一方主体，不会享有民事权利；另一方面，公民、法人或者其他组织既是行政法律关系中的行政相对人，还是相关联的民事法律关系中的当事人。

也就是说，在本案中，附带民事诉讼的被告与行政诉讼的被告是分离的，而非同一的；附带民事诉讼的原告与行政诉讼的原告可能会是同一的，也可能会出现非同一。被告的非同一性特点，致使有人以刑事附带民事诉讼的被告的同一性作为根据，怀疑行政附带民事诉讼的存在与成立。其实，这正是行政附带民事诉讼与刑事附带民事诉讼的区别之一。所谓附带，在刑事附带民事诉讼中，就是因一定关联性使得民事诉讼依附于刑事诉讼而附带一并得到处理；在行政附带民事诉讼中，就是因一定关联性使得民事诉讼依附于行政诉讼而附带得到处理。第三，行政附带民事诉讼，是以行政诉讼为前提的。有关行政争议的解决，是提起民事诉讼请求的基础，而非可有可无。也就是说，可以只提起行政诉讼而不附带民事诉讼。因而，当事人也可以独立提起民事诉讼，而不必附带于行政诉讼之中。但在许多情况下，其前提条件就是有关制约或覆盖民事法律关系的行政争议已得到解决。第四，行政附带民事诉讼是人民法院将两个不同法律性质的诉讼请求进行并案审理。但它不同于共同行政诉讼中的合并审理。共同诉讼中的合并审理是在同一行政行为或者同样行政行为基础上进行的，具有诉讼请求性质和诉讼程序性质的相同性。附带民事诉讼在性质上是一种民事诉讼，所解决的法律争议属于民事权益争执。

二、行政附带民事诉讼的必要性

所谓行政附带民事诉讼是一个学理概念而非法律制度上的概念，行政诉讼法律制度中并无这样称谓或者用语的直接规定。有关行政诉讼中能否一并审理民事诉讼请求即附带民事诉讼，修改之前的《行政诉讼法》中没有对相关内容作出明确规定，因而许多人为此表示质疑。对此，“最高法院行政诉讼法 2000 年解释”第 61 条规定：“被告对平等主体之间民事争议所作的裁决违法，民事争议当事人要求人民法院一并解决相关民事争议的，人民法院可以一并审理。”《最高人民法院关于审理行政许可案件若干问题的规定》第 13 条第 2 款也规定：“在行政许可案件中，当事人请求一并解决有关民事赔偿问题的，人民法院可以合并审理。”我们认为，实行行政附带民事诉讼制度，有其自身的优点和必要性：第一，人民法院审理行政案件的同时，解决因行政行为而受严重影响的民事性质的争议更有利于实现行政诉讼法的保护公民、法人和其他组织合法权益的目的。行政机关在行政管理中，对那些与行政事项有关的民事关系的处理，本身也就包含着保护公民、法人和其他组织合法权益的目的与功能，而且这是现代行政职能中越来越明显的一个特点。通过行政作用维护公民、法人和其他组织的合法权益与对行政行为进行监督和审查的同时，直接处理相关的民事争议，应当说目的上相一致，客观上也更有利。也正是基于这样的认识，修改后的《行政诉讼法》第 1 条明确规定了“解决行政争议”是行政诉讼的目的之一。第二，有利于法院审判工作的统一性和同一性。人民法院在行政诉讼中对行政行为合法性进行审查时，无论行政行为是将有关民事性质的行为及关系作为处理决定的具体对象与内容，还是作为其处理决定所要认定与判别的事实和依据，只要是与行政行为有内在联系，就要影响行政行为的正确性、合法性，人民法院都要予以查明并判定。在行政诉讼中附带民事诉讼，有利于人民法院及时、正确地处理案件，避免不同审判组织分别就同一事实作出相互矛盾的认定并得出不同的结论。第三，符合诉讼效益原则，节约司法资源，减少当事人讼累。行政附带民事诉讼，可以将两次诉讼简化为一次进行，能够减少办案时间和不必要的手续重复，降低人力、物力的消耗，节省司法资源。任何程序的设置都具有两面性，即一方面会带来公正，但另一方面会妨碍效率，如何处理程序中的公正与效率，是当代诉讼体制改革和完善诉讼制度的核心问题，而行政附带民事诉讼应当是解决这一问题的重要方式之一。同时，实行行政附带民事诉讼，也可以便利当事人诉讼，减少当事人讼累。诉讼制度的设定，既要符合法律部门和案件性质的要求，同时在不违反或者混淆其专业属性的前提下，也应当更有利于当事人权益的最大合理、有效保护，体现解决法律纠纷、消解社会矛盾的精神，而不是将诉讼制度及相关程序设置得非常复杂、烦琐，除了非法律专业人士以外，一般人员无法理解、掌握和适用，似乎才符合诉讼法律制度的特点和要求。正是在上述司法解释和多年司法实践及其经验基础上，新修改后的《行政诉讼法》第 61 条第 1 款明确规定："在涉及行政许可、登记、征收、征用和行政机关对民事争议所作的裁决的行政诉讼中，当事人申请一并解决相关民事争议的，人民法院可以一并审理"。

三、行政附带民事诉讼的条件

1. 诉讼依附。行政附带民事诉讼，必然是民事诉讼依附于行政诉讼，即以行政诉讼的存在为前提条件。这里的"依附"表现在两点上：一是以行政诉讼的成立为前提，二是以行政诉讼的裁判为前提。行政附带民事诉讼是在提起行政诉讼前提下提起民事诉讼，并在行政诉讼中附带解决。因此，如果行政诉讼本身不成立，则民事诉讼就失去了依附的前提，即所谓"皮之不存，毛将焉附"。同时，有关民事诉讼请求的解决也依赖于行政诉讼的裁判结果。如果当事人就民事诉讼请求直接向人民法院提起，而不是在行政诉讼中附带提起，则成为独立的民事诉讼。

2. 因行政行为而引起。行政机关的行政行为引起了两种不同性质的法律争议，即一方面引起了当事人对行政行为不服的行政争议，另一方面引起了当事人对行政行为不服带来的民事争议。只有在此种情况和条件下，才会出现和形成行政附带民事诉讼。因对行政行为不服而带来的民事争议，可能会对业已存在的民事争议发生影响，如行政机关对当事人之间业已存在的权属争议所作的确权裁决，就可能导致当事人一方在不服行政确权裁决、提起行政诉讼的同时，附带提起民事诉讼，要求人民法院直接确认权属争议；也可能会引发新的民事争议，如对于一方当事人非法侵占另一方当事人的房屋的，行政机关将非法侵占人误认为是合法所有人而颁发了房产证，则另一方当事人不服行政机关的发证行为提起行政诉讼的同时，可附带提起民事诉讼，要求人民法院判决对方当事人非法侵权并返还房屋。所以《行政诉讼法》第 61 条第 1 款就作了前述规定。

3. 不同性质的诉讼具有关联性。在行政附带民事诉讼中，当事人的行政诉讼请求与民事诉讼请求具有不同的法律属性，应当说是归属于两个不同的诉讼系列。但之所以能够并案审理，就是因为这两种不同性质诉讼请求具有内在的关联性，否则，就要另案起诉而不得附带审理。这种内在关联性，概括起来，一是同一行政行为引起了行政和民事两种不同性质的法律争议，据此也形成了两种不同性质的法律诉讼请求；二是民事争议的解决有待于行政争议的解决，也就是说，被诉行政行为阻滞甚至决定着当事人民事权益的取得和实现，前者如有些行政机关所作的有关责令赔偿裁决就直接处理和决定了当事人之间的赔偿关系及赔偿内容，后者如公安交通管理部门所作的交通事故责任确认决定直接阻滞当事人之间赔偿关系的成立或不成立及赔偿责任的大小。如果不先通过行政诉讼解决行政争议，则民事争议也就无法解决。当然，当事人可以通过附带方式解决民事争议，也可以待行政诉讼结束后，另行独立提起民事诉讼。

4. 符合法院主管权及管辖权。提起行政附带民事诉讼必须符合人民法院的主管权和管辖权。上面已讲过行政诉讼的成立是行政附带民事诉讼的前提条件，其中必然包含应当符合人民法院行政诉讼受案范围，因此，这里符合人民法院主管权是指附带民事诉讼请求应当符合人民法院依法受理、审判解决一定范围内民事纠纷的权限。因为，尽管一般情况下人民法院对民事争议都能够进行审理裁判，但严格来讲，并非一切民事、经济争议都归属人民法院受理与解决，只有属于人民法院主管的民事案件，才能附带民事诉讼。同时，行政诉讼案件和附带民事诉讼案件应属于同一人民法院管辖，否则，对不属于同一人民法院管辖的行政案件与民事案件，除非有共同上级人民法院的特别指定，不得适用行政附带民事诉讼。另外，附带民事诉讼案件还必须与行政诉讼案件在同一审级之内。

第二节　行政附带民事诉讼的范围

一、行政附带民事诉讼的权限范围

1. 司法审判权内容。就人民法院对民事案件的司法审判内容而言，包含两个方面：一是人民法院对民事案件的主管范围，二是人民法院对民事案件的裁判程度。当这两方面表现在行政附带民事诉讼领域时，是指：其一，在涉及行政许可、登记、征收、征用和行政机关对民事争议所作的裁决的行政诉讼中，人民法院是否对于其中的民事争议都有权进行裁判？其二，对于经过行政裁决或者与行政许可、登记、征收、征用有关联的民事争议，人民法院有多大的裁判能力，即人民法院能否径直作出民事裁判？

人民法院对民事案件的主管，是指人民法院依法受理、审判解决一定范围内民事纠纷的权限，也是确定人民法院和其他国家机关、社会组织之间解决民事纠纷的分工和职权范围。也就是说，不是所有民事纠纷都能由人民法院审判，或者说人民法院能够审判所有民事纠纷。就一般规定来看，人民法院主管的民事案件范围主要有：因民法、婚姻法调整的财产关系及与财产关系相联系的人身关系而产生的民事案件；因经济法调整的经济关系而发生的各类纠纷；因劳动法调整的劳动关系而发生的纠纷；因其他法规调整的社会关系而发生的纠纷，法律明文规定依照民事诉讼法审理的案件；最高人民法院规范性文件规定的案件。在解决人民法院与其他国家机关、组织主管民事纠纷关系问题时，原则上采取“司法最终解决”的办法，也就是说，对于其他国家机关、组织主管的民事争议，人民法院也有权主管；对经过其他国家机关、组织处理或裁决但尚未彻底解决的民事争议，人民法院都能通过审判方式达到法律上的最终解决。

然而，人民法院与行政机关之间就发生于行政领域或者与行政相关的民事争议，在其主管及司法审判权内容方面，会因下列几种情况而不同：第一，依照法律规定，民事争议只能由行政机关处理的，当事人对有关处理不服，只可进行行政复议，而行政复议决定为最终的法律处理结果即终局决定，当事人即使不服，也不得提起行政诉讼或民事诉讼，从而彻底排斥了人民法院对行政案件与民事案件的主管。第二，依照法律规定，应当由行政机关处理民事争议的，人民法院只取得对行政机关处理决定的行政审判与司法监督主管权，不具有民事争议主管权，不作为民事案件受理，也就是不能实行行政附带民事诉讼。第三，依照法律规定，根据当事人的请求或者管理职责要求，行政机关有权对相关民事争议进行处理，但不属于行政机关的专属管辖范围的，在行政机关作出处理决定时，人民法院既取得对行政处理决定的行政审判与司法监督主管权，也取得对该民事争议的民事审判主管权，因而可以实行行政附带民事诉讼。

2. 行政专属管辖权。所谓行政专属管辖权，是指对于发生于特定行政领域的民事争议，法律直接规定归属于行政机关的管理事项和行政职权范围，当事人就民事争议只能依法请求法定行政机关进行处理和裁决。这种行政专属性表现在：一是将此类民事争议本身当作行政事项归属于行政机关管辖之下，对其处理与裁决划归于行政权力内容之中；二是排斥了人民法院对此类民事争议的直接受理与裁判处理能力。属于行政专属管辖范围的民事争议，主要是指有关土地、矿藏、水流、森林、山岭、草原、荒地、滩涂、海域等自然资源的所有权或者使用权争议等。上述自然资源是一种特殊财产，当事人对其所有权或者使用权的取得，都同政府机关的管理职权和管理行为紧密相连，可以说，当事人对这些特殊财产权利的取得、变更、转移或丧失，都依赖于政府机关的相应管理行为，因此，此类民事争议在法律上就成为行政机关行使行政职权的专属对象和内容。对行政专属管辖范围的民事争议，当事人只能依法请求法定行政机关进行处理，而行政机关基于处理权所作的行政裁决是一种行政行为，当事人不服而引起的是行政诉讼程序和人民法院对该行政行为的司法审查与监督，完全属于行政诉讼范畴，而不能对其提起附带民事诉讼。

对不能附带审理民事争议的事项范围，从原“最高法院行政诉讼法 2015 年解释”第 17 条第 2 款到现在的“最高法院行政诉讼法 2018 年解释”第 139 条第 1 款均作出了明确规定：（1）法律规定应当由行政机关先行处理的；（2）违反民事诉讼法专属管辖规定或者协议管辖约定的；（3）已经申请仲裁或者提起民事诉讼的；（4）其他不宜一并审理的民事争议。

二、行政附带民事诉讼的种类

按照能够提起附带民事诉讼的范围以及其与被诉行政行为之间内在关联性的差异性，可将行政附带民事诉讼分为下列几种：第一，当事人对行政行为不服，提起行政诉讼要求否定或撤销，同时附带提请人民法院对该行政行为所处理的民事争议直接进行审理和裁判。如当事人对公安机关在治安管理中所作的赔偿裁决不服，依法要求人民法院撤销赔偿裁决，并同时附带请求人民法院径直就损害赔偿问题进行审理和裁判。第二，行政机关对相对人的违法损害他人合法民事权益的行为，在追究行政法律责任的同时，未确定其民事法律责任。当事人在对行政机关行政行为提起行政诉讼时，附带提请人民法院对民事法律责任进行审理并作出裁判。如对违反食品卫生法规范给他人造成损害的行为，当事人对卫生行政机关的处罚决定不服，提起行政诉讼，同时附带请求人民法院就侵权行为人承担民事赔偿责任进行审理和判决。第三，当事人对行政机关的行政行为不服，提起行政诉讼，但该行政行为预决着某项民事争议或者对业已存在的民事争议产生了法律上的影响，据此，当事人附带提请人民法院对该民事争议进行审理和裁判。如当事人对公安交通主管机关有关交通事故确认书不服，提起诉讼，同时附带提请人民法院对交通事故赔偿问题进行审理和裁判；再如就房产管理机关向一方当事人发给房屋产权证，从而改变了该当事人与其他当事人之间业已存在的房屋共有权关系，其他当事人不服房产管理机关的行政行为而提起行政诉讼，并同时提请人民法院对其房屋共有产权关系进行裁判。

附带民事诉讼对民事争议的解决，有些情况下会对行政机关作出新的行政行为有着制约作用，或者行政机关还需要依据该附带民事诉讼的裁判结果重新作出行政行为，比如人民法院在撤销房屋登记行为的同时，针对当事人附带一并提出的房屋产权界定民事诉讼请求会作出判决，而该判决结果必然会成为房屋登记机关作出重新登记时的法律事实依据。然而，这里需要指出的是，人民法院的附带民事判决结论虽然决定着房屋登记机关的登记行为，但不能成为房屋登记机关的替代行为。也就是说，尽管当事人通过行政诉讼撤销了错误登记的原登记行为，又通过附带民事诉讼确认了自己对房屋的产权，但当事人还应当通过重新申请，由房屋登记机关完成登记行为。

第三节　行政附带民事诉讼的程序

一、行政附带民事诉讼的提起

行政附带民事诉讼的提起必须符合一定条件。一方面，它必须符合行政附带民事诉讼的条件，包括行政诉讼这一前提的成立，民事争议因被诉行政行为而引起，民事诉讼请求与行政诉讼请求之间具有内在的关联性，附带民事诉讼属于人民法院主管范围和受诉人民法院具有管辖权。另一方面，它必须符合民事诉讼的其他起诉条件，包括符合法定要求的起诉方式、诉讼请求和事实、理由等。

行政附带民事诉讼提起的主体，必须是行政行为引起的民事争议法律关系的主体。这就要求提起附带民事诉讼的主体是行政诉讼的当事人或者利害关系人；同时，还要具备该案件中民事法律关系主体的地位和民事诉讼主体的地位。

行政附带民事诉讼提起的期间，从理论上说，应当指在行政诉讼过程中，而不能在行政诉讼开始前或者行政诉讼结束后。照此推论，当事人在行政诉讼开始后至法院终审裁判作出前，都可以附带提起民事诉讼。事实上，这样理解提起附带民事诉讼的期间是行不通的。作为行政诉讼的附带诉讼，附带民事诉讼必须发生于行政诉讼成立或者开始后，但这两者属于两种不同性质的诉讼系列，在行政诉讼一审裁判作出后的诉讼过程中，若允许提起附带民事诉讼，将会使其失去附带的程序审级基础而带来一系列程序及裁判方式上的麻烦。如对行政诉讼一审程序中未提出的附带民事诉讼，直接列入二审诉讼程序中，则会出现行政诉讼二审与附带民事诉讼一审并存的局面。所以，附带民事诉讼提起的期间应是在行政诉讼立案之后、第一审判决宣告之前。对此，从原“最高法院行政诉讼法 2015 年解释”第 17 条第 1 款到现在的“最高法院行政诉讼法 2018 年解释”第 137 条均予以明确，公民、法人或者其他组织请求一并审理《行政诉讼法》第 61 条规定的相关民事争议，应当在第一审开庭审理前提出；有正当理由的，也可以在法庭调查中提出。

二、行政附带民事诉讼的审理方式

行政附带民事诉讼由同一审判组织审理。一般情况下，对行政附带民事诉讼中的行政诉讼和民事诉讼应适用一并审理方式，而且先审理行政部分，后审理民事部分。无论在庭审的哪个阶段，都应如此。当法庭认为行政部分和民事部分的事实均已审查清楚，证据确实、充分，即可一并判决。但有时可能行政部分已审查清楚，而民事部分因为相对复杂等因素不能及时结案，此时也可先对行政部分作出裁判，待事实全部查清后再对民事部分作出判决，这样就可避免行政诉讼超过审理期限。但应当注意，由于是行政附带民事诉讼，所以，绝不可能也不允许出现已将民事部分审查清楚并先作出判决的情形。

新修改后的《行政诉讼法》第 82 条至第 84 条专节规定了“简易程序”，在一审程序中，行政案件与民事案件一样，也可适用独任审判。但按照行政附带民事诉讼实质是行政案件与民事案件一并审理的特点，其简易程序的适用范围和条件应当遵守和符合《行政诉讼法》第 82 条的规定。在开庭方式及公开与不公开原则方面的要求，二者之间无区别。在二审程序中，根据新修改后的《行政诉讼法》第 86 条和《民事诉讼法》第 169 条的规定，人民法院对上诉案件，应当组成合议庭，开庭审理。经过阅卷、调查和询问当事人，对没有提出新的事实、证据或者理由，合议庭认为不需要开庭审理的，也可以不开庭审理，因此对符合此类情形的行政附带民事诉讼，二审法院可一并采用不开庭审理方式径行判决。当事人仅就第一审裁判中的行政部分或者民事部分提起上诉的，应不影响未上诉部分裁判的生效，二审法院只就上诉部分进行审理，但应当就一审裁判中的行政和民事两部分进行全面审查，审查后，当未上诉部分系附带民事裁判且发现确已错误时，通过审判监督程序解决；当未上诉部分系行政裁判且发现确已错误时，也通过审判监督程序解决，但应同时中止附带民事诉讼部分的审理，待行政裁判的审判监督程序结束后，再恢复审理，并根据审判监督程序的结果作出民事部分的终审裁判。

三、行政附带民事诉讼的审理规则

在行政附带民事诉讼过程中，法院就行政案件进行审理时，适用的是《行政诉讼法》；但当法院就附带民事诉讼进行审理时，则应当适用《民事诉讼法》的有关规定。根据“最高法院行政诉讼法 2018 年解释”第 141 条第 1 款规定，这是行政附带民事诉讼的审理规则。法院审理附带民事诉讼所应当适用《民事诉讼法》的规定主要有：第一，有关反诉的规定。根据《民事诉讼法》第 51 条的规定，在附带民事诉讼审理中，民事诉讼的被告有权提起反诉，但反诉的内容必须符合附带民事诉讼的条件，而且要以法院可以与附带民事诉讼本诉合并审理为前提。反诉是指本诉被告在已经开始的诉讼程序中向本诉原告提出的一种独立反请求，目的是吞并或抵消原告的本诉，故反诉应在附带民事诉讼一审程序中即一审法院附带民事诉讼裁判未作出前提起。但被告在附带民事诉讼二审中能够通过调解解决的反诉请求，可不受此限制。第二，有关举证责任的规定。《民事诉讼法》第 64 条第 1 款规定：“当事人对自己提出的主张，有责任提供证据。”举证责任是诉讼当事人对其主张的事实举出证据予以证明的责任，包含了两层意思：一是当事人对其主张负有举证的义务；二是当事人不履行或无法履行举证义务即不能够举证时，其主张不能成立，要承担败诉后果。据上述规定，附带民事诉讼的举证责任不同于行政诉讼举证责任，不论民事诉讼原告或者被告，均对自己的主张要负举证责任，而且在庭审过程中还存在举证责任转换的情况，而不是像行政诉讼中那样被告负有主要举证责任。第三，有关调解的规定。在附带民事诉讼中，法院根据当事人自愿原则，在事实清楚的基础上，分清是非，可以主持双方当事人进行调解，但根据“最高法院行政诉讼法 2018 年解释”第 141 条第 2 款规定，当事人在调解中对民事权益的处分，不能作为审查被诉行政行为合法性的根据。第四，有关诉讼保全和先予执行的规定。在附带民事诉讼中，人民法院可以依法实行诉讼保全和先予执行。附带民事诉讼的保全是指人民法院在审理附带民事案件的过程中，为了保证将来发生法律效力的判决得到切实执行，对被告人的财产采取一定的强制性措施。根据我国《民事诉讼法》第 100 条至第 105 条的有关规定，人民法院采取诉讼保全措施，必须符合一定的条件要求，即诉讼争议具有财产给付内容，确实存在因被告人的行为或其他原因使将来的判决不能执行或难以执行的可能性，保全的范围只限于诉讼请求的范围或者与本案有关的财产。包括了当事人申请保全和人民法院依职权采取保全、诉前保全和诉讼期间保全，保全可以采取查封、扣押、冻结、责令提供担保，以及其他法律允许的方法。附带民事诉讼的先予执行，是指人民法院受理附带民事诉讼案件后、作出判决前，根据民事原告人的请求，决定民事被告人先付给民事原告人一定款项或特定物并立即执行的措施。根据《民事诉讼法》第 106 条、第 107 条规定，附带民事诉讼的先予执行必须符合法定情形和具备法定条件，并且人民法院认为确有必要，同时不影响行政诉讼的顺利进行。当然，新修改后的《行政诉讼法》第57条规定："人民法院对起诉行政机关没有依法支付抚恤金、最低生活保障金和工伤、医疗社会保险金的案件，权利义务关系明确、不先予执行将严重影响原告生活的，可以根据原告的申请，裁定先予执行。"

四、行政附带民事诉讼的判决

行政附带民事诉讼的判决，是指人民法院审理行政附带民事案件完结之时，依据法律和事实对案件作出的权威性判定，它既是审判权的最终体现，也是行政附带民事争议的司法最终有效结果。

就附带民事争议本身的判决而言，人民法院应当适用《民事诉讼法》中的民事案件判决方式，既可以采用判决方式结案，也可以采用调解方式结案；就附带民事争议判决性质，既可以为给付判决，也可以为确认判决和变更判决；依判决内容，可以为全部判决，也可以为部分判决；根据双方当事人是否出庭，可以为对席判决，也可以为缺席判决。在附带民事判决中，要就民事判决的事实认定、法律适用及判决结果进行陈述。

根据"最高法院行政诉讼法2018年解释"第142条的规定，在行政附带民事诉讼的判决中，行政争议和民事争议应当分别裁判。当事人仅对行政裁判或者民事裁判提出上诉的，未上诉的裁判在上诉期满后即发生法律效力。当事人提起上诉后，第一审人民法院应当将全部案卷一并移送第二审人民法院，由行政审判庭审理。第二审人民法院发现未上诉的生效裁判确有错误的，应当按照审判监督程序再审。

法律应用

关于行政附带民事诉讼的提起

对属于行政附带民事诉讼范围的民事争议，尽管也可以单独向法院起诉，但基于民事争议的解决以已经存在的行政行为为前提，以及行政行为的公定力，在民事诉讼中仍然会涉及行政行为的合法性问题。也就是说，法院仍会要求民事原告就行政行为的合法性先行提起行政诉讼，在行政判决作出后恢复民事诉讼。然而，行政起诉的期限是法院受理的关键，这就要求民事起诉必须在行政起诉的期限内，否则，行政诉讼的起诉期限已过，法院不予受理，行政行为的合法性问题不能解决，原告在民事诉讼中也就没有胜诉的可能。

课后复习

1. 试述行政附带民事诉讼的概念与特点。
2. 试析行政附带民事诉讼的必要性。
3. 试述行政附带民事诉讼的条件与范围。
4. 简述行政附带民事诉讼的审理规则。

教学参考书目

一、我国大陆行政法教学参考书目

(一) 综合类

1. 张尚鷟主编. 走出低谷的中国行政法学. 北京：中国政法大学出版社，1991

2. 张尚鷟主编. 行政法学. 北京：北京大学出版社，1990

3. 张尚鷟. 行政法教程. 北京：中央广播电视大学出版社，1988

4. 许崇德等主编. 新中国行政法学研究综述. 北京：法律出版社，1991

5. 罗豪才主编. 行政法学. 北京：北京大学出版社，1996

6. 罗豪才主编. 中国行政法教程. 北京：人民法院出版社，1996

7. 应松年等主编. 走向法治政府. 北京：法律出版社，2001

8. 应松年主编. 当代中国行政法. 北京：中国方正出版社，2005

9. 应松年主编. 行政法学新论. 北京：中国方正出版社，1999

10. 应松年等. 行政法学总论. 北京：工人出版社，1985

11. 朱维究等主编. 一般行政法原理. 北京：高等教育出版社，2005

12. 皮纯协主编. 中国行政法教程. 北京：中国政法大学出版社，1988

13. 姜明安主编. 行政法与行政诉讼法. 北京：北京大学出版社，高等教育出版社，1999

14. 姜明安. 行政法学. 太原：山西人民出版社，1985

15. 姜明安. 行政法学. 北京：法律出版社，1998

16. 姜明安. 行政诉讼法学. 北京：北京大学出版社，1993

17. 胡建淼. 行政法学. 北京：法律出版社，1998

18. 胡建淼. 行政法教程. 杭州：杭州大学出版社，1990

19. 杨海坤. 中国行政法基本理论. 南京：南京大学出版社，1992

20. 杨海坤等. 中国行政法基本理论研究. 北京：北京大学出版社，2004

21. 张树义主编. 行政法学新论. 北京：时事出版社，1991

22. 马怀德主编. 行政法与行政诉讼法. 3版. 北京：中国法制出版社，2007

23. 方世荣主编. 行政法与行政诉讼法. 北京：中国政法大学出版社，1999

24. 方世荣. 行政法与行政诉讼法. 北京：人民法院出版社，中国人民公安大学出版社，2003

25. 杨解君等. 依法行政论纲. 北京：中共中央党校出版社，1998

26. 杨解君主编. 行政法学. 北京：中国方正出版社，2002

27. 叶必丰. 行政法学. 武汉：武汉大学出版社，2003

28. 朱新力. 行政法基本原理. 杭州：浙江大学出版社，1995

29. 王周户主编. 行政法学. 西安：陕西人民教育出版社，1992

30. 周佑勇. 行政法原论. 北京：中国方正出版社，2005

31. 王学辉等. 新编行政法学. 重庆：重庆出版社，2001

32. 张弘．行政法与行政诉讼法．沈阳：辽宁大学出版社，2004
33. 陈新民．中国行政法学原理．北京：中国政法大学出版社，2002
34. 姜明安主编．中国行政法发展进程调查报告．北京：法律出版社，1998
35. 湛中乐．法治国家与行政法治．北京：中国政法大学出版社，2002
（二）行政法基本理论和方法
36. 关保英．行政法的价值定位．北京：中国政法大学出版社，1997
37. 罗豪才主编．现代行政法的平衡理论．北京：北京大学出版社，1997
38. 沈岿．平衡论：一种行政法认知模式．北京：北京大学出版社，1999
39. 叶必丰．行政法的人文精神．武汉：湖北人民出版社，1999
40. 杨海坤等．行政法服务论的逻辑结构．北京：中国政法大学出版社，2002
41. 李娟．行政法控权理论研究．北京：北京大学出版社，2000
42. 孙笑侠．法律对行政的控制．济南：山东人民出版社，1999
43. 石佑启．论公共行政与行政法学方式转换．北京：北京大学出版社，2003
44. 董炯．国家、公民与行政法．北京：北京大学出版社，2001
45. 朱芒．功能视角中的行政法．北京：北京大学出版社，2004
46. 张树义．变革与重构——改革背景下的中国行政法理念．北京：中国政法大学出版社，2002
47. 张树义．中国社会结构变迁的法学透视——行政法学背景分析．北京：中国政法大学出版社，2002
（三）行政组织法和行政权
48. 王学辉等．行政权研究．北京：中国检察出版社，2002
49. 黎军．行业组织的行政法问题研究．北京：北京大学出版社，2002
50. 应松年等．行政组织法研究．北京：法律出版社，2002
（四）行政行为法
51. 应松年主编．行政行为法．北京：人民出版社，1993
52. 胡建淼主编．行政行为基本范畴研究．杭州：浙江大学出版社，2005
53. 胡建淼主编．行政强制．北京：法律出版社，2002
54. 胡建淼主编．行政强制法研究．北京：法律出版社，2003
55. 叶必丰．行政行为的效力研究．北京：中国人民大学出版社，2002
56. 叶必丰．应申请行政行为判解．武汉：武汉大学出版社，2000
57. 章志远．行政行为效力论．北京：中国人事出版社，2003
58. 金伟峰．无效行政行为研究．北京：法律出版社，2005
59. 金伟峰主编．中国行政强制法律制度．北京：法律出版社，2003
60. 章剑生．行政行为说明理由判解．武汉：武汉大学出版社，2000
61. 刘恒等．行政行为法律适用判解．武汉：武汉大学出版社，2005
62. 余凌云．行政裁量论．北京：中国人民公安大学出版社，2005
63. 余凌云．行政契约论．北京：中国人民大学出版社，2000
64. 周佑勇．行政不作为判解．武汉：武汉大学出版社，2000
65. 朱新力．行政违法研究．杭州：杭州大学出版社，1999
66. 朱新力主编．外国行政强制法律制度．北京：法律出版社，2003

67. 吴雷等．行政违法行为判解．武汉：武汉大学出版社，2000
68. 张淑芳等．行政立法论．西安：陕西人民出版社，1996
69. 刘莘．行政立法研究．北京：法律出版社，2003
70. 崔卓兰等．行政规章研究．长春：吉林人民出版社，2002
71. 邓世豹．授权立法的法例思考．北京：中国人民公安大学出版社，2002
72. 叶必丰，周佑勇．行政规范研究．北京：法律出版社，2002
73. 方世荣．论具体行政行为．武汉：武汉大学出版社，1996
74. 杨解君主编．行政许可研究．北京：人民出版社，2001
75. 杨解君．秩序·权力与法律控制——行政处罚法研究．成都：四川大学出版社，1995
76. 杨小君．行政处罚研究．北京：法律出版社，2002
77. 杨解君编．行政契约与政府信息公开．南京：东南大学出版社，2002
78. 傅红伟．行政奖励研究．北京：北京大学出版社，2003
79. 沈开举．行政征收研究．北京：人民出版社，2001
80. 袁曙宏．行政处罚的创设、实施和救济．北京：中国法制出版社，1994
81. 傅士成．行政强制研究．北京：法律出版社，2001
82. 章剑生主编．中外行政强制法研究资料．北京：法律出版社，2003
83. 胡叔宝．契约政府的契约规则．北京：中国社会科学出版社，2004

（五）行政程序法

84. 皮纯协主编．行政程序法比较研究．北京：中国人民公安大学出版社，2000
85. 杨海坤等．中国行政程序法法典化．北京：法律出版社，1999
86. 章剑生．行政程序法学原理．北京：中国政法大学出版社，1994
87. 章剑生．行政程序法基本理论．北京：法律出版社，2003
88. 江必新等．行政程序法概论．北京：北京师范学院出版社，1991
89. 王万华．行政程序法研究．北京：中国法制出版社，2000
90. 王万华．中国行政程序立法研究．北京：中国法制出版社，2005
91. 应松年主编．行政程序立法研究．北京：中国法制出版社，2001
92. 应松年等．法定行政程序实证研究．北京：国家行政学院出版社，2005
93. 杨寅．中国行政程序法治化．北京：中国政法大学出版社，2001
94. 马怀德主编．行政程序立法研究．北京：法律出版社，2005
95. 杨小君等编．行政强制与行政程序研究．北京：中国政法大学出版社，2000
96. 刘勉义等．行政听证程序研究与适用．北京：警官教育出版社，1997
97. 杨惠基主编．听证程序理论与实务．上海：上海人民出版社，1997
98. 徐继敏．行政证据通论．北京：法律出版社，2004

（六）行政救济法

99. 刘恒．行政救济制度研究．北京：法律出版社，1998
100. 杨解君等．行政救济法．南京：南京大学出版社，1997
101. 杨解君主编．行政诉讼法学．北京：中国方正出版社，2002
102. 杨小君．我国行政复议制度研究．北京：法律出版社，2002
103. 杨小君．国家赔偿法律问题研究．北京：北京大学出版社，2005
104. 蔡小雪．行政复议与行政诉讼的衔接．北京：中国法制出版社，2003

105. 罗豪才主编．行政诉讼法概论．太原：山西人民出版社，1990
106. 罗豪才主编．行政审判问题研究．北京：北京大学出版社，1990
107. 于安等编著．行政诉讼法学．北京：法律出版社，1997
108. 林莉红．行政诉讼法学．武汉：武汉大学出版社，1999
109. 甘文．行政诉讼司法解释之评论．北京：中国法制出版社，2000
110. 湛中乐主编．高等教育与行政诉讼．北京：北京大学出版社，2003
111. 马怀德主编．司法改革与行政诉讼制度的完善．北京：中国政法大学出版社，2004
112. 马怀德．国家赔偿法的理论与实务．北京：中国法制出版社，1994
113. 王宝明等．抽象行政行为的司法审查．北京：人民法院出版社，2004
114. 江必新．WTO与司法审查．北京：人民法院出版社，2002
115. 杨伟东．行政行为司法审查强度研究．北京：中国人民大学出版社，2003
116. 张树义主编．行政诉讼证据判例与理论分析．北京：法律出版社，2002
117. 张树义．国家赔偿法适用手册．北京：法律出版社，1994
118. 王成栋．政府责任论．北京：中国政法大学出版社，1999
119. 朱新力主编．行政法律责任研究．北京：法律出版社，2004
120. 应松年．国家赔偿法．北京：法律出版社，1995
121. 薛刚凌．国家赔偿法教程．北京：中国政法大学出版社，1997
122. 江必新．国家赔偿法原理．北京：中国人民公安大学出版社，1994
123. 皮纯协．国家赔偿法释论．北京：中国法制出版社，1994
124. 徐静村主编．国家赔偿法实施程序研究．北京：法律出版社，2000
125. 高景芳等．行政补偿制度研究．天津：天津大学出版社，2004
126. 沈开举主编．行政补偿法研究．北京：法律出版社，2004

（七）其他专题

127. 方世荣．论行政相对人．北京：中国政法大学出版社，2000
128. 袁曙宏等．行政法律关系研究．北京：中国法制出版社，1999
129. 袁曙宏等．WTO与行政法．北京：北京大学出版社，2002
130. 周佑勇．行政法基本原则研究．武汉：武汉大学出版社，2005
131. 江必新．WTO与行政法治．北京：中国人民公安大学出版社，2002
132. 刘恒．外资并购行为与政府规制．北京：法律出版社，2000
133. 刘恒等．政府信息公开制度．北京：中国社会科学出版社，2004
134. 宋功德．论经济行政法的制度结构．北京：北京大学出版社，2003
135. 郑鹏程．行政垄断的法律控制研究．北京：北京大学出版社，2002

（八）法条与案例

136. 国务院法制局．中华人民共和国新法规汇编
137. 中华人民共和国行政处罚法
138. 中华人民共和国行政许可法
139. 中华人民共和国行政复议法
140. 中华人民共和国行政诉讼法
141. 中华人民共和国国家赔偿法
142. 中华人民共和国立法法

143. 行政法规制定程序条例
144. 规章制定程序条例
145. 全国人大常委会法制工作委员会关于如何理解和执行法律若干问题的解答（一）、（二）、（三）、（四）、（五）
146. 最高人民法院关于执行《中华人民共和国行政诉讼法》若干问题的解释
147. 最高人民法院关于适用《中华人民共和国行政诉讼法》若干问题的解释
148. 最高人民法院关于审理行政赔偿案件若干问题的规定
149. 最高人民法院公报
150. 最高人民法院中国应用法学研究所编．人民法院案例选（行政卷）．北京：人民法院出版社，1997
151. 最高人民法院中国应用法学研究所编．人民法院案例选（行政卷）上，下．北京：中国法制出版社，2000
152. 最高人民法院中国应用法学研究所编．人民法院案例选（国家赔偿卷）．北京：中国法制出版社，2000

二、我国台湾地区行政法教学参考书目

153. 翁岳生主编．行政法．台北：翰芦出版有限公司，2000
154. 翁岳生主编．行政法（2000）．北京：中国法制出版社，2002
155. 翁岳生．行政法与现代法治国家．台北：祥新印刷公司，1976
156. 林纪东．行政法．台北：三民书局，1988
157. 林纪东．行政法原论．上，下．台北：台湾编译馆，1966
158. 陈新民．行政法学总论．台北：三民书局，1997
159. 陈新民．德国公法学基础理论．下册．济南：山东人民出版社，2001
160. 管欧．中国行政法总论．台北：蓝星打字排版有限公司，1981
161. 王俊杰．行政法．台北：三民书局，2005
162. 苏嘉宏等．行政法概要．台北：永然文化出版股份有限公司，2004
163. 城仲模．行政法之基础理论．台北：三民书局，1988
164. 城仲模．行政法制基础理论．台北：三民书局，1991
165. 城仲模主编．行政法制一般法律原则．台北：三民书局，1994
166. 张载宇．行政法要论．台北：汉林出版社，1977
167. 李震山．行政法导论．台北：三民书局，2003
168. 陈清秀．行政诉讼法．台北：自版，2001
169. 林石猛．行政诉讼类型之理论与实务．台北：学林文化事业有限公司，2004
170. 王和雄．论行政不作为之权利保护．台北：自版，1994
171. 叶俊荣．环境行政的正当法律程序．台北：自版，2001
172. 葛克昌．行政程序与纳税人基本权．北京：北京大学出版社，2005

三、外国行政法和比较行政法教学参考书目

173. ［法］狄骥著，钱克新译．宪法论．北京：商务印书馆，1962
174. ［法］狄骥著，郑戈等译．公法的变迁・法律与国家．沈阳：辽海出版社，春风文艺出版社，1999
175. ［法］奥里乌著，龚觅等译．行政法与公法精要．沈阳：辽海出版社，春风文艺出版

社，1999

176. ［荷］克拉勃著，王检译．近代国家观念．北京：商务印书馆，1957

177. ［英］威廉·韦德著，徐炳等译．行政法．北京：中国大百科全书出版社，1997

178. 张越编著．英国行政法．北京：中国政法大学出版社，2004

179. ［英］丹宁勋爵著，刘庸安等译．法律的未来．北京：法律出版社，1999

180. ［英］丹宁勋爵著，刘庸安等译．法律的界碑．北京：法律出版社，1999

181. ［英］丹宁勋爵著，杨百揆等译．法律的训诫．北京：法律出版社，1999

182. ［英］丹宁勋爵著，李克强等译．法律的正当程序．北京：法律出版社，1999

183. ［英］P. P. CRAIG. Administrative Law. Sweet & Maxwell，1983

184. 王名扬．法国行政法．北京：中国政法大学出版社，1989

185. 王名扬．英国行政法．北京：中国政法大学出版社，1987

186. 王名扬．美国行政法．北京：中国政法大学出版社，1995

187. 王名扬．比较行政法．北京：北京大学出版社，2006

188. ［美］盖尔霍恩等著，黄列译．行政法和行政程序概要．北京：中国社会科学出版社，1996

189. ［美］斯图尔特著，沈岿译．美国行政法的重构．北京：商务印书馆，2002

190. ［美］史蒂文·J·卡恩著，张梦中等译．行政法原理与案例．广州：中山大学出版社，2004

191. ［德］迈耶著，刘飞译．德国行政法．北京：商务印书馆，2002

192. Peter L. Strauss. An Introduction to Administrative Justice in the United States. Carolina Press，1989

193. J. M. Evans， H. N. Janisch， David J. Mullan. Administrative Law. Emond Montgomery Publications Limited，1995

194. ［德］平特纳著，朱林译．德国普通行政法．北京：中国政法大学出版社，1999

195. ［德］哈特穆特·毛雷尔著，高家伟译．行政法学总论．北京：法律出版社，2000

196. ［德］汉斯·J·沃尔夫等著，高家伟译．行政法．北京：商务印书馆，2002

197. ［德］弗里德赫尔穆·胡芬著，莫光华译．行政诉讼法．北京：法律出版社，2003

198. ［德］罗尔夫·斯特博著，苏颖霞等译．德国经济行政法．北京：中国政法大学出版社，1999

199. ［德］埃贝哈德·施密特-阿斯曼等著，于安等译．德国行政法读本．北京：高等教育出版社，2006

200. ［印］赛夫著，周伟译．德国行政法——普通法的分析．济南：山东人民出版社，2006

201. 于安．德国行政法．北京：清华大学出版社，1999

202. ［日］盐野宏著，杨建顺译．行政法．北京：法律出版社，1999

203. ［日］室井力主编，吴微译．日本现代行政法．北京：中国政法大学出版社，1995

204. ［日］美浓部达吉著，邓定人译．行政裁判法．北京：中国政法大学出版社，2005

205. ［日］铃木义男等著，陈汝南等译．行政法方法论之变迁．北京：中国政法大学出版社，2004

206. ［苏］马诺辛主编，黄道秀译．苏维埃行政法．北京：群众出版社，1983

207. ［苏］瓦西林科夫主编，姜明安等译．苏维埃行政法总论．北京：北京大学出版社，1985

208. 刘向文译．俄罗斯联邦行政违法法典．北京：中国人民大学出版社，2004

209. ［美］古德诺著，白作霖译．比较行政法．北京：中国政法大学出版社，2006

210. 应松年主编．比较行政程序法．北京：中国法制出版社，1999

211. 应松年主编．外国行政程序法汇编．北京：中国法制出版社，1999

212. 张正钊主编．比较行政法．北京：中国人民大学出版社，1998

213. 杨建顺．日本行政法通论．北京：中国法制出版社，1998

214. 皮纯协，何寿生．比较国家赔偿法．北京：中国法制出版社，1998

215. 胡建淼．比较行政法．北京：法律出版社，1998

216. 周汉华，何俊．外国国家赔偿制度比较．北京：警官教育出版社，1992

217. 章剑生．行政程序法比较研究．杭州：杭州大学出版社，1997

图书在版编目（CIP）数据

行政法与行政诉讼法/叶必丰主编．—5版．—北京：中国人民大学出版社，2019.8
21世纪高等院校法学系列精品教材
ISBN 978-7-300-27130-9

Ⅰ．①行…　Ⅱ．①叶…　Ⅲ．①行政法-中国-高等学校-教材　②行政诉讼法-中国-高等学校-教材
Ⅳ．①D922.1　②D925.3

中国版本图书馆CIP数据核字（2019）第144857号

21世纪高等院校法学系列精品教材
行政法与行政诉讼法（第五版）
主　编　叶必丰
副主编　王　诚
Xingzhengfa yu Xingzheng Susongfa

出版发行	中国人民大学出版社		
社　　址	北京中关村大街31号	**邮政编码**	100080
电　　话	010－62511242（总编室）		010－62511770（质管部）
	010－82501766（邮购部）		010－62514148（门市部）
	010－62515195（发行公司）		010－62515275（盗版举报）
网　　址	http：//www.crup.com.cn		
经　　销	新华书店		
印　　刷	北京溢漾印刷有限公司	**版　　次**	2003年7月第1版
规　　格	185 mm×260 mm　16开本		2019年8月第5版
印　　张	21 插页2	**印　　次**	2021年5月第2次印刷
字　　数	538 000	**定　　价**	45.00元

《　　　　　　》※任课教师调查问卷

为了能更好地为您提供优秀的教材及良好的服务，也为了进一步提高我社法学教材出版的质量，希望您能协助我们完成本次小问卷，完成后您可以在我社网站中选择与您教学相关的1本教材作为今后的备选教材，我们会及时为您邮寄送达！如果您不方便邮寄，也可以申请加入我社的**法学教师QQ群：83961183（申请时请注明法学教师）**，然后下载本问卷填写，并发往我们指定的邮箱（cruplaw@163.com）。

邮寄地址：北京市海淀区中关村大街31号中国人民大学出版社806室收

邮　　编：100080

再次感谢您在百忙中抽出时间为我们填写这份调查问卷，您的举手之劳，将使我们获益匪浅！

基本信息及联系方式：※

姓名：________ 性别：________ 课程：________________

任教学校：________________ 院系（所）：________________

邮寄地址：________________ 邮编：________________

电话（办公）：________ 手机：________ 电子邮件：________

调查问卷：※

1. 您认为图书的哪类特性对您使用教材最有影响力？（　　）（可多选，按重要性排序）
   A. 各级规划教材、获奖教材　　B. 知名作者教材
   C. 完善的配套资源　　D. 自编教材
   E. 行政命令
2. 在教材配套资源中，您最需要哪些？（　　）（可多选，按重要性排序）
   A. 电子教案　　B. 教学案例
   C. 教学视频　　D. 配套习题、模拟试卷
3. 您对于本书的评价如何？（　　）
   A. 该书目前仍符合教学要求，表现不错将继续采用。
   B. 该书的配套资源需要改进，才会继续使用。
   C. 该书需要在内容或实例更新再版后才能满足我的教学，才会继续使用。
   D. 该书与同类教材差距很大，不准备继续采用了。
4. 从您的教学出发，谈谈对本书的改进建议：________________

____

____

选题征集：如果您有好的选题或出版需求，欢迎您联系我们：

联系人：黄　强　联系电话：010-62515955

索取样书：书名：________________________

书号：________________________________

备注：※ 为必填项。